S. FISCHER

Anthony Bale

REISEN IM MITTELALTER

Unterwegs mit Pilgern, Rittern, Abenteurern

Aus dem Englischen
von Karin Hielscher

S. Fischer

MIX
Papier | Fördert
gute Waldnutzung
FSC® C083411

Erschienen bei S. FISCHER
2. Auflage 2024

Das Original erschien 2023 unter dem Titel »A Travel Guide to
the Middle Ages« bei Viking, einem Imprint von Penguin General.
Penguin General ist Teil von Penguin Random House.

Für die deutsche Ausgabe:

Satz: Dörlemann Satz, Lemförde
Druck und Bindung: CPI books GmbH, Leck
ISBN 978-3-10-397144-6

Für John, meinen Vater.

INHALT

VORWORT

Beim Studium der Geschichte und Kultur des mittelalterlichen Reisens habe ich viele Jahre in der Gesellschaft von Reisenden aus der Vergangenheit verbracht, Menschen, die sich durch eine vermeintlich andere Welt bewegten. Anhand der Reiseführer und Berichte von Menschen aus dem Mittelalter habe ich ein Verständnis für die praktischen Herausforderungen, die Freuden und die Gefahren des Reisens in jener Zeit entwickelt. Ich habe mich in mittelalterliche Handschriften vertieft und Berichte von Reisenden gelesen, während ich in stillen Bibliotheken von Klöstern und Palästen zwischen Oxford und Istanbul saß. Und ich habe meine Koffer gepackt und bin den Routen der mittelalterlichen Reisenden gefolgt – bis in die Straßen und Kirchen von Rom und Jerusalem. In Aachen und Ulm hat mich der Regen durchnässt, und im nächtlichen Peking habe ich mich verlaufen. Die Hitze hat mir alles abverlangt, und ich war in Schweiß gebadet. Ich habe mich mit Lebensmittelvergiftungen herumgeschlagen, war wegen eines Zeckenbisses in Panik und habe an Orten, die ich kaum kannte, mit dem Coronavirus zu kämpfen gehabt. Es gab einen Moment, da habe ich mich ganz allein und verlassen gefühlt: Als ich feststellte, dass ich das letzte Boot, das von einem Atoll auf den Malediven abfuhr, verpasst hatte. Gebühren waren zu zahlen, Häfen, in denen ich ankam, wurden bestreikt, unzählige Male musste ich meine Pläne in letzter Minute ändern. Und ich hatte für meine Reisen die verschiedensten Genehmigungen, Dokumente und Zertifikate zu erwerben.

Für dieses Buch nutze ich die Autoren mittelalterlicher Reiseführer und Reiseberichte als Gewährspersonen. Beim Lesen werden Ihnen daher eine Vielzahl von mittelalterlichen Reisenden begegnen. Wie die Menschen, auf die wir auf Reisen treffen, werden sie möglicherweise einen Eindruck hinterlassen, begleiten uns jedoch nur für kurze Zeit: Sie sprechen zu uns und treten dann wieder in den Hintergrund. Ich möchte Ihnen dabei die Welt des Mittelalters zeigen, wie sie die Menschen seinerzeit gesehen haben, und Orte vorstellen, die damals häufig beschrieben, wenn auch seltener tatsächlich besucht wurden. Die Reisenden, denen wir im Laufe der Lektüre begegnen, mögen nicht immer nach unserem Geschmack sein, aber das ist ja nicht anders, wenn wir tatsächlich unterwegs sind und auf andere Menschen treffen.

Die Welt zu bereisen war ein fundamentaler Bestandteil der christlichen Vorstellungswelt des europäischen Mittelalters. Die Weltkarten, die in allen wichtigen Klöstern angefertigten »Mappae mundi«, spiegeln dies wider, aber auch die Pilgerfahrten zu den Heiligenschreinen oder die Vorstellung vom Streben der Seele nach dem irdischen und dem himmlischen Jerusalem – und nicht zuletzt die Herstellung der ersten Globen. Reisen heißt, sich neuen Erkenntnissen auszusetzen, und doch verleiht das Unterwegssein der Perspektive des Reisenden eine gewisse Überlegenheit. Wenn wir zu Hause sind, sehnen wir uns oft danach, zu reisen und ferne Länder zu besuchen, denn zu Hause steht uns besonders deutlich vor Augen, welche Freude das Reisen macht und wie sehr wir davon profitieren. Die Vorstellung, unterwegs zu sein, ist höchst verführerisch, aber die Realität kann nur selten mit den Geschichten mithalten, die wir über die besuchten Orte erzählen.

Im Mittelalter war das Schreiben über das Reisen gattungsübergreifend konzipiert: Es umfasste Teile der Genres Autobiographie, Naturbeschreibung, Enzyklopädie, Geschichtsschreibung und Ethnographie, es konnte Tagebuch oder Beichte sein und vieles mehr. Mittelalterliche Reiseliteratur beinhaltet oft auch eine gute

Portion Selbstdarstellung und kommt nicht ohne irrige Vorstellungen aus: phantastische Kreaturen (Ameisen in der Größe von Hunden, Frauen mit Augen aus Edelsteinen, Greifen – halb Adler, halb Löwe –, die stark genug sind, um ein Pferd davonzutragen) und Orte, von denen die Menschen gehört, die sie aber nie gesehen oder besucht hatten (der Jungbrunnen, die Insel der Amazonen oder gar das irdische Paradies). Reisen bedeutete im Mittelalter, sich zwischen Wahrheit und Fiktion zu bewegen. Abgesehen von diesen Elementen sind Reiseberichte zwangsläufig sehr subjektiv, zum einen, weil Reisen oft mit Begegnungen mit dem Unbekannten verbunden sind, und zum anderen, weil die Autoren ihren eigenen kulturellen und individuellen Hintergrund und damit all die Irrtümer und negativen Vorurteile über andere mitbringen.

Reisen ist – als kulturelles Phänomen – mit viel mehr verbunden als nur mit der Bewegung durch den Raum. Zunächst kann sich hinter einem Menschen, der unterwegs ist, Unterschiedliches verbergen: ein Ausflügler oder ein Vagabund, ein Durchreisender oder ein Pilger. Erzwungene Migration, Vertreibung aus einer Stadt oder einem Land, für einen Arbeitgeber auf Fahrt gehen, in eine weit entfernte Schlacht einberufen werden: All das beinhaltet räumliche Veränderung oder Mobilität, aber es ist nicht dasselbe wie Reisen. Reisen kommt selten ohne ein bestimmtes, gewähltes Ziel und die entsprechende Reiseroute aus, es ist eine freiwillige Mobilität und entspringt den eigenen Plänen, eine gewollte Begegnung mit dem Anderen. Reisen bedeutet, sich auf den Weg zu machen, jedoch die Rückkehr nach Hause schon mit einzuplanen, sich temporär und aus freien Stücken zu entwurzeln und die eigene Welt hinter sich zu lassen – und darauf zu brennen, neue Erkenntnisse mitzubringen.

Einer der frühesten Reiseführer, der sich eindeutig als solcher identifizieren lässt, ist der auch als Jakobsbuch bekannte Codex Calixtinus. Die zwischen ca. 1138 und 1145 angefertigte Sammelhandschrift rät Pilgern für ihren Weg nach Santiago de Compostela, welche Reliquien sie besuchen sollten, wo sie frisches Wasser finden und wie sie Wespen und Bremsen vermeiden konnten oder wie an den Heiligtümern die Gebete mustergültig aufzusagen waren. Schriftliche Reiseführer waren um 1200 in Europa weit verbreitet, und mit der zunehmenden Popularisierung des Pilgerwesens wurde dieses Genre (manchmal auch als »Ars apodemica«, sprich Reise-Ratgeber, bezeichnet) ab etwa 1350 zur vorherrschenden Form des Schreibens über das wissbegierige Ich. Tatsächlich gehört die mittelalterliche Reiseliteratur zu den Genres, in denen das »Ich« eines Erzählers zum Vorschein kommt und die Neugier auf die Welt in Form von Geschichten über besuchte Orte und individuelle Erfahrungen Gestalt annimmt. Reiseschriftstellerei dagegen war im Mittelalter keine etablierte Gattung; vielmehr entstand sie nach und nach mit der wachsenden Reisepraxis, richtete sich aber meist an ein Publikum, für das Reisen schwer möglich oder ausgeschlossen war. Reisetexte waren für diejenigen bestimmt, die sich für alles Exotische und Ungewöhnliche und für ferne, unzugängliche Regionen der Welt interessierten.

Reisen fördern sehr häufig eine intensive Selbstreflexion; sie können, wie es der Reiseschriftsteller Alain de Botton formuliert hat, wie »Hebammen für das Denken« wirken. Und das in zweierlei Weise: Gedanken, die uns in den Sinn kommen, während wir unterwegs sind und in einem Eisenbahnwaggon oder in einer Schiffskabine sitzen, werden zu einem angeregten inneren Monolog, die Zeitspanne zwischen Abfahrt und Ankunft verwandelt sich von einer Warteschleife in einen introspektiven Moment. Dazu regt Reisen das Denken an, indem wir Dinge erleben – oder durchleiden –, die uns herausfordern, weil sie für uns gleichermaßen neu wie sonderbar und nicht sofort zu begreifen sind. In den folgenden Kapiteln werden wir die mittelalterliche Welt bereisen und dabei den immanenten Wert des Unterwegsseins kennenlernen sowie die Freuden, Ängste und Sehnsüchte, die damit verbunden sind. Es wird sich zeigen, welche beachtliche intellektuelle und geistige Entwicklung das Reisen ermöglichte, und wir werden sehen, dass die Menschen den auch uns heute vertrauten Reiz verspürten, ihre Reisen aufzuschreiben und für künftige Generationen festzuhalten.

Selbst im 21. Jahrhundert, in dem so viele Menschen häufig große Entfernungen zurücklegen – teils aus Notwendigkeit, teils aus purer Lust am Verreisen –, ist das Reisen keine simple Angelegenheit, sondern bewegt sich meist zwischen den Polen »aufregend« und »strapaziös«. Darüber hinaus stehen alle Reisenden in einem asymmetrischen Verhältnis zu den Orten, die sie besuchen, sei es aufgrund finanzieller Abhängigkeiten, Strukturen, die Rassismus und Ausbeutung beinhalten, oder eines elementaren Mangels an Verständnis. Wie Elizabeth Bishop in ihrem Gedicht »Fragen des Reisens« schreibt: »Kontinent, Stadt, Land, Leute: Die Wahl ist niemals groß und niemals frei.« Wir nehmen uns selbst mit, wohin wir auch gehen, und unsere Werte und Ansprüche erlegen uns Grenzen auf, selbst dann, wenn wir auf der Suche nach Freiheit sind.

Nun möchte ich Sie einladen, mich durch Landschaften, wie sie den mittelalterlichen Reisenden erwarteten, zu begleiten. Diese Reise wird manches Mal an reale Orte führen, die geographisch lokalisierbar und eindeutig zu benennen sind und die wir teils heute noch besuchen können, manches Mal aber auch in Regionen, die wir nur vor unserem inneren Auge sehen können. Die Namen von Personen, Regionen und Orten gebe ich meistenteils in der jeweils gebräuchlichsten Transliteration wieder. Wenn sich die heute übliche Bezeichnung erheblich von der mittelalterlichen unterscheidet, habe ich diese in Klammern dazugesetzt, beispielsweise bei dem mittelalterlichen venezianischen Handelsplatz Tana, der heutigen Stadt Azow in Russland. Einige Entfernungsangaben sind nicht in Standardmaße umgerechnet, da es damals eine breite Palette an Maßen für Entfernungen gab. Ich hoffe, es ist nachvollziehbar, dass ich dieses Thema mit einer gewissen Großzügigkeit behandelt habe, da uns diese Reise in Länder mit fluiden Grenzen und wechselhafter Geschichte führen wird.

Für dieses Buch habe ich Quellen aus dem späteren Mittelalter herangezogen, das heißt aus der Zeit, in der sich die technischen Hilfsmittel wie auch die kulturellen Praktiken, die grundlegend für das Reisen sind, dynamisch weiterentwickelten. Das Reisen selbst und das Lesen und Schreiben darüber gingen in dieser Zeit eine enge Verbindung ein. Mit anderen Worten, es entwickelte sich eine Kultur des Reisens parallel zur gelebten Geschichte des Reisens.

Dieser Reiseführer ins Mittelalter gibt zunächst einen Einblick in die westeuropäische Kultur und weitet dann den Fokus, um die restliche Welt, wie sie den mittelalterlichen Europäern bekannt war, in den Blick zu nehmen und in Teilen vorzustellen: Und so geht es von England bis zu den Antipoden. Ich erhebe nicht den Anspruch, ein vollständiges Wegeverzeichnis für die Welt des Mittelalters zu liefern. Es hätten sich auch noch andere Ziele angeboten, etwa Compostela, Salamanca und Toledo, Nowgorod und Samarkand, Sansibar und Alt-Simbabwe, aber zum Festlegen einer Reiseroute gehört, wie vielfältig die Möglichkeiten auch sind, das Auswählen der Stationen. Aus einer Pilgerfahrt mit den Zielen Rom und Jerusalem, einmal voller Neugier begonnen, wird im Folgenden, wie es auch seinerzeit oft geschah, eine wahre Entdeckungsreise. Ich lade Sie ein, in Vorstellungswelten einzutauchen und ferne Orte kennenzulernen, vermittelt durch die Schriften dieser Reisenden, die unsere Vorstellungen von Menschlichkeit, Erfahrung und Wissen sowohl erschüttern als auch erweitern können.

WINDROSE EINES MITTELALTERLICHEN SEEFAHRERS

Die Windrose wurde als eine Art Kompass genutzt, um Wettervorherzusagen zu treffen und auf dem Meer zu navigieren. Die Namen der Winde bzw. die Windrichtungen, die sie bezeichnen, ergeben sich von einem der Kreuzungspunkte der europäischen Seefahrt: dem Ionischen Meer zwischen Sizilien und Griechenland.

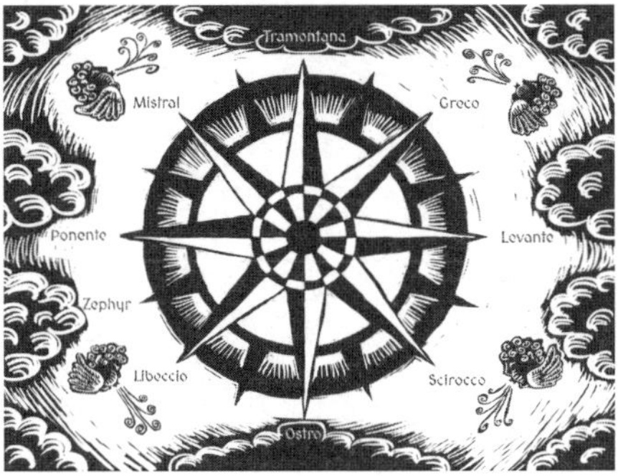

Abb. 1

(N)	Tramontana, Tramontane: der Nordwind, von jenseits der Berge
(NO)	Greco, Gregale: der starke, nordöstliche Wind, der aus Griechenland kommt
(O)	Levante, Subsolan: ein Ostwind, von dort, wo die Sonne aufgeht
(SO)	Scirocco, Schirokko: ein heißer, starker Wind, der aus Nordafrika weht
(S)	Ostro, Mezzogiorno: der schwache Südwind, der den Regen bringt
(SW)	Libeccio, Garbino: der böige Südwestwind, der aus Libyen kommt
(WSW)	Zephyr, Zephir: ein milder Westwind
(W)	Ponente: der trockene, westliche Wind, von dort, wo die Sonne untergeht
(NW)	Mistral, Maestrale: ein starker, kalter, nordwestlicher Wind, der von Südfrankreich her und entlang der Hauptschifffahrtsroute von Venedig nach Griechenland weht

Kapitel 1

DIE GESTALT DER WELT IM JAHRE 1491 ODER: BEGINNEN WIR MIT MARTIN BEHAIM

Nürnberg

Eisenbalken. Hölzerne Bügel. Eimer mit Leinwand und Leim. Eine Lehmform. Farben und Tuschen in vielen Farben. Die Kunstfertigkeit und der Schweiß von Handwerksmeistern. Schmiede, Buchmaler und ein Glockengießer lassen aus alldem eine Kugel entstehen (Durchmesser: etwas mehr als fünfzig Zentimeter). Wir schreiben das Jahr 1491, und in einer erfolgreichen deutschen Handelsstadt – in Nürnberg – wird an einem nicht nur kostbaren, sondern erstaunlichen Kunstwerk gearbeitet.

Die Handwerker sind eifrig damit beschäftigt, einen Globus herzustellen: ein Modell der ganzen Welt, wie sie sie kennen. Dabei orientieren sie sich an einer eigens dafür gedruckten Landkarte.

Als die Hohlkugel fertig ist, wird sie mit Gipskreide, einem kalkhaltigen Leim, überzogen. Pergamentstreifen werden auf die Kugelschale gelegt. Dann überträgt ein Illuminator aus der Region über einen Zeitraum von fünfzehn Wochen die Weltkarte auf den Globus, basierend auf der gedruckten Karte, die zunächst gezeichnet und dann farbig ausgemalt wird. Bis die Kolorierung abgeschlossen ist, geht die Rechnung für jeden Humpen Wein oder Bier zu den Mahlzeiten an die Nürnberger Stadtkasse, die bis zum letzten Pfennig für das Ganze zahlt. Aufgestellt wird der Globus nach seiner Vollendung in einem der Empfangsräume des Nürnberger Rathauses – zur Freude und Erbauung der Ratsherren, die im prächtigen gotischen Gebäude im Zentrum der Stadt ein und aus gehen. Der Globus verspricht künftigen Reichtum, denn mit seiner Hilfe soll sich genau bestimmen lassen, wo kostbare Edelsteine, reiche Perlengründe, exotische Hölzer und die besten Gewürze zu finden sind: eine ganze Welt voller Gelegenheiten, die sich die Nürnberger für ihren Handel erschließen wollen.

Verantwortlich für dieses arbeitsaufwendige Unterfangen ist Martin Behaim (1459–1507) – Kaufmann, Reisender und Seefahrer. Ende der 1480er Jahre ist er beim portugiesischen König João II. (1455–1495) zum Hofgeographen aufgestiegen. João II. will den portugiesischen Handel und die Ausdehnung seines Imperiums vom Atlantik über Afrika bis in den Fernen Osten vorantreiben – und er als Hofgeograph, davon ist Behaim überzeugt, ist entscheidend für dieses Vorhaben. In Nürnberg zumindest hat Behaim den Status einer Berühmtheit, hat er doch, nach eigenen Angaben, »ein Drittel der Welt umsegelt«.

Der Behaim-Globus ist einer der frühesten noch erhaltenen europäischen Versuche, die ganze Welt auf einem physischen Globus darzustellen. Er zeigt uns, wie sich eine Gruppe von Reisenden, Handwerkern, Gelehrten und Kaufleuten zu Beginn der 1490er Jahre – am Vorabend der Begegnung Europas mit dem amerikanischen Kontinent – die Welt vorstellte.

Abb. 2

Der Behaim-Globus, heute im Germanischen Nationalmuseum in Nürnberg ausgestellt, sieht wie ein moderner Globus aus. Er ist aufwendig in vielen Farben verziert und zeigt Länder, Flüsse, Völker, Orte, Berge, Tiere – mitsamt ausführlicher Beschriftung. Da der Globus etwa 2000 Ortsnamen, hundert Abbildungen und über fünfzig längere Beschreibungen wiedergibt, ist er also sowohl eine Skulptur, die den Planeten Erde zeigt, als auch eine Art Enzyklopädie zum Nachlesen. Der Globus ist im Laufe der Zeit gealtert und nachgedunkelt (und wurde mehrfach dürftig restauriert). Auf den ersten Blick ist daher schwer zu erkennen, was auf der Oberfläche abgebildet ist. Aber sobald sich die Augen darauf eingestellt haben, tauchen Kontinente, Inseln, Meere und winzige Zeichnungen auf und werden lebendig: eine Welt voller Details und Ziele.

Martin Behaim wurde in Nürnberg geboren, und sein Globus ist ein Produkt dieser besonderen Konstellation von Zeit und Ort. Zu dem Zeitpunkt, als er die Herstellung des Globus überwachte, war Nürnberg eine der größten Handelsmetropolen Europas und ein Ort immensen Reichtums. Das Geld der Familie Behaim stammte aus dem Handel mit Tuchen, genauer mit Luxustextilien, einem Geschäftszweig, der durch und durch international aufgestellt war: Aus dem Nahen Osten, aus Persien und sogar aus China stammten die feinen Baumwoll- und Seidenstoffe, Bänder und Tapisserien, der Damast und Taft, und ausgehend von Venedig wurden sie quer durch ganz Europa gehandelt. Nürnberg gehörte – wie Augsburg, Brügge, Köln, Florenz, Frankfurt, London, Lübeck und Paris – zu den schnell wachsenden, weltoffenen und gut vernetzten Handelsstädten des mittelalterlichen Europas. Martin Behaims wohlhabender Vater, der ebenfalls Martin hieß, war Kaufmann im damaligen kosmopolitischen Zentrum der europäischen Welt: in Venedig – wobei der Nachname »Behaim« wohl »aus Böhmen« bedeutet. Der Reichtum des mittelalterlichen Nürnbergs gründete auf dem Status der Stadt als wichtigster Marktplatz in Zentraleuropa. Auf den Nürnberger Märkten handelten die Kaufleute mit Waren aus dem Fernen Osten, insbesondere Gewürzen. So war die Stadt auch der Mittelpunkt des europäischen Handels mit dem hochgeschätzten und kostspieligen Safran, der nicht nur zur Verfeinerung von Lebensmitteln, sondern auch als medizinisches Heilmittel, zum Färben und für Parfüms verwendet wurde. Die Nürnberger Kaufleute waren in einem riesigen Gebiet tätig, das von Schottland bis zur Krim reichte, und unterhielten Handelsbeziehungen mit den Genuesen in Konstantinopel und den Tataren von Tana.

Es ist daher nicht verwunderlich, dass auch Martin Behaim Teile seines Lebens weit von Nürnberg entfernt verbracht hat. Als junger Mann, der die ersten Schritte in Richtung Berufsleben unternahm, absolvierte er nach damaligem europäischen Brauch seine Wanderjahre. Ein Wandergeselle (bezahlt pro Arbeitstag) zog von Stadt zu Stadt und ließ sich, nachdem er ein Handwerk erlernt hatte, nieder und schloss sich einer Zunft an. Es handelte sich also nicht um eine Form des ziellosen Reisens, sondern um eine Ausbildung, mit der das Wandern einherging. Als junger Mann aus einer Nürnberger Patrizierfamilie ging Martin in den Tuchhandel und arbeitete in den großen Handelsstädten Mechelen, Antwerpen und Frankfurt; auch Lissabon besuchte er, und in Portugal sollte er den Grundstein für einen Großteil seines späteren Lebens legen. Er heiratete dort seine Frau Joanna, die einer flämisch-portugiesischen Familie entstammte. Sie war auf der Azoreninsel Faial aufgewachsen, ihr Vater war dort Gouverneur der flämischen Siedlung.

Ende der 1480er Jahre unternahm Martin Behaim ausgedehnte Seereisen – Expeditionen nach Guinea in Westafrika, zu den Kapverden und möglicherweise auch darüber hinaus. Er lebte viele Jahre auf den Azoren und starb im Jahr 1507 in Lissabon. In seinem Leben hatte er einige der entlegensten Winkel der damals bekannten Welt besucht: Orte, die auf seinem Globus verzeichnet sind.

Behaim und sein Globus befinden sich im Zentrum Europas, dort, wo die Verbindungen zwischen Ost und West zusammenlaufen. Der Handel, der Behaim selbst, seine Familie und seine Geburtsstadt reich gemacht hat, ist die Anbindung nach Osten; die Verbindung nach Westen ergibt sich durch Behaims Aktivitäten in Portugal und seine Ambitionen, Teile des Atlantiks zu befahren, rund um die Azoren und die afrikanische Küste entlang.

Was auf Behaims Globus geschrieben steht, kombiniert Fakten

zum internationalen Handel mit folkloristischem Klatsch. So instruiert uns der Globus, dass in Seilan (Sri Lanka) die Menschen nackt herumlaufen. Auf den Neucuran-Inseln (den Nikobaren) östlich von Indien haben die Menschen einen Hundekopf, lesen wir. Und wir erfahren, dass die Isländer gutaussehende weiße Menschen sind, die Hunde zu stolzen Preisen verkaufen und ihre Kinder zwecks Bevölkerungskontrolle ausländischen Händlern überlassen. Auf Island können die Menschen achtzig Jahre alt werden, ohne jemals in ihrem Leben Brot gekostet zu haben (da dort kein Getreide wächst); statt Brot essen sie getrockneten Fisch. Und sie fangen den Kabeljau, der in Deutschland auf den Tisch kommt. Woher wissen wir, was davon wahr oder falsch, ein Gerücht oder eine Tatsache ist? Wenn wir – wie die meisten Menschen im Nürnberg des 15. Jahrhunderts – noch nie in Sri Lanka, Indien oder Island waren, können wir nur aus den Berichten anderer erfahren, was dort vor sich geht.

In den folgenden Kapiteln werden wir viele der Orte besuchen, die auf Behaims Globus erwähnt sind, und eine der Hauptquellen der Globus-Darstellung wird uns in groben Zügen die Reiseroute liefern: das Sir John Mandeville zugeschriebene (und circa 1356 entstandene) »Buch der Wunder und der Reisen«. Mandeville, dessen wahre Identität nicht eindeutig gesichert ist, bleibt darin eine Randfigur, sein Buch war jedoch – in zahlreiche Sprachen übersetzt und in unzähligen Handschriften, aber auch in gedruckten Ausgaben im Umlauf – einer der populärsten mittelalterlichen Reiseberichte. Die Reise, die der Autor beschreibt, beginnt in England als Pilgerfahrt und hat Jerusalem zum Ziel. Sie entwickelt sich aber zusehends zu einer Unternehmung, die seinen Wissensdurst weckt, so dass ihn sein Entdeckungseifer bis in den Fernen Osten führt. Diese Grundhaltung Mandevilles zieht sich durch die folgenden Kapitel. Die Darstellung seiner abwechslungsreichen Reise war nicht nur seinerzeit populär, sie greift auch einige wichtige Facetten des mittelalterlichen Reisens auf. Schließlich – und das ist vielleicht das

Wichtigste – finden wir dort eine Reise geschildert, auf die häufig verwiesen wird, die aber gar nicht stattgefunden hat. Der Autor behauptet, von England nach China gereist zu sein und dass der Papst sein Buch als »wahr« bestätigt habe. Doch eine solche Anerkenntnis hat es nie gegeben. Mandevilles Buch, das er nicht etwa auf Reisen, sondern in einer Klosterbibliothek geschrieben hat, ist eine Fundgrube für wunderbare Geschichten, die die Grenze der Glaubwürdigkeit bis zum Äußersten ausreizen – so ist wohl die wichtigste Region, die er weit hinter sich gelassen hat, die Sphäre der Wahrheit. Aber das soll ihn nicht als Quelle für das Verständnis des Reisens diskreditieren. Für Mandeville und für seine Leser, darunter auch Martin Behaim, war die ganze Welt ein enzyklopädisches Geschichtenbuch der unterschiedlichsten Landschaften und Gesellschaften, ein lebendiger Atlas der Phantasie, aus dem sich anthropologische, wissenschaftliche und moralische Lehren ziehen ließen.

»Viele Menschen empfinden großes Vergnügen und Trost«, schrieb Mandeville, wenn sie von unbekannten Dingen hören und lesen. Sich mit fernen Ländern zu beschäftigen sollte das Staunen über die Vielfalt der göttlichen Schöpfung und die Herrlichkeit der Welt wecken (auch wenn das Staunen über die Welt in gewisser Weise bedeutet, dass wir zugeben, nicht ganz zu verstehen, was wir gesehen haben). Reisen hieß lesen, lesen hieß reisen: Das Verständnis für Orte und Reiseberichte vollzog sich vor dem Hintergrund der Lektüre älterer Bücher, der Schilderungen anderer Reisender oder von Berichten vom Hörensagen, und das darin Festgehaltene war zum Teil bereits über lange Zeiträume hinweg weitergegeben worden. In der mittelalterlichen Reiseschriftstellerei vermischten sich Wahrheit und Unwahrheit, Augenzeugenberichte standen direkt neben phantastischen Geschichten aus der Antike. Sowohl Mandevilles Buch als auch Behaims Globus eröffneten dem lesenden Publikum mit ihren Erzählungen und Bildern die Möglichkeit, ferne Orte zu »besuchen«. Für die Handwerker in Nürnberg und für Behaims Familie – wie seine Schwestern Elsbeth und Magdalena, die in Nürnberger Klöstern lebten – war Behaims Globus die einzige Möglichkeit, die Welt zu sehen, und so war weniger wichtig, ob die Orte »real« waren, als vielmehr, wie sie ihr Publikum ansprachen.

Europa lässt sich seiner Form nach auf dem Behaim-Globus auch heute gut ausmachen. Die Britischen Inseln sind in detailliert gezeichneten Umrissen zu erkennen, wobei Schottland fast bis zum oberen Globuspol hinaufreicht. Frankreich erstreckt sich mit der Bretagne weit ins Meer, und die Insel Jersey erscheint überdimensioniert und jenseits des Finistère – nur einer von vielen Orten, die als das Ende der Welt bezeichnet wurden. Die Iberische Halbinsel, die Balearen, die Azoren und die Kanarischen Inseln sind fein säuberlich eingezeichnet, und wie auf der taktischen Karte eines Heerführers zeigen die Flaggen der jeweiligen Herrscher an, wer sie kontrolliert. In Dänemark sitzt ein König mit Zepter auf einem Thron. Die italienische Halbinsel, mit Korsika, Sardinien und Sizilien daneben, reicht weit ins Mittelmeer hinein. Die Ostsee und das Schwarze Meer sind ebenso verzeichnet wie Zypern oder Island. Ein deformiertes Skandinavien verschwindet am nördlichen Globusrand, und das heutige Russland erscheint, abgesehen von einzelnen Flüssen, weitgehend als Ödnis.

Nichtsdestoweniger ist für Menschen des 21. Jahrhunderts, für die eine Karte ein gewohntes Bild ist, Europa auf dem Behaim-Globus klar zu erkennen. Auch die Küstenlinien des Nahen Ostens und Nordafrikas – mit dem Nil, der durch Ägypten fließt, dem Roten Meer, der Arabischen und der Sinai-Halbinsel – werden modernen Betrachtern vertraut vorkommen.

Martin Behaim und die Männer, die für ihn an dem Globus arbeiteten, hatten jedoch eine ganz andere Vorstellung von der Gestalt der Welt als wir. Sobald wir über Europa hinausblicken, wird deutlich, dass sich die Darstellung auf dem Behaim-Globus von unserer Vorstellung von der Welt unterscheidet.

Am augenfälligsten ist, dass der Globus nur drei Kontinente zeigt:

Europa, Afrika und Asien. An den Polen hat er quasi eine Leerstelle. Im arktischen Norden lässt sich offenes Meer erkennen, das an den Norden Russlands grenzt. Im antarktischen Süden füllten Behaims Künstler den Raum mit dem Nürnberger Jungfrauenadler, Wahrzeichen und Siegelfigur der Stadt, halb Vogel, halb Frau mit bloßem Oberkörper und gekröntem Haupt, sowie den Fahnen, Wappen und Flaggen von Nürnberg und Europa. Jenseits der Grenzen der Regionen Tatarei und Cathay (im Großen und Ganzen das heutige Russland, Zentralasien und China) zerfällt Behaims Welt in eine Reihe von meist namenlosen Inseln, ganz als ob die Kontinente zu Treibgut geworden wären, das auf den weiten Meeren der noch verbleibenden Weltregionen schwimmt. In Behaims Welt gibt es zwei große Ozeane: zum einen den Westlichen Ozean, der in Europa beginnt und bis nach »Cipangu« (Japan) reicht, mit dem Indischen Ozean, der irgendwo unterhalb von Arabien und »Taprobane« (Sri Lanka) beginnt und sich bis in die Nähe von Java erstreckt, und zum anderen den Östlichen Ozean, der östlich von Java und südlich von Japan beginnt und auf den Westlichen Ozean trifft (dort, wo wir heute den Pazifischen Ozean verorten würden).

Aus solcherlei »Fehlern« lässt sich leicht ableiten, dass es den Europäern an Verständnis für den Planeten fehlte. Doch im Behaim-Globus kulminiert das Wissen aus Jahrhunderten, die Menschen mit der Entdeckung und Erforschung der Form der Welt verbracht hatten, mitsamt der Wunder, die im Erdenkreis zu finden waren. Erwähnenswert ist dabei, dass die Menschen im Mittelalter im Allgemeinen keineswegs daran glaubten, dass die Erde flach sei: Sie wussten, die Welt war kugelförmig, sie wussten lediglich noch nicht, wie sie sie umrunden konnten. Der »Tractatus de Sphaera« (die »Abhandlung über die Kugel«) von John of Holywood (auch als Johannes de Sacrobosco bekannt) war ein geographisches Werk, das jedem gebildeten Westeuropäer bekannt war. Diese Abhandlung, die auf Schriften von Aristoteles und Ptolemäus sowie Übersetzungen arabischer Astronomen fußte, war ab dem 13. Jahrhundert das beliebteste Lehrbuch der Astronomie (an vielen mittelalterlichen Universitäten war es Teil des »Quadriviums«, des weiterführenden Studienabschnitts innerhalb des propädeutischen Lehrplans).

Holywood erklärt darin die kugelförmige Gestalt der Erde, basierend auf der Beobachtung, dass Sonne, Mond und Sterne für »Orientalen [und] für Abendländler« zu je unterschiedlichen Zeiten erscheinen. Er beschreibt auch die »annähernd runde« Beschaffenheit der Meere. Holywood insistierte auf der Existenz der Antipoden und argumentierte mit Nachdruck für die Theorie der Klimazonen, wobei er sich auf die einflussreiche (um circa 400 verfasste) Vorlage von Macrobius stützte. Darin wird eine Welt beschrieben, die in fünf Zonen oder Kreise unterteilt ist: die nördlichen und südlichen Kältezonen (Arktis und Antarktis), eine brütend heiße Äquatorialzone, die unbewohnbar und »wegen der Glut der Sonne« kaum passierbar ist, sowie die nördliche und südliche gemäßigte Zone. Auf dem Behaim-Globus findet sich denn auch diese glutheiße Zone mit der Äquatorlinie vermerkt und einer Legende versehen, die erklärt, dass dort »Tag und Nacht gleich [sind] das ganze Jahr, 12 Stunden lang beständiglich«. Das südliche Äquatorialafrika ist dem Globus zufolge »ein sandiges, verbranntes Land, torrida zona genannt« und dünn besiedelt.

Jenseits dieser Zone, ob nördlich oder südlich, lässt sich vernünftigerweise vermuten, könnten alle Landmassen der »gemäßigten« Zonen bewohnbar sein. Die Darstellungen auf dem Behaim-Globus, ob sie nun unbestimmte Gerüchte über ferne Länder oder detaillierte Beschreibungen zu Handelskontakten wie etwa zu den Inseln und Königreichen in der Region von Java und Sumatra aufführen, legten nicht nur nahe, dass diese Länder bewohnbar seien, sondern auch, dass sie tatsächlich bewohnt waren. Die gelungene Verteilung der Landflächen über die Rundung des Behaim-Globus und die große Zahl an Hinweisen auf menschliche Siedlungen zeigen, dass der Wissensstand, über den die Nürnberger Globenmacher verfügten, durchaus aktuell war.

Viele angesehene Geographen und Philosophen des Altertums spekulierten über die Existenz eines bewohnbaren Landes, eines vierten Kontinents, der jenseits der glutheißen Zonen lag sowie von den bekannten Kontinenten Afrika, Asien und Europa separiert war. Ciceros »Traum des Scipio« (54–51 v. Chr.), der zusammen mit dem Kommentar von Macrobius im mittelalterlichen Europa weite Verbreitung fand, beschrieb die Bewohner der fernen südlichen Länder der auf- oder untergehenden Sonne, einer menschlichen Sphäre weit jenseits des kleinen nördlichen Teils der Welt, der von »Römern« (bzw. von Mittelmeeranrainern) bewohnt wurde. In Ciceros Darstellung konnten die Menschen der südlichen Zone (»die ihre Füße in entgegengesetzter Richtung zu [den unseren] aufsetzen«) keinerlei Verbindung zur nördlichen Zone Europas haben. Behaims Globus aber verbindet auf innovative Weise alles auf einer Kugel. Der Heilige Augustinus (354–430) hatte in seiner Schrift über den Gottesstaat die Möglichkeit eines antipodisch gelegenen Landes akzeptiert, hielt es aber für »zu ungereimt zu behaupten, es hätte irgendjemand aus dem oberen in den unteren Teil über den unermesslichen Ozean hin zu Schiff gelangen können, um auch dort das aus jenem einen ersten Menschen hervorgegangene Menschengeschlecht einzubürgern«.

Viele Geographen und Kartographen gingen davon aus, der Indische Ozean sei eine Art von Land umgebener »See«, und schlossen, dass sich im Süden des Planeten eine Landmasse befinden musste, die das Meer umschloss. Im 14. Jahrhundert war die Existenz einer Terra incognita in den südlichen Zonen der Welt weitgehend akzeptiert und verbunden mit der Vorstellung, sie grenze an bekannte Orte an und sei irgendwie erreichbar, auch wenn ihre genauen Merkmale und ihre Lage Gegenstand von Debatten waren. Es setzte sich die Auffassung durch, der Glutgürtel der »Torrida zona« könne unter gewissen Umständen passierbar sein. Ein Hinweis auf dem Behaim-Globus, darin Mandeville bzw. ursprünglich Holywood folgend, macht darauf aufmerksam, dass der Polarstern von den Antipoden aus nicht zu sehen ist, und dieser Hinweis ist auf dem Globus bei »Candyn«, einer Insel östlich von Java, verzeichnet. Auf »Candyn« und Java sowie auf den umliegenden Inseln, vermerkt der Behaim-Globus, sei der Nord- oder Polarstern nicht mehr sichtbar, dafür aber ein anderer Stern, »geheißen Antarcticus«, der südliche Polarstern. Das liege daran, dass dieses Land »Fuß gegen Fuß« mit »unserem« Land liegt, das heißt, es befindet sich an der Stelle der Antipoden Europas.

So schrieb Guillaume Fillastre (gestorben 1428), französischer Kardinal und begeisterter Geograph, »die, die in den entferntesten Teilen des Ostens leben, sind die Antipoden derjenigen, die in den entferntesten Teilen des Westens leben«. Zu Behaims Zeiten wurde also weithin angenommen, dass es erreichbare, aber noch unbekannte Teile der Welt gab, die möglicherweise von jeder Menge Menschen bevölkert waren, die darauf warteten, dass ihnen das christliche Evangelium gepredigt werde und sie mit dem Westen Handel treiben könnten.

Zugleich folgt die Darstellung auf dem Behaim-Globus (auch wenn der Globus das übliche Kartenformat überwindet) der mittelalterlichen Standardaufteilung der Welt: als Kugel mit drei Kontinenten, die im Wesentlichen dem entspricht, was wir heute als »T-O-Schema« bezeichnen. Diese christliche Anordnung der Kontinente – eine am Buchstaben »T« angelehnte Form inmitten eines »O« – war bis etwa 1500 die vorherrschende Vorstellung von der Erde. Demnach lag Asien im oberen Sektor, Europa unten links und Afrika unten rechts. Das T wurde von drei Gewässern gebildet (in der Regel waren das der Don, der Nil und das Mittelmeer). Das O stand für den Großen Ozean, der die Ökumene (die Gemeinschaft der besiedelten Regionen in den lange verbürgten Grenzen), sprich die bekannte Welt, umgab. Auch auf dem Behaim-Globus dominieren die drei Kontinente Afrika, Asien und Europa, allesamt durch die Ozeane verbunden, die Darstellung.

Der Globus war im deutschen Sprachraum auch als »Erdapfel«

bekannt. Dieser Name greift zum einen das Material, zum anderen die Form des Planeten auf und verweist zudem auf das mittelalterliche Verständnis, den Planeten als eine organische Frucht, einen lebendigen Kreis anzusehen. Dies war Gottes Gabe in seiner vollkommenen Schöpfung. Der Nürnberger »Erdapfel« spiegelte eine Welt wider, die von Routen durchzogen war, die Reisende – einschließlich Behaim selbst – zurückgelegt hatten, und all die Gebiete, die Reisende jenseits der Meere zu finden erwarteten. Der Globus ist mit der winzigen, im T-O-Schema verzierten Kugel vergleichbar, die das Jesuskind auf einem Fresko aus dem 14. Jahrhundert wie einen Apfel in der Hand hält. Auf dem Fresko, das in Florenz (wie Nürnberg eine »Weltstadt« des Handels und des Wohlstands im mittelalterlichen Europa) gemalt wurde, hat das Christuskind die ganze Welt in seiner Hand. Hier ist das T des T-O-Schemas gespiegelt, möglicherweise um die Perspektive Gottes anzudeuten, der von oben auf die Welt herabschaut.

Nach dem T-O-Schema gestaltete Karten stellten die Welt in vollendeter Dreifaltigkeit dar, durch Gottes Werk in saubere Teilkontinente aufgeteilt. Dies entsprach der biblischen Aussage, dass alle Menschen über die drei Söhne Noahs von Adam abstammten (Genesis 9). Dieser ethnographischen Theorie zufolge lebten die Nachkommen Sems in Asien, während sich in Afrika die Nachkommen Hams ansiedelten und in Europa Jafets Nachkommen zu finden waren. Wenn das Christentum überall verbreitet werden sollte, wie es Jesus mit der Aufforderung »lehret alle Völker« in Matthäus 28,19 angeordnet hatte, dann war ein Globus wie der Nürnberger »Erdapfel« eine Möglichkeit, die gesamte bewohnbare Welt darzustellen und zu verbinden. Das Evangelium und der

Abb. 3

Handel könnten endlich jene Orte jenseits der heißen Zonen erreichen, die einst als unerreichbar galten.

Auf der Quittung der Nürnberger Stadtkasse, aus deren Geldern der Behaim-Globus bezahlt worden war, ist vermerkt, dass er für die direkte Nutzung durch die mächtigen Ratsherren der Stadt bestimmt war (in Nürnberg lenkte der Rat der Stadt, den Zünften übergeordnet, deren Geschicke). Während sie den Globus drehten, erinnerten sich die zu Wohlstand gekommenen Nürnberger Bürgerschaftsvertreter möglicherweise an Reisen, die sie selbst unternommen hatten. Der Nürnberger Stadtrat Georg Holzschuher (gestorben 1526), der die Herstellung eines Globus anregte und die Ausgaben des Rates dafür überwachte, war 1470 selbst als Kaufmann und Pilger nach Ägypten und Jerusalem gereist. Georg Glockenthon (gestorben 1514), der den Globus illustrierte, hatte für deutsche Pilgerreisende Karten zur Via Romea, dem Pilgerweg nach Rom, angefertigt. Manche mochten an kühnere Ziele denken, die sie besucht hatten oder noch besuchen wollten. Vielleicht dachten sie auch an die Herkunft der Waren, denen sie ihren Reichtum verdankten. Oder sie machten sich Gedanken über die portugiesischen Entdeckungen in Afrika, von denen Monat für Monat Nachrichten nach Europa drangen, die das Wissen über die Welt revolutionierten. An diesen Entdeckungen sollten verschiedene Mitglieder der Familien Behaim und Holzschuher in den kommenden Jahren aktiv beteiligt sein. Vielleicht standen ihnen auch phantastische Reiseziele vor Augen, die ihre Neugierde geweckt hatten, so dass ihre Phantasie sie an Orte führte, die sie nur aus Büchern und von Bildern kannten.

Wo auf dem Globus eigentlich der Ortsname »Nürnberg« stehen müsste, lautet die Beschriftung »Behaim«. Der Globus war ein Statussymbol, mit dem der Nürnberger Seefahrer sein Wissen über die ganze Welt in den Händen halten konnte. Der Globus verschaffte Behaim und den braven Bürgern von Nürnberg eine gottgleiche Sicht auf die Welt. Er verweist im Hinblick auf die Beherrschung des Raums sowohl auf Behaims Vergangenheit wie auf seine Zukunft und stellt die Welt aus der Perspektive eines einzelnen Mannes zu einem bestimmten Zeitpunkt in der Geschichte dar.

Blicken wir auf eine Weltkarte, vergessen wir leicht die eigene Gegenwart. Wie das Fotoalbum eines Urlaubs kann ein Globus der Ausgangspunkt für Geschichten darüber sein, was wir auf unseren Reisen gesehen haben, welche Orte wir besucht und welche Route wir genommen haben. Ein Globus könnte zur Navigation und auf Erkundungstouren nützlich sein, aber das Format des Behaim-Globus eignete sich nicht für unterwegs. Als herausgehobener Gegenstand von beträchtlicher Größe und mit luxuriöser Ausstattung war er ein Souvenir, ein Erinnerungsstück. Eine seiner Funktionen mag darin bestanden haben, Orte in Miniaturform und vor dem geistigen Auge präsent zu machen. Die Beherrschung des Raums ist für die Menschen immer leichter vorstellbar als die Beherrschung der Zeit, da sie glauben, dass sie den Raum besitzen können, während sie sehr wohl wissen, dass ihnen die Zeit nicht gehören kann. Mit einem Antippen zieht auf dem Globus die Welt vorbei, in Abhängigkeit von der Perspektive des Betrachters, Städte sind zu winzigen Punkten geschrumpft, und von gewaltigen Küsten bleibt nur ein Umriss, zart wie ein Band. In diesem Moment tritt die zeitliche Dimension hinter die räumliche zurück, und wir scheinen alles zu sehen und zu wissen.

Der Behaim-Globus entstand an einem wichtigen historischen Wendepunkt. Zumindest für Europa war das Ende der Epoche, die wir als »Mittelalter« kennen, eingeläutet, die »Frühe Neuzeit« begann sich durchzusetzen. Wir befinden uns am Vorabend der europäischen Besiedlung Amerikas, denn bis 1492 ist es nicht mehr lang. Weitere Ereignisse – beispielsweise der Erste Kreuzzug im Jahr 1096, die osmanische Eroberung Konstantinopels 1453 oder die reformatorische Kritik am Pilgerwesen, die ab den 1520er Jahren öffentlich verkündet wurde, stellen für die Geschichte des mittelalterlichen Reisens ähnliche Einschnitte dar, so dass sich mit ihnen das Wesen des Reisens erheblich veränderte. Aber können wir das Reisen überhaupt definieren?

Der Großteil der mittelalterlichen Mobilität war stark an bestimmte Orte gebunden: den Markt, auf dem bestimmte Waren ge- oder verkauft wurden, das Kloster, wenn ein Ordensangehöriger von seinem bisherigen zu einem anderen Kloster wechselte, oder einen bestimmten Aufstellungsort, an den die an einer Schlacht teilnehmenden Soldaten reisten. In Westeuropa bildete sich allerdings im Laufe des Mittelalters eine Form des Reisens als die vorherrschende heraus, die in der Regel auch ein touristisches Element enthielt: die Pilgerreise. Menschen auf Pilgerfahrt nutzten meist eine der schon bewährten Routen, wählten als Ziel einen der bei vielen Menschen hochgeschätzten Sehnsuchtsorte und kehrten nach einer persönlichen Entwicklung, gestärkt oder genesen und wie ausgewechselt nach Hause zurück. Die Gründe und Motive für eine Pilgerreise waren vielfältig – manche traten die Reise aus eigenem Antrieb an, andere hatten medizinische Gründe, wieder anderen war sie zur Strafe auferlegt worden, und einige unternahmen die Pilgerfahrt im Namen ihrer Gemeinschaft –, aber eine Pilgerreise war immer eine Reise zu einem besonderen Ziel. Orte wie Walsingham, Canterbury, Aachen, Wilsnack, Köln, Santiago de Compostela, Rom, Bari und Jerusalem hatten eine große Strahlkraft und waren mittels ihres Charismas von Heiligkeit wichtige Wallfahrtsorte für christliche Pilger geworden. Doch um 1350 weisen Reisen zu diesen Zielen Charakteristika und auch eine Infrastruktur auf, die wir mit heutigem Massentourismus oder sogar mit Pauschalreisen verbinden: Um ein gewisses Maß an Komfort, Sicherheit und Geselligkeit geboten zu bekommen, taten sich Gruppen von Reisenden zusammen und bezahlten Dienstleister und Lieferanten; nicht zuletzt beauftragten sie Reiseveranstalter, sich in ihrem Namen um die typischen Hürden wie Sprach- und Transportprobleme, den Währungsumtausch und die Versorgung mit Lebensmitteln zu kümmern. Die Veranstalter stellten die Reisegruppen ohne jede Rücksicht auf soziale Unterschiede zusammen, was regelmäßig zu Reibereien führte, aber auch neue Freundschaften entstehen ließ. Dass alle wussten, wohin die Reise ging, und zumindest auch ansatzweise, wer mit dabei sein würde, milderte das Ungewohnte an der Situation etwas.

Reisen ist eine Suche – nach Glück, nach Erlösung, nach Reichtum –, und doch ist der bestimmende Aspekt oft, dass ermüdende praktische Herausforderungen bewältigt werden müssen, so im Verkehrsgeschehen, beim Geldwechseln oder im Fall von Krankheiten, Unannehmlichkeiten, Verspätungen und Stornierungen. Durch das Reisen bilden sich bestimmte Ziele heraus sowie eine Dienstleistungsbranche und die zugehörige Infrastruktur, die darauf spezialisiert sind, das Reisen dorthin zu unterstützen. Neben den Konstanten, etwa dem Gepäck und dem Packen, kann Reisen vieles beinhalten: Boote oder Maultiere besteigen zu müssen, neue Papiere oder Schutzbriefe für freies Geleit zu brauchen, merkwürdige Esswaren und zweifelhafte Getränke angeboten zu bekommen – Gastfreundschaft kann da erbarmungslos sein –, Begegnungen mit alter und neuer Architektur, fremde Toilettenkonstruktionen und furchteinflößende Straßen. Zum Reisen gehört, sich dabei zu ertappen, andere Menschen aufgrund ihrer Kleidung oder ihrer Bräuche anzustarren. Reisen heißt, sich dem Wetter und seinem Reiseführer auszuliefern. Auf Reisen erleben wir unerwartete Momente der Freundschaft mit Menschen, die gar nicht unsere Sprache sprechen, oder streicheln streunende Katzen oder zahme Vögel, als sollten sie lebenslange Gefährten werden.

Ob es uns recht ist oder nicht, vor dem Reisen sind wir alle gleich. Reisende sind nicht nur auf vielfältige Weise mit der Verpflichtung zu Gemeinschaft oder aufgezwungener Intimität konfrontiert, das Reisen macht die Menschen auch von einer Dienstleistungsbranche abhängig, die sie gleichermaßen unterstützen wie schröpfen will. Reisen weckt, ohne weiteren Anlass, ein aufregendes Gefühl der Ungewissheit mit dem Versprechen auf unbekannte Welten. Reisen beschert den Menschen unerwartete Erfahrungen der Entwurzelung und beunruhigende Momente des Déjà-vu. Reisen ist der Versuch, sich der Verantwortung zu entziehen, sich über Kontinente und Sprachgrenzen hinweg treiben zu lassen, sich von all dem zu lösen, was zu Hause falsch läuft und nicht funktioniert. Reisen ist nur gelegentlich episch, immer persönlich, aber es birgt denkwürdige Momente voller Begeisterung in sich, Momente, die schwer in Worte zu fassen sind und deren Außergewöhnlichkeit in Erinnerung bleibt und weitererzählt wird. Reisen lässt uns grobe Verallgemeinerungen treffen und selten feine Unterschiede machen und führt zu Erfahrungen, die, wenn auch dem Zufall überlassen, seltsam vorhersehbar sind – es bleibt nicht aus, dass wir Leid, Gehässigkeit und Sehnsucht erleben.

Reisen weckt den Wunsch, an Orte zu reisen, von denen wir aus glaubwürdiger Quelle gehört haben, auch wenn diese Geschichten sich nicht unbedingt als wahr herausstellen müssen. Reisen fordert uns körperlich und geistig heraus, wenn auch nicht immer gleichzeitig. Reisen trainiert die aktive Neugier, während es paradoxerweise auch lange Phasen der Passivität mit sich bringt, in der Reisende sitzen und warten und mit Verspätungen, Krankheiten und Langeweile zurechtkommen müssen. Bei den meisten Reisen geht es um irgendeine Art von Zugewinn oder Vergnügen, aber der Zweck des Reisens ändert sich oft während der Reise. Wenn wir reisen, suchen wir häufig nach der »richtigen« Art des Reisens, die uns dessen gewünschten Ertrag und Segnungen zustattenkommen lässt. Dabei vergessen wir, dass unsere Schritte uns nicht weit tragen; unsere tatsächliche Position bzw. Disposition bleibt oft beinahe unverändert.

Eine enge Definition des Reisens ist zum Scheitern verurteilt, denn jede Reise ist – ob geplant oder durch die Umstände bedingt – einzigartig. Dass zwei Reisende der gleichen Route folgen, bedeutet nicht, dass sie die gleiche Reise erleben. »Reisen«, das sind auch die Geschichten, die wir erzählen, wenn wir nach Hause kommen, und nicht nur die tatsächlichen Erfahrungen, solange wir teils unbeholfen, manchmal verbissen oder unter Schmerzen über die Oberfläche des Planeten kriechen. Reiseführer, die auf verschriftlichten Erfahrungen basieren, ähneln oft mehr einem Überlebenshandbuch: Die Beschreibungen erläutern meist, wie Reisende es am besten schaffen durchzuhalten – den Ort zu genießen steht oft nicht an erster Stelle. Doch für die nachfolgenden Reisenden sind Berichte über das eine oder andere Missgeschick weitaus nützlicher als selbstgefällige Prahlerei über gelungene Reisen. Und wie wir ein ums andere Mal sehen werden: je schlimmer die Reise, desto bunter die Geschichten.

Guter Rat für Reisende: »Wer auf einer Reise eine schöne Wiese bewundert und die Reise abbricht, weil er darüber vergessen hat, wohin er ursprünglich hatte aufbrechen wollen, der wird für einen sehr törichten Reisenden gehalten werden.«

Sprichwort, Egberts von Lüttich, *Fecunda ratis (Das vollbeladene Schiff)*, circa 1023

Die Illustratoren des Behaim-Globus sahen sich mit einer Herausforderung konfrontiert, der viele frühe Kartenmacher aus dem Weg gegangen waren: Sie mussten die Ausdehnung des atlantischen Raums darstellen, der von Portugal bis nach Japan reichte, anstatt die wassergefüllten Weiten des Atlantiks der Phantasie zu überlassen. Zeitgenössische Betrachter mittelalterlicher Weltkarten stellten sich den Atlantik gleichsam als auf der »Rückseite« der Karte gelegen vor, aber ein Globus ermöglichte die Visualisierung und Darstellung der gesamten, noch weitgehend unbekannten, Europa, Asien und Afrika verbindenden Meere.

Auf Behaims Globus befindet sich in der Mitte des Atlantiks, etwas westlich der Kapverden, die Insel »Sant Brandan«. Der winzige Text auf dem Globus vermerkt neben der Insel: »Nach Christi

Geburt [im Jahr] 565 kam der S. Brandan mit seinem Schiff an diese Insel, der daselbst viele Wunder besah und über sieben Jahr darnach wieder in sein Land zog.« Der Globus verweist hier auf die legendäre Insel des Heiligen Brendan, zu welcher der irische Heilige im 6. Jahrhundert auf der Suche nach dem Paradies und dem gelobten Land der Heiligen segelte. Derjenige, der dies auf dem Globus eintrug, kannte die Legende des Heiligen Brendan, hielt die Beschreibung der Insel aber sicherheitshalber doch lieber vage.

In der weit verbreiteten Geschichte des Heiligen Brendan (die wahrscheinlich ursprünglich im 9. Jahrhundert in Irland geschrieben wurde und in Latein, aber auch in anderen Sprachen, so etwa in Frühneuhochdeutsch, und in verschiedenen Versionen in ganz Europa kursierte) war das von ihm gefundene Land eine Insel, auf der es immer Tag war und die Sonne niemals unterging, ein üppig bewaldetes Utopia mit Bäumen, die über und über köstliche Früchte trugen. Jeder Kieselstein war ein kostbares Juwel, und frisches Wasser floss in Strömen.

Nachdem Brendan und seine Gefährten nach vierzehn Tagen abgereist waren, hat niemand die Insel je wieder gesehen. Dennoch liest man weiterhin in Geschichten und Reiseberichten über die Insel des Heiligen Brendan: ein Phantasiegebilde, kein realer Ort, der nichtsdestoweniger eines Tages besucht werden könnte. Auf Behaims Globus segeln vier Schiffe nördlich der Insel Sankt Brendan in Richtung Westen, ein Verweis auf die realen europäischen Entdeckungsfahrten im Atlantik zu Behaims Zeiten. Doch neben diesen Schiffen schwimmt ein Hippocampos, ein Seeungeheuer aus der griechischen und römischen Mythologie, das teils Pferd, teils Fisch ist. Der Hippocampos reist mit den europäischen Schiffen in Richtung Westen, denn die Reisenden nehmen ihre Vorstellungen von der Welt, ihre Mythen, Legenden und Vorurteile mit auf die Fahrt.

Wie aus der Einbeziehung der Insel Sankt Brendan ersichtlich ist, zeigt der Behaim-Globus mehr als das, was Behaim selbst im

Anschluss an seine Reisen als Augenzeuge weitergeben konnte. Der Globus stellt Informationen aus mittelalterlichen und teils noch weit älteren Reiseführern bereit: Er versammelt Angaben aus den klassischen Schriften von Ptolemäus von Alexandria, Plinius, Strabo und den nicht ganz so weit zurückliegenden mittelalterlichen Berichten von Marco Polo und Sir John Mandeville sowie das Wissen aus den aufwendigen Portolan-Seekarten des 15. Jahrhunderts – für Behaims Globenmacher alles wichtige Quellen. Das Nebeneinander der Informationen aus verschiedenen Quellen, wie es auf dem Behaim-Globus dargestellt ist, lässt uns verstehen, dass dem mittelalterlichen Reisen eine Kompilation aus bis in die Antike zurückreichenden Geschichten und Augenzeugenberichten zugrunde lag, eine verlockende Melange aus Folklore, Geschichte, Geographie, Anthropologie und Klatsch.

Reisen finden vor einem gesellschaftlichen Hintergrund statt, der in der Regel auch Aspekte von weltlicher Macht, Eroberung und Herrschaft beinhaltet. Für Behaim sind etwa Orte wie Japan und Sumatra durch den Reichtum ihrer Vorräte an »Moscat« (Muskatnuss) und »Pfeffer« definiert, begehrte und luxuriöse Gewürze, die über Nürnberg für die geschäftstüchtige Kaufmannsschicht des mittelalterlichen Europas beschafft und gehandelt wurden. Auf dem Globus findet sich eine detaillierte Darstellung dazu, dass »die Spezerei in den Inseln in Indien und im Orient [im Sinne des Fernen Ostens ist damit das heutige Südostasien gemeint] in mancherlei Hände verkauft wird, ehe sie heraus kommt in unser Land«: Die Handelsroute für Gewürze führt von kleinen Inseln nach Java, dann nach Sri Lanka und so weiter, dann nach Aden, Kairo und Venedig, so dass auf die Waren auf ihrem Weg quer über den Globus zwölfmal Zölle erhoben wurden. Der Globus bot also eine Möglichkeit, die weltumspannenden Produktions- und Handelsketten darzustellen. Wenig überraschend, ist der Behaim-Globus aber gleichzeitig auch eurozentrisch und an der christlichen Dogmatik orientiert. So werden etwa die Menschen von Tatarstan bis nach Asien als »Heiden« bezeichnet. An anderer Stelle heißt es, sie »beten alle Abgötter an«. Darüber hinaus wird Afrika von nackten dunkelhäutigen Männern aus Zelten heraus regiert, ganz im Gegensatz zu Europa, dessen hellhäutige christliche Herrscher allesamt in prunkvollen Gewändern auf einem Thron sitzen.

Aus unserer modernen Perspektive ist es leicht, die limitierten Vorstellungen abzuqualifizieren, die sich mittelalterliche Reisende von Geographie und Raum machten, und die fehlerhaften Annahmen zu belächeln, denen sie aufsaßen. Nur, eine Vergegenwärtigung der Welt kann nie vollständig sein. Noch während ich schreibe, verändern Erosion, Überschwemmungen, Waldbrände, Verstädterung, Erdbeben und Vernichtung das Aussehen des Planeten. Flüsse ändern ihren Lauf, und große Seen und Binnenmeere trocknen aus. Mehr noch, welche Ziele wir unbedingt besuchen wollen oder meinen, besucht haben zu müssen, das ändert sich mit geradezu schwindelerregender Geschwindigkeit. Da der Behaim-Globus um circa 1491 in Süddeutschland angefertigt wurde, gibt es darauf keinen Hinweis auf Amerika, denn ein solcher Ort war in Nürnberg unbekannt. Kolumbus ging erst im Oktober 1492 in der »Neuen Welt« (wahrscheinlich auf den Bahamas) an Land. Was zu allen Zeiten für Kartographen wie für Autoren von Reiseführern gilt, triff auch für das Werk von Behaims Team zu: Es war schon vor seiner Fertigstellung veraltet. Schon die jüngsten portugiesischen Entdeckungen im südlichen Afrika sind auf dem Globus nicht verzeichnet. Und bereits zehn Jahre später sollten ähnliche Karten Nord- und Südamerika, das Kap der Guten Hoffnung, Details der indischen Küste und die Gewürzinseln im Fernen Osten verzeichnen.

Der Behaim-Globus war nicht unbedingt auf Genauigkeit ausgelegt. Sogar wenn es um Behaims eigene Reisen geht, sind die Darstellungen nicht ganz korrekt. Der Text auf dem Globus suggeriert, Behaim habe während seiner Reise als Navigator an Bord einer portugiesischen Karavelle in den Jahren 1484 und 1485 erstmals einen großen Teil des südlichen Afrikas kartographiert, wobei er die Inseln São Tomé und Príncipe entdeckte und die Route zur Umrundung des Kaps der Guten Hoffnung im südlichen Afrika fand. Tatsächlich war der größte Teil dieser Route lange vor Behaim kartiert worden, und die auf dem Globus verzeichneten Berichte schweigen zu der sensationellen Nachricht, die sich in Europa schleunigst verbreitet hatte, dass Bartolomeu Dias (gestorben 1500) im Jahr 1488 das Kap der Guten Hoffnung umrundet hatte.

Die Globustexte konstruieren und zelebrieren die Bedeutung und Bekanntheit Behaims als Nautiker und Entdecker – und leisten so einen Beitrag zu seinem persönlichen Renommee und zum Ruhm der Stadt Nürnberg. Mit dem Schreiben über das Reisen ermächtigen sich die Reisenden, die Welt aus ihrem Blickwinkel und nach ihren Grundsätzen zu zeigen und ihre Reisen dem Bild anzupassen, das sie von sich selbst haben. Und haben wir nicht alle schon einmal darüber geflunkert, wie unerschrocken wir auf unseren Reisen gewesen sind? Oder dick aufgetragen, wie unglaublich besonders ein Ort gewesen ist, den wir besucht haben? Das Bild, das der Behaim-Globus heraufbeschwört, bleibt verführerisch, denn darin haben über viele Generationen hinweg weitergegebene Reiserouten, Reiseberichte und die pure Lust am Reisen ihre Spuren hinterlassen. Er verspricht, uns mit einer Drehung seiner eisernen Achse und seiner hölzernen Reifen in einen wundergleichen Orbit zu transportieren, der uns neue Welten offenbaren und ein Gegengewicht zu unserem starren, beengten Alltagsleben bieten kann.

KANN ICH DAFÜR AUCH IN BLAFFERT ZAHLEN?

Währungen und Umrechnungssysteme unterschieden sich im mittelalterlichen Europa stark. Währungen waren oft nur lokal begrenzt gültig, sprich in einer Stadt oder einem spezifischen Herrschaftsbereich, und es wurden verschiedenste Metalle verwendet. Ab dem 13. Jahrhundert waren Florentiner Gulden, später venezianische Dukaten allgemein akzeptiert, und das internationale Bankwesen begann sich zu entwickeln. Die meisten Reisenden hatten keine andere Wahl, als ihr Münzgeld unterwegs zu wechseln, gleich, wo ihre Reise tatsächlich entlangführen mochte und welcher Wechselkurs ihnen angeboten wurde.

Kurse für den Geldwechsel auf dem Weg zwischen Canterbury und Rom um circa 1470

Zunächst sollte man sich bei der Bank von Jacopo de Medici in London ein Akkreditiv besorgen. Der jeweilige Kurs beträgt

9 englische Schillinge = 2 römische Dukaten
40 englische Schillinge = 11 rheinische Gulden des Herzogtums Burgund. Geld kann auch in Brügge, wo es eine Bank gibt, gewechselt werden.
1 rheinischer Gulden = 21 Brabanter Stüber (Stuiver)
[1 Brabanter Stüber = 3 Brabanter Plaken]
1 Brabanter Plak = 24 Mijten
1 rheinischer Gulden = 24 Kölner Pfennige
1 Kölner Pfennig = 12 Heller
1 böhmischer Dukat = 12 Feras
1 Gulden = 21 Blafferte
3 Deventer Plaken = 5 Kölner Pfennige
1 Messingpfennig = 2 halbe Pfennige
1 brüggescher Lylyard = 3 halbe Pfennige
1 alter Groschen (Grosso) = ein halber Groschen plus ein halber Pfennig
3 niederländische Philipps-Gulden = 5 Groschen
1 flämischer Stüber (Stuiver) = 1 Plak plus 11 Pfennige

1 Lilien-Plak = 3 halbe Pfennige
1 Korte = 2 Mijten
1 neuer Plak = 4 Pfennige
1 alter Plak = 2 Pfennige
1 Stüber (Stuiver) = 5 Pfennige
6 Kölner Pfennige = 5 Stüber (Stuiver)
6 Plaken = 3 Stüber (1 Stüber (Stuiver) ist also 2 Plaken wert)
1 Kölner Lylyard = 2 1/2 Pfennige
1 böhmischer Dukat = 3 Kreuzer oder 1 Blaffert
1 römischer Carlino = 4 Soldo
1 päpstlicher Groschen = 4 Bolognini
1 Bolognino = 6 Feras oder 6 Katharinas
1 Dukat = 28 venezianische Groschen (Grossi)

Kapitel 2

DER BEGINN EINER REISE MIT DAME BEATRICE, EARL HENRY UND BRUDER THOMAS

Irnham · London · Rye

Im Jahr 1350 treffen wir Dame Beatrice Luttrell (circa 1307 bis circa 1361) in ihrem Herrenhaus auf dem Land in Lincolnshire beim Packen für eine Reise an. (Ihr Titel »Dame« ließ ihren edlen Status ebenso wie ihre Rolle als den Haushalt führende Herrin erkennen.) Dame Beatrice gab Anweisungen, und ihre Zofe Joan kümmerte sich um das Packen. Genauer gesagt, Dame Beatrice beaufsichtigte und instruierte ihre Zofe Joan, und die gab die Anweisungen weiter an Henry, den noch keine vierzehn Jahre alten Burschen und Diener, der das Packen besorgte.

Sir Andrew (gestorben 1390), Dame Beatrices Ehemann, der gerade aus der Gascogne und den Kriegen mit den Franzosen zurückgekehrt war, hatte einige Jahre zuvor die Ländereien der Familie geerbt. Und schon bald hatte sich Dame Beatrice an ihre Rolle als Hausherrin und an das gute Leben gewöhnt: Auf dem Landgut, einem Ort des Überflusses, wehte einem stets der Duft von röstendem Schweinebraten und frisch gebackenem Brot entgegen. Während die jüngste Pestwelle England überrollte und die Seuche etwa ein Drittel der Bevölkerung dahinraffte, hatte sie hier ausgeharrt. Priester, Staatsdiener, ja sogar mancher Bischof und die Königstochter waren der Seuche zum Opfer gefallen. Doch an Dame Beatrice war sie vorübergezogen, ihr Zuhause hatte sich als sicherer Ort erwiesen.

Allerdings hatte ihr großes Haus, das mit seinen grauen Steinen inmitten der einsamen Wälder Ostenglands gravitätisch im Regen aufragte, für sie in einer Hinsicht eine bittere Erfahrung bereitgehalten. Dame Beatrice, nun schon über vierzig Jahre alt, war kinderlos geblieben. Vielleicht würde ihr nach einem Besuch Roms und einer Reise über belebte Straßen und durch Städte mit wogenden Märkten und sagenumwobenen Schreinen und Altären die Gnade zuteilwerden, einen Erben zu empfangen und zur Welt zu bringen. Dame Beatrice hatte sich deshalb vorgenommen, von ihrem Landsitz Abschied zu nehmen und ihren bärtigen Gatten ganz den Krähen, den Kaninchen, dem Rotwild, den Rebhühnern und Fasanen zu überlassen. In ihrer Abwesenheit würde sich Sir Andrew im Bogenschießen üben, mit dem Falken auf seinem Handschuh sitzend ausreiten und mit einem Aderlass seine Körpersäfte wieder ins Gleichgewicht bringen können.

Dame Beatrice und Zofe Joan kommandierten den jungen Henry hin und her, und wenn sie ihn anschnauzten, mischte sich in ihr Englisch ihr höfisches Englisch-Französisch, so dass sie ihn »gareson«, (garçon, also Page, Junge) nannten. Dabei gab es eine Menge Gepäck, das der junge Diener zu bewältigen hatte: Reisetaschen und Truhen und Bündel, allesamt übervoll bepackt.

Ziel ihrer Pilgerreise war Rom, auch wenn Beatrice und ihre Familie zuvor schon andere Pilgerreisen unternommen hatten. Ihre Pilgerziele wählte die Familie ganz nach dem Anlass und der zur Verfügung stehenden Zeit. Bei Zahnschmerzen war Dame Beatrice schon manches Mal zur Kirche in Long Sutton (eine Reise von ein paar Stunden gen Osten) gepilgert. Ein Fenster dieser Kirche zeigte ein Heiligenbild der Heiligen Apollonia, einer Märtyrerin, der unter der Folter die Zähne mit Hämmern zerschlagen und mit Zangen herausgezogen worden waren. Dame Beatrice spendete der Heiligen dann ein oder zwei Pfennige. Ein Besuch bei der Heiligen Apollonia schien die Zahnschmerzen immer zu heilen. Als ihr Vater, Lord Scrope, bei einem Turnier an der Hand verletzt wurde, betete die Familie zum Heiligen William von York (einem Erzbischof aus dem 12. Jahrhundert, dessen wundertätiges Wirken als gut dokumentiert galt und dessen Grab zu Zeiten den süßesten Geruch verströmte oder Quelle eines heilenden Öls war). Dank des Heiligen William wurde Lord Scropes Hand geheilt. Daraufhin pilgerte die Familie gemeinsam nach York und brachte am Schrein des Heiligen eine Opfergabe dar: eine Bienenwachs-Nachbildung von Lord Scropes Hand. Auch Beatrices kürzlich verstorbener Schwiegervater Geoffrey hatte in Erinnerung an die Pilgerreisen, die er zu Lebzeiten im ganzen Land unternommen hatte, und als Beitrag für sein Seelenheil Geld für Heiligendarstellungen in London, Canterbury, York, Walsingham und Lincoln gestiftet. Dame Beatrice trug an ihrem Mantel eine Reihe von metallenen Plaketten, die auf vorangegangene Reisen hinwiesen. Auf eine dieser Medaillen war das detaillierte Bild einer Hütte geprägt, eine Erinnerung an einen Besuch des Heiligen Hauses von Walsingham (ein Bauwerk, das auf wundersame Weise von Nazareth nach Norfolk gelangt war).

Und nun, Ende 1350, als die große Pestwelle nach zwei Jahren abzuklingen begann, war es dringend an der Zeit, eine Pilgerreise zu unternehmen. Die Menschen waren überzeugt, Gott habe die Pest als Zeichen der Vergeltung geschickt. Für Pilger wie Dame Beatrice war der Moment gekommen, Reue zu zeigen, zu versprechen, sich künftig stets gottgefällig zu verhalten und auch nach außen sichtbar Buße zu tun, indem sie ihr Zuhause verließen. Es erschien ihnen unabdingbar, ihren Glauben an Gott und die Heiligen mit einer solchen Reise unter Beweis zu stellen. Buße tun, Reue und Hingabe zeigen, pilgern, so war überall zu hören, waren die beste Medizin gegen die Pest.

Dame Beatrice ließ sich vom Pagen Henry ihre neuen ledernen Reiseschuhe bringen, die sie nach der neuesten Mode bei einem Schuhmacher in Lincoln bestellt hatte. Das Modell nannte sich »Krakauer Stiefel«, schloss ziemlich hoch am Bein und zeigte die charakteristische langgestreckte Schuhspitze. Darüber hinaus hatte sie eine kleine Ledertasche mit einer filigranen Schnalle gekauft. Darin befanden sich ein wunderschöner neuer Rosenkranz aus tiefschwarz glänzenden Gagat-Perlen, ein etwa fingerlanges Messer, ein mit einem von König Artus Rittern zu Pferd verziertes Elfenbeinetui mit einem Spiegel darin und eine Menge Bargeld.

Auch eine kleine, abschließbare, hölzerne Truhe war inzwischen bis zum Rand gefüllt, da Dame Beatrice anscheinend nicht hatte widerstehen können, Geld für allerlei Utensilien auszugeben – ein geradezu zwanghaftes Verhalten, das typischerweise um sich greift, wenn Reisevorbereitungen getroffen werden. In der Truhe fanden sich neben zwei Paar wollenen Strümpfen, einem plissierten Mantel aus grauer Wolle, einem funkelnagelneuen Schleier aus feinstem gekräuselten Leinen und einem neuen Kleid in tiefem Karmesinrot mit einem Kragen aus weichem Eichhörnchenfell und hellgrünen Ärmeln auch noch ein kleines Psalmenbuch, für das sie ein hübsches silbernes Etui hatte anfertigen lassen, eine silberne Schale und einige zierliche Becher. Ganz zu schweigen davon, dass sie auch noch ein nicht zu kleines Fass mit französischem Wein, einige leere Fässchen, ein in Leinen eingewickeltes Stück Käse sowie ein Quantum an getrocknetem Stockfisch hatte einpacken lassen. Leinen, zu Tüchern geschnitten, sollte zum Trocknen der Hände und zum Abwischen von Dingen dienen. Und um ihr langes Haar in Ordnung zu halten, hatte Beatrice einen neuen, wohl aus einer Art Knochen gefertigten Kamm dabei. Ganz auf dem Boden der Truhe war auch noch ein besticktes Täschchen aus blauer und grüner Seide verstaut. Darin befand sich an einem Band der goldene Ring von Dame Beatrice, der den Heiligen Christophorus mit dem Jesuskind zeigte. Er würde sie, so war ihr versichert worden, auf ihrer Reise vor allen Gefahren, insbesondere vor dem Ertrinken, beschützen. Das Täschchen hielt zudem einen geheimen Vorrat an Münzen bereit, um sich kleine Wünsche zu erfüllen, und für unvorhergesehene Ereignisse.

Die kleine Reisegesellschaft sollte aus Dame Beatrice, ihrer Zofe Joan und dem Pagen Henry bestehen. Für sie drei hatte Dame Beatrice beim König um Brief und Siegel gebeten, damit sie die Pilgerreise nach Rom ohne Verzögerungen und Hindernisse absolvieren könnten. Auf dem ersten Teil der Reise würde Beatrice noch von ihrem Kaplan (Bruder Robert, ein ernsthafter, zuverlässiger Mönch im schwarzen Talar, der sein helles Haar mit Tonsur trug) begleitet werden und von einem Freibauern aus ihrem Haushalt, dem schweigsamen, stoischen Godfrey (ein verlässlicher Waffenträger ihres Mannes, der als Leibwächter der Gruppe fungierte).

Obwohl sie noch nicht einmal aufgebrochen waren, hatte Dame Beatrices Reise bereits erhebliche Kosten verursacht. Sie wusste, die Reise nach Rom würde lang und gefährlich werden. Aber wir schreiben das Jahr 1350, ein Jubiläumsjahr in Rom, das zweite Ereignis dieser Art (beim ersten im Jahr 1300 war Beatrice noch nicht einmal geboren). In einem solchen Jubeljahr wurde speziell die Vergebung für Pilger zelebriert. Allen Pilgern wurden ihre Sünden vergeben, sie konnten keusch und rein werden, selbst wenn sie ein Leben voller Laster geführt hatten. Die Feierlichkeiten nahmen die Tradition der alttestamentarischen Erlassjahre (hebräisch: schenat hajobel) wieder auf, Jahre, in denen sich auf besonders wundersame Weise Gottes Barmherzigkeit manifestierte. Dame Beatrice würde die Chance ergreifen und sich – wie rund eine Million Menschen aus ganz Europa – auf den Weg nach Rom machen, um in Gottes Augen seelische Lauterkeit zu erlangen und Gott zu danken, dass die Pest vorüber war. Der König hatte dem Ersuchen von Dame Beatrice zugestimmt, und so standen die drei Namen auf einer Liste, die an alle Häfen geschickt worden war und mit der die Erlaubnis einherging, ungehindert nach Übersee zu reisen. Auf dieser Liste fanden sich noch Dutzende anderer Namen, darunter Kleriker, Ritter und Witwen sowie einige Diener, allesamt Pilger.

Während sich ihre Gruppe auf die Abfahrt in dem mit festem Stoff verhängten Wagen vorbereitete, überlegte Dame Beatrice noch, ob sie ein Haustier mitnehmen sollte. Vielleicht ein Hündchen oder eine Katze – oder vielleicht ein Eichhörnchen?

Vergiss nicht: Die beiden wichtigsten Gegenstände für jeden Reisenden sind ein Wanderstab und eine Pilgertasche!
Esche, zäh, aber biegsam, ist das beste Holz für deinen Stab. Achte darauf, dass der Stab auch zu deinem Körper passt und eine Größe hat, dass du damit bequem über felsiges Gelände gehen kannst. Dein Stab ist deine Stütze, aber du wirst ihn auch zur Selbstverteidigung brauchen.
Münzen und Wertsachen solltest du gesichert in deiner Tasche aufbewahren. Am besten eignet sich dafür eine Reisetasche mit einer Schnalle, die sich richtig verschließen lässt, so sind deine Habseligkeiten vor den Langfingern unter deinen Begleitern geschützt. Die Tasche sollte einen Schultergurt haben, der lang genug ist, dass er sich quer über dem Oberkörper tragen lässt (damit dir [die Tasche] nicht von der Schulter gerissen werden kann). Für Pilger ist eine schlichte Ledertasche die beste Lösung. Der eine oder andere wird die Klappe seiner Pilgertasche mit Stickereien verzieren lassen oder mit Pilgerabzeichen von früheren Reisen. Wer als regulärer Pilger erkannt werden will, sollte einen einfachen Umhang und einen breitkrempigen Hut tragen.
Hast du vor, auf Pilgerschaft zu gehen, kannst du dir, noch bevor du dich auf den Weg machst, Pilgerstab und Pilgertasche von einem Priester segnen lassen. Dieses Gebet kann bei der Abreise eines Pilgers gesprochen werden:

›Nimm diesen Stab als Stütze, solange deine Reise und die Mühen deiner Pilgerfahrt währen, auf dass du gegen die Scharen der Feinde siegreich sein und sicher ankommen wirst am Heiligtum der Heiligen, das du besuchen willst, und nach vollendeter Reise gesund zu uns zurückkehren mögest.‹

Vierzig Jahre später, 1390, bereitete sich in London eine andere Gruppe von Reisenden auf die Abreise vor. Henry Bolingbroke, Earl of Derby (1367–1413), ein Cousin des Königs, hatte beschlossen, einen Kreuzzug zu unternehmen. Er beabsichtigte, in die Berberei (das Maghreb) zu ziehen, um das dort herrschende langbärtige Volk (Henry nannte sie die »Sarazenen«) zu bekehren – oder im Kampf zu besiegen. Nach Henrys Auffassung war eine Christianisierung des Landes nichts weniger als rechtmäßig.

Henry hatte auch darüber nachgedacht, ob er lieber einen Kreuzzug ins Baltikum unternehmen und sich den deutschen Rittern anschließen sollte, die dort den Kampf gegen die Heiden anführten, schließlich hatte er davon gehört, dass die Heiden dort noch immer Zeremonien an Feueropferstätten feierten und Götter in Bäumen anbeteten. Den anderen Fürsten Europas wollte er beweisen, dass er ihnen in nichts nachstand und als christlicher Kriegerfürst sogar noch kühner war als sie: ein neuer Kreuzfahrer.

Was Henry aber vor allem bewegte – und was auch ein Hauptgrund für seinen Wunsch war, ins Ausland zu reisen: Er wollte seiner schwierigen Situation zu Hause entkommen. Es war erst drei Jahre her, dass er sich an einer gewaltsamen Rebellion gegen seinen Cousin, König Richard II., beteiligt hatte. Die Auseinandersetzungen hatten einen zynischen Kreislauf der Rache in Gang gesetzt, bei dem ein brutaler Mord auf den anderen folgte. Somit war es ein kluger Schachzug von Henry, sich in anderen Schlachten beweisen zu wollen, weit weg von zu Hause. Fehler und Versäumnisse hinter sich zu lassen, fällt auf Reisen leichter als zu Hause.

Henry, Earl of Derby, war ein wohlhabender Adliger, ganz Edelmann seiner Zeit und gerade dreiundzwanzig Jahre alt geworden. Bei Hofe nannte man ihn einen »famosen Gernegroß«. Und dementsprechend reiste er auch. Nicht auszudenken, dass sein Gepäck in einer Tasche oder einer Truhe Platz gefunden hätte: Der Berg an Gepäck erinnerte mehr an einen fahrenden Palast. So konnte er seinen Reichtum wie seine Kultiviertheit in aller Pracht zur Schau stellen und dokumentieren, dass er zur besten Gesellschaft gehörte. Für die Reise hatte er 24 000 aragonesische Florin beiseitegelegt, die Goldmünzen hatte er über seinen florentinischen Bankier Alberti in London besorgt. Es würde Henry auf seiner Reise an nichts mangeln. Zu seinem Tross gehörte folgende Ausstattung:

- Mehrere vollständige Sätze brandneuer Rüstungen (einschließlich eiserner Stiefel und Beinlinge, Brustpanzer aus Kettengeflecht und Visiere).
- Große Mengen Papier, Tinte und Griffel (zur Buchführung, in einer speziellen hölzernen Dokumentenbox verwahrt).
- Sechs neue Pferde (ein grauer und ein weißer Schimmel, ein kastanienbrauner Fuchs, ein Brauner mit glänzendem braunen Fell und langem schwarzen Schweif, ein Dunkelbrauner mit einer ausgeprägten breiten Blesse und ein gehorsames leichtes Reitpferd, das die für lange Reisen angenehmen Zelter-Gangarten beherrschte. Ganz zu schweigen von Sätteln, Seilen, Hafer als Futter für die Pferde, Gamaschen, Zaumzeug, Steigbügeln und Halftern. Ein Hufschmied namens Walter gehörte auch zum Tross und mit ihm ein riesiger Ledersack voller Hufeisen).
- Sechs Tierhäute (großformatige Lederzuschnitte, um damit Henrys Gepäck zu bedecken).
- Fünf verschließbare Schatullen (für Geld und Wertsachen).
- Beeindruckende Mengen an Lebensmitteln und Getränken (Brot, Wein, gesalzener Fisch, Eier, Aale, Ale, Met, Leinsamen, Butter, Käse, Honig, Stör, Speck, Senf, ein ganzer geschlachteter Ochse, einige geschlachtete Lämmer und vieles mehr).
- Fahnen mit Henrys Wappen (die wollte er wehen lassen, wenn er gegen die Heiden und Ungläubigen in die Schlacht ritt).
- Ein neues Federbett (damit der Earl auch gut schlafen konnte).
- Tafelsilber und Metallwaren (darunter neue Messer, ein Sirupbehälter für Medizin, Waagen, Salzstreuer, Gestelle zum Aufhängen von Kochtöpfen und ein Bratspieß).
- Ein Backgammonspiel und Würfel (um Henrys Männer bei Laune zu halten und möglicherweise auch, um unterwegs beim Glücksspiel etwas Geld zu verdienen – oder zu verlieren).
- Leere Töpfe, Säcke und Krüge (Henry hatte vor, unterwegs kräftig Geld auszugeben und wunderliche und wertvolle Waren mit zurückzubringen).

Bei Henrys familiärem Hintergrund und dem prachtvollen Auftreten seines Trosses war zu erwarten, dass ihm die Stadttore offenstanden und manche Gefälligkeit angeboten würde; und die immense Menge an Geld, die er dabeihatte, würde auch nicht schaden. Begleitet wurde er von etwa zwanzig adligen Knappen, drei oder vier hochrangigen Bediensteten seines Haushalts, einem Priester, Bogenschützen und Fußsoldaten (die meisten von ihnen waren von Henrys Freunden kostenlos zur Verfügung gestellt worden) sowie zahllosen Dienern, Stallknechten und Hausangestellten.

Der Erzdiakon von Hereford wurde damit betraut, Henry auf seinen Reisen zu begleiten und über alle Ausgaben und Anschaffungen detailliert Buch zu führen. Mit der Buchführung über das Geld, das während der eleganten Reise durch Europa aus der königlichen Kasse floss, sollten ganze Wälzer gefüllt werden.

Im Jahr 1440 bereitete sich Bruder Thomas Dane im Priorat der Heiligen Dreifaltigkeit in Aldgate, am Osttor Londons gelegen, auf die Reise seines Lebens vor. Er sollte nach Rom und, wie er hoffte, nach Jerusalem reisen. Sein Vorgesetzter, Prior John Sevenoke, hatte ihn beurlaubt: für 365 Tage, und keinen Tag länger. Bruder Thomas hatte (noch) nicht so viel Geld wie Dame Beatrice Luttrell oder Earl Henry, aber anders als diese beiden war er auch (noch) nicht so sehr an ein bequemes und mondänes Leben gewöhnt.

Er hatte vor, sparsam zu reisen. Sein schwerer Wollmantel und seine Tunika sowie sein breitkrempiger Lederhut würden ihn vor dem Wetter schützen. Diese Kleidungsstücke und sein Eschenholzstab würden den Menschen unterwegs zudem anzeigen, dass er ein einfacher, aufrichtiger Pilger, ein Mann Gottes und ein Soldat des Glaubens war. Die einzige größere Ausgabe, die er getätigt hatte, war für ein neues Paar Schuhe aus dunklem Leder, die nach der neuesten Mode in französischer Art geschnitten waren – der Schuhmacher hatte den Zuschnitt »Bärentatze« genannt –, mit abgerundeter Spitze.

All seine anderen Habseligkeiten waren in einem schmucken Kalbslederbeutel verstaut: ein kleines Fass für Getränke, ein Becher aus Steinzeug, ein bisschen Geld, ein paar Unterkleider aus Leinen, ein kleines Messer und ein auf ein Stück Pergament gemaltes Bild der Jungfrau Maria, die den Tod Christi auf Golgatha beklagt, mit den Türmen und Mauern von Jerusalem im Hintergrund. Bruder Thomas trug dieses Bild nicht nur in seiner Tasche, sondern auch in seinem Herzen, und es stand ihm vor seinem geistigen Auge.

Bruder Thomas lebte nach der Augustinusregel. Seit seiner Jugend war er auf der Suche nach Gott, immer und überall. Er war sich nicht ganz sicher, ob er sein Priorat verlassen sollte; insgeheim fragte er sich, ob er nicht lieber in sich selbst suchen sollte, als in der Fremde herumzuwandern. Ein Mönch oder eine Nonne sollte die Pilgerschaft möglicherweise eher als eine geistige Angelegenheit ansehen, nicht so sehr als eine körperliche. Aber das Klosterleben selbst war etwas lax geworden, und es gab zahlreiche Gerüchte über die Moral von Prior Sevenoke, seinen Abstieg in abscheuliche Sünden der Unzucht mit den Dirnen, die sich in den Straßen vor dem Kloster einfanden. Prior Sevenoke hatte Bruder Thomas in dem Schriftstück, das ihm das Priorat für seine Pilgerreise zu verlassen erlaubte, als einen Mann von lobenswertem Lebenswandel und aufrichtiger Haltung bezeichnet. Bruder Thomas war bestrebt, sein Leben in der Nachfolge Christi zu führen. Er freute sich darauf, in Jerusalem dem Weg Christi zu folgen, dort, wo Steine und Straßen vom heiligen Schweiß und den blutigen Tränen Christi getränkt waren.

Die Stadt Jerusalem würde die größte Reliquie sein, die Bruder Thomas je berührt hatte. Er freute sich darauf, durstig, mittellos und erschöpft an genau den Orten zu leiden, an denen Christus gelitten hatte.

Für das Reisen war Bruder Thomas nur dürftig, ja geradezu erbärmlich schlecht ausgestattet. Doch er versuchte, nicht an die Unannehmlichkeiten der vor ihm liegenden Reise zu denken – an die schmutzigen Hütten, in denen er sein Haupt zum Ausruhen niederlegen würde, die unerbittlichen Bergpässe, die unvermeidliche Seekrankheit –, sondern sich vielmehr auf das beglückende Ziel zu konzentrieren. Wie viele Reisende machte sich Bruder Thomas auf den Weg, um mit eigenen Augen zu sehen, was er zu finden erwartete, und eine Welt zu erblicken, die er bereits zu kennen glaubte.

Nicht alle menschlichen Bestrebungen zielen darauf ab, das irdische Leben zu verlängern. Eine mustergültige Pilgerreise zielt auf die Heilung der Seele. Wenn (beziehungsweise falls) er Rom und Jerusalem erreichen würde, wäre Bruder Thomas von all seinen Sünden (von denen es leider einige gegeben hatte) gereinigt. Sollte er sterben, würde er umso schneller in den Himmel kommen.

Gepäck und Ausgaben, Abenteuer und spirituelle Vervollkommnung, Risiko und Vergnügen. Im Europa des späten Mittelalters packten die Menschen ihre Koffer (oder ließen sie für sich packen) und gingen auf Reisen. Die Reisenden – Menschen wie Dame Beatrice, Earl Henry und Bruder Thomas – waren voller Vorfreude und Hoffnung, aber auch voller Zweifel. Die Motive und Gründe für ihren Aufbruch waren vielfältig. Die Ziele waren ehrgeizig, aber für viele Menschen durchaus erreichbar. Hatten sie erst ihre Reisetruhen verriegelt und die Türen hinter sich ins Schloss fallen lassen, waren die Reisenden wie berauscht von der Welt, die vor ihnen lag, einer Welt, die entdeckt werden wollte, die es bereitwillig anzunehmen und in Gänze zu verstehen galt.

Reisen ist beinahe immer mit Vorfreude verbunden; weitaus verführerischer, als das Einschnappen der Tür in unserem Rücken zu hören, ist die Verlockung durch eine Welt, die vor uns liegt. Reisen verspricht ein neues Ich. Geradezu entmutigend ist jedoch das Packen. Es erinnert uns an die Realität unterwegs: an unsere körperlichen Bedürfnisse, die Unannehmlichkeiten, das, was alles schiefgehen kann, und die unzähligen Umstände, die wir beim Packen berücksichtigen müssen, wie etwa das Wetter oder dass Dinge gestohlen werden, verloren gehen oder verschleißen – das Unerwartete und das Erwartbare. Medikamente. Intimunterwäsche, fleckige Lappen, kleine Handtücher. Zahnstocher. Kratzer auf dem Handspiegel. Alte Seifenstücke und Stümpfe von Wachskerzen. Nadel und Faden. Viele mittelalterliche Reisende packten ein Schwert ein, weil sie damit rechneten, dass es auf dem Weg zu gewalttätigen Auseinandersetzungen kommen würde.

Und war das Packen erst einmal erledigt, mussten die Reisenden feststellen, dass ihr Gepäck so hoch wie ein Scheunentor und so schwer wie Blei war. Die Realität – in Form eines Berges vertrauter Dinge – hatte über alle Vorstellungskraft und Erwartungshaltung gesiegt.

Reisenden, vor allem Pilgern, wird manchmal nachgesagt, sie ließen die Alltagswelt einfach hinter sich, aber allein schon ihr Gepäck begleitete sie wie ein mahnender Schatten auf ihrem gesamten Weg. Viele Menschen verlieren die Fassung, wenn sie mit der Herausforderung konfrontiert sind, die das Packen beinhaltet, oder sie fühlen sich dadurch entmutigt, demotiviert und deprimiert. Unser Gepäck erinnert uns daran, dass wir uns selbst – unser sündiges, weltliches Selbst – immer mitnehmen.

Der Mailänder Staatsmann und Pilger Santo Brasca, der 1480 ins Heilige Land reiste, kam zu dem Schluss, dass ein Reisender immer zwei Taschen braucht: eine voller Geld und die andere voller Geduld. Andere Reisende meinten, es brauche auch noch eine dritte – die des Glaubens. Aber diese dritte scheint diejenige gewesen zu sein, die am leichtesten zu vergessen oder zu verlieren war.

Für mittelalterliche Reisende hingen die Vorbereitungen für eine Reise von den Erwartungen daran ab. Bei den Reisevorbereitungen ging es nicht nur darum, eine Tasche zu packen. Es gab noch weitere wichtige Angelegenheiten, die erledigt sein wollten. Zunächst musste die Erlaubnis zum Reisen gewährt werden (die Zustimmung des Ehepartners, des Priesters und des Herrschers musste eingeholt und ein formaler Geleitbrief besorgt werden, um die Länder anderer Herrscher durchqueren zu können). Bevor er sich auf eine Pilgerreise begeben konnte, hatte ein Ehemann die ausdrückliche Einwilligung seiner Ehefrau zu erbitten, und umgekehrt. Wer in einer kirchlichen Einrichtung wie einem Kloster, einem Konvent oder einer Einsiedlerklause lebte, brauchte die Erlaubnis eines hohen Kirchenmannes. Die mittelalterlichen Menschen wurden zu »Fremden«, sobald sie ihre eigene Stadt verließen. Lediglich ein vom König unterzeichneter Geleitbrief konnte in schwierigen Momenten helfen, die eigene Sicherheit zu gewährleisten.

Dann mussten die eigenen Angelegenheiten in Ordnung gebracht werden. Bevor sie eine lange Reise antraten, legten die Reisenden Wert darauf, dass ihr letzter Wille im Testament schriftlich festgehalten war. Schließlich war nicht absehbar, ob sie jemals zu ihren weltlichen Besitztümern zurückkehren würden.

Außerdem waren die finanziellen Fragen für die Reise zu regeln: das Wechseln von Geld, die Dinge, die man unterwegs brauchen würde.

Nicht zuletzt nahmen viele Reisende einen Reiseführer mit, der womöglich verschiedene Reiserouten zu den wichtigsten Zielen mit Angabe der dazwischenliegenden Entfernungen enthielt. Sie würden ihn zur Hand nehmen, um zu erfahren, wo die wichtigsten Reliquien zu sehen waren, und sich in die Vokabellisten mit den fürs Reisen nützlichen Ausdrücken vertiefen, fremde Schriften bestaunen und endlich Gebete für die Reise darin finden. Auch einige Berichte und Bilder von Wundern und Kuriositäten, die es nicht zu verpassen galt, mochten enthalten sein.

Nach einmonatiger Reise hatte Bruder Thomas tatsächlich die Orte innerhalb Englands besucht, von denen er zuvor geträumt hatte. Von London aus war er zunächst nach Norden gereist, um in York die Reliquien und den Schrein des Heiligen William (bekannt als guter Kirchenmann, der von bösartigen Rivalen heimtückisch vergiftet worden war) zu besuchen, dann nach Osten an die Küste zu den Reliquien und dem Schrein des Heiligen John von Beverley (bekannt als großer Bischof, der die Armen liebte und der Welt entsagte), um sich danach wieder nach Süden zu wenden und über London nach Canterbury zum kostbaren Schrein des Heiligen Thomas Becket (bekannt als heiliger Erzbischof, der von gottlosen Rittern auf üble Weise ermordet worden war) zu reisen. Danach machte er sich auf den Weg an die Südküste Englands, zum Hafen von Rye, um nach Frankreich und von dort nach Rom und, wie er hoffte, nach Jerusalem zu segeln.

Noch in London hatte sich Bruder Thomas bei einem Buchhändler einen Reiseführer gekauft. Dieser war in ordentlichen, regelmäßigen Zeilen mit brauner Tinte auf Pergament geschrieben und locker in Kalbsleder gebunden. Der erste Ratschlag war sowohl erschreckend als auch wenig hilfreich: »Fahre zunächst nach Calais, dann durch Flandern, Norddeutschland und Süddeutschland. Spreche stets höflich, denn viele Menschen sind unbeherrscht, manche sogar regelrecht boshaft und voller Streitlust.«

In seinem Reiseführer waren auch an anderen Stellen ähnlich deprimierende Ratschläge zu finden. So sollten etwa Reisende, sobald sie Brügge in Flandern erreichten, ihre Route sorgfältig planen und sich von Geldwechslern beraten lassen, da unterwegs mit kriegerischen Auseinandersetzungen und den landläufigen »Übeltätern« – Verbrechern, Frevlern, Rechtsbrechern – zu rechnen war. Der Reiseführer warnte auch vor Spionen auf der Route und gab den pessimistischen Rat, Reisende dürften niemanden wissen lassen, welche Route sie gewählt hatten, wenn sie vermeiden wollten, dass Männer vorauseilten, um später die unschuldigen und ahnungslosen Wanderer zu überfallen.

Im Ausland müssten Reisende überall damit rechnen, ließ der Autor anklingen, auf Räuber, Piraten, Diebe, Sittenstrolche und Betrüger zu treffen. Er empfahl, einen »scarceler« (im Französischen: »escarcelle«), sprich einen »Geizhals«, zu engagieren – eine Art Leibwächter, Mittelsmann und Kurier in einem, der den Reisenden begleitete und die beste Unterkunft für Menschen und Pferde fand. Die Empfehlung war verbunden mit der Warnung, dafür ja keinen Trunkenbold oder Draufgänger anzuheuern. Wenn Reisende ihr Schicksal anderen Menschen anvertrauen wollten, sollten diese »ernst, verschwiegen und weise« sein, sprich: zuverlässig, diskret und erfahren. Der Verfasser des Reiseführers teilte seinen mittlerweile wohl schon recht niedergeschlagenen Lesern mit, dass »Engländer an vielen Orten unbeliebt sind« und nur wegen ihres Geldes oder Ranges respektiert würden. Bruder Thomas musste sich also auf seine Säckchen voller Münzen, auf sein gutes Benehmen und seine möglicherweise respekteinflößende Ausstrahlung als Geistlicher verlassen. Wie alle Reisenden würde er die Erfahrung machen, von Fremden und ihrer Freundlichkeit abhängig zu sein, und auf sein Glück in der Lotterie des Lebens hoffen müssen.

Bruder Thomas las in seinem Reiseführer, um in seiner Unterkunft am geschäftigen Hafen von Rye die Wartezeit bis zur Abfahrt zu überbrücken. Er hatte sich für das *Mermaid* entschieden, eine der Herbergen für Reisende, die es auch heute noch gibt (allerdings inzwischen mit weitaus höherem Komfort). Die von Galerien abgehenden Gänge und Zimmer waren um einen engen, schlammigen Innenhof mit Stallungen gruppiert. Zum Gebäudekomplex gehörte auch eine Brauerei, die das hauseigene Bier herstellte. Hauptsächlich war das *Mermaid* jedoch ein Ort, an dem Schlafplätze angeboten wurden: Für etwa einen Pfennig pro Nacht bekamen die Reisenden einen Platz, wo sie ihr müdes Haupt betten konnten, der aber weder privat war noch besonderen Komfort bot. Der Regelpreis galt für ein Mehrbettzimmer, für ein oder zwei Pence mehr ließ sich eine eigene Mansarde mit verschließbarer Tür mieten, wobei zu beachten war, dass jeder, vom Stalljungen bis zum Gastwirt, noch Trinkgeld obenauf bekam. Nach gutem Zureden war der Gastwirt möglicherweise bereit, Hering, Brot und Bier heraufzubringen, oder die Reisenden durften sich ihr im eigenen Kochtopf mitgebrachtes Essen an der Feuerstelle aufwärmen. In den besten Gasthöfen mochte es alle vierzehn Tage frisches Bettzeug geben. Im dunklen Hof schwer zu erkennen war das Klohäuschen (in dem sich ein steinernes Plumpsklo befand), aber aufgrund des durchdringenden Geruchs war die Örtlichkeit nicht zu verfehlen. Verglichen mit anderen Möglichkeiten, unterzukommen – eine schmuddelige Ecke im Pilgerhospiz *Maison Dieu* zu ergattern, sich bei anderen Mönchen eine Übernachtung auf dem Steinboden des Schlafsaals zu erbetteln oder sich heimlich in irgendeiner Remise im Stroh zusammenzurollen –, war eine Herberge jedoch die bessere (wenn auch teurere) Alternative.

Der Name des Gasthauses, das sich Bruder Thomas ausgesucht hatte, beschwor ein weibliches Meerungeheuer herauf. Die Meerjungfrau war eine eitle, lüsterne und schöne Kreatur, mit dem Oberkörper einer Frau und einem geschuppten Fischschwanz, die Seeleute samt ihren Booten mit verführerischem Gesang in einen ewigen Schlaf versetzte. Bruder Thomas fragte sich, ob er auf seinen Reisen einem solchen Geschöpf begegnen würde.

Es war früher Abend unten am Kai, dem sogenannten »the Strand«, wo die Gezeiten in die Flussmündung und gegen die Mauern und Anlegeplätze des Hafens von Rye schwappten. Zum Ende des Frühlings ging die Sonne mittlerweile etwas später unter. Am Kai hatten sich Reisende, Seeleute, Schiffsmakler und Bettler sowie eine Reihe wohlgenährter Katzen eingefunden. Es gab betuchte Prälaten, große Lords und edle Prinzessinnen mitsamt ihrem Gefolge und Wagenladungen an Gepäck. Englische Kaufleute, aus London und anderen Städten, waren unterwegs, um zu kaufen und zu verkaufen. Wandernde Handwerker und Baumeister auf der Suche nach Arbeit waren gekommen. Und auch einige Flamen bevölkerten den Kai und boten feine Filzwaren, Brillen und verzierte Bücher zum Verkauf an, von manchen der Engländer dabei feindselig beäugt und beschimpft. Andernorts, in den versteckten Winkeln der Stadt, hausten die »Scummers«, das »Gesindel«, darunter Freibeuter und Vagabunden – Männer, die ihren Lebensunterhalt verdienten, indem sie (teils legal, teils illegal) auf See Krieg führten, Schiffe angriffen und deren Ladungen kaperten.

Andere Reisende bewegten sich eher unsicher durch die Straßen der Stadt, hatte es sie doch dank des auch schon seinerzeit im Reisewesen vorherrschenden kosmopolitischen Chaos von fernen Ufern hierher verschlagen. Eine walisische Witwe und ihre Tochter – offensichtlich sprachen die beiden nur wenige Worte Englisch – schauten sich ängstlich um. Ein junger Schotte mit Klumpfuß und Pockennarben im Gesicht humpelte durch die Straßen. Um den Hals trug er beinahe ein Dutzend Kruzifixe, er war auf Pilgerreise unterwegs nach Spanien. Ein buckliger Alter in einem geflickten Mantel war aus Devon gekommen und versuchte nun, sich mit jedem anzufreunden, der sich von ihm ansprechen ließ. Zwei noch sehr junge Priesterkandidaten aus Irland, auf Reinlichkeit, Nüchternheit, Gewissenhaftigkeit und Schweigsamkeit bedacht, waren auf dem Weg nach Padua zum Studium. Zwei Männer aus Island, gekleidet in schwere Felle und Häute, beeindruckten mit wettergegerbten Gesichtern, aber auffallend weichen Händen.

Auch Soldaten, Bogenschützen und Waffenknechte trieben sich herum; mit den Kriegen in Frankreich und an ferneren Gefilden im Sinn, wollten sie hier ein Schiff besteigen.

In der Flussmündung im Hafen von Rye lagen Dutzende von Schiffen unterschiedlicher Größe, die von dort aus eine solch große Anzahl von Häfen und unterschiedlichen Destinationen anfuhren, dass sie die ganze Welt erahnen ließen: Die Schiffe namens *Peter* und *Thomas* fuhren nach Bordeaux und sollten voll beladen mit exzellenten Weinen zurückkehren; die *Katherine* fuhr nach Bristol und von dort nach Irland und hatte Stoffe und Gewürze an Bord, die bereits einen weiten Weg aus Arabien, Syrien und Persien hinter sich hatten; die *Godsknight* aus Hull löschte gerade ihre Ladung aus getrocknetem Ostseefisch. Daneben lagen zahlreiche Koggen, die teils nur ein halbes Dutzend, teils aber auch mehr als hundert Reisende an Bord nahmen. Die mittelgroßen Schiffe warteten auf

Wind, um Segel zu setzen, den Ärmelkanal zu überqueren und die Menschen nach Flandern, Frankreich oder Spanien zu bringen. Namen wie *St. Leonard*, *Trinity*, *Gabriel* oder *Holyghost* suggerierten, der Geist Gottes werde bei diesen Schiffen noch über den letzten ihrer Passagiere wachen. Das Bild komplettierten Kräne, Winden und Taue, die sich auf, über und neben den Booten stapelten.

Aus den Dachfenstern seiner Herberge blickte Bruder Thomas über die Dächer der belebten Straße, die zum Kai hinunterführte. Die Brise versprach, sich zum Segeln zu eignen. Bruder Thomas murmelte die Worte des Psalms vor sich hin: »Die mit Schiffen auf dem Meere fuhren und trieben ihren Handel auf den großen Wassern, die des HERRN Werke erfahren haben und seine Wunder im Meer, wenn er sprach und einen Sturmwind erregte, der die Wellen erhob ...« (Psalm 107,23–25).

Das Schiff von Bruder Thomas sollte in dieser Nacht um zehn Uhr auslaufen und bei günstigem Wind am Mittag des nächsten Tages im berühmten Hafen von Dieppe an der Küste der Normandie anlanden. Möwenschreie waren zu hören, die Luft wehte mit salzigem Aroma herüber. Bruder Thomas las die letzten Zeilen seines Reiseführers, die den reisenden Leser sowohl inspirierten als auch herausforderten, denn das Buch endete abrupt mit den etwas kryptischen Worten: »Jetzt aber Schluss damit! Denn je weiter du kommst, desto mehr wirst du erleben und verstehen.«

Der Moment der Abreise hat immer einen besonderen Reiz, er hält diesen befreienden, beglückenden Augenblick bereit, in dem die ganze Welt den Reisenden mit der Wucht einer Welle entgegenkommt und sie davonzutragen verspricht. Der Aufbruch zu fernen Ufern. Und alles steht auf Anfang. Das Boot verließ den Hafen von Rye und fuhr die Flussmündung hinunter. Nur wenige Minuten später öffnete sich der Fluss zum Meer hin, und der Seegang wurde merklich, während sich das Boot unruhig vorwärtsbewegte. Die Lichter der Stadt, die es nun weit hinter sich gelassen hatte, wurden immer kleiner, bis sie ganz verschwunden waren. Die Wegstrecke voraus war wie leergefegt, nichts außer der Gischt des Meeres und den Sternen am Himmel. Jemand rief die Worte »Mirabiles elaciones maris« – »die wundervollen Erhebungen des Meeres« – und zitierte damit die Psalmen, während gleichzeitig nicht zu überhören war, wie sich jemand anderes würgend über Bord erbrach.

Nichts wie auf und davon! Denn je weiter du kommst, desto mehr wirst du erleben und verstehen.

SCHUTZFORMELN UND WEISSAGUNGEN FÜR CHRISTLICHE REISENDE

Bestimmte gegen Widrigkeiten gerichtete Sprüche sollten die Menschen auf ihren Reisen beschützen. Einer der gebräuchlichsten Aussprüche war der biblische Satz »Ihesus autem transiens per medium illorum ibat« (Lukas 4,30) – »Aber [Jesus] ging mitten durch sie hinweg.« Die Menschen sprachen den Satz laut vor sich hin und trugen ihn auf Münzen, Ringen, Reisetruhen, Büchern und Bändern verewigt mit sich. Es galt zudem als ratsam, eine Sternkarte zu konsultieren und die Stellung des Mondes und der Tierkreiszeichen zu überprüfen, damit eine Reise gut verlaufen könne.

Eine solche Weissagung – sie stammt aus England um 1450 – nimmt Bezug auf den Mond und kombiniert für eine schützende Formel Bestandteile eines Gebets mit okkulten Symbolen:

Wenn du eine Reise unternehmen oder dich auf irgendeine Weise auf den Weg machen willst, beachte den Lauf des Mondes und die Sternzeichen, die er durchläuft.

Steht er im *Widder*, wirst du deine Reise schnell und gut zu Ende führen. Steht er im *Stier*, wirst du ein Unglück erleiden. Steht er im Zeichen der *Zwillinge*, wirst du Gewinn machen, und die Menschen werden dich als Freund begrüßen. Steht er im *Krebs*, habe keine Angst aufzubrechen, wenn deine Reise kurz ist. Wenn er im *Löwen* steht, freue dich am Auftakt der Reise, denn später wirst du in Wut geraten.

Steht er im Sternbild *Jungfrau*, gehe nicht, denn dein Glück wird dir zu einer Last werden. Steht er in der *Waage*, scheue den Aufbruch, denn du wirst Feinden begegnen. Steht er im *Skorpion*, wirst du bereuen, was immer du beginnen magst; rühre dich nicht von der Stelle. Steht er im *Schützen*, so mach dich auf den Weg, und was du aus ehrenwerten Gründen begehrst, wird dir zuteilwerden. Steht er im *Steinbock*, mach dich nicht wie geplant auf den Weg. Steht er im *Wassermann*, so wirst du dich nicht aufmachen wollen, denn du wirst es mit Widerständen zu tun bekommen. Wenn er im Sternbild der *Fische* steht und du bist arm, wenn du dich auf den Weg machst, sollst du nicht arm zurückkommen.

Auf welchen Weg du dich auch immer begibst, beginne dein Unterfangen, indem du diese Worte sprichst:

Im Namen Jesu setze ich das Zeichen des Tau τ auf meine Stirn
Tetragrammaton + Gradiel + Pantassaron + Der Sohn sei mit
dir und der Heilige Geist sei mit dir und unter uns. + Jesus
aber ging mitten durch sie hindurch und setzte seinen Weg fort +
Jesus + von Nazareth + König + der Juden + Sohn Gottes τ,
erbarme dich meiner. + Im Namen des Vaters und des Sohnes
und des Heiligen Geistes.
Amen.

Kapitel 3

VON AACHEN NACH BOZEN

Aachen · Köln · Ulm · Konstanz · Bozen

Von Fernweh, von unstillbarer Reiselust, vom Reisen um seiner selbst willen ist im mittelalterlichen Europa nur vereinzelt die Rede. Das Fernweh ist ein Produkt von Muße und Neugier. Erstere konnten sich nur diejenigen leisten, die über die nötigen Mittel verfügten; letztere galt im besten Fall als sinnlos und im schlimmsten Fall als sündhaft. Nachdem der Dichter Petrarca (1304–1374) am 26. April 1336 aus Neugier den Mont Ventoux bestiegen hatte (»habe ich am heutigen Tag aus dem bloßen Verlangen, ihn in seiner herausragenden Höhe kennenzulernen, den [höchsten Berggipfel unserer Gegend] bestiegen«), tadelte er sich selbst heftig für diese intellektuell motivierte Wanderung. Für Petrarca konnte die Ermächtigung, die Landschaft zu betrachten und den Anblick zu genießen, nur von Gott ausgehen. Die wahre Aufgabe der Gläubigen war, den Blick nach innen zu richten, die Suche nach Selbsterkenntnis.

Für das Reisen gab es zudem erhebliche Hindernisse. Menschen mit einer religiösen Berufung, die in Mönchsklöstern, Nonnenkonventen oder Einsiedeleien lebten, konnten solche Orte nicht ohne weiteres verlassen. Für Leibeigene und Bedienstete galt zumeist, dass sie auf dem Hof oder Anwesen ihres Herrn zu bleiben hatten. Gemeindemitglieder wurden zunehmend dazu angehalten, die Sakramente wie die Beichte oder die Kommunion in ihrer Heimatgemeinde zu empfangen. Dennoch reisten die Menschen – aus Gründen der Religiosität, um Handel zu treiben, weil sie den Wunsch nach Austausch verspürten oder nach Wissen strebten. Weit entfernt von der vergnüglichen Freizeit, die wir heute oft auf Reisen suchen, verlangten die meisten mittelalterlichen Reisen den Menschen (in jeder Hinsicht) viel ab und waren auf einen Zweck ausgerichtet. Dennoch gab es durchaus Tourismus (verstanden als Kommerzialisierung der Reiseerfahrung), der sich vor allem in den Pilgerreisen zeigte, aber auch – wenngleich weniger häufig – in Form von Reisen, die von Neugier und dem Streben nach Wissen motiviert waren.

In dem Maße, in dem sich der Tourismus zu einem eigenständigen Wirtschaftszweig entwickelte, wurde das Reisen um Nicht-Orte herum konfiguriert: Orte des Transits, ganz auf die Abreise ausgerichtet, von denen die Menschen rasch weiterreisen sollten. Pilgerherbergen, Gasthöfe, Fähren, Quarantänestationen und Geldwechselstuben sind die mittelalterlichen Äquivalente zu den heutigen Flughäfen und Hotels – Orte, die so gestaltet sind, dass sie überall und nirgendwo sein könnten, nur nicht an einem greifbaren Platz.

Im mittelalterlichen Europa entwickelten die meisten Städte Möglichkeiten, um Besucher (oder zumindest, je nach Religion und Status, einen Teil von ihnen) zu beherbergen, sich um sie zu kümmern und sich auf ihre Bedürfnisse einzustellen. Auf dem gesamten Kontinent entstand entlang der etablierten Handelsrouten ein Netzwerk der Gastlichkeit, insbesondere in Form von Gasthäusern, Tavernen und Mehrzweckgebäuden für den Handel und die Unterbringung von Reisenden, zu denen die Kontore der Hanse oder auch deren Londoner Stalhof, die Fondachi in Italien und im Mittelmeerraum sowie die Maidan-Messen (Basare an festen Punkten der Handelsrouten) in Mittel- und Osteuropa gehörten. Nach der großen Pest von 1347 bis 1350 wurde es üblich, dass die Klöster ihre Pilgerherbergen in Gebäuden errichteten, die außerhalb der

Hauptverkehrszonen lagen, so dass die Unterbringung in einiger Entfernung eine gewisse Sicherheit vor den ansteckenden Krankheiten zu bieten schien, die Reisende möglicherweise einschleppten.

Jahr für Jahr – und zu allen Jahreszeiten – durchquerten Menschen Europa auf berühmten Routen, von denen viele noch heute zu finden sind. Diese Wege, die sich durch die ganze Welt schlängeln, führten zu Veränderungen, von denen Menschen, Städte, ja ganze Kulturen betroffen waren. Der Jakobsweg ist einer von ihnen, insbesondere der »Camino Francés« genannte Abschnitt von St-Jean-Pied-de-Port, auf dem die Pilger zum Schrein des Heiligen Jakobus in Santiago de Compostela gelangten. Dieser Weg führte durch die Berge der Pyrenäen, über Burgos und León nach Santiago und von dort nach Fisterra oder »Finis Terrae«, dem Ende der Welt. Der Camino beruhte in Teilen auf der Via Regia, einer Handels- und Militärstraße durch das Heilige Römische Reich, die schlussendlich Nordspanien mit Nordeuropa, Grodno, Kiew und Moskau verband. Die Via Imperii verband die Ostseeregion über Leipzig und Nürnberg mit Rom. Diese Route führte über den Brennerpass und war eine der wichtigsten Wegstrecken für Reisende aus Nordeuropa: von Innsbruck nach Bozen, über die Alpen nach Italien und nach Venedig. Im weiteren Verlauf mündete diese Route dann in die bei Pilgern beliebte Via Francigena, die von Canterbury über Reims, Lausanne und Pavia nach Rom führte.

Neben den Landwegen verbanden die großen Flüsse die Städte. Reisende nutzten wahlweise den Landweg – mit Pferden oder Eseln, mit Karren oder zu Fuß – und die Wasserwege, die sie individuell per Ruderboot oder in der Gruppe mit größeren Kähnen befuhren. Der Rhein, die Donau und der Po waren Verkehrsadern, auf denen das Reisen oft schneller vonstattenging als auf dem Landweg. Ob die Reisenden zu Lande oder auf dem Wasser unterwegs waren, überall bedeuteten Mautstationen, Brücken, Raststationen (sogenannte Relais zum Wechseln auf frische Pferde) und Fähren zusätzliche Kosten für die Reisenden, boten ihnen allerdings auch zuverlässige und bewährte Dienste an.

Der schon seinerzeit gefeierte Künstler Albrecht Dürer, im Jahr 1520 von Nürnberg in die Niederlande unterwegs, führte ein akribisches Tagebuch über die Kosten, die bei einer Fernreise entstanden: Gebühren für Geleitzüge und für das Anlanden des Reisegepäcks; Heller für die Burschen, die das Tragen der Gepäckstücke und das Versorgen der Pferde übernahmen; Mautpfennige als Straßenzoll; eine erkleckliche Summe für Wein und Mahlzeiten, darunter gebratenes Geflügel, Krabben, Eier, Birnen; Florentiner Gulden zum Abgelten von Ausreisesteuern; Stüber für Boten, Tinte, Unterkünfte; drei Weißpfennige (silberne rheinische Groschen) für ein Bad; die eine oder andere kleine Münze für Männer, die ihn zu Altarbildern führten, oder Jungen, die ihm den Weg zeigten. Und Dürer hatte noch Glück: Er hatte vom Bischof von Bamberg einen Maut-Pass erhalten, der ihn für den größten Teil der Strecke vom Wegezoll befreite, den die meisten Reisenden zahlen mussten. Bemerkenswerterweise finden sich in Dürers Tagebuch nur selten Kommentare zu den Landschaften, die er durchquerte, zur Qualität der von ihm besuchten Gasthäuser und Schänken oder zu Sehenswürdigkeiten in den Städten auf seinem Weg. Vielmehr konzentrierte sich der akribische Kupferstecher darauf, die Kosten festzuhalten, erschien es ihm doch, als fließe sein Vermögen so ungehindert aus seiner Kasse wie der Rhein sich seinen Weg durch die idyllische Landschaft bahnte.

Für die knapp hundert Kilometer lange Strecke von Aachen nach Bonn hätten zu Pferde Reisende etwa dreißig Stunden gebraucht (Pausen zum Ausruhen oder Schlafen mitgerechnet), zu Fuß dauerte es etwa doppelt so lange. Allein auf dieser Strecke musste sechsmal Wegezoll entrichtet werden: eine Gebühr an den Herzog von Brabant für die Durchquerung des Dorfes Weiden, ein Zoll auf das Pferd bei der Überquerung der Rur in Birkesdorf, eine Zahlung an den Erzbischof von Köln für die Durchquerung des Dorfes Blatzheim, ein Brückenzoll in Mödrath, eine Flussmaut für die Nutzung des Rheins in Köln und ein Geleitzoll in Bonn, damit die Sicherheit der Reisenden gewährleistet war. Grenzstädte und Durchgangsstationen finanzierten sich von den Zahlungen der Durchreisenden, boten ihnen aber auch typische Dienstleistungen an. Die Zölle gingen mancherorts auch an den jeweiligen Herzog oder den örtlichen Grundherrn oder Erzbischof, für den Reisende, die sich für den Weg durch sein Bistum entschieden und gut versorgt sein wollten, volle kirchliche Kassen bedeuteten.

Die Stadt Aachen war ein Kreuzungspunkt, an dem mehrere dieser wichtigen Routen zusammentrafen, und lag an einem der westlichen Streckenabschnitte der Via Regia, die die flämischen Häfen Brügge und Antwerpen mit den großen Städten Nord- und Mitteldeutschlands von Frankfurt bis Krakau verband.

Karl der Große (748–814), König der Franken und Langobarden und römischer Kaiser, wählte Aachen, das über natürliche heiße Quellen verfügt, zu seiner Winterresidenz. Er wurde dort in der prächtigen Kapelle der Aachener Kaiserpfalz begraben, die er in den 790er Jahren errichten ließ (der heute als karolingisches Oktogon bekannte Teil des Aachener Doms). Aachen war also eine Stadt mit großer politischer Geschichte, aber auch ein Ort der Gesundheit (wegen seiner Heilquellen), des Handels (wegen seiner Lage an wichtigen Verkehrswegen) und der Religion (wegen seines Doms, seiner Reliquien und eines wundertätigen Bildes der Jungfrau Maria). Die Aachenfahrt, sprich die Wallfahrt nach Aachen, war im Spätmittelalter eines der beliebtesten Vorhaben unter europäischen Reisenden.

Im Jahr 1384 machte sich das Ehepaar Dorothea und Adalbrecht (oder Albrecht) auf den Weg nach Aachen. Die beiden hatten in der preußischen Stadt Danzig (Gdańsk) in einem eigenen Haus gelebt. Dorothea (1347–1394), im Dorf Montau (Mątowy Wielkie) bei Danzig geboren, war nicht glücklich verheiratet. Sie hatte neun

Kinder zur Welt gebracht, jede einzelne Geburt war schwer gewesen und hatte für sie eine hassenswerte Erfahrung bedeutet. Nur ein oder zwei Kinder überlebten und erreichten das Erwachsenenalter, Dorothea scheint jedoch mehr um ihre Jungfräulichkeit als um ihre verstorbenen Kinder getrauert zu haben.

Adalbrecht, in Danzig als Waffenschmied niedergelassen, war ein notorischer Trinker und ging verschwenderisch mit Geld um. Er liebte es, seine Frau herumzukommandieren. Wenn sie zum Gottesdienst ging, kümmerte er sich um die Kinder. Er war ein großer, brutaler Mann, zwanzig Jahre älter als seine Frau, die er oft mit der bloßen Faust schlug. Von Natur aus ein Choleriker, neigte er, bedingt durch gesundheitliche Probleme, zu schlechter Laune – und das besserte sich mit fortschreitender Arthritis nicht unbedingt.

Mit Mitte dreißig verbrachte Dorothea viel Zeit in der Kirche (wobei sie stets versuchte, ihre häuslichen Pflichten nicht zu vernachlässigen). Sie hatte religiöse Visionen, geriet in Ekstase und Verzückung und führte tränenreiche Gespräche mit Jesus Christus und der Jungfrau Maria. Sie verschärfte ihr Fasten noch, weigerte sich zu schlafen und begann, sich selbst zu verletzen. Als sie achtunddreißig Jahre alt war, waren alle ihre Kinder bis auf eines gestorben. Aufgrund ihrer religiösen Ekstasen war sie aus dem gemeinsamen Ehebett mit Adalbrecht ausgezogen. Adalbrecht fand die Religiosität seiner Frau lange Zeit peinlich, albern und abstoßend. Es kam vor, dass sie in der Kirche vor Freude zu kreischen begann. In der Stadt gab es Gerede, sie solle aufpassen, dass sie nicht zur Ketzerin werde, und manche forderten hinter vorgehaltener Hand, man solle sie auf dem Scheiterhaufen verbrennen. Adalbrecht versuchte, sie zu zügeln; er legte ihre Hand- und Fußgelenke in Ketten und sperrte sie zu Hause ein.

Einmal war sie so vertieft in ihre ekstatischen Tändeleien mit Gott, dass sie darüber vergaß, Adalbrecht sein Abendessen zu bringen. Daraufhin legte Adalbrecht sie in Ketten und nahm, da er es als eine Art eheliche Anmaßung ansah, wie sie ihre Hingabe praktizierte, einen Stuhl, mit dem er Dorothea auf den Kopf schlug. Er schlug sie so heftig, dass er schon dachte, er hätte sie umgebracht. Als er den leblosen, gebrochenen Körper seiner Frau sah, geriet er in Panik und musste feststellen, dass er doch noch so etwas wie ein Gewissen hatte.

Sobald sich seine Frau erholt hatte, willigte Adalbrecht ein, als Buße für sein schreckliches Verhalten eine Pilgerreise anzutreten. Und so verkaufte das glücklose Paar sein Haus und seine Möbel und machte sich auf den Weg nach Westen in das über tausend Kilometer entfernte Aachen. Für die Reise brauchten sie mehr als neun Wochen. Per Fuhrwerk, teils aber auch zu Fuß, ging es über Magdeburg, Leipzig, Erfurt und Köln westwärts.

Dass sie mit dem jämmerlichen Tyrannen, der ihr Ehemann war, durch Nordeuropa reiste, damit tat Dorothea etwas Großes: Ein elender Sünder würde durch eine geheiligte Reise bekehrt werden.

Buße zu tun und Heilung für die Seele zu suchen, waren die wichtigsten Beweggründe für Reisen im Mittelalter. Eine Pilgerreise war, wenn sie richtig durchgeführt wurde, alles andere als ein Urlaub, sie war vielmehr ein Akt der Selbstbestrafung und Selbstkorrektur. Adalbrecht mag seine Reise nach Aachen als ein leidvolles Unterfangen betrachtet haben, der Wanderschaft ähnlich, zu der Kain für seine Gewalttaten verdammt worden war. Oder aber er könnte sie als eine Art zweite Taufe empfunden haben, eine Wiedergeburt, bei der ein erwachsener Mann unverhofft vor Gott demütig wird. Jedenfalls handelte es sich um eine radikale Abkehr von dem Leben, das er zu Hause geführt hatte, von den Geschäften, mit denen er seinen Lebensunterhalt bestritten hatte, aber auch von den Vergnügungen und Schikanen, die auszuleben zu seinem Alltag gehört hatte. Für Dorothea war die Pilgerfahrt nach Aachen eine Chance, sich von der betenden Hausfrau zur hingebungsvollen Dienerin Gottes zu wandeln und sich aus dem Martyrium unter der Gewalt ihres Mannes zu lösen. Sie wollte Zeugnis ablegen für ihr neues Leben als mystische Braut Christi, wobei diese Beziehung für sie nicht weniger spannungsgeladen zu sein schien als die zu Adalbrecht.

Der Aachener Dom, den Dorothea und Adalbrecht besuchten, war größtenteils noch die unveränderte, von Kaiser Karl dem Großen errichtete und im Jahr 805 geweihte Kaiserkapelle: ein einzigartiges, raumgreifendes Kreuzgang-Achteck, über dem sich starke, antike Säulen erheben und den Blick bis zur Decke führen, die ein Mosaik aus goldenen, blaugrünen und karminroten Fliesen zeigt. Dürer, der die Kirche 1521 besuchte, bewunderte die »proportionierten Säulen mit ihren guten Kapitellen von Porphyr, grün und rot, …, die Carolus [Karl der Große] von Rom dahin hat bringen lassen«. In der Widmung der Kirche heißt es, »[w]enn sich lebendige Steine durch die Fugung des Friedens verbinden«, werde Gott dafür Sorge tragen, dass der Tempel in fortwährender Zierde erhalten bleibe. Für die damaligen Besucher war es das erste Mal, dass sie ein solches Gebäude sahen, eine derart inspirierende Architektur, eine solche Kombination aus Marmor, Stein und Licht.

Abb. 4

Zu der Zeit, als Dorothea und Adalbrecht die Kirche besuchten, fanden sich darin unzählige goldene, teils auch farbig gestaltete Schätze. Kostbare Reliquienschreine waren bis zum Rand gefüllt mit Gliedmaßen von Heiligen und geheiligten Objekten. Bemalte, aus Eichenholz geschnitzte Figuren zeigten das pummelige Christuskind, wie es seine mit rosigen Wangen dargestellte Mutter anlächelte. Altarbilder veranschaulichten die entsetzlichen Szenen der Geißelung und des Todes Christi. Ein Tafelbild zeigte Karl den Großen, wie er unter seinem Bart lächelt, in der Hand ein trommelartiges Miniaturabbild der Pfalzkapelle, die er in Aachen hatte errichten lassen.

Neben den sterblichen Überresten Karls des Großen verfügte der Aachener Dom über wichtige, persönliche Reliquien von Christus und der Jungfrau Maria. Nach und nach waren die Windeln des Jesuskindes (ein gefaltetes Trapez aus braunem Filz) und das Lendentuch (ein graues Tuch, das Jesus während der Kreuzigung trug) erworben worden sowie das »Enthauptungstuch« (ein Stück Damast, das den Kopf Johannes des Täufers enthalten haben soll) und, am kostbarsten und berühmtesten von allen, ein graubrauner Kittel ohne Taschen: die Tunika, die die Jungfrau Maria in der Nacht der Geburt getragen hatte. Jede dieser Reliquien ließ sowohl Armut als auch Menschlichkeit anklingen und transportierte die greifbare Präsenz der biblischen Gottheit direkt nach Aachen.

Dass sich Dorotheas Interesse auf Aachen richtete, scheint vor allem durch ihre Verehrung der Jungfrau Maria ausgelöst worden zu sein. Die Tunika hatte bereits in den 1380er Jahren, verglichen mit den anderen Reliquien, die größte Berühmtheit erlangt. Die wertvollen Textilien wurden in einem prächtigen Reliquienschrein aufbewahrt, der in den 1220er oder 1230er Jahren in Aachen aus Eichenholz gefertigt und aufwendig mit Gold und Emaille verziert worden war. Der an eine einschiffige Kirche erinnernde Schrein leuchtete aus dem tiefen Schatten der Pfalzkapelle wie ein goldenes Himmelsgebäude. Und der von Friedrich Barbarossa (1122–1190), dem Kaiser des römisch-deutschen Reiches, gestiftete Radleuchter in der Mitte des Achtecks warf Licht auf die goldenen, klar geschnittenen Gesichter der Figuren auf dem Reliquienschrein. Als befände man sich in einer Matrjoschka, waren die Kostbarkeiten kunstvoll verschachtelt und dabei so aufeinander abgestimmt, dass der Blick sanft gen Himmel geführt wurde: zunächst die Miniaturkirche, vom Leuchter wie ein Schmuckkästchen präsentiert, dann der Leuchter selbst, von einem Gebäude umgeben, das einer vergoldeten Krone glich.

Andächtige Reisende wie Dorothea und Adalbrecht waren Teil einer großen Pilgerbewegung mit Ziel Aachen, die sich herausgebildet hatte, nachdem die Stadt im frühen 14. Jahrhundert begonnen hatte, ihre Reliquien allgemein bekannt zu machen. Nach 1349, als die Reliquien nur noch alle sieben Jahre gezeigt wurden, wurde es üblich, die Textilien in einem hohen, exponierten Korridor zwischen dem Portal des Doms und der Hauptkapelle zu präsentieren, damit sie für möglichst viele Besucher zu sehen waren. Die Reisenden drängten sich, um einen Blick auf die Reliquien zu werfen, und standen in einem nicht abreißenden Strom dafür an, während über ihnen unablässig das fromme Glockenspiel des Aachener Doms erklang. Im 14. Jahrhundert verzeichnete Aachen Pilger aus allen Teilen Europas, von Königsberg (Kaliningrad) im Osten und Stockholm und Linköping im Norden bis nach Wien, Bistritz (Bistriţa) und Villach im Südosten. Da die Pilger die in großer Höhe gezeigten Reliquien nicht berühren konnten, ließen viele in ihre Pilgerabzeichen kleine Spiegel einarbeiten, so dass das Spiegelbild der Reliquie ihr Abzeichen »berührte«, womit es dieses und auch die Pilger selbst segnete.

Eine der Pilgergruppen trug um 1400 ein massives Holzkruzifix bei sich, daran ein trauriger Christus, an dessen magerem Oberkörper sich die Rippen abzeichnen, seine Taille so schmal wie die eines Kindes, in seinem erschöpften Blick bittere Enttäuschung. Einmal im Aachener Dom aufgestellt, hängt er dort bis heute und blickt mit schmerzverzerrter Miene und hängenden Mundwinkeln auf die Besucher der seitlich der Hauptkirche gelegenen Nikolauskapelle herab.

Nach ihrer Ankunft in Aachen verbrachte Dorothea einige Zeit in einer abgelegenen Einsiedelei am Rheinufer und unternahm weitere Pilgerreisen, unter anderem zur Kapelle der Heiligen Jungfrau von Einsiedeln, die Hunderte von Kilometern entfernt in den Schweizer Bergen liegt und nur über schlammige Straßen und gefährliche Pässe zu erreichen war.

Dorothea und Adalbrecht kehrten gestärkt durch den Besuch in Aachen nach Danzig zurück, aber Dorothea stellte fest, dass ihr Bedürfnis danach, ihr geistliches Bußvermögen auszureizen, eher noch gestiegen war. Aufwendige Speisen widerten sie an. Bei kaltem Wetter oder wenn es schneite, lehnte sie sich stundenlang aus dem offenen Fenster, um ihren Körper zu kasteien und zu martern. Sie weigerte sich zu schlafen, stattdessen lief sie auf und ab und betete.

Im folgenden Jahr wollte das Paar erneut nach Aachen reisen. Unterwegs wurden sie noch in Brandenburg von Räubern brutal ausgeraubt: Sie standen ohne Kleidung, Geld, ihren Wagen und ihre Pferde da – und Adalbrecht war verletzt. Dorothea hatten die Räuber barfuß und mit nichts weiter als einem kurzen Rock bekleidet zurückgelassen. Ihr Eigentum bekamen sie zwar rechtzeitig zurück, aber Adalbrecht schlug Dorothea weiterhin. Zudem entließ er ihren Knecht und befahl Dorothea, die Pferde anzutreiben. Die meiste Zeit musste sie nun neben dem Wagen gehen, manchmal musste sie ihn auch steuern. Sie hielt den Wagen sauber und fettete die Räder. Sie tränkte und fütterte die Pferde; wurden sie unruhig, versuchte Dorothea, sie zu beruhigen. Einmal, als sie auf einem Boot einen See überquerten, begannen die Pferde ängstlich mit den Hufen zu stampfen, aber Gott sorgte dafür, dass die Wellen ruhig blieben.

Adalbrecht, der inzwischen ein erstaunlich hohes Alter erreicht hatte, stapfte mit seinem langen grauen Bart neben ihr her. Die Leute auf der Straße lachten über das seltsame Paar und riefen Dorothea zu: »Schwester, wohin gehst du mit deinem Josef? Reist ihr zum Jungbrunnen?« Sie meinten einen Ort, den wir später noch besuchen werden, wo ein wunderbringendes Wasser allen, die davon tranken, ewige Jugend verleihen konnte.

Als sich das Paar achtzehn Monate später auf den Rückweg nach Preußen machte, verlief die Reise ähnlich schwierig. Weiterhin schlug Adalbrecht Dorothea ins Gesicht und verprügelte sie. Weil sie vergessen hatte, Stroh zu kaufen, schlug er ihr einmal so auf die Brust, dass sie noch tagelang Blut spuckte.

Schließlich starb Adalbrecht – während Dorothea in Rom war, um die Heiligen aufzusuchen.

Einige Zeit später ließ sich Dorothea in der Nähe von Danzig in Marienwerder (Kwidzyn) in einer spartanischen Zelle, einem Inklusorium, einschließen. Ihr Umherziehen hatte ein Ende. Sie wurde die erste preußische Heilige, berühmt für ihre mystischen Offenbarungen und die Wunder, die mit ihr geschahen. Mit der Reise nach Aachen hatte für sie der Weg begonnen, an dessen Ende sie selbst zur Heiligen wurde.

Die gefahrvolle Reise nach Aachen scheint für Dorothea die Pilgerfahrt der Wahl gewesen zu sein, wenn es darum ging, zur Heiligen Jungfrau zu beten und ihrer tiefen Verehrung Ausdruck zu verleihen. Die eine Reise, die ihr geeignet erschien, um ihr Leben zu ändern und eine Wandlung in ihrer Ehe zu erreichen. Hundert Jahre nach Dorotheas und Adalbrechts Kommen hatte die Popularität der Wallfahrt nach Aachen erstaunliche Ausmaße angenommen: Eine Zählung ergab, dass an einem einzigen Tag im Jahr 1496 rund 142 000 Pilger durch die Tore Aachens strömten, alle auf dem Weg der Segnungen und der Selbstverbesserung.

Aachen liegt zwischen zwei großen Flüssen, der Maas und dem Rhein, die sich durch die Landschaft Nordwesteuropas schlängeln.

Auf dem Weg in die Nordsee bildete der Rhein ein großflächiges Delta, doch flussaufwärts in einiger Entfernung zur Mündung war der Rhein eine gewaltige Barriere und natürliche Grenze, so dass er mit seiner stattlichen Breite und der imposanten Strömung die flache Landschaft gleichsam durchschnitt. Gleichzeitig war der Fluss einer der wichtigsten Verbindungswege zwischen Nordeuropa und den Alpen. Köln, am westlichen Ufer des Rheins gelegen, war einer der wichtigsten Häfen am Flusslauf und als Verkehrsknotenpunkt ein schnell wachsendes Zentrum des Handels und der Religion. Der Rhein verband Köln mit anderen florierenden Städten, darunter Bonn, Koblenz, Mainz, Speyer, Straßburg und Basel. Eine Flut von Lastkähnen und Barken, die einen mit Holz beladen, die anderen mit Reisenden unterwegs, kam den Fluss hinunter.

Auf dem Fluss, so heißt es, hätten auch die beiden bedeutendsten Kostbarkeiten und größten Besucherattraktionen Kölns die Stadt erreicht. Aus dem Süden – aus Mailand transferiert oder von dort geraubt – kamen 1164 die Reliquien der Heiligen Drei Könige (der Könige, die zur Geburt Christi nach Bethlehem gekommen waren) nach Köln. Aus dem Norden kamen die Heilige Ursula und ihr gesamtes Gefolge von 11 000 Jungfrauen.[1]

Die Hohe Domkirche Sankt Petrus, Kölns gewaltiges, noch unvollendetes Bauwerk, das während des gesamten Mittelalters eine Baustelle bleiben sollte, beanspruchte die Heiligen Drei Könige für sich. Noch wuchsen die Stümpfe, aus denen einmal die Türme des Kölner Doms werden sollten, nur langsam – aus Steinen, so schwarz wie die Buchstaben einer Bibel. Die sterblichen Überreste

1 Die Zahl 11 000 ist wahrscheinlich ein frühes Beispiel für einen Druck- oder Schreibfehler bzw. einen Fehlschluss, der sich aus der Schreibweise »XI M« ergibt, wobei das »M« wohl für »Martyris«, sprich Märtyrerinnen, stand, aber fälschlicherweise als »Mille«, also tausend, gelesen wurde. So wurden aus 11 Märtyrerinnen 11 000. Es ist allerdings auch möglich, dass eine falsche Lesart eines Namens von einer der Jungfrauen oder eine ähnlich geartete Verwechslung im Rahmen der Legende der Ausgangspunkt war.

der Heiligen Drei Könige wurden in einer Lade aus Eichenholz aufbewahrt, umgeben von einer monumentalen Truhe, einer Art mit Gold und Silber verziertem Sarkophag. An die Heiligen Drei Könige gerichtete Gebete, geflüstert von Besuchern aus ganz Europa, erhoben sich von den Lippen der Gläubigen und strebten in die Höhe des Raumes und durch das Maßwerk der unvollendeten Kirchtürme zum Himmel hinauf. Viele Besucher nahmen eine Zinnplakette mit nach Hause, die die drei gekrönten Könige unter dem Himmelszelt zeigte, wie sie auf den Stern von Bethlehem weisen.

Zur gleichen Zeit beanspruchte die nahe gelegene Basilika Sankt Ursula, der angemessene Ort für die Verehrung der Heiligen Ursula und ihrer Jungfrauen zu sein. Der Ursulakult war in Köln entstanden und weiter ausgestaltet worden, als sich im 12. Jahrhundert die Möglichkeit ergab, sich auf einen Fund spätrömischer Knochen zu stützen, die auf dem Gelände der Basilika ausgegraben worden waren. Diese Knochen wurden anschließend als Reliquien der Heiligen Ursula, ihres Bräutigams und der 11 000 Jungfrauen verehrt und weitergegeben. Viele Jahre zuvor war diese Schar junger britischer Frauen, allesamt Jungfrauen, die mit bleichen Gesichtern alle dasselbe Ziel verfolgten, in einem prächtigen Brautkonvoi auf Kähnen den Rhein hinaufgefahren. Im Mittelalter wollten viele Menschen den Jungfrauen nacheifern und fuhren den Fluss entlang, um die Heiligenstätte der Jungfrauen zu besuchen. Die Basilika mit ihrem gewaltigen Reliquienschrein, in dem Fragmente der sterblichen Überreste der getöteten Jungfrauen aufbewahrt wurden, zog viele Gläubige an und entwickelte sich zu einer phänomenal beliebten Pilgerstätte, zumal die Heilige Ursula nicht nur die Schutzpatronin von Köln, sondern auch von England und von allen Waisenkindern war.

Die Legende lautete, so wie sie sich im 13. und 14. Jahrhundert durchgesetzt hatte, kurz gesagt wie folgt: Die junge Ursula war eine (selbstverständlich edelmütige und schöne) Prinzessin, die

Tochter eines britischen Königs früherer Zeiten. Ihre Heirat mit einem Prinzen ist bereits arrangiert, sie zögert jedoch und stimmt nur unter Bedingungen zu: Ihr Vater müsse ihr zehn jungfräuliche Mägde gewähren, und jede dieser Mägde solle 1000 jungfräuliche Gefährtinnen und Dienerinnen erhalten. Außerdem sollten Galeeren bereitgemacht und die Segel gesetzt werden, so dass Ursula für drei Jahre davonsegeln und sich vor ihrer Hochzeit ganz ihrer Jungfräulichkeit verschreiben könne.

Da ihr Vater sehr daran interessiert war, seine Tochter zu verheiraten, stimmte er zu und arrangierte alles wie gewünscht. Die Flotte der Jungfrauen segelte nach Holland und den Rhein hinauf über Köln nach Basel. Schon auf der Hinfahrt erhielt die junge Ursula bei einem Zwischenstopp in Köln von einem Engel die schreckliche Botschaft, dass ihr Gefolge auf der Rückreise in Köln den Märtyrertod finden würde.

Trotz dieser Offenbarung setzte die Gruppe ihre Reise fort, stieg in Basel von den Schiffen und reiste auf dem Landweg weiter nach Rom, wo die Jungfrauen allesamt vom Papst die Taufe empfingen. Die Schar der nun christlichen Jungfrauen trat die Rückreise an.

In Köln erfüllte sich die schreckliche Prophezeiung. Ursula und ihre Gefährtinnen trafen auf die Hunnen, die jede einzelne Jungfrau abschlachteten und enthaupteten. Allerdings verliebte sich der Heerführer der Hunnen in Ursula, die ihn – als fromme Jungfrau, die noch dazu mit einem anderen verlobt war – zurückwies. Damit war ihr Tod besiegelt: Sie starb, von einem Pfeil durchbohrt.

Die Besucher der Basilika wurden aufgefordert, 11 000 Gebete für die getöteten Jungfrauen zu sprechen. Bevor sie Köln verließen und ihre Reise auf dem Fluss fortsetzten, erwarben die Besucher kleine Abzeichen, die sie direkt in der Kirche oder an Ständen in der Stadt kaufen konnten. Die Plaketten, in der Regel aus einer Blei-Zinn-Legierung gefertigt, zeigten typischerweise ein Boot, ähnlich einer Walnussschale, aus dem unzählige winzige Köpfe herausschauten, die legendären Jungfrauen, die auf einem primitiven, metallenen Souvenir in die Ewigkeit segelten. Abzeichen mit Ursula und ihren 11 000 Jungfrauen darauf wurden Tausende von Kilometern von Köln entfernt gefunden, was beweist, dass sich die Abzeichen bei den Reisenden erfolgreich etabliert hatten. Unter anderem wurde eine kleine gegossene Plakette auf der schwedischen Insel Gotland gefunden, die die gekrönte Ursula zeigt, wie sie ihren Umhang schützend über sieben kleine Jungfrauen hält. Auf einem in Mittelnorwegen gefundenen Stück Pergament steht, von Blumen umrahmt, »S. URSULA«. Und ein in Gdańsk gefundenes, aus einer Bleilegierung gegossenes Abzeichen zeigt wiederum eine gekrönte Ursula mit einem kleinen Schiff, auf dem die Köpfe einer Gruppe von Jungfrauen zu erkennen sind. Ursulas Bild gelangte von Köln in weite Fernen und legt Zeugnis von den geglückten Reisen ihrer Anhänger ab.

Von den Signets, mit denen sich Menschen als reiseerfahrene Pilger zu erkennen gaben, war das mittelalterliche Pilgerabzeichen eine der gebräuchlichsten Formen. Solche Abzeichen machten die Reisen zur gesellschaftlich anerkannten Praxis; befestigt waren sie meist am Pilgerstab oder an der speziellen Kleidung der Pilger – dem zum charakteristischen Erscheinungsbild gehörenden breitkrempigen Pilgerhut oder dem weiten Umhang. Andere übliche, gut sichtbar zu tragende Reiseandenken waren Rosenkranzperlen, Glöckchen, kleine Pfeifen (manchmal in Form eines Hahns), Rasseln, Ampullen mit Weihwasser, Öl oder Erde sowie Spitzenbesatz, Borten und Bänder. Das einfachste und gebräuchlichste Souvenir, das sich dazu eignete, auf der Kleidung getragen zu werden, war die Jakobsmuschel aus Santiago de Compostela. Sie wurde auf den Hut oder den Mantel aufgenäht und galt als besonders passend, weil die Linien auf der Muschelschale wie die Wege der Reisenden zu einem Heiligtum an einem Punkt zusammenlaufen.

Solche Andenken erfüllten möglicherweise die Funktion eines Talismans und sollten die Träger schützen. Zweifellos ist das Pilgerabzeichen auch ein frühes Beispiel für ein touristisches Souvenir, einen Billigartikel, der die Erinnerung an vorangegangene Reisen wachhalten soll, individuelle Erfahrungen aber nicht aufzugreifen vermag, da er in Massenproduktion hergestellt wird. Sie wurden von Satirikern oft als billige Andenken verspottet, die Heiligkeit vorgaukelten und den Eindruck erwecken sollten, der Reisende sei durch seine Reise innerlich oder geistig geläutert worden – und das mittels eines banalen Stücks Metall, das noch dazu ein Standardartikel war.

Pilgerabzeichen waren überaus weit verbreitet und geben uns einen Eindruck davon, wie weit die Menschen reisten. Köln war führend in ihrer Herstellung und gehörte zu den ersten Wallfahrtsorten, die solche Abzeichen anboten. Bereits um das Jahr 1200 wurden dort aus Silber oder Zinn gefertigte Abzeichen verkauft. Es gab kunstvolle durchbrochene Plaketten, beinahe schon Medaillons, die die Heiligen Drei Könige zu Pferde oder rautenförmig von Blumen umrahmt zeigten, wobei deren Namen auf der Umrandung eingraviert waren. Wer die im Mittelalter aufgekommenen Namen der Heiligen Drei Könige – Caspar, Melchior, Balthasar – rief, glaubte damit deren magische Eigenschaften heraufbeschwören zu können. So sollte die Anrufung der Namen vor Epilepsie schützen und beim Auffinden verlorener Gegenstände helfen.

Fast ebenso beliebt waren Abzeichen mit profanen Darstellungen, darunter auf Füßen oder einem Thron sitzende Genitalien, geflügelte Penisse, Schiffe mit Reihen von männlichen Gliedern an Bord oder als Pilger gekleidete, wandelnde Vulven. Es wird angenommen, solche Abzeichen könnten als Talismane mit magischen Kräften gegolten haben, die den Stellenwert von lebensbejahenden Glücksbringern hatten. Es könnte aber auch sein, dass die Abzeichen mit den vulgären oder frivolen Abbildungen zu den Medaillons mit Heiligenmotiven in einem ähnlichen Verhältnis standen wie der Karneval zum kirchlichen Feiertag. In dem Fall hätten sich die Menschen mit diesem Aspekt des mittelalterlichen Reisetouris-

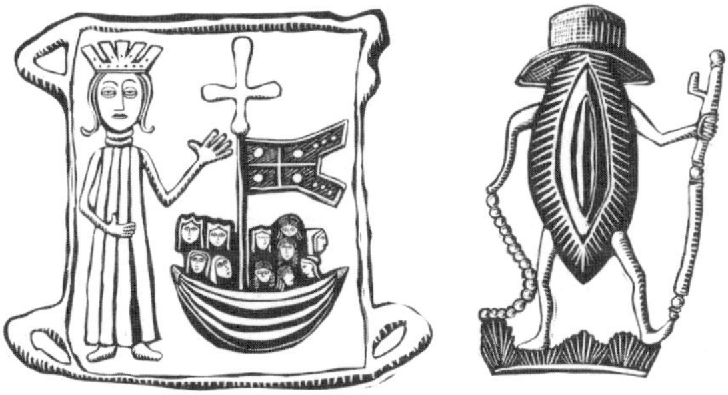

Abb. 5

mus gleichsam eine genussvoll-unanständige Auszeit inmitten der Segnungen der Pilgerschaft genommen.

Viele Reisende, die Europa in südlicher Richtung durchquerten, taten es der Heiligen Ursula gleich und ließen den Rhein in Basel oder sogar schon etwas früher in der Nähe von Speyer hinter sich. Sie reisten dann auf dem Landweg nach Südosten in Richtung Konstanz oder Innsbruck. Im Rheinland und in Schwaben war die Landschaft unendlich abwechslungsreich, mal von weiten Weideflächen, mal von bewaldeten Tälern und gewaltigen Wasserfällen geprägt.

Auf der Route lagen schöne Städte wie etwa Ulm, eine Stadt, die über die Fernreisewege Verbindung nach Antwerpen ebenso wie nach Venedig, nach Lyon und nach Prag hatte – und über die Donau sogar mit dem Schwarzen Meer. Im Spätmittelalter war die Stadt Ulm, deren Mauern bis an die Donau herunterreichten, eine der führenden freien Städte des Heiligen Römischen Reiches. Von der Quelle aus gesehen, ist Ulm der erste große Hafen an der ab dort schiffbaren Donau. Die Stadt unterstand keinem lokalen Fürsten oder Herzog, sondern nur dem Kaiser des Sacrum Romanum Imperium, der die Stadt, wie eine Art Bürgermeister in Abwesenheit, aus der Ferne regierte. Die Bevölkerung wuchs im 14. und 15. Jahrhundert rasch an und betrug 1450 etwa 15 000 Menschen. Die Stadt kontrollierte den bedeutsamen Geislinger Pass, an mehreren Aufstiegsrouten zur Schwäbischen Alb gelegen, und war berühmt für ihr erstklassiges Barchenttuch, das aus Leinengarn gewebt wurde, welches aus in der Region angebautem Flachs und über Venedig importierter indischer Baumwolle gefertigt war.[2]

Ulm wurde, wie viele andere deutsche Städte auch, von den wohlhabenden patrizischen Kaufmannsfamilien und den städtischen Zünften beherrscht; die Verbindung mit der Regierung des Heiligen Römischen Reiches war eng. Neben mächtigen Klöstern demonstrierte das prächtige Münster mit seinem hohen Kirchturm schon von weitem die kirchlich-religiöse Bedeutung der Stadt. Doch wir wollen in einem der noch immer bestehenden Gasthäuser einkehren, in dem Reisende aus ganz Europa rasteten, die Wärme und die einladende Atmosphäre und etwas zu trinken genossen.

Ein Gasthaus – eine Auberge, ein »Logis à pied et à cheval«, ein Inn – war etwas ganz anderes als eine Schänke oder eine Taverne. Gasthäuser boten immer auch eine Unterkunft für die Nacht und standen Reisenden und Besuchern offen, die nichts verkonsumierten, während Schankwirtschaften und Tavernen ihren Gästen hauptsächlich Getränke anboten. Ein Gasthof bot neben einer Schlafgelegenheit auch eine reichhaltigere Verpflegung (die an einer Tafel von allen Gästen gemeinsam eingenommen wurde, am »Tisch des Gastgebers« oder »Table d'hôte«, daher der heutige Begriff für eine spezielle Speisekarte, die ein festes Menü anbietet). Gasthöfe waren wie Tavernen Orte der Geselligkeit, die allen Menschen offenstanden und an denen sich »Speis und Trank« genießen ließen, aber sie waren auch von grundlegender Bedeutung für die Mobilität der Menschen in Europa. Handel, Diplomatie, Pilgerreisen, über-

2 Der im Englischen für dieses Textilprodukt übliche Name »fustian« leitet sich von »Fustat« ab, einer Stadt in der Nähe des heutigen Kairo, die Verwaltungszentrum der Mamluken-Sultanate war; der deutsche Name »Barchent« geht auf einen arabischen Begriff für Stoffe aus Kamelhaar zurück und verweist wohl auf die wollige Anmutung des typischerweise zumindest auf einer Seite aufgerauten Gewebes.

haupt jede Art von Reisen beruhte auf den Gasthöfen als einem wesentlichen Teil der Infrastruktur, der Mobilität erst ermöglichte.

In den Gasthäusern verkehrten Menschen aus allen Ständen der Gesellschaft, nicht etwa nur Arme, Schurken und Betrüger. In einem Gasthaus traf der fromme Mönch auf den bibelfesten Arbeitsmann (oder war es vielleicht umgekehrt?), und Witwen aus Wales schliefen neben jungen Studenten, die auf dem Weg nach Bologna oder Padua waren. Der Standard, den die Unterkünfte boten, war sehr unterschiedlich. In einer mittelalterlichen Predigt wird etwa beschrieben, wie ein Pilger im Brotkorb eines Gasthauses eine Maus fand – die Moral der Geschichte war, dass sich der Teufel noch in den kleinsten Ritzen versteckt, wenn es um Völlerei geht, aber offensichtlich war es dem Autor auch ein Anliegen, die Sauberkeit der Unterkünfte zu thematisieren. In der Stadt Ulm gab es mehrere gut ausgestattete und überregional bekannte Gasthöfe und Schänken, darunter die vor 1401 gegründete und noch heute existierende *Krone*, aber auch den *Herrenkeller* und die *Untere Stube*. Als wohlhabende und mondäne Stadt verfügte Ulm über ein städtisch reglementiertes Gaststättenwesen, da es im Interesse jeder Stadt lag (im Hinblick sowohl auf die Kriminalität als auch die öffentliche Gesundheit), im Blick zu behalten, wer in der Stadt war und wo sich die Besucher aufhielten.

Der Ulmer Gasthof *Krone* ist um einen Innenhof herum gebaut, so dass beinahe der Eindruck einer Verteidigungsanlage entsteht. Heute eher ein rustikales Wirtshaus, war die *Krone* im Mittelalter eine luxuriöse Unterkunft (drei römisch-deutsche Könige bzw. Kaiser – Ruprecht, Sigismund und Maximilian I. – logierten im Laufe des 15. Jahrhunderts dort). Die Besitzer, eine Familie Weiss, waren in Ulm für ihren Reichtum, aber auch als gute Gastgeber bekannt. Neben den Kaufleuten (den Gewürz- und Fernhändlern) und den Krämern, Sattlern, Knopfmachern, Handschuhmachern und Pergamentmachern gehörte zu den bedeutendsten Zünften der Stadt auch die Wein-, Gemüse- und Obstanbauzunft – und zu dieser wiederum die Ulmer Gastwirte (von einem Ulmer Bürger treffend definiert als »diejenigen, die Fremde für Geld gastfreundlich aufnehmen«). Das Gasthaus verfügte in den Untergeschossen über Gewölbe mit Weinkellern und einem Brunnen sowie in den Obergeschossen über Räume zum Beherbergen von Gästen. Auch für die Unterbringung der Pferde und der Burschen, die sich um sie kümmerten, war Platz.

Was zu guten Manieren in einer Taverne gehört: Die Grundregeln beim Essen lauten wie folgt: Kratze dich nicht am Kopf oder deiner Rückseite, als ob du Flöhe hast. Sei nicht übellaunig, blinzle nicht zu viel und vermeide tränende Augen. Die Nase nicht hochziehen, nicht darin bohren, nicht laufen lassen oder zu laut schnäuzen. Verdrehe nicht den Hals, als wärst du ein neugieriges Huhn. Stecke nicht die Hände in deine Hose und fummele nicht an deinem Hosenlatz herum, kratze dich nicht, mach keine zuckenden oder reibenden Bewegungen mit den Händen. Bohre nicht in den Ohren, mach keine Würgegeräusche, lache nicht zu laut und spucke nicht zu weit. Sprich leise, erzähle weder Lügen noch Unsinn, verspritze keine Spucke, gaffe und schmolle nicht. Lecke nicht den Teller ab. Vermeide Husten, Schluckauf oder Rülpsen; stampfe nicht mit den Füßen und sitze nicht breitbeinig da. Knirsche nicht mit den Zähnen und pule nicht an ihnen herum und schnaufe Respektspersonen nicht mit deinem Mundgeruch an. Hüte dich stets davor, deine »hinteren Geschütze abzufeuern« (das heißt zu furzen).

Für alle Reisenden ist es ein wiederkehrendes Ärgernis, dass es oft schwierig ist, in einem Gasthaus oder Hotel, also Einrichtungen, deren Zweck es ist, einen Platz zum Schlafen anzubieten, ungestörte Nachtruhe zu finden. Schlaflos wach zu liegen oder mit trockenem Mund und desorientiert aufzuwachen, das sind Konstanten des Reisens. Im mittelalterlichen Ulm bedeutete eine Übernachtung in einem Gasthaus der Spitzenklasse auch wiehernde Pferde, die im Hof mit den Hufen stampften. Der Lärm aus nahe gelegenen Schänken und Spelunken währte sicherlich bis in die Nacht, und dann war schon in der Früh wieder Radau zu hören, wenn in den Fischerhäusern der Arbeitstag begann. Die Wächter auf den Stadtmauern riefen in der Nacht die Stunden aus. Ein freundlicher schwarzer Hund im Innenhof winselte, weil er gern Gesellschaft hätte. Krähen krächzten noch bis nach Mitternacht. Und die Gäste teilten sich ihren Raum mit allerlei hüpfendem und krabbelndem Getier: einer Katze, einigen Fledermäusen, Fliegen und Motten, und so still sie am Tag auch sein mochten, sobald es Nacht wurde, veranstalteten sie ein tausendfaches Kratzen und Summen. Flöhe und Bettwanzen erwachten zum Leben. Die Balken knarzten und knackten, als ob sie ihre Finger streckten. Wenn dann noch ein Zeckenbiss in der Kniekehle neuerlich zu jucken und zu pochen begann, half es nichts, es galt, sich aufzurichten und die nervenzehrende Quaddel mit Gänseschmalz zu bestreichen. Andere Gäste husteten und röchelten, schnarchten und rülpsten oder beteten und murmelten die ganze Nacht lang. An Schlafen war kaum zu denken. Wenigstens würde es im Gasthaus am nächsten Tag eine gute Mahlzeit und reichlich Wein oder Bier geben.

Ulm, eine lebendige Stadt mit vielen reichen Klöstern und an bedeutenden europäischen Transitrouten gelegen, war ein Eldorado für Reisende, das einen der unterhaltsamsten und wortgewandtesten Vertreter der mittelalterlichen Reiseschriftsteller hervorbrachte. Felix Fabri, der um 1438 in Zürich geboren wurde, verbrachte den größten Teil seines Erwachsenenlebens in Ulm, im dortigen Dominikanerkloster. Weit davon entfernt, ein Klosterbruder zu sein, war Fabri ein vollendeter Reisender, der sich nicht nur der Idee, sondern auch der Praxis des Reisens ganz und gar verschrieben hatte. Dabei war für ihn das geschriebene Wort von zentraler Bedeutung – sowohl für sein Nachdenken darüber, welchem Zweck frommes Reisen eigentlich dienen solle, als auch dafür, wie er das Reisen erlebte.

Fabri, zu dem Zeitpunkt um die vierzig Jahre alt, unternahm

zwei maßgebliche Reisen: eine Pilgerreise im Jahr 1480, die ihn nach Jerusalem und ins Heilige Land führte, und eine in den Jahren 1483 und 1484, die ihn ins Heilige Land, bis auf den Sinai und nach Ägypten brachte. Es gibt vier schriftliche Darstellungen von ihm über diese Reisen. Zunächst verfasste er ein Gedicht in deutscher Sprache, das »Gereimte Pilgerbüchlein«, und einen deutschsprachigen Prosabericht, das »Pilgerbuch«, die beide die Reise von 1480 beschreiben. Anschließend schrieb er ein langes Prosawerk auf Lateinisch, das »Evagatorium« (Buch der Wanderschaft), in dem Fabri über die Geschichte des Heiligen Landes und seine eigenen Erfahrungen dort nachdenkt. Später, in den 1490er Jahren, verfasste er eine weitere deutschsprachige Schrift mit dem Titel »Die Sionpilger«, die für Ordensfrauen bestimmt war, die selbst nicht reisen konnten, sich aber das Heilige Land vor ihr geistiges Auge rufen wollten. Fabri nahm auf seine Reisen Bücher mit, verfasste Notizen auf Wachstafeln und traf sich unterwegs mit verschiedenen anderen literaturinteressierten Reisenden. Zu seinen Begleitern auf einer Reise ins Heilige Land gehörten der ungarische Dichter János Lászai (1448–1523) und mehrere deutsche Reiseschriftsteller: Bernhard von Breydenbach, dessen Reisebericht ein Bestseller wurde, Paul Walther von Güglingen, der eine Beschreibung seiner persönlichen Erfahrungen auf einer Pilgerreise verfasste, und Georg von Gumppenberg (gestorben 1515), der eine kurze, sachorientierte Beschreibung der Heiligen Stätten in Jerusalem erstellte. Wir müssen uns vorstellen, dass im Mittelalter auf einer Reise viel gelesen und geschrieben wurde, da die Mitreisenden mit umfassender Bildung von ihrer Reise (und ihren Reiseerfahrungen) schriftlich Zeugnis ablegen wollten. Fabri verglich die Mühe, die es ihm bereitet hatte, auf seinen Pilgerreisen »von Ort zu Ort« zu kommen, mit der Anstrengung, die es bedeutete, »von Buch zu Buch zu springen, zu lesen und zu schreiben, zu korrigieren und abzugleichen«, was er über heilige Orte geschrieben hatte. Für Fabri waren sowohl Bücher als auch geographische Orte immer auch geistige Orte: Geschichten,

Geschehnisse und historische Darstellungen verschmolzen, wenn Menschen leibhaftig oder in ihrer Vorstellung Orte besuchten.

Wir werden Fabri auf unserer Wanderung später wieder begegnen. An dieser Stelle wollen wir bei einer anschaulichen Szene verweilen, in der er sich von Ulm aus, einer Stadt, in der Menschen ständig kommen und gehen, auf den Weg macht. Seine erste Reise trat er zu Ostern 1480 an. Fabri, ein mitreißender Prediger, beschreibt in seinem »Evagatorium«, wie er in der Ulmer Dominikanerkirche seine Kanzel bestieg, vor den vielen Anwesenden seine Predigt hielt und zum Abschluss erzählte, dass er eine Pilgerreise unternehmen werde und nun seine Zuhörer um Gebete für seine sichere Rückkehr bitten wolle. Dann sangen sie gemeinsam eine Hymne für die Pilger auf See, und Fabri sang das »Kreuzfahrerlied«, ein frommes Lied für die Reisenden ins Heilige Land: »In Gottes Namen fahren wir, / seiner Gnaden begehren wir, / …«. Die Gemeinde begann, mit Fabri mitzusingen, und ließ das gebetartige Lied dann noch einmal erklingen. Einige Gemeindemitglieder fingen an zu weinen und konnten vor lauter Schluchzen nicht mehr weitersingen. Viele hatten Angst, berichtet Fabri, dass er in den »entsetzlichen Gefahren« der vor ihm liegenden Reise umkommen würde. Er segnete die Gemeinde, erteilte ihnen die Absolution für ihre Sünden, schlug das Kreuzzeichen und sagte Lebewohl. Dann stieg er von seiner Kanzel herunter.

Das Dominikanerkloster, in dem Fabri lebte, lag nur einen Steinwurf von der Donau entfernt. Am frühen Morgen des 14. April 1480 verabschiedete sich Bruder Felix von seinen Mitbrüdern im Kloster mit Kuss und Umarmung und ritt von Ulm aus in Richtung Süden. Sein Prior Ludwig Fuchs und ein Diener begleiteten ihn. Auf ihrem Weg aus der Stadt ließen sie zu ihrer Linken einen fensterlosen Turm hinter sich, in dem Schwerverbrecher gefangen gehalten und teils auch ertränkt wurden, und passierten den städtischen Gefängnisturm mitsamt dem Schafott für öffentliche Hinrichtungen.

Dann hatten sie die Stadtmauer an der Donau erreicht, die sich noch im Bau befand. Auf Kosten der Stadt wurde die Befestigung dort aus schönem roten Backstein errichtet. Im Fluss wurde Barchent gebleicht und frisch gefangener Fisch ausgenommen und abgespült. Gänse watschelten rege frei umher. Dann überquerte Fabri die »Hertprugg«, die Brücke der Stadt über die Donau, benannt nach den Herden, die über sie getrieben wurden. Beobachtet wurde er dabei von den beiden Wächtern, die dort allezeit postiert waren und so früh am Morgen noch nicht einmal den üblichen Weckruf per Horn geblasen haben dürften.

Vor Fabri lagen Weiden und Weinberge und die Straße nach Süden. Er kam an einem kleinen, ein Stück außerhalb der Stadt in einem hübschen Garten gelegenen Schrein der Jungfrau Maria vorbei – ein letzter Segen zu seiner Abreise.

Fabri ritt mit seinem Prior und dessen Diener durch eine ebene Gegend mit den typischen Flachsfeldern zur fünfzig Kilometer südlich gelegenen Stadt Memmingen, einer Durchgangsstation ihrer Reise. Dort traf sich Bruder Felix mit dem örtlichen Adligen und Statthalter des Herzogtums Oberbayern, Apollinaris von Stein, dessen Sohn Georg und einem Gefolge von Waffenträgern. Sie beschlossen, am nächsten Morgen gemeinsam nach Jerusalem aufzubrechen. Fabri umarmte seinen Prior Ludwig »in tiefem Kummer und Schmerz«; beide mussten weinen und schluchzen. Felix, seinem geistlichen Sohn, trug Ludwig auf, er solle ihn im Heiligen Land nicht vergessen, sondern ihm schreiben, wenn sich die Gelegenheit ergäbe, und so bald wie möglich zurückkehren. Der Prior reiste mitsamt seinem Diener ab und kehrte nach Ulm zu Felix' Brüdern, seinen übrigen geistlichen Kindern, zurück.

Jenseits von Memmingen begannen die weißen Gipfel der Alpen, Beständigkeit in Vollendung, am Horizont aufzuragen und schienen von den lieblichen Ebenen Schwabens und Bayerns aus unerreichbar fern zu sein. Am nächsten Morgen nahmen die Männer die in Richtung Kempten und Innsbruck ansteigende Straße in Angriff.

Fabri liebte seine Stadt, sein Ulm. Er beschreibt, wie seine Begeisterung, Jerusalem zu sehen, beim Aufbruch »in ihm erstarb«. Die Reise, die vor ihm lag, erschien ihm »ermüdend, bitter, nutzlos, leer und sündhaft«. Er schrieb: »Ich hatte mehr Freude daran, das Schwabenland zu erblicken als das Land Kanaan, und Ulm erschien mir schöner als Jerusalem.« Fabri erlebte jene besondere Art elender, betäubender Sehnsucht, die wir heute als Heimweh bezeichnen, den Fluch aller Reisenden. Der kann uns überall einholen, eine freudlose Überraschung, die einen verzweifelten Schmerz birgt, ein Gefühl, am völlig falschen Ort zu sein.

Bruder Felix hatte sein Zuhause kaum verlassen. Nur weil er sich dafür hätte abgrundtief schämen müssen, kehrte er nicht direkt um und unterdrückte den Wunsch, zu Prior Ludwig zurückzulaufen.

Weiter südlich, an der Schwelle zur Alpenregion, mündet der Rhein in der Stadt Konstanz in den großen, langgestreckten Bodensee, auf dem im Mittelalter ein reger Schiffsverkehr herrschte. Die teils bis zu zwanzig Meter langen Eichenholzboote transportierten Fässer oder waren mit Häuten, Holz oder Fisch beladen, wieder andere beförderten Reisende, die in alle Richtungen Europas unterwegs waren.

Auf Reisen führen das ständige In-Bewegung-Sein und das ermüdende Ein- und Auspacken fast immer zum Verlust von Gegenständen. Offensichtlich sind den Menschen, die den Bodensee in den Booten überquerten, sehr häufig Gegenstände über Bord gefallen, oder sie haben sie weggeworfen: eine Alabasterfigur einer Jungfrau Maria, die Jesus als Säugling hält, allerdings fehlt der Jungfrau der Kopf; eine Pinzette aus Blei; Steck- und Nähnadeln; eine winzige, aus einer Muschel geschnitzte Figur eines Pilgers; eine Schale aus Zinn; ein stabiles, metallenes Vorhängeschloss; ein Hufeisen; Dutzende von Kruzifixen, Abzeichen und Fibeln. All diese Dinge und noch viele mehr sollten Jahrhunderte später von Archäologen vom Grund des Sees geborgen werden.

Diese auf Reisen verlorengegangenen Objekte werden jetzt im Archäologischen Museum Konstanz ausgestellt und erinnern auch an eine unverbesserliche Reisende aus England: Margery Kempe (1373–1439), die 1414 in die Stadt am Bodensee kam und auf ihrer Reise schon zahlreiche Dinge verloren hatte (aufgrund eines Versehens oder weil sie beraubt worden war): einen kostbaren Ring mit einem Spruch über die Liebe zu Jesus, einen Spazierstock, den sie in Jerusalem gekauft hatte, und ein Tuch und einen Geldbeutel, die ihr in der Nähe von Konstanz von ihren Reisegefährten gestohlen worden waren.

Kempe, Mutter von vierzehn Kindern und in der ostenglischen Hafenstadt Lynn zu Hause, war der in Montau geborenen Dorothea nicht unähnlich: beide waren Ehefrauen, die zum Mittelstand gehörten, sich mystischen Visionen hingaben und eifrig auf Pilgerschaft gingen. Kempe diktierte kühn ihre eigene Lebensgeschichte, die in dem »Book of Margery Kempe« (1436 –1438) niedergeschrieben wurde. Ein entscheidender Moment in Kempes Leben war ihre schwierige Reise von England nach Jerusalem und Rom in den Jahren 1413 und 1414. Ihre Schilderung dieser Reise gibt uns eine einzigartige Perspektive auf die Reisen einer Person durch England und Europa.

Um das Jahr 1412, Kempe muss damals etwa vierzig Jahre alt gewesen sein, erhielt sie eine Weisung von Gott, sie solle Jerusalem, Rom und Santiago de Compostela besuchen. Für sie war eine solche Reise ein gottgefälliges Werk, mit dem sie die an den heiligen Stätten verfügbaren Ablässe erlangen konnte, und für ihr Seelenheil förderlich, weil sich auf diese Weise ihre Beziehung zu Gott vertiefen ließ. Nachdem Kempe die Erlaubnis ihres Mannes und ihres Bischofs eingeholt hatte, machte sie sich Ende 1413 auf den Weg nach Jerusalem und segelte von Yarmouth zum niederländischen Hafen Zierikzee. Auf dem Landweg gelangte sie nach Konstanz und hatte damit etwa zwei Drittel der Strecke nach Venedig zurückgelegt.

Kempe hatte eine sehr schwierige Reise. Seit einiger Zeit hatte sie angefangen, immer öfter hemmungslos zu schluchzen und laut zu weinen – »aufgrund ihrer eigenen Sünden und manchmal auch angesichts der Sünden anderer«. Und wenn sie an die Kreuzigung Christi dachte, was sie sehr oft tat, kamen ihr ebenfalls die Tränen. Empfing sie die Kommunion (was wenigstens jeden Sonntag der Fall war), brach sie in »inbrünstiges Weinen und heftiges Schluchzen« aus. Kempes tränenreiche Ausbrüche begleiteten sie auf ihren Reisen und machten sie bei ihren Mitreisenden unbeliebt. In ihrem Buch gesteht sie uns, dass ihre Gefährten »sehr verärgert darüber waren, dass sie so viel weinte und ständig von der Liebe und Güte Gottes sprach, und das nicht nur bei Tisch, sondern auch an anderen Orten«. Die anderen Reisenden tadelten sie und warnten, sie würden sich ihr Verhalten nicht länger bieten lassen.

Selbst Kempes Dienstmädchen, das mit ihr zusammen aus England angereist war, konnte es in ihrer Gesellschaft nicht mehr aushalten. Nur ein Mann unterstützte Kempe und ermutigte sie, bei der Reisegruppe zu bleiben, bis Konstanz gemeinsam erreicht sein würde.

Als sich die Reisegruppe auf den Weg nach Konstanz machte, wurden die Schikanen gegen Kempe immer heftiger. Sie wurde geschlagen und malträtiert und, wo sie auch hinkamen, in Verlegenheit gebracht. Sie kürzten ihr Kleid, so dass es nur bis knapp über die Knie reichte, und zwangen sie, einen lächerlichen weißen Drillichkittel zu tragen, so dass andere Leute sie für eine Verrückte hielten und ihr kein Wort glaubten. Bei jedem Abendessen, ob in einer Taverne oder einem Gasthof, hieß die Gruppe sie am unteren Ende des Tisches sitzen, und zwar unter den Mägden und Knechten und anderen niederen Leuten, und befahl ihr zu schweigen.

Eines Tages, irgendwo im Schwabenland, ging Kempe zu einer Kapelle am Straßenrand, um zu beten, und weinte so sehr, dass ihre Tränen bis auf den Steinboden liefen. Und Gott sprach im Geiste zu ihr: »Fürchte dich nicht, Tochter, deinen Gefährten wird nichts geschehen, solange du bei ihnen bist.« Und so blieb sie bei ihnen und – »Gott sei Dank«, dachte sich Kempe – die Gruppe kam sicher in Konstanz an.

Allein zu reisen war gefährlich, vor allem für Frauen. Es war zwar nichts Ungewöhnliches, reisenden Frauen zu begegnen, aber oft reisten sie mit ihren Ehemännern, Schwestern oder Kindern und meist in einer Gruppe. An mehreren Stellen erwähnt Margery Kempe ihre Angst vor Straßenräubern oder vor Vergewaltigung und sexueller Belästigung durch Fremde. Aus ihren Schilderungen geht auch hervor, dass es Alleinreisenden an Informationen und Empfehlungen von Mitreisenden fehlte – wann die Gezeiten günstig für eine Fahrt waren, wo die zuverlässigste Herberge in der Stadt zu finden war, welche Reliquien einen besonders lohnenswerten Besuch versprachen oder wer der vertrauenswürdigste Lieferant für Matratzen und Bettzeug auf der nächsten Etappe der Reise war. Und so machten sich nur wenige Menschen allein auf die Reise, und wenn sich unterwegs herausstellte, dass die Mitreisenden unsympathisch waren, ließ sich nicht viel dagegen tun. Auf Reisen bilden sich Gemeinschaften, aber harmonisch geht es dabei nicht immer zu.

In Kempes Bericht über ihren kurzen Aufenthalt in Konstanz im Jahr 1414 beschreibt sie eine Stadt, in der es von Besuchern nur so wimmelt. Wenige Monate nach ihrer Abreise begann in Konstanz ein überaus bedeutendes Kirchenkonzil – eine ökumenische Versammlung von Vertretern der ganzen christlichen Welt –, das vier Jahre lang dauern sollte. Besucher aus fernen Ländern, von Äthiopien bis Irland, kamen zusammen, um die wichtigsten Fragen zu erörtern, mit denen sich die Kirche konfrontiert sah, darunter die Beendigung des päpstlichen Schismas (es gab rivalisierende Päpste in Rom, Avignon und Pisa), die anhaltenden Probleme mit der Ketzerei in Böhmen und England, die Autorisierung weiterer Heiligsprechungen, die Bekehrung der Heiden im Baltikum und der Wunsch, sich mit vereinten Kräften dem Islam entgegenzustellen. Der grausame Höhepunkt des Konzils war die Hinrichtung des böhmischen Theologen und Reformators Jan Hus (1369–1415). Hus hatte, bevor er sich auf den Weg nach Konstanz machte (ein Weg, der ihn übrigens über Ulm führte, wo er im Gasthaus *Krone* übernachtete), vom Kaiser freies Geleit in Aussicht gestellt bekommen; das rettete ihn jedoch nicht. Er wurde am Rheinufer verbrannt und seine Asche zusammen mit dem übrigen sich täglich ansammelnden Abfall in den Fluss geworfen.

Als Kempe in Konstanz war, begannen die Menschen bereits aus aller Welt in die Stadt zu strömen. Die Stadt füllte sich, und die Menschen waren froh, wenn sie irgendwo Unterkunft fanden. Bunte Schilder mit mannigfaltigen Namen darauf wiesen ihnen den Weg zu den Gasthöfen und Lokalen: Es gab den *Roten Adler*, das *Gelbe Schaf*, den *Schwarzen Bock*, das *Goldene Lamm* und den *Regenbogen*. Gesandtschaften und königliche oder päpstliche Hofstaaten nahmen ganze Stadthäuser in Beschlag (die Engländer residierten im *Goldenen Schwert*). Jan Hus wohnte in bescheideneren Verhältnissen: bei einer Bäckerswitwe namens Fida Pfister.

Kempe hörte, unter den Gesandten vom päpstlichen Hof vor Ort sei ein englischer Mönch. Da sie die für Reisende nicht zu unterschätzende Gabe hatte, in fernen Ländern Menschen zu finden, die ihr freundlich begegneten, wusste sie diese Gelegenheit zu nutzen. Sie schilderte diesem Geistlichen ihre gesamte Lebensgeschichte und erzählte ihm von den religiösen Offenbarungen, die Gott ihr geschenkt hatte. Der Mönch bestätigte ihr, dass diese Offenbarungen das Werk Gottes und nicht des Teufels seien, und er versicherte ihr auch, er werde sie gegen ihre Reisegefährten unterstützen.

Daraufhin lud Kempe den Mönch in die Unterkunft der Gruppe zu einem gemeinsamen Essen mit ihr und ihren Begleitern ein. Bei dieser Gelegenheit sprach er sich zu ihren Gunsten aus, was die anderen Reisenden über alle Maßen wütend machte. Sie wollten nichts mehr mit Kempe zu tun haben. Der Legat gab ihr etwas

Geld (20 Pfund, von denen ihr die anderen 16 Pfund stahlen), und Kempe betete, Gott möge ihr einen neuen Reisegefährten schicken. Und plötzlich, wie von göttlicher Gnade gesandt, erschien eine freundliche Seele, ein weißbärtiger Engländer namens William Weaver, der mit ihr zusammen weiterreiste: von Konstanz bis nach Bologna. Kempes Bericht vermittelt ein gutes Gefühl dafür, wie es für die Menschen war, auf einer Reise im mittelalterlichen Konstanz einzukehren, und dafür, wie wichtig diese Art von zufälligen Begegnungen war, die entscheidend für das Gelingen einer Reise sein konnten.

Ein wohlhabender Konstanzer Bürger namens Ulrich von Richental hat einen sehr detaillierten Bericht über das Konzil verfasst, der uns viel darüber verrät, was die Besucher im Jahr 1414 in Konstanz erwartete. Richental beschreibt die erstaunliche Anzahl von Menschen, die in die Stadt strömten (allein der Gegenpapst Johannes XXIII. reiste mit einem Gefolge von 600 Menschen aus Pisa an). Noch erstaunlicher mag aus heutiger Sicht die Anzahl der Pferde erscheinen, die die Delegierten des Konzils mitbrachten. Ludwig II., Herzog von Brieg, kam mit 200 Pferden und vier beladenen Wagen. Pipo von Ozora in Ungarn hatte 150 Pferde und drei Wagen dabei. Und jedes Pferd hatte sein eigenes Gepäck, bestehend aus Maulkörben, Trensenknebeln, Trensen, Zaumzeug, Nasenriemen, Sporen, Ziemern, Zügeln und Schabracken.

Es kamen Gesandtschaften aus Afrika, Asien und allen Teilen Europas, nach Richentals Schätzung insgesamt mindestens 5000 Personen. Das rief die verschiedensten Leute auf den Plan, die den Konzilteilnehmern ihre Dienste anbieten wollten: Apotheker, Schuhmacher, Schneider, Goldschmiede, Kürschner, Krämer, Schreiber, Gürtelmacher, Metzger und Barbiere, die allesamt Zelte und Stände in der Stadt aufstellten. Siebenhundert Prostituierte zogen in die Stadt und mieteten ganze Häuser oder nutzten die Stallungen oder was immer sich anbot. Richental schätzte, dass die Einwohnerzahl der Stadt, die normalerweise bei etwa 10 000 Menschen lag, während des Konzils um mehr als 70 000 Besucher anschwoll.

Für die Konstanzer bot sich damit eine perfekte Gelegenheit, an den Fremden Geld zu verdienen. Der Rat der Stadt Konstanz hatte daher auch präzise Regelungen zur Unterbringung einer solch gewaltigen Menge an Menschen erlassen. Adelige mochten sich in den Häusern reicher Bürger einmieten, und zumindest einige Geistliche werden in den Klöstern der Stadt untergekommen sein, aber die meisten Besucher waren den Konstanzer Gasthof- und Herbergsbesitzern »auf Gedeih und Verderb« ausgeliefert. Der Rat erließ daher folgende Verordnung: Ein Bett für zwei Personen sollte im Monat nicht mehr als 1 1/2 Gulden kosten, und wer Betten vermietete, war verpflichtet, Nackenrollen, Kissen und Bettwäsche zur Verfügung zu stellen, die mindestens einmal im Monat gewaschen werden mussten. Die Kosten für die Unterbringung eines Pferdes wurden auf zwei Pfennige die Nacht festgelegt. Auch die Preise für Lebensmittel mussten im Laufe des Konzils reguliert werden, da es so viele Mäuler zu stopfen gab und ein derartig großer Gewinn dabei winkte. Die Preise für Weizen, Hafer, Wein, Gewürze und Fleisch wurden streng kontrolliert, um zu verhindern, dass die Besucher betrogen wurden.

Für Abendessen und Feste wurde üppig gekocht, aber die Reisenden konnten auch ohne weiteres etwas zu essen »auf die Hand« kaufen: Bäcker waren teils mit ganzen Öfen auf Karren, teils mit kleinen transportablen Ständen in die Stadt gekommen und boten ganze Stangen voller Brotringe und Brezeln, aber auch Kekse, Kuchen und mit Fisch, gewürztem Fleisch oder Ei gefüllte heiße Pasteten zum Kauf an. Auch einige italienische Bäcker waren nach Konstanz gekommen und verkauften eine neue Art von dünnem Fladenbrot, das mitsamt seinem herzhaften Belag gebacken wurde.

Auf die Reisenden, die Konstanz in Richtung Süden verließen, wartete nicht weniger als die Überquerung der Alpen. In der im Mittelalter weithin geteilten Vorstellung von der Entstehung der

Berge war die Erde zunächst flach und rund geformt gewesen, dann hatten die Flüsse die weicheren Teile abgetragen, während die harten Teile als Berge zurückgeblieben waren. Es war auch bekannt, dass Berge durch Erdbeben entstehen konnten. Berge wurden in diesem Verständnis nicht als etwas Schönes oder Erhabenes angesehen, sondern vor allem als hart und dauerhaft. Sie waren mit der Erde verbunden, aber reichten bis zum Himmel. Zu ihren vorteilhaften Eigenschaften gehörte, dass sich Feuchtigkeit an ihnen niederschlug, dass sie der Ursprung vieler Quellen waren und ganze Adern von Edelmetallen aufwiesen und dass sie auf den Gipfeln reine Luft boten.

Die Wege wurden steiler und die Luft dünner. Wer über die Alpen reiste, musste sich mehr denn je auf sein Ziel konzentrieren. Es ist selten, dass mittelalterliche Reisende Naturerscheinungen wie etwa Berge, Gletscher oder Täler erwähnen, auch wenn sie eine beschwerliche Passage hinter sich gebracht hatten, auf der sich ihre Pferde und Esel bei unablässigem Regen und grollendem Donner mit den schwindelerregenden Anstiegen fürchterlich abgemüht hatten.

Auf dem Weg zum Konstanzer Konzil im Spätherbst 1414 reiste der Gegenpapst Johannes XXIII. – einer von drei angeblich rechtmäßigen Päpsten zu jener Zeit – von Lodi bei Mailand über die Alpen und über den Arlbergpass in Österreich, so dass er Konstanz von Osten her erreichte. Für einen hochgestellten Reisenden wie einen vermeintlichen Papst wäre es eine Demütigung gewesen, hätte er zu Fuß oder hoch zu Ross auf einem wenig trittsicheren Reittier den tief verschneiten Weg absolvieren müssen. So fuhr er in einem hölzernen Wagen, rot gestrichen und mit goldenen Bekrönungen versehen, der von zwei weißen Pferden gezogen wurde. In der Nähe des Bergdorfes Klösterle lag jedoch so viel Schnee auf der Wegstrecke, dass der päpstliche Wagen umkippte. Als der Gegenpapst in seinen wallenden Gewändern und mit der nur lose sitzenden goldenen Krone aus seinem Wagen und in den Schnee und den Schlamm geschleudert wurde, fluchte er lauthals in drei Teufels Namen. Er blieb unverletzt, aber für seine Reise nach Konstanz, wo ihm später der päpstliche Titel aberkannt werden sollte, so dass er als Bote verkleidet fliehen musste, war das ein denkbar schlechtes Vorzeichen.

Die Alpen konnten dank befestigter Straßennetze, die durch Täler und die sanfteren Hänge entlang zu bekannten Pässen führten, überquert werden. Der beliebteste Gebirgspass war der Brennerpass, über den die Hauptroute von Nord- nach Südeuropa verlief. Von Konstanz aus versuchten die Reisenden, nach Nassereith, Innsbruck und Sterzing zu gelangen. Nach seiner zweiten Reise in den Jahren 1483 und 1484 beschrieb Felix Fabri die schlechte Beschaffenheit der Straße, nachdem es tagsüber geregnet und die ganze Nacht geschneit hatte. Sein Pferd war »bei jedem Schritt bis zum Bauch eingesunken«, Fabri selbst reichte der Schlamm bis zu den Knien. Die Kälte auf dem Brennerpass beeindruckte ihn, »denn dort gibt es auch im Sommer immer Eis, Schnee und Raureif«. In einem Gasthof in einem Alpendorf bekam Fabri ein Zimmer für sich allein mitsamt verschließbarer Tür. Zwei Kuriere, die in einem anderen Zimmer wohnten, hatten jedoch vergessen, ihre Tür abzuschließen, so dass ihnen ihre prall gefüllten Geldbörsen von einer Gruppe Betrunkener gestohlen wurden. Die Männer, Bergleute aus den Silberbergwerken, hatte Fabri schon in der Nacht zuvor beim Glücksspiel in der Taverne bemerkt.

Die Überquerung der Berge war geschafft, sobald Bozen in Sicht kam. In der florierenden Stadt gab es eine schöne Kirche, ein gut ausgestattetes, dem Heiligen Geist geweihtes Krankenhaus, Geschäfte, Apotheken, frische Lebensmittel und den guten Tiroler Wein.

Auch Bordelle waren vorhanden – mit städtischer Konzession –, die der Stadt regelmäßige Steuereinnahmen bescherten. Im Bordell wurde den männlichen Besuchern (verheiratete Männer, jüdische Männer und Kleriker hatten keinen Zutritt) Essen und Trinken serviert, dann wurden sie mit den Prostituierten zusammengebracht. Solche Etablissements waren, wie wir noch sehen werden, Teil der sich entwickelnden Infrastruktur des Reisens.

Mit Bozen ließen die Reisenden dann auch die in jeder Hinsicht unberechenbare alpine Felsregion hinter sich. Vor ihnen lagen die sanften Landschaften Norditaliens, und Venedig schien zum Greifen nah.

EIN GESPRÄCH ZWISCHEN ZWEI REISENDEN VOR DEM SCHLAFENGEHEN

William und Perot übernachten 1396 in einem am Weg gelegenen »Hostel« (aus »La Manière de langage« (»Die Art und Weise, wie [die Franzosen] sprechen«), einer Sammlung von Beispieldialogen zum Erlernen der französischen Sprache für englische Reisende)

»Mein lieber Freund, kannst du jetzt bitte das Feuer abdecken und damit auch gleich die brennenden Scheite und die Glut löschen?! Schiebe die Zinder und die noch glühenden Holzstücke zusammen und verteile die Asche darüber. Und dann können wir ins Bett gehen.«

Danach gehen sie die Treppe hinauf in ihr Zimmer. Und als sie dort ankommen, fragt der eine den anderen: »Wo ist Beaglet, der kleine Hund? Und Florette, die kleine Hündin?«

»Ich weiß nicht, wo Beaglet ist, aber Florette hat sich jedenfalls unten im Garten unter den Eichen schlafen gelegt.«

»William, mach schnell, zieh deine Hose aus und wasch dir die Beine, dann nimmst du ein Tuch und wischst und reibst sie gut ab – wegen der Flöhe. Du willst ja nicht, dass sie dir an die Beine springen! Die sitzen in Massen im Schmutz unter den Binsenmatten.«

Dann legt er sich ins Bett. Alsbald sagt er zu dem anderen: »Mach mal etwas Platz, ja? Du bist so kalt, ich halte das nicht aus, wenn du so nah an mich heranrückst! Und lass uns jetzt um Himmels willen schlafen; ich habe es wirklich nötig, denn ich habe die letzten zwei Nächte wach gelegen, ohne Schlaf zu finden.«

»Was zum Teufel meinst du?! Du bist doch so was von warm, du schwitzt richtiggehend!«

»Oh, diese Flöhe beißen so gemein, was das schmerzt und mir zu schaffen macht! Ich habe mir den Rücken ganz zerkratzt, so dass schon das Blut herunterläuft. Davon werde ich Schorf bekommen, und dann juckt es mich am ganzen Körper. Pass auf, morgen werde ich mir direkt ein Dampfbad gönnen, das habe ich bitter, bitter nötig.«

»Oh, William, du hast so eine zarte Haut! Bei Gott, ich wünschte, ich wäre so gepflegt und sauber wie du!«

»Nein, nein, Perot, fass mich nicht an, ich bitte dich! Ich bin so kitzelig!«

»Haha! Ich kitzele dich überall!«

»Um Himmels willen, Kumpel, hör auf damit! Höchste Zeit, dass wir endlich einschlafen!«

»Also schön, der Heiligen Jungfrau zuliebe, ist ja schon gut, bei allem, was recht ist.«

»Dann lass uns aufhören zu reden und fest schlafen und die Kerze ausblasen.«

»William, möge Gott dir eine gute Nacht schenken – und mich auch gut schlafen lassen!«

»Was? Sollen wir etwa nicht wie sonst unsere Gebete aufsagen?«

»Das habe ich total vergessen.«

»Dann sagen wir jetzt ein ›De Profundis‹ zum Lob Gottes und der seligen Jungfrau Maria und Heiligen Mutter Gottes – und aller Heiligen im Paradies. Und für die Seelen der Verstorbenen, die inmitten der Qualen des Fegefeuers auf Gottes Barmherzigkeit warten, damit sie dank unserer Gebete schneller von ihren Schmerzen erlöst werden und zur ewigen Glückseligkeit kommen, die die Glückseligkeit Gottes ist, der in der Dreifaltigkeit ohne Ende an jenem herrlichen Ort ist, und der uns mit seinem kostbaren Blut freigekauft hat. Möge er Mitleid mit uns haben und uns das am Ende in seiner großen Barmherzigkeit gewähren, wenn es ihm gefällt! Amen.«

Kapitel 4

EIN ZWISCHENSTOPP IN VENEDIG – UND DANN WEITER NACH ROM

Markusplatz · Fondaco dei Tedeschi · Markusdom · Rialto und seine Märkte · Lazzaretti ·Rom

Venedig ist für seine Schönheit berühmt, allein schon dafür, wie es über mehr als hundert Inseln verteilt in einer halbmondförmigen Lagune liegt – und für die besondere historische Aura, die alles Venezianische umgibt. Dennoch beklagen Besucher sich oft über die Feuchtigkeit, den Gestank, die hohen Preise, zu heiße oder zu kühle Temperaturen und erleben Venedig als hochmütig, unsexy und morbide – ohne zu berücksichtigen, dass sich die Stadt dem Tourismus völlig unterworfen hat. Und es ist zwecklos zu behaupten, dass das Venedig der Touristen nicht das wirkliche Venedig ist. Die Stadt ist in ihrer Gesamtheit seit langem vom Durchreiseverkehr geprägt, hat sich dadurch kommerzialisiert und den Bedürfnissen der Durchreisenden untergeordnet.

Der Mönch Niccolò da Poggibonsi reiste 1345 auf seinem Weg ins Heilige Land über Venedig. Er beschrieb Venedig als eine Stadt wie keine andere, in der alle Straßen, »kleine wie große, im Wasser liegende Kanäle sind«. So bewegten sich alle mit dem Boot fort. Für Niccolò war Venedig der beste aller Häfen, denn dort ließen sich Schiffe nach überall in der Welt besteigen, und die steuerten sämtliche Orte an, an denen es Handel gab. Er beschrieb ein Stadtbild voller schöner Häuser und zahlreicher Glockentürme, von denen sich einige wegen ihrer schlechten Fundamente zum Wasser hinneigten und dort zu hocken schienen, als hätten sie den Drang, sich zu entleeren. Er erkannte, dass Venedig aufgrund der Lage im meernahen Marschland mit einzigartigen Schwierigkeiten beim Städtebau zu kämpfen hatte.

Bisweilen kann Venedig so geheimnisvoll wirken wie eine Fata Morgana, so als ob die Stadt nicht nur auf, sondern aus Wasser gebaut wäre, flüchtig, so dass sie zerfließen und in einer Welle von Licht und Schatten entschwinden könnte.

Die meisten mittelalterlichen Städte hatten Tore und befestigte Zugänge. Nicht so Venedig. Den Besuchern, die sich näherten, flirrte die Silhouette der Stadt vor Augen. Auf der Lagune waren überall Fähren und kleine Boote zu verschiedenen Punkten der Stadt unterwegs. Felix Fabri, der in den 1480er Jahren von Ulm aus nach Venedig gekommen war, notierte sein Erstaunen, als seine Reisegruppe sich der Stadt über die Lagune näherte und zum ersten Mal sah, dass »so gewichtige und so hohe Bauwerke mit ihren Fundamenten im Wasser« errichtet werden konnten. Das Zentrum der Stadt bildete der Markusplatz mit dem venezianischen Regierungssitz (dem 1340 mit gotischen Bögen und Loggien wiederaufgebauten Dogenpalast) und dem damals bereits beinahe 400 Jahre alten Markusdom. In unmittelbarer Nähe befindet sich ein weiterer Kristallisationspunkt des städtischen Lebens, der Rialto, der Ort der legendären Gründung der Stadt. Dort, wo schon mindestens seit den 1170er Jahren eine Fußgängerbrücke über den Canal Grande führte, war das kommerzielle Zentrum der Stadt, ein Treffpunkt für Händler aus aller Welt. Da der Zugang zur Stadt mit baulichen Mitteln nicht zu reglementieren war, sah sich Venedig zu Innovationen bei der administrativen Regelung des Reiseverkehrsaufkommens gezwungen: Die venezianische Republik des 15. Jahrhunderts war weltweit führend bei der Einführung von Pässen, Reiseführern und Fremdenverkehrsbüros, bei der Implementierung einer Quarantäne für Reisende und Vorschriften für die öffentliche Gesundheit ebenso wie für die Überwachung sowohl von Gasthöfen und

Restaurants als auch der Schifffahrt. Anders als es der erste Anschein hatte vermuten lassen, war das spätmittelalterliche Venedig keineswegs eine offene Stadt, sondern von unsichtbaren Barrieren, Vorschriften und Bürokratie geprägt.

Hatten Besucher zu guter Letzt dann doch das Gefühl, Venedig gewähre ihnen Zugang zu seinen Geheimnissen, dann erlebten sie die Stadt wie ein zauberhaftes Geschenk aus vergangenen Zeiten. Manche sagten sogar, Venedig sei aus den Steinen Trojas erbaut.

> **Sei vorsichtig!** Sobald du in Venedig ankommst (manchmal sogar schon bevor du ankommst, wenn du noch über die Lagune in Richtung Stadt segelst), wirst du von Fremdenführern (die Einheimischen nennen sie »Tolomazi«) belagert werden – sie werden dich herumführen, all die verschiedenen Sprachen für dich übersetzen und buchen dir sogar die Überfahrt ins Heilige Land. Aber es sind Erpresser und Lügner, Betrüger und Abzocker darunter. Achte darauf, einen von den lizenzierten Führern zu nehmen, die jeden Morgen vor dem Dogenpalast und im Rialto zu finden sind.

Der Mönch Symon Semeonis, 1323 auf dem Weg von Clonmel in Irland nach Jerusalem, war von der Schönheit und Sauberkeit der Stadt so überwältigt, dass er meinte, ihr Platz sei eher zwischen den Sternen am Firmament als im Meer. Nach Semeonis' Beschreibung war ein Drittel der Stadt »mit gebrannten Ziegeln gepflastert«, zwei Drittel dagegen waren schiffbare Wasserstraßen, in denen sich »kontinuierlich und unablässig Ebbe und Flut des Meeres bemerkbar machen«. Seinerzeit sei es üblich gewesen, notierte er, im Dogenpalast zum Ruhm des Palastes und als Beweis der »herausragenden Bedeutung seiner Bürger« echte Löwen zu halten.

Vornehme Besucher wurden am Hof des Dogen von einem unter der venezianischen Flagge sitzenden Diener angekündigt, der einen schweren bemalten Zeremonienstab rhythmisch auf den Boden prallen ließ. Möglicherweise würden ein paar Knaben in bunten Kostümen auf der damals üblichen kleinen Geige, der Rebec, aufspielen und Damen in erstaunlich hohen Schuhen, die ihre Füße trocken halten sollten, vorbeistolzieren, während Hunde, an ihrem Halsband festgemacht, geduldig auf ihre Herrchen warten. Es gab Gaukler, Zwerge und Prediger. Herolde verkündeten die Nachrichten aus aller Welt, manchmal sogar in Versform und intoniert vorgetragen.

Ganz in der Nähe, am Eingang zum Markusplatz, wo die Wellen der Lagune plätschern, befinden sich die beiden schlanken, um 1200 errichteten Granitsäulen, die den Stadtpatronen gewidmet sind: dem Evangelisten Markus und dem heiligen Theodor (im Volksmund »San Tòdaro« genannt). Die Statue des Theodor besteht aus Teilen alter Skulpturen, dem Kopf eines römischen Kaisers und dem Körper eines anderen Kaisers. Er steht auf seiner Säule rittlings auf einem um 1300 hinzugefügten krokodilsgleichen Drachen, der den Sieg symbolisieren soll. Auf der Markus-Säule steht die antike Bronze eines geflügelten Löwen (das Symbol des Evangelisten), der zum Wahrzeichen der Stadt wurde und im gesamten Mittelmeerraum auf Toren, Portalen und Türmen überall da zu finden war, wo »La Serenissima« die Meere und Märkte beherrschte. Theodor blickt mit dem Rücken zum Meer auf die Stadt und wacht über die Menschen. Der Markus-Löwe blickt nach Osten – aus der Stadt heraus auf die Lagune, den Lido und das Meer dahinter.

Abb. 6

Unaufhörlich schlugen die Wellen gegen die hölzernen Pfähle und Marmorfundamente, auf denen die Stadt stand. Aber auch in anderer Hinsicht war Venedig ein Ort ständiger Bewegung: Migranten, Kaufleute, Sklaven, Seeleute, Pilger, Flüchtlinge und wer sich sonst noch aus aller Welt einfand, kamen hier an und zogen von hier aus weiter. Eine mittelalterliche Stadt wie Venedig zeichnete sich unter anderem dadurch aus, dass sie Mobilität ermöglichte und förderte: nicht nur die Mobilität zwischen verschiedenen geographischen Orten, sondern auch zwischen unterschiedlichen sozialen und finanziellen Verhältnissen. Venedig war ein wahres Zentrum des Handels, in dem Vermögen gemacht und Schicksale verändert wurden. Sogar der Schutzpatron der Stadt, der Heilige Markus, soll einst in der Stadt Zuflucht gesucht haben: als Evangelist, der aus der Levante übers Meer gebracht worden war. (Im 9. Jahrhundert »wiederholte« sich die Reise, als Markus' Gebeine in Alexandria geraubt und in Venedig beigesetzt wurden.)

Viele Reisende, die nach Venedig kamen, waren Händler – wie Marco Polo –, andere waren Missionare (wie Odorich von Portenau, ein Franziskaner, der in den 1320er Jahren Asien durchquerte). Andere machten sich auf, um im Namen Venedigs die Welt zu erobern: Marino Sanudo der Ältere (gestorben 1343) zum Beispiel, der mehrmals die Levante besuchte und einen Plan zur Eroberung und Inbesitznahme Ägyptens entwarf. Oder Niccolò di Conti, der in den 1420er Jahren durch den Persischen Golf bis nach Indien und den Ganges hinauf segelte. Oder Pietro Querini, den 1432 starke Winde völlig vom Kurs abbrachten und der auf den Lofoten in Nordnorwegen Schiffbruch erlitt. Venedig und die Venezianer schienen mit der gesamten damals bekannten Welt verbunden zu sein – das bezeugen Stoffe aus Persien und China, Mehl aus der Levante, Schiffe und ihre Passagiere aus allen Häfen von Gibraltar bis zur Krim, Pilger aus Island, Schottland, Schweden, Frankreich, Portugal, Polen und Armenien. Menschen aus aller Welt kamen hier zusammen – gegen alle Wahrscheinlichkeit, auf einer Ansammlung von niedrig gelegenen Inseln.

Pietro Casola, der 1494 von Mailand aus auf dem Weg ins Heilige Land war, meinte: »Ich glaube nicht, dass es eine Stadt gibt, mit der Venedig, die auf dem Meer gegründete Stadt, verglichen werden kann.« Casola fügte hinzu, dass »es scheint, als ob sich die ganze Welt dort versammelt und die Menschen all ihre Energien für den Handel dort konzentriert haben«. Der französische Botschafter Philippe de Commynes, der die Stadt im selben Jahr wie Casola besuchte, war überrascht von der Lage der Stadt »ganz im Wasser« und kam zu dem Schluss, dass Venedig »die triumphalste Stadt ist, die [er] je hatte erblicken dürfen«. Der englische Reisende Thomas Larke, der Venedig 1506 besuchte und für seinen Gönner Sir Richard Guylforde schrieb, war von Venedig überwältigt: »Der Reichtum, die prächtigen Gebäude und die Organisation der Gerichte und Räte, zusammen mit all den anderen Dingen, die einer Stadt zu Ruhm verhelfen, übertreffen im Falle Venedigs alle anderen Orte, die ich je gesehen habe.« Für Larke wie auch für viele andere Besucher war Venedig eine Traumstadt aus monumentalen Bauten, die auf Inseln errichtet worden waren. So kristallisierte sich eine wunderschöne und eindrucksvolle Vorstellung davon heraus, was eine Stadt sein könnte.

Casola lobt seitenlang die Waren und Märkte Venedigs, sieht Schönheit in Hülle und Fülle, ist geradezu geblendet vom Überfluss. Doch bei seiner Schilderung Venedigs gerät er aufgrund eines Problems, mit dem Reisende oftmals zu kämpfen haben, immer wieder ins Stocken: Wie lässt sich über einen wunderbaren Ort berichten, ohne dass der Bericht für diejenigen, die noch nicht dort gewesen sind, unglaubwürdig klingt? »Ich weiß«, schreibt er, »dass es für jemanden, der diese Dinge nicht gesehen hat, schwierig ist, das, was ich vorbringe, zu glauben, denn den Fehler habe ich selbst auch schon gemacht – das heißt, ich habe früher nicht geglaubt, was mir über [diese Dinge] berichtet wurde!« Für Reisende ist es oft schwer, die Leser ihrer Augenzeugenberichte davon zu überzeugen, dass sie zuverlässig wiedergeben, was sie gesehen haben. Schließlich war die Welt nach allgemeiner Vorstellung so etwas wie ein Garten voller überraschender Wunderdinge und Wunderwerke von unendlicher Vielfalt.

Nicht verpassen! Am Himmelfahrtstag findet auf dem Markusplatz ein großer Jahrmarkt statt. Und es gibt eine Zeremonie, die »Sposalizio del Mare« (die »Meereshochzeit«), bei der der Doge von Venedig in einer zeremoniellen Barke, dem »Bucintoro«, hinausfährt und einen Ehering ins Meer wirft. Dies zeigt die unauflösliche Verbindung zwischen Venedig und den Gewässern, auf denen es schwimmt und prächtig gedeiht.

Viele Reisende waren in Venedig, um von dort ins Heilige Land zu segeln. Die Stadt war der Abfahrtshafen nach Jaffa, dem damals wichtigsten Hafen für Reisen nach Jerusalem. Die Republik Venedig war die größte Seemacht im gesamten östlichen Mittelmeer. Das gewaltige Arsenal (gegründet 1104), dessen bollwerkartige Befestigungsmauern von den Besuchern bei mancher Fahrt durch die Stadt bestaunt werden konnten und das durchaus für sich genommen als Sehenswürdigkeit gelten kann, war eine Werft für die militärische wie die zivile Schifffahrt.[3] Von Venedig aus fuhren täglich Hunderte von Booten in die ganze Welt hinaus. Zudem gehörten zu den Territorien der Republik Venedig eine ganze Reihe von Gebieten in Dalmatien und im östlichen Mittelmeerraum, von Alexandria über Beirut bis hin zur Krim. Tana (das heutige Asow) war ein wichtiger venezianischer Handelsposten genau wie der Hafen von Kaffa (Feodossija), von dem aus die Genuesen und Venezianer

3 Der Name »Arsenal« (italienisch »Arsenale«) leitet sich von dem arabischen Begriff »dar sina'a« her, der so viel bedeutet wie »Haus der gewerblichen Herstellung«.

mit Tausenden von Sklaven handelten, hauptsächlich Tataren und Tscherkessen, unbenommen, ob sie Muslime oder Christen waren. Die venezianische Seerepublik florierte mittels aller Arten von Geschäften, wobei der Wirtschaftszweig, den das Pilgerwesen und der Tourismus ins Heilige Land bildeten, eine große Stütze war.

Reisende tendierten dazu, einige Zeit in Venedig zu bleiben, zumal sie vollständig von den Einheimischen abhängig waren, insbesondere von den Entscheidungen der Galeerenkapitäne, die warteten, bis das Wetter günstig war (oder bis sie die Reisenden dazu gezwungen hatten, viel Geld in Venedig auszugeben). Margery Kempe blieb im Frühjahr 1414 für dreizehn Wochen, Pero Tafur im Jahr 1436 für mehr als dreißig Tage, Thomas Larke für sieben Wochen von Mai bis Juli 1506. Reisende wie sie hatten eine Kaution bei den Schifffahrtsagenten hinterlegt: Wie sollten sie Jaffa erreichen, wenn ihr Schiff ohne sie abfuhr? Für Felix Fabri begannen die Reize Venedigs nach einigen Wochen in der Stadt zu verblassen. »Wir wurden Venedigs allmählich überdrüssig und sahen unserer Abreise sehnsüchtig entgegen«, schrieb er. Er vermutete, dass der Kapitän seiner Galeere ihn angelogen hatte, als es um das Abreisedatum gegangen war. Viele Reisende saßen wie Fabri in Venedig fest, warteten auf die Nachricht, dass ihr Schiff abfahren würde, gaben zu viel Geld aus und wollten nur eins: die gestrenge Stadt für die nächste Etappe ihrer Reise hinter sich lassen.

Der gesamte Handel wurde von den zahlreichen unterschiedlichen Beamten der venezianischen Republik reglementiert und kontrolliert. Die »Tholomarii« boten eine Art Fremdenverkehrsbüro an, dessen Aufgabe es war, Reisenden bei der Suche nach einer Unterkunft und bei der Vermittlung einer Fahrtmöglichkeit zur Weiterreise behilflich zu sein. Die Unterkünfte in der Stadt wurden außerdem vom venezianischen Senat streng überwacht und kontrolliert. Ab 1292 übernahmen die »Ufficiali al Cattaver« die Überwachung der Gesetze und Bedingungen für die Seereisen. Unfälle, überteuerte Angebote und Dienstleistungen, die Streit und Enttäuschung auslösten, galten als schlecht für das Geschäft der Republik mit den Reisenden. So konnten sich Reisende (sofern sie die Reise überlebten) auf der Rückfahrt bei den »Cattaveri« beschweren, da nach der Maxime dieser Beamten ein guter Kundenservice und zufriedene Reisende im Interesse der Republik waren.

Im Mittelalter war es üblich, dass Reisende ein »Guidaticum«, einen Geleitbrief oder eine anderweitige schriftliche Garantie für eine sichere Durchreise, mit sich führten. In Venedig wurde daraus eine zwingende Anforderung, die Reisenden waren verpflichtet, eine solche Bescheinigung vorzulegen. Venedig entwickelte ein richtungsweisendes System von Ausweisen, um die Einreisenden zu erfassen. Die »Bolletta del passaggio« (auch »Bullétta«, »Bollettino«, »Polizza«) war ein Dokument, das zu verschiedenen Zeiten verschiedene Funktionen hatte und als Quittung für die Zahlung von Transitgebühren, als Frachtbrief, als Gesundheitszeugnis oder als Pass dienen konnte. Ein Reisepass ist immer dazu gedacht, die Bewegungsfreiheit einer Person zu reglementieren, und die venezianische »Bolletta« diente genau diesem Zweck: Fremde, die in Venedig an Land gingen, waren verpflichtet, sich gegen eine Gebühr eine »Bolletta« ausstellen zu lassen, die ihre Identität nachwies und bescheinigte, wohin sie weiterreisen wollten, und mitunter auch, woher sie kamen und dass dieser Ort pestfrei war. Die »Bolletta« war wichtiger als jedes Pilgerabzeichen und gewährleistete, dass sich Reisende legitimieren konnten und weiterreisen durften. Von Pilgern und Händlern konnte hernach auf ihrer gesamten Reise von Venedig nach Jerusalem oder Konstantinopel das Vorzeigen einer »Bolletta« verlangt werden. Eine »Bolletta« war zeitlich befristet und konnte von den »Tholomarii« oder von einem der Galeerenbesitzer ausgestellt werden. Vom Ende des 14. Jahrhunderts an verlangten dann auch viele andere italienische Städte wie Florenz und Livorno von Reisenden eine »Bolletta di sanità«, ein Gesundheitszeugnis, aus dem hervorging, dass die Menschen nicht an der Pest erkrankt waren. Ende des 15. Jahrhunderts war es bereits eine Routineangelegenheit, dass Besucher, die allein oder ohne »Bolletta« reisten, verdächtigt wurden, mit der Pest infiziert zu sein. Die »Bolletta« machte die Reisenden abhängig – von der Verwaltung, die für ihre Reise zuständig war, und von den offiziellen Papieren, die sie zu ihrer Legitimation benötigten. Der Pass, der schon immer ein angstbesetztes Dokument war, wurde nun zur buchstäblichen Manifestation der Identität dieser Menschen, definiert als Reisende.

Dank des gut entwickelten und geregelten Gastgewerbes war es relativ einfach, in Venedig eine Unterkunft zu finden, sofern Reisende über genügend Geld verfügten. Es gab die einfachen und althergebrachten »Ospedali« (Spitale oder Zufluchtsstätten), in denen Pilger, die aus dem Heiligen Land kamen oder dorthin reisen wollten, zusammen mit Armen und Kranken untergebracht waren. Die »Tholomarii« verwiesen Reisende aus fremden Ländern auch an die »Ospizi« (Pilgerhospize), wie etwa das »Ospizio Celsi« (gegründet 1409) an der Riva degli Schiavoni, das nur wenige Schritte vom Markusdom entfernt lag. An der Ponte della Paglia in Rialto-Nähe und um den Markusplatz waren zahlreiche öffentliche Herbergen und private »Locande« und Osterien (Gast- und Wirtshäuser) zu finden. Zu den unter Nordeuropäern besonders beliebten Gasthöfen gehörte das San Zorzi (Zum Heiligen Georg, das in den 1480er Jahren von einer gewissen Margarita geführt wurde, die zu Felix Fabris stirnrunzelnder Verwunderung ihren Diener Nicholas Frig heiratete).

Die meisten venezianischen Gasthöfe boten Platz für etwa zwanzig bis vierzig Gäste und unterlagen allen möglichen Regulierungen durch die Regierung der Republik. Die Gasthöfe lagen nah beieinander, damit die allgegenwärtige Obrigkeit der Stadt leichter ein Auge auf das Benehmen der Gäste haben konnte, wobei ihr ständiger Kampf gegen Unzucht, Diebstahl, Schlägereien und Trunkenheit aussichtslos war. Wie anderswo auch unterschieden sich Gasthöfe von Tavernen, den Orten für geselliges Trinken. Neben den Tavernen gab es in Venedig auch einfache »Furatole«, provisorische Buden, in denen gebratener Fisch und illegal importierter Wein verkauft wurden. In den Gasthäusern und Tavernen war der Alkoholkonsum streng geregelt und wurde von den »Signori di Notte« (den »Herren der Nacht«, sprich den Nachtwächtern) kontrolliert, die auch die Vorschriften in den Bordellen durchsetzten. Es hieß, es gehöre zu ihrer Verfahrensweise, Folter auf der »Curlo« (der Streckbank) anzuwenden.

Bürgerliche Familien nahmen Gäste in ihre Paläste auf, und viele religiöse Spitäler boten Pilgern Übernachtungsmöglichkeiten an. Einige Spitäler beherbergten ausschließlich Männer, andere nur Frauen. Manche hatten ihre eigene Insel in der Lagune. Eines der prächtigsten und weithin sichtbarsten Zeichen dafür, dass Venedig Fremde willkommen hieß, war der »Fondaco dei Tedeschi«, ein 1228 erbautes (und 1318 und 1505 umgebautes) prächtiges Handelshaus für deutsche Kaufleute.[4] Es war Lagerhaus, Herberge, Taverne, Verkaufsraum, Speisesaal und Begegnungsstätte in einem, ein gewaltiger Komplex mit achtzig Zimmern. Hier, in bester Lage für den Handel, in der Nähe des Rialto und an der zentralen Kurve des Canal Grande, hatten süddeutsche Kaufleute und Gesandte eine mächtige Handelsvertretung errichtet. Im Laufe der Zeit öffnete sich der »Fondaco dei Tedeschi« für österreichische, ungarische und alle nordeuropäischen Besucher Venedigs. Verschiedene ausländische Gemeinschaften – Albaner, Armenier, Burgunder, Griechen, Slowenen, Türken und viele andere – ließen sich ebenfalls in der Stadt nieder, was sich teils bis heute in den Straßennamen widerspiegelt. Jaroslav Lev von Rosental, ein böhmischer Adliger, und sein Junker Wenzel Schasek (Václav Šašek) besuchten den »Fondaco« im Jahr 1467. Schasek schrieb, dass von den Han-

4 Der entsprechende venezianische »Fondaco dei Turchi« für türkische Kaufleute und Gesandte wurde erst 1621 gegründet. Das Wort »fondaco« (venezianisch »fontego«) leitet sich vom arabischen »funduq«, Karawanserei, ab und entstammt ursprünglich dem Griechischen, abgeleitet von »pandocheion«, Gasthaus, ein Ort für alle.

delsvertretern »aus allen großen Städten aller christlichen Länder [jeder] seinen eigenen Tisch haben kann, an dem er alle Speisen und Getränke erhält, die er begehrt«. Im Fondaco gebe es »reichlich Vorräte von allem«.

Neben diesen etablierten Unterkünften gab es in Venedig auch über die ganze Stadt verstreut »Albergarie« (Herbergen), viele von ihnen besaßen jedoch keine Lizenz und hatten einen schlechten Ruf. Die venezianische Gesundheitsbehörde (die »Provveditori alla Sanità«, gegründet in den 1480er Jahren) scheint besonders besorgt über die Ansteckungsgefahr in diesen bei Besuchern beliebten Unterkünften gewesen zu sein. Für die städtischen Behörden war dies allerdings nur ein Aspekt, den es für sie im Auge zu behalten galt, wenn es um das Risiko der Ausbreitung von ansteckenden Krankheiten an einem solchen Ort der Mobilität ging.

Während die Besucher in Venedig auf ihre Weiterreise warteten, konnten sie die Zeit nutzen und die vielen Reliquien, die Schreine und prachtvollen Kirchen besuchen. Ogier d'Anglure, der sich 1395 in der Stadt aufhielt, war besonders beeindruckt von einer Reliquie, die er in der Kapelle eines der karitativen Krankenhäuser Venedigs gesehen hatte: dem Zahn Goliaths. William Wey, der 1458 die Stadt besuchte, stellte fest, dass der gesamte Körper des Heiligen Zacharias, des Vaters von Johannes dem Täufer, in Venedig zu finden war – in verschiedenen Kirchen. Außerdem wurden die Körper der Heiligen Lucia, der Heiligen Sabina, des Heiligen Pankratius und der Heiligen Marina sowie der linke Arm des Heiligen Georg und der Oberschenkelknochen des Heiligen Christoph als Reliquien in Venedig aufbewahrt. Von diesen vielen geheiligten Körpern und Gliedmaßen einmal abgesehen, gab es auch noch eine Statue der Jungfrau Maria, die aus demselben Felsen gefertigt war, gegen den Moses in der Wüste geschlagen hatte. Und im Markusdom, so war zu hören, habe ein jüdischer Besucher fünfmal auf eine Jesusstatue eingestochen, bis sie von echtem Blut nur so getropft habe. Durch solche Sehenswürdigkeiten wurde Venedig selbst zu einem Pilgerziel, so dass die Reisenden den längeren Aufenthalt dort mit Heiligen-Tourismus rechtfertigen konnten.

Die ungewöhnliche Architektur des Markusdoms verblüffte die Besucher. Ganz anders als etwa die hoch aufragenden Türme gotischer Kathedralen, wirkte sie von außen betrachtet beinahe gedrungen und niedrig, mehr wie ein exotischer Pavillon. Der 1094 an der Stelle einer älteren Basilika geweihte Markusdom diente sowohl als Kapelle des Dogen als auch als Staatskirche der Venezianischen Republik. Die im byzantinischen Stil gestaltete Fassade besteht aus fünf Portalen, die fünf mit hellen Marmorreliefen und farbenprächtigen Mosaiken verzierte Bögen überspannen. Über der Loggia ragen vier aus einer Kupferlegierung gegossene Pferdeskulpturen empor. Möglicherweise stammen die antiken Skulpturen aus Konstantinopel und kamen im Zuge der Plünderung der byzantinischen Hauptstadt im Jahr 1204 als Teil der Beute nach Venedig. Ein Stück zurückgesetzt hinter den Pferden krönen fünf Kuppeln das Gebäude.

Im Gegensatz zum hellen Stein der Außenfassade erschien das Innere des kreuzförmigen Kirchenschiffs den Besuchern dunkel. Doch kunstvoll gestaltete goldene Decken, die von Millionen von Mosaiksteinchen nur so schimmerten, erhellten den Innenraum und verliehen ihm eine ganz besondere Atmosphäre. Die so noch nie gesehenen Verzierungen mit beschichteten Mosaiksteinen, wie sie im Markusdom verwendet wurden, erregten besondere Aufmerksamkeit. Jean de Tournai beschrieb sie bei seinem Besuch im Jahr 1488 als »kleine Steine und Glasstücke, die ein Viertel so groß sind wie der Nagel des kleinen Fingers«. Ein Großteil der Mosaikarbeiten wurde von den berühmten Murano-Glasbläsern ausgeführt. Der Markusdom war weniger eine Pilgerstätte – auch wenn er den Leichnam des Evangelisten beherbergte – als vielmehr eine Bühne für die venezianische Selbstdarstellung und die Machtdemonstrationen des Dogen. Der englische Pilger William Wey sah 1462 in der Basilika die Zeremonie der Markusnacht mit »zwölf goldenen

Kronen voller kostbarer Juwelen«, die auf dem Altar des Heiligen aufgestellt waren, sowie »äußerst wertvolle« Kelche, Weihrauchgefäße und Leuchter. Der Hochaltar war aus vergoldetem Silber gefertigt. Wey ließ der Markusdom an die Grabeskirche in Jerusalem denken. Am Markustag sah er die Ordensbruderschaften der Stadt um die Kirche ziehen, in der einen Hand eine Wachskerze, in der anderen eine Geißel, mit der sie sich selbst auspeitschten.

Der Ire Symon Semeonis bezeichnete den Markusdom als »eine höchst prachtvolle Kirche, unvergleichlich gebaut aus Marmor und anderen wertvollen Steinen«, und gegenüber befand sich der öffentliche Platz, der Markusplatz, »der, was man auch in Betracht ziehen mag, nirgends seinesgleichen hat«. Überwältigt vom Anblick der Basilika, schrieb Konrad Grünemberg, der 1486 von Konstanz nach Venedig gereist war: »Sankt Markus ist über all Maß köstlich, dass es ein Wunder ist. Uswendig und innen ist sie [die Kirche] überzogen von allen Farben und Materialien. … Auch das Leben unserer lieben Frau [Maria] ist als von Glas gesetzt, darin auch viel Gold eingeschmolzen ist.« Auch die großen Kronleuchter beeindruckten ihn, ebenso die Bodenmosaiken »von allen Farben von Marmorstein [mit Darstellungen] von vielen Vögeln, Pfauen und Tieren so gekonnt, als ob sie lebten.« Neben der Basilika befand sich der prächtige Campanile, ein Glockenturm, der den Blick der Besucher in den Himmel lenkte und dessen metallene Spitze den ankommenden Reisenden wie ein Willkommensstern den Weg wies.

Ihren Glaubenseifer einmal beiseitegelassen, ging es für die meisten Reisenden in Venedig in erster Linie darum, für die bevorstehende Weiterreise einzukaufen. Im 15. Jahrhundert war die Stadt eine Art »Supermarkt für den Pilgerbedarf«, ganz darauf ausgerichtet, den Menschen zu bieten, was sie für ihre beschwerliche Reise brauchten. Auf seinem Weg ins Heilige Land besuchte ein Engländer, wahrscheinlich ein gewisser Geoffrey Caldwell aus London, im späten 15. Jahrhundert Venedig und schrieb auf der Grundlage seiner Erfahrungen für die nach ihm Kommenden einen Reiseführer.

Die Frage scheint für ihn gewesen zu sein, was man kaufen solle, und sein Rat lautete, dass man sich in Venedig »zuerst mit Bettzeug« und »einem Käfig für Hühner« versorgen müsse (die Vögel selbst könne man dann auf dem Weg nach Jaffa kaufen).

Mit seinen weiteren Ratschlägen wandte sich Caldwell einem anscheinend dringlichen Anliegen aller Reisenden zu: die Handhabung der eigenen Verdauung während der bevorstehenden Reise. In Venedig riet Caldwell zum Kauf eines abdeckbaren Eimers für den Stuhlgang und eines Urinbehälters. Außerdem solle man sich Fässer mit Wasser und dem bevorzugten Wein besorgen (wobei er hinzufügte, dass dem Wein immer etwas sauberes Wasser zugefügt werden sollte). Warnend erläuterte er, das Wasser aus den Zisternen entlang des Weges könne Verstopfung verursachen, frisches Wasser könne dagegen zu starkem Durchfall führen. Er riet dazu, sich in Venedig (auf dem Lebensmittelmarkt, aber im Beisein eines Arztes) mit einem Klistier-Set zu versorgen, mitsamt Zäpfchen (»wie ein Männerfinger aus weißer Seife oder einer feinen Talgkerze«). Eine weitere wichtige Anschaffung waren Fenchel- und Anissamen, die bei übermäßigem Furzen helfen sollten. Moderne Reiseratgeber vermeiden es oft, auf Fragen einzugehen, die das Privatleben der Reisenden betreffen könnten; nicht so die mittelalterlichen Reisepublikationen, in denen intime Fragen und Bedürfnisse des Körpers ebenso behandelt wurden wie das Thema, was die Reisenden für ihr Seelenheil tun konnten.

Besucher Venedigs berichteten über dort erhältliche Lebensmittel, die sich für die kommende Seereise aufbewahren ließen und gut den Magen füllten. Das zweimal gebackene, ringförmige Brot namens »Pan Biscotto« eignete sich besonders gut für alle, die eine Seereise vor sich hatten, da es lange haltbar war. Sardinen, Sardellen und Aale waren Grundnahrungsmittel und wurden oft konserviert, damit sie sich länger hielten und besser transportieren ließen. Stör wurde gesalzen und geräuchert oder zu einer Art Salami (»Morona«) verarbeitet. Den in ganz Europa bekannten gesalzenen Kabeljau

(»Baccalà«) gab es üblicherweise auch in Venedig, Reisende kauften ihn bevorzugt als Proviant für ihre bevorstehende Überfahrt. Wer eine Fahrt auf einer Galeere buchte, konnte erwarten, täglich eine warme Mahlzeit zu bekommen, allerdings war die Qualität unkalkulierbar. Die Reisenden sorgten mit eigenen Lebensmittelvorräten vor, die sie jeweils in den Häfen, an denen unterwegs haltgemacht wurde, aufzufüllen gedachten.

Am Essen ließ sich einerseits Venedigs Weltläufigkeit ablesen, denn die Zutaten kamen aus der ganzen bekannten Welt, und andererseits der Reichtum der Stadt, denn die Bevölkerung konnte es sich leisten, sie zu konsumieren. Die erhältlichen Waren lösten bei den meisten Besuchern Begeisterung aus. Pero Tafur wunderte sich, dass spanische Früchte in Venedig nicht mehr kosteten als in Spanien, und fügte hinzu, dass es in Venedig auch »alles, was aus Syrien kommt«, zu kaufen gebe »und, wenn gewünscht, auch aus Indien, da die Venezianer die ganze Welt befahren«. Venedig bot dem Besucher einen globalen Marktplatz. Pietro Casola beschreibt seitenlang die venezianischen Märkte und fragt: »Wer könnte die vielen Geschäfte zählen, die so gut ausgestattet sind, dass sie wie Lagerhäuser wirken?« Er bemerkte, es gebe ein außergewöhnliches Angebot an Stoffen – Wandteppiche, Brokate, Wandbehänge, Teppiche, Seiden aller Art – und viele Lagerhäuser, die mit Gewürzen, Lebensmitteln und Arzneien gefüllt waren. »Und so viel schönes, weißes Wachs!« Er gestand, diese Fülle könne »den Betrachter ganz benommen machen« und entziehe sich einer angemessenen Beschreibung.

Für Casola ergab dieser materielle Reichtum ein Bild von bezaubernder Schönheit. Begeistert von den Bäckereien der Stadt, schreibt er, sie seien »zahllos und von unglaublicher Schönheit« und verkauften unvergleichliches Brot, das einen gesättigten Mann dazu bringe, weiter essen zu wollen. Getreide wurde aus dem Nahen Osten importiert, und die Teigbereiter und Bäcker der Stadt wurden genau beaufsichtigt: Gewicht und Preis des Brotes wurden täglich neu festgelegt. Und das Angebot an Produkten spiegelte den Bedarf der Reisenden wider. Casola schwärmt vom Überfluss, in dem Vögel und Fische, wenn auch teuer, zu essen angeboten werden, von der Fülle an Obst und Gemüse (»es schien, als ob sich alle Gärten der Welt dort befinden müssten!«) und von den unglaublich guten Weinen – Malvasier, Muskateller, griechische Weine, Weißweine, Rotweine, ob in Ballonflaschen oder in Fässern, in jedem Fall in mehr als reichlicher Menge. Casolas Bericht liest sich, als sei er von der Stadt selbst berauscht gewesen.

Das Einzige, was Casola störte, war der miserable Zustand des Fleischmarktes im Rialto, der ihn davon abhielt, dort einzukaufen. Derartige Gerüche – wie verwesende Eingeweide und verrottende Metzgerabfälle – wurden unauslöschlich mit Pest und Krankheit in Verbindung gebracht.

Als eine Stadt, in der Menschen, die abreisten, ständig durch neue Menschen ersetzt wurden, die sich ebenfalls auf der Durchreise befanden, war Venedig besonders anfällig für Ansteckungskrankheiten und Seuchen. Pero Tafur wies auf die Sauberkeit der Straßen hin, die von den Wassern der Lagune gespült wurden, und fügte hinzu, dass die Venezianer in den Straßen Wohlgerüche verbrannten. »Die Menschen tragen Düfte und Gewürze mit sich, die in den Straßen gemahlen werden und einen sehr angenehmen Geruch verbreiten.« Eine angenehm duftende Straße war gleichbedeutend mit einem gesunden Stadtbild und mochte die üblen Ausdünstungen überdecken, die mit den Besucherströmen in die Stadt zu gelangen drohten.

Die Kanäle Venedigs, gesäumt von engen Gassen, waren bevölkert von einer Vielfalt von Fremden, die sich eine Million Dinge übereinander vorstellten. Die jüdischen Einwohner waren noch nicht auf das Ghetto beschränkt, türkische Kaufleute trieben Handel mit den Unternehmen der Stadt, und Mauren aus Nordafrika zogen über die Märkte. Unverheiratete junge Frauen traten den Orden bei und schleusten ihre Geliebten – Männer wie Frauen – in die Klöster ein. Prostituierte jeglichen Alters und Geschlechts und den unterschiedlichsten Vorstellungen von Schönheit entsprechend arbeiteten in der ganzen Stadt. Gasthäusern und Tavernen wurde es verboten, in ihren Räumen Prostituierte arbeiten zu lassen, stattdessen wurden ab 1358 zunächst in der Nähe des Rialto und schließlich in der ganzen Stadt lizenzierte Bordelle eingerichtet (der Generalrat von Venedig verfügte 1360, dass Prostituierte »in dieser Stadt absolut notwendig« seien). Um 1600 wurden alle diese Gruppen in städtischen Einrichtungen untergebracht, um sie durch öffentliche Fürsorge zu zügeln – als hätte dies das ständige In-Bewegung-Sein der Menschen in der gastfreundlichen Lagune von Venedig eindämmen können.

Im Jahr 1348, als sich die Pest in ganz Europa ausbreitete, stellte der Große Rat von Venedig Nachtwächter ein, um die Ankommenden zu kontrollieren, da Reisende im Verdacht standen, die Krankheit in die Stadt zu bringen. Venedig war ein Zentrum des Reiseverkehrs, und es ließ sich nicht vermeiden, dass die Pest in der Stadt auftauchen würde. Daher baute die Stadt proaktiv »Lazzaretti« in der Lagune auf, Quarantäneinseln, auf denen kranke Menschen (oder solche, die als krankheitsanfällig galten) untergebracht werden konnten. Die Quarantäne kranker Menschen in den »Lazzaretti« von Venedig war ein Vorbote der späteren venezianischen Angewohnheit, Menschen einzuschließen, um den »politischen Körper« der Stadt zu reinigen.[5]

---

5 Die »Quarantäne« (abgeleitet von dem mittellateinischen wie venezianischen Begriff »quarantena«) steht in Bezug zu den 40 Tagen und Nächten, die Jesus in der Wüste fastete (Matthäus 4,2). Der häufig von westlichen Pilgern besuchte Ort, an den sich Jesus zum Fasten zurückgezogen hatte und an dem die Versuchung durch den Teufel stattfand, sollte angeblich ein in der Nähe von Jericho gelegener Berg gewesen sein, der im Arabischen Dschabal al-Quruntul heißt. Das Wort »Quarantäne« gelangte im 14. Jahrhundert in die französischen und italienischen gesprochenen Sprachen und bezeichnete eine im Sinne der öffentlichen Gesundheit vollzogene Isolation.

Im Jahr 1377 hatte Ragusa (Dubrovnik), ehemals unter Venedigs Oberhoheit, an der Ostküste der Adria damit begonnen, ankommende Schiffe unter Quarantäne zu stellen und sie einen Monat lang an der unbewohnten Insel Mrkan in einiger Entfernung zum blühenden Hafen von Ragusa festzuhalten. Aber es war Venedig, das 1423 auf der Insel Santa Maria di Nazareth das erste »Lazzaretto«, sprich Pestkrankenhaus, der Welt einrichtete. Eine zweite Insel, das Lazzaretto Nuovo, wurde 1456 als Quarantänestation ausgebaut (und 1471 in vollem Umfang in Betrieb genommen). Die Idee der Isolation auf einer Insel setzte sich schnell durch, so wurden ungefähr zu dieser Zeit auch an anderen wichtigen Durchgangsstationen »Lazzaretti« für Reisende eingerichtet, darunter in Venedigs Nachbarstädten Padua und Chioggia und in den Kolonien Split und Korfu. Die venezianischen »Lazzaretti« wurden für bereits an der Pest erkrankte Personen genutzt sowie für Personen, die mit Erkrankten in Kontakt gekommen waren, für die Ladung und die Besatzung ankommender Schiffe, die vor dem Eintreffen in der Stadt isoliert werden sollten, und für Personen, die sich von der Pest erholten. Die »Lazzaretti« wurden nicht immer als Vorhof zur Hölle angesehen: Manches Mal wurden sie als Paradies bezeichnet, als ummauerter Garten oder auch als »Cuccagna« (das französische Fabliau de Coquaigne, ein Schlaraffenland, eine Welt des Überflusses), aber auch als Fegefeuer, aus dem man gereinigt hervorging. In der Abgeschiedenheit fanden sich viele Schmetterlinge ein, und durch die sumpfigen Gewässer dort stolzierte manch weißer Reiher.

Die Luft auf den Inseln mit »Lazzaretti« war geschwängert von den reinigenden Düften, die schwelendem Wacholder und Rosmarin entströmten. Damit sollte den fauligen, klebrigen Fieberdünsten entgegengewirkt werden, von denen angenommen wurde, dass sie der Pest dazu verhalfen, in den Körper eindringen zu können und die Körpersäfte durch zu viel Hitze und Feuchtigkeit aus dem Gleichgewicht zu bringen.

Das Lazzaretto Vecchio ist eine winzige Insel, ungefähr drei Kilometer östlich des Markusplatzes, in der Nähe des Lido, der Sandbank, die Venedig schützend umgibt. Die ummauerten Gebäude eines ehemaligen Klosters mitsamt Kreuzgang, Brunnen und Kapelle erwarteten die Besucher dort. Es gab Gärten mit Obstbäumen und, getrennt von dem Gebäude, in dem die Kranken untergebracht waren, das Haus des Priors sowie Räume, in denen Waren zur Desinfektion gelagert wurden. Die Patienten, viele von ihnen Pilger, Seeleute oder Kaufleute aus ganz Europa und der Levante, wurden in nach Geschlechtern getrennten Schlafsälen untergebracht. Arm und Reich fieberten, stöhnten und starben Seite an Seite. Die unglücklichen Kranken bekamen Lebensmittel angeboten, die als stärkend und gesund galten: hart gekochte Eier, Hühner- und Kalbfleisch, Safran und Wein.

Während einer der Pestepidemien tauchten entlang des Kais am Markusplatz anstatt der Galeeren behelfsmäßige Flöße auf. Die schwarz gestrichenen transportierten die Leichen derjenigen aus der Stadt heraus, die der Seuche bereits zum Opfer gefallen waren. Auf zur Desinfektion weiß gekalkten Flößen brachten Fährmänner die Kranken zu den »Lazzaretti«. Dort wurden die Menschen, denen die Vertreter der Stadt gesagt hatten, sie sollten nichts weiter als ihr Bettzeug mitbringen, von Beamten des Gesundheitsamtes registriert (im Gegensatz zu anderen mittelalterlichen Gesundheitseinrichtungen war dies in Venedig eine zivilbürgerliche und aus der Stadtkasse finanzierte und keine kirchliche Institution). Sämtliche Anzeichen für die Schwere ihrer Erkrankung wurden festgehalten, und alle, denen es so schlecht zu gehen schien, dass sie sich auf den Tod vorbereiten mussten, erhielten die Beichte. Die »Lazzaretti« nahmen ausländische Gesandte und Diplomaten, türkische und jüdische Händler und Pilger auf der Durchreise sowie Tausende von Venezianern auf – und viele von ihnen sollten die Inseln nie wieder verlassen.

Ein Hauptmerkmal der »Lazzaretti« waren ihre Begräbnisstätten. Tausende von Leichen wurden in langen parallelen Gräben, zu Zeiten auch in Massengräbern beigesetzt: Leiche auf Leiche gestapelt, die Gräber nur selten gekennzeichnet.

Die Untersuchung von Skeletten aus dem Lazzaretto Vecchio zeigt, dass dort Menschen an dem Bakterium Yersinia pestis starben, einem sich schnell ausbreitenden Erreger, der die Beulen- und Lungenpest sowie die Pestsepsis verursacht. Zwischen 1347 und 1528 gab es in der Stadt mindestens sechzehn große Pestausbrüche. Mit anderen Worten, die Pest suchte Venedig etwa alle zehn Jahre in größerem Umfang heim. In einer Stadt, die für das Kommen und Gehen von Tausenden von Besuchern erbaut war, musste die Pest bei jedem Ausbruch zwangsläufig eine Spur der Verwüstung hinterlassen. Für die Bevölkerung, zumal in einer so dicht besiedelten Stadt, waren Seuchen verheerend: In manchen Pestjahren kam ein Viertel, teils sogar ein Drittel der Bevölkerung Venedigs ums Leben. Um ihre Demut vor Gott zu bekunden, zogen bei jedem Ausbruch der Seuche Gruppen von Asketen und Flagellanten durch die heimgesuchte Stadt, peitschten sich rhythmisch heftig auf den Rücken und ließen ihr Blut auf die Straßen tropfen und in die Kanäle fließen.

1478 gründete sich eine venezianische Bruderschaft, die dem Heiligen Rochus (San Rocco) nacheiferte und sich um Pestkranke kümmerte. Im Jahr 1485 wurde zum Schutz der Stadt der Finger des Heiligen Rochus aus Deutschland nach Venedig gebracht (der restliche Körper des Heiligen folgte einige Jahre später). Rochus, Franzose und ein früher Reisender, hatte seinen ganzen Reichtum an die Armen verteilt und sich als mittelloser Pilger auf den Weg nach Rom gemacht. In Italien soll er sich während einer Pestepidemie um die Kranken gekümmert und zahlreiche Wunderheilungen bewirkt haben. Als Rochus selbst an der Krankheit erkrankte, wurde er von einem treuen Hund gepflegt, der seine Wunden leckte und heilte. Der Heilige wird oft in einem Pilgergewand dargestellt, wobei er das Gewand anhebt und mit dem Finger auf die Pestbeulen auf seinem Oberschenkel zeigt. Manche der Reisenden besuchten, wenn ihre Begleiter an der Pest erkrankt waren, die Kirche San Rocco im venezianischen Sestiere San Polo. Im Jahr 1483 eilte Felix Fabri, der in Venedig war und glaubte, der Wirt seines Gasthauses sei an der Pest gestorben, in die Kirche San Rocco, um dort zu beten. Fabris Gefährten hatten sich unterdessen bereits auf den Weg nach Padua gemacht, um dem Pesthauch in Venedigs Straßen zu entfliehen.

Von Venedig aus konnten Händler mit dem Schiff alle Häfen im Mittelmeer und am Schwarzen Meer ansteuern. Pilger wollten in der Regel entweder nach Rom und machten sich auf dem Landweg nach Süden auf oder nach Jerusalem und nahmen ein Schiff gen Osten, um über Jaffa in die Heilige Stadt zu gelangen.

Weil 1350 ein römisches Jubeljahr war, wählte Dame Beatrice Luttrell im besagten Jahr Rom als Ziel. Das in Rom stattfindende Jubeljahr war im Wesentlichen ein Pilgerfest, eine Gelegenheit für alle Christen, mit der Reise nach Rom ihre Frömmigkeit unter Beweis zu stellen und für die Anerkenntnis der geistigen Reinheit ihrer Seele vorzusorgen. Die Kirche hatte erkannt, dass die große Pestepidemie, die Europa im Jahr 1347 und in den Jahren danach fest in ihrem Griff hatte, dem Pilgern eine neue Dringlichkeit verlieh. Die Gläubigen wollten ihre Reue zeigen und dafür danken, dass sie die schreckliche Pandemie überstanden hatten. Mit dem Erreichen von Rom hatten Dame Beatrice, ihre Zofe Joan und ihr Page Henry die Generalabsolution für ihre Sünden erlangt. Mit anderen Worten: Mittels einer solchen Reise konnten die Sünden eines ganzen Lebens getilgt werden.

Rom war zu dieser Zeit keine große Stadt; nach der Pest war die Einwohnerzahl auf etwa 17 000 Menschen gesunken. Die Heiligenreliquien waren der Grund, dass die Besucher die baufälligen Kirchen in den schlecht ausgebauten Straßen aufsuchten. Viele der antiken Ruinen der Stadt fanden keinerlei Beachtung, teils auch, weil sie sich außerhalb der Stadtgrenzen befanden, da die mittelalterliche Stadt viel kleiner war als die vormalige Hauptstadt des antiken Römischen Reichs. In der Stadt wurden Paläste von Adeligen und Päpsten, Kaufmannshäuser und neue Kirchen errichtet und wieder eingerissen. Einige antike Überreste wurden als seltsame Wunderwerke angesehen, wie der riesige bronzene Pinienzapfen aus dem 1. Jahrhundert, der im Hof der Basilika Alt-Sankt Peter stand, oder der Zentralbau des zur Kirche umgeweihten Pantheons (genannt Sancta Maria Rotunda) mit seiner riesigen, sich der menschlichen Vorstellungskraft entziehenden Kuppel. John Capgrave führte in seinem Reiseführer aus dem Jahr 1450 einen weit verbreiteten Mythos an, wonach die Kuppel des Pantheons, ein ohne Säulen auskommendes »Wunderwerk«, mittels eines riesigen Erdhügels voller Geld erbaut worden sei: Das Erdreich eines Hügels sei mit einer Kuppel überbaut worden, und dann seien die Bürger aufgefordert worden, die Erde im Innern abzutragen. Das gefundene Geld hätten sie als Bezahlung für ihre Arbeit behalten dürfen.

Die Geschichte Roms ist untrennbar mit seinem Bischof, dem Papst, verbunden, der seinen großen Reichtum zum Teil aus Grundbesitz und Steuern bezog. Seine Insignien ließen eher an einen König denken als an einen Mönch. (Allerdings residierten die Päpste von 1309 bis 1376 nicht in Rom und hatten den Lateranpalast – lange Zeit die Hauptresidenz des Papstes – zugunsten von Avignon verlassen.)

Nach der Besichtigung der verschiedenen Heiligenaltäre in Rom wäre der Höhepunkt der Reise für eine Pilgerin wie Dame Beatrice sicher der Besuch der zwei großen Basiliken gewesen: Sankt Paul vor den Mauern und Sankt Peter im Vatikan, beide obligatorische, unerlässliche Stationen für alle Pilger, die den vollkommenen Ablass gewährt bekommen und den segensreichen Effekt einer Pilgerreise nach Rom vollends für sich verbuchen wollten. Das andere große Heiligtum, die Lateranbasilika, wäre auf einem der sieben Hügel Roms, dem Caelius, zu finden gewesen, von dem aus der Blick auf das Kolosseum fällt. Doch die Basilika San Giovanni in

Laterano war nach einem katastrophalen Brand im Jahr 1308 zu diesem Zeitpunkt noch immer eine Ruine.

Die am Rande der Stadt liegende, üppig mit vier Arkadenreihen ausgestattete Basilika Sankt Paul vor den Mauern besaß große, in Byzanz hergestellte Bronzetüren, die Szenen aus dem Leben Christi und dem Leben der Heiligen zeigten, deren Namen in geschwungenen griechischen Buchstaben dort zu lesen waren. Das Kirchenschiff führte zu einem Querschiff über der Krypta, in der der Leichnam des Heiligen Paulus beigesetzt war. Das Ziborium über dem Altar war von Arnolfo di Cambio und seinem Freund Pietro Cavallini in den 1280er Jahren in Form eines prächtigen, auf vier dunklen Porphyrsäulen ruhenden Baldachins mit Verzierungen aus massivem Gold entworfen worden. Wie eine schmuckvolle Kathedrale im Kleinen kombinierte das Ziborium die Architektur einer Kirche mitsamt Gewölbe, Rosetten und Spitzbögen mit zarter Malerei; so glich sie einer Kirche in der Kirche, die aus dem Grab des Kirchengründers Paulus emporzuwachsen schien.

Stiegen die Pilger in die darunterliegende Krypta hinab, um den Leichnam des Heiligen Paulus aufzusuchen, fanden sie dort im Gegensatz zur prunkvoll dekorierten Pracht oben eine schlichte, einfache und uralte Platte vor, in die der Name des Apostels und Märtyrers eingeritzt war. In diese Platte waren Löcher geschnitten worden. Die Pilger steckten Stoffstücke oder andere Gegenstände in diese Durchbrüche: Kamen die Reisenden und ihre noch so wertlose weltliche Habe mit den heiligen Überresten in Berührung, dann wurden sie darüber selbst zu Kontaktreliquien, so dass der Segen des Heiligen mit ihnen weiterreisen konnte.

Eine lebensgroße Holzstatue des Heiligen zeigte Paulus mit gelassenem, fast heiterem Gesichtsausdruck. Seine Arme und Beine allerdings waren von Pilgern, die sich am Holz zu schaffen gemacht hatten, um Splitter und Späne mitzunehmen, in einen undefinierbaren Klumpen verwandelt worden – schließlich war jedes noch so kleine Stück ein Beweis, dass sie es bis in die Nähe der körperlichen Überreste des Heiligen Paulus geschafft hatten. Außerhalb der Kirche befand sich ein Kreuzgang von bemerkenswerter Schönheit, dessen Säulen aus weißem Marmor kunstvoll gedrehte und verschlungene Bänder mit den damals gerade aufkommenden, feinsten Mosaikarbeiten zeigten – unverwechselbar mit goldenen, kastanienbraunen und weißen Dreiecken im Stil der schönsten Kosmatenarbeiten verziert.

Erhöht über der antiken Stadt lag Sankt Peter im Vatikan (der noch nicht der päpstliche Palast war, zu dem er werden sollte, denn der Vatikan wurde erst nach der Rückkehr des Papstes aus Avignon im späten vierzehnten Jahrhundert zur päpstlichen Hauptresidenz). Sankt Peter im Vatikan war nichtsdestoweniger um 1350 die wichtigste Kirche in Rom, um die herum immer ein enormes Gedränge herrschte. Trotz der vor Ort gerade erst überstandenen und anderswo noch immer andauernden großen Pest mischten sich die Menschen munter in die Menge und schienen sich keine Sorgen über die Ansteckungsgefahr zu machen. Tatsächlich starben Menschen, erdrückt von der schieren Masse der begeisterten Pilger, die dort aus ganz Europa zusammentrafen. An den Ständen im Atrium der Kirche vor den breiten Stufen der Basilika wurden Lebensmittel, Wasser- und Weinflaschen, Kleidung und Pilgerabzeichen aus Zinn verkauft. Die Szenerie war laut, einem Heiligtum nicht besonders angemessen – und einige der Gerüche rundweg pietätlos.

Die alte Basilika Sankt Peter im Vatikan, die dem allerersten Papst geweiht war, konnte schon im 14. Jahrhundert als historisch gelten: Ihre Mosaike waren zu diesem Zeitpunkt beinahe 1000 Jahre alt. Die Jungfrau Maria, längst verstorbene Heilige und Päpste vergangener Zeiten blickten von den Wänden, der trauernde Gesichtsausdruck in die zarte, gebrochene Darstellung mit feinen Mosaiksteinen gefasst. Im Hauptschiff der von Kaiser Konstantin erbauten gewaltigen Kirche musste die reiche und farbenfrohe Dekoration, die dort im Laufe der Jahrhunderte Stück für Stück hinzugefügt worden war, Besucher wie Dame Beatrice in Erstaunen versetzt haben. Eines der Altarbilder war um 1320 von Giotto gemalt worden: ein imposantes und prächtiges doppelseitiges Triptychon, dessen drei Bögen sowohl von Gold als auch von zartrosa und blauen Farbtönen nur so schimmern. Die Vorderansicht des Triptychons zeigt mittig von Engeln flankiert den Heiligen Petrus wie einen Herrscher auf einem Thron sitzend. Zu seiner Rechten bietet ein Kardinal mit rotbraunem Haar, Giacomo Gaetani Stefaneschi (gestorben 1343), dem Heiligen das Triptychon in Miniatur an, und zu seiner Linken reicht ein Bischof und Papst ein Buch zu Petrus hinauf. Die beiden knienden Figuren führten den Pilgern ein Bild der Tugend des Spendens vor Augen und zeigten, wer an mächtigen, aktuell bedeutsamen Persönlichkeiten in luxuriöser Form an die Petrusgemeinde in Rom spendete.

In der Hauptapsis befand sich ein Mosaik aus dem 13. Jahrhundert, das Christus auf dem Thron zwischen Petrus und Paulus zeigt, während eine Prozession von Lämmern auf den Thron zusteuert. Über diese Szene wacht eine mit einer kaiserlichen Tiara gekrönte Personifikation der Ecclesia – ein kühnes Bekenntnis zum Vorrang der Kirche vor jeder politischen oder nationalen Herrschaft. In den Seitenschiffen schauten farbig emaillierte Statuetten von Christus und seinen Aposteln auf die reuigen Pilger, die den Priestern ihre Sünden beichteten. Während sich die Pilger zur Beichte anstellten, streichelten und küssten viele von ihnen die Statuen, fast schon ein ungehöriges Verhalten. Im Kirchenschiff stand eine wunderschöne, lebensechte und, wie viele sagten, uralte Statue des Heiligen Petrus, deren Füße die Pilger streichelten und beweinten, als sei die Bronze die Haut eines lebenden Menschen.

Es ist anzunehmen, dass es Dame Beatrice wichtig gewesen sein wird, an verschiedenen Altären in Sankt Peter zu beten, aber der wichtigste war nach allgemeiner Auffassung der Schrein des Schweißtuchs der Heiligen Veronika. In einem quadratischen Rahmen hinter dickem Glas verwahrte der Schrein ein Stück Tuch mit dem Abdruck des Gesichts Christi darauf. Es glich den Leinentüchern, die die Besucher im Gepäck hatten, aber mit dem Abdruck eines heiligen Antlitzes, das aus ihm herausschaute. Veronika, eine Frau aus Jerusalem, soll Jesus in seinen unerträglichen Leiden auf dem Weg nach Golgota den Schweiß vom Gesicht gewischt haben. Dieses Tuch, »Sudarium« (Schweißtuch) oder Veronika-Tuch (vera = lateinisch wahr, ikon = griechisch Bild, also »wahres Bild«) genannt, ist eine der ursprünglichen Kontaktreliquien. Die Pilger drängten sich um das »wahre Bild« und betrachteten es mit Staunen. Das »wahre Bild« blickte den Betrachtern entgegen, als ob Christus selbst in die Augen der Pilger blickte.

Von der alten Kirche Sankt Peter im Vatikan aus dem Jahr 1350 ist fast nichts mehr erhalten, da das Gebäude um 1505 umfassend abgerissen und neu aufgebaut wurde. Auch in der »ewigen Stadt« ist der Wandel beständig.

Der Besuch von Dame Beatrice Luttrell in Sankt Peter war abgeschlossen. Im Idealfall hätte sie sich durch ihre Reise erquickt und geläutert gefühlt, auch wenn das Reisen selbst eine Tortur gewesen war. Und dann war es für sie und ihre Mitreisenden an der Zeit, sich gen Norden auf den Weg zu machen, wo auf sie ihre englische Heimat mitsamt allem traurigen Komfort wartete.

Zu dieser Zeit konkurrierten sowohl Rom als auch die galicische Stadt Santiago de Compostela erfolgreich mit Jerusalem als dem Hauptziel der Pilger. Für jede der Städte gab es ausführliche Reiseführer, in denen praktisch relevante Orte und religiöse Sehenswürdigkeiten aufgeführt waren. In allen drei Städten gab es wertvolle Reliquien und eine an den Bedürfnissen der Reisenden orientierte Infrastruktur. Jerusalem war weit entfernt, die Reise dorthin war teuer, und es wurde von Nichtchristen regiert, aber als Pilgerziel war es noch immer schwer zu übertreffen. Mancherorts war es das einzige Reiseziel, für das eine Frau nicht die Erlaubnis ihres Mannes einzuholen brauchte. So blieb die beliebteste und begehrteste Reise die Überfahrt von Venedig nach Jaffa, dem »Hafen von Jerusalem«, und das ist auch die Route, der wir jetzt folgen.

LASS DIR ALLE DEINE SÜNDEN VERGEBEN!

Einer der Hauptgründe, warum Christen im mittelalterlichen Europa auf Reisen gingen, war der Wunsch, einen Ablass der eigenen Sünden zu erwirken. Ein Ablass gewährte für das Leben nach dem Tod eine Verkürzung oder Annullierung der Zeit, die die Menschen aufgrund der Sünden, die sie zu Lebzeiten begangen hatten, im Fegefeuer verbringen mussten. Der Ablass war in der Regel mit einer Reise zu einem Heiligtum oder einem heiligen Ort verbunden, und die Pilger bezahlten für einen Ablassbrief an die Kirche oder kirchliche Mittelsmänner. Hier eine kleine Auswahl der Ablässe, die in Rom für Besucher um 1450 erhältlich waren, entnommen aus einem Reiseführer für Rom:

Sankt Peter im Vatikan (San Pietro in Vaticano)	• 28 Jahre an jedem der 88 Altäre (am Festtag des jeweiligen Heiligen) plus 7 Jahre an den 7 wichtigsten Altären • 1000 Jahre am Fest der Verkündigung • 1000 Jahre am Gründonnerstag • 1000 Jahre am Festtag des Heiligen Petrus • 7000 Jahre und Erlass eines Drittels aller Sünden am Jahrestag der Einweihung der Kirche • Wenn das Schweißtuch der Heiligen Veronika gezeigt wird, 3000 Jahre für Einwohner der Stadt Rom, 9000 Jahre für Menschen aus der Region zwischen Rom und den Alpen und 12 000 Jahre für die Menschen aus Regionen jenseits der Alpen
Lateranbasilika (San Giovanni in Laterano)	• Vollständiger Sündenerlass für alle, die die Kapelle des Heiligen Johannes des Täufers betreten (nur für Männer). Frauen können den Ablass erhalten, wenn sie die Tür berühren.

Sankt Paul vor den Mauern (San Paolo fuori le Mura)	• 28 Jahre, mit Erlass eines Drittels der Sünden für das Betreten der Kirche durch das Westportal (in der Nähe der Reliquie des Kopfes des Heiligen Paulus) • 1000 Jahre am Festtag des Heiligen Paulus • 100 Jahre am Festtag der Bekehrung des Heiligen Paulus • 40 Jahre am Festtag der unschuldigen Kinder • 7000 Jahre mit Vergebung eines Drittels der Sünden am Tag der Einweihung der Kirche • Jeden Sonntag erhalten Pilger die gleiche Begnadigung, als ob sie nach Santiago de Compostela gegangen wären.
Sankt Laurentius vor den Mauern (San Lorenzo fuori le Mura)	• 7 Jahre Vergebung, 7 Fastenzeiten und Erlass eines Drittels aller Sünden • 100 Jahre an den Festtagen der Heiligen Laurentius und Stephanus • Jeder, der diese Kirche an einem Mittwoch besucht, kann eine Seele aus dem Fegefeuer befreien.

Kapitel 5

ÜBER DAS GROSSE MEER: VON VENEDIG NACH ZYPERN

Auf See · Zadar · Modon · Rhodos · Zypern

Reisende, die in Venedig ein Schiff in Richtung Heiliges Land bestiegen, konnten damit rechnen, dass es fünfundzwanzig bis sechzig Tage dauern würde, bis sie den alten Hafen von Jaffa erreichten. Die Überfahrt, nicht gerade eine unbeschwerte Vergnügungsreise entlang der schönsten Orte des Mittelmeers, konnte jedoch auch wesentlich mehr Zeit beanspruchen. Die möglichen Gründe dafür waren vielfältig: Die Wetterbedingungen, Piraterie, Verzögerungen beim Aufnehmen und Löschen der Ladung, Ausbrüche von Seuchen und Krankheiten an Bord, ein Schiffbruch an einer fremden Küste oder die Übervorteilung durch einen korrupten Padrone, einen der Herren über die Schifffahrtslinien. Der Betrieb der Schifffahrtsroute zwischen Venedig und Jaffa stellte einen eigenen Wirtschaftszweig dar, der Pilger ins Heilige Land brachte und gleichzeitig Venedig mit seinem weitverstreuten Reich an eroberten Inseln und Handelsposten im östlichen Mittelmeer verband. Wichtige Häfen wie Pola, Zadar und Durrës sowie Siedlungen wie Korfu und Modon im ionischen Teil, Euböa und Heraklion im ägäischen und Zypern im levantinischen Teil des Mittelmeers standen im Verlauf des späteren Mittelalters zu irgendeinem Zeitpunkt allesamt unter der Herrschaft Venedigs.

Mit dem Lauf des Mondes machte sich der Tidehub bemerkbar. Überhaupt zeigte sich das Meer unbeständig, von grüner oder blauer Farbe, teils aufgewühlt, dann wieder ruhig und übersät mit Felsen, Klippen und Sandbänken oder sogar Strudeln. Es wurde allgemein angenommen, das Meer reinige sich durch seine ständige Bewegung selbst und könne sich, so hatten es etliche Gelehrte formuliert, von allem Verderbten und Toten befreien; nichtsdestoweniger löste es auch Furcht und Angst aus und konnte sich durch eine heraufbrausende Sturmbö plötzlich verwandeln. Als der viel zitierte Gelehrte und Enzyklopädist Isidor von Sevilla (gestorben 636) die besondere Eigenschaft des Meeres beschrieb, schilderte er das »Fretum« (lateinisch Flut, Strömung, insbesondere in einer Meerenge, siehe auch Fretum Gaditanum oder Fretum Herculeum als antike Bezeichnungen für die Straße von Gibraltar) als eine Art Aufruhr in den Wellen, eine »blindwütige und zwingende Bewegung« mit der einzigartigen Macht, Menschen zu ertränken und Schiffe zu verschlingen. Die Seeleute waren darauf angewiesen, zur Orientierung auf den Lauf der Sterne und den Stand der Sonne zu vertrauen sowie auf die Richtung, die ihnen ihr Kompass und ihr Astrolabium wies. Dieser kleine Vorläufer des Sextanten, meist aus Messing und Silber gefertigt, hatte eine Himmelskarte eingraviert, auf der sich mittels Sternenzeiger und »Lineal« die eigene Position bestimmen ließ. Das half jedoch alles nichts, wenn ein heftiger Sturm aufzog und das Schiff mit sich riss. Auch in aufkommendem Nebel konnte sich das Schiff in unbekannte Gefilde verirren.

Für die Überfahrt wählten die meisten Reisenden die venezianische Galeere, ein langes, schlankes, flaches Boot, das von Ruderern angetrieben wurde. Die Besatzung einer Pilgergaleere, die in der »Frühlingsaison« (in der Regel Anfang Juni) in Venedig ablegte, bestand üblicherweise aus mehreren hundert Seeleuten, darunter etwa 200 Ruderer. Der Mailänder Kirchenmann Pietro Casola, der im Jahr 1494 eine Pilgerfahrt nach Jerusalem unternahm, reiste von Venedig aus auf einer Galeere mit 170 anderen Pilgern. Die venezianischen Handelsschiffe wurden von einem Sopracomito di galera, einer Art Kapitän, befehligt; um die Besatzung und die Passagiere kümmerte sich maßgeblich der mächtige Patron.

Die zeitgenössischen Berichte legen nahe, dass der Alltag an Bord einer Galeere grauenvoll gewesen sein muss. Üblicherweise fand sich an Bord einer jeden Galeere eine Katze, die das Ungeziefer in Schranken halten sollte, das sich auf den Decks tummelte. Entstand einem Händler durch Schiffsratten ein Schaden an seiner Ware, weil keine Katze an Bord war, konnte er die Reederei verklagen. Im Anschluss an eine Reise von Venedig nach Jerusalem im Jahr 1476 beschrieb der deutsche Pilger Hans von Mergenthal anschaulich, wie die Ratten an Bord des Nachts über die Körper der Reisenden gelaufen waren. William Wey, der sowohl 1458 als auch 1462 von Venedig nach Jaffa fuhr, verlegte sich auf den Rat, Reisende sollten mit dem Schiffspatron Bekanntschaft schließen, um nicht in den »glühend heißen und stinkenden« Quartieren unter Deck übernachten zu müssen. Wohlhabende Passagiere konnten Kabinen mieten, die sich in einem auf dem Deck aufgesetzten Aufbau, dem sogenannten Kastell, befanden. Dort ließ sich fern von den meisten anderen Mitreisenden die frischere Luft genießen und die Überfahrt in weniger unwürdigen Umständen überstehen. Damit sie den Belästigungen durch die Schiffsbesatzung aus dem Weg gehen konnten, wurde jüdischen Reisenden direkt empfohlen, sich eine eigene Kabine zu nehmen.

Weniger wohlhabende Passagiere waren unter Deck untergebracht, wobei die ärmsten mit einem Platz neben dem Ballast vorliebnehmen mussten. In dieser sogenannten Bilge, einem dunklen, schmutzigen Raum unterhalb der Wasserlinie, fanden sich Reisende aus aller Welt zusammengepfercht, gemeinsam mit der Fracht, den Seeleuten und einer unübersehbaren Zahl an umherkrauchendem Getier. Im Bauch des Schiffs stank es nach Essen und erbrochenen Mahlzeiten, nach verschwitzten Körpern, die dort stöhnend und rülpsend, von Schlaflosigkeit und Abscheu gepeinigt, ausharren mussten.

Für das Boot selbst waren eine solide Bauweise und verlässliche Wartung unerlässlich. Weiterhin musste ein erfahrener Steuermann an Bord sein. Stellte sich der Schiffsführer als faul oder leichtsinnig heraus, konnte selbst die bestausgestattete Galeere auf Grund laufen. Nur sehr wenige Menschen konnten schwimmen und hätten sich so retten können, wenn sie ins Meer gefallen wären. So war der Moment, wenn die Passagiere von der Galeere auf ein kleineres Skiff oder Beiboot umsteigen mussten, um an Land zu gehen, in jedem Hafen eine gefahrvolle Situation, vor allem, wenn nicht nur eine Brise wehte. Wer dabei den Halt verlor, konnte in den Wellen zwischen Galeere und Beiboot untergehen. Der Florentiner Simone Sigoli hat die mittelalterliche Einstellung zu Seereisen wohl auf den Punkt gebracht, als er im Anschluss an eine Fahrt nach Jerusalem im Jahr 1384 seine Erfahrungen in die Worte fasste: »Wer Entbehrungen, Scherereien, Strapazen und das Risiko, zu Tode zu kommen, nicht auf sich nehmen will, sollte nicht reisen.«

Reiseweisheit: In einer Reihe von Wellen ist immer die neunte Welle die stärkste. Die neunte Welle kann ein Schiff unter sich begraben. Nur ein Gebet kann die Kraft dieser tödlichen Welle brechen.

Der italienische Pilger Nicola de Martoni, der 1395 nach Jerusalem reiste, musste nach einer Überfahrt über das östliche Mittelmeer feststellen, dass die Todesangst, die er beim drohenden Kentern des Bootes ausgestanden hatte, sein Haar und seinen Bart ergrauen lassen hatte. Als der kastilische Diplomat Ruy González de Clavijo im Juli 1403 in der Nähe der Vulkaninsel Stromboli auf einer Karacke – ein neuer Schiffstyp, größer und schwerer gebaut als eine Karavelle – in einen furchtbaren Sturm geriet, trieb der Wind das Schiff rückwärts vor sich her. »Vom Bug bis zum Heck« waren die Segel zerrissen, so dass nur noch die nackten Masten standen und die Karacke dem Sturm ausgeliefert war. Der Kapitän des Schiffs wandte sich an Passagiere und Besatzung mit der Bitte, sie sollten singen und beten und in ihren Fürbitten »um die Barmherzigkeit Gottes flehen«. Noch während der Sturm der Karacke heftig zusetzte, erschienen an den Enden von Mast und Rahen flackernde Lichter, im Heulen des Sturmes waren Stimmen zu hören. Clavijo war sich sicher, dass es sich um ein Zeichen »Sankt Telmos« (des Heiligen Pedro González, gestorben 1246) handelte, der als Retter der von Unwettern überraschten Seeleute galt. Clavijos Bericht ist eine frühe Beschreibung eines Wetterphänomens, bei dem in einem elektrisch stark aufgeladenen Feld in der Atmosphäre bei der Entladung an hoch aufragenden Objekten leuchtende Erscheinungen und summende Geräusche auftreten. Ein Sankt-Elms-Feuer (heute einfach Elmsfeuer genannt) galt als gutes Omen, dass der Heilige den verängstigten Seeleuten Beistand leistete. Auf den schrecklichen Sturm, in den Clavijos Karacke geraten war, folgte eine ruhigere Phase.

So unberechenbar das Wetter auch war, ein anderes Übel trat unweigerlich auf: die Seekrankheit. Die heftigen Reaktionen, die der Seegang bei den Reisenden auslöste, konnten einen ansonsten überaus standhaften Menschen außer Gefecht setzen. Der französische Dichter Guillaume de Machaut (1300–1377) schrieb über Peter I. (gestorben 1369), den König von Zypern und Jerusalem, und dessen schlimme Seekrankheit: »Sooft sein Schiff hinausfährt und er kommt auf das offene Meer, wird er ohne sein Zutun krank, und [die Krankheit] trifft ihn so hart und so heftig, dass er auf dem Meer nicht schlafen, nicht trinken und nicht essen kann, und wenn er hernach an Land gelangt, scheint er nicht mehr zu leben.« Mittelalterliche Heilkundehandbücher enthielten oft nützliche Ratschläge zur Behandlung der Seekrankheit. So rät etwa Gilbertus Anglicus in dem populären, zwischen 1230 und 1260 verfassten medizinischen Nachschlagewerk *Compendium medicinae*, bei Übelkeit auf See wie folgt vorzugehen: Zur Vorbereitung sollten Reisende fasten oder Früchte mit Bitterstoffen wie Quitten, Granatäpfel und Orangen essen oder auf nüchternen Magen konzentrierte Auszüge aus Anis oder Kerbel trinken. Auf See sollten sich Reisende einen

Platz suchen, an dem sie aufrecht sitzen und sich an den Schiffsbalken festhalten konnten. Gilbertus empfahl außerdem, sich nicht zu viel umzusehen, sondern den Kopf nur mit der Schiffsbewegung mitzubewegen. Süßigkeiten zu lutschen oder Samen zu knabbern, die das Aufstoßen fördern, könne auch helfen.

Auch Margery Kempe schildert anschaulich, wie sie während ihrer Reisen zu Beginn der 1430er Jahre unter Seekrankheit litt. Auf einem Segelschiff auf der Ostsee zwischen Danzig und Stralsund unterwegs, fühlte sie sich elend und hatte große Angst vor den Wellen. Doch Gott sprach zu ihr und tröstete sie mit einem zweckmäßigen und zeitlos gültigen Rat. Im Zwiegespräch »in ihrer Seele« sagte er ihr, sie solle ihr Haupt niederlegen und nicht auf die Wellen schauen.

Wenig später, bei der Überquerung des Ärmelkanals von Calais nach Dover, betete Kempe zu Gott, er möge ihr helfen, in der rauen See ihre Würde zu bewahren, »ihr die Kraft geben, ihren Kopf hochzuhalten, und sie davor bewahren, abscheulichen Eiter zu erbrechen«, während ihre Mitreisenden zusehen mussten. Schlussendlich ergab es sich, dass ihr Gott ihr nicht nur zu Hilfe kam, sondern dass alle anderen auf dem Schiff schrecklich unter Seekrankheit litten und sich »aufs heftigste und abstoßendste erbrechen und übergeben« mussten. Vor allem eine andere Engländerin, von der Kempe zuvor beleidigt worden war, hatte sehr zu leiden – bittere Rache par excellence.

Für das Mittelmeer sind ein geringer Tidenhub und relativ sanfte Strömungen typisch; wer es durchqueren wollte, war von den launischen Winden abhängig. Es gab jedoch noch eine Sache, die zur See Reisende noch mehr fürchteten als Seekrankheit, heftige Stürme, tosende Fluten oder unberechenbare Gezeiten: eine anhaltende Flaute. Von den venezianischen Seefahrern *Bonaccia* genannt, bedeutete eine Flaute, dass das Schiff nicht von der Stelle kam. Das ist wohl das Schlimmste für jeden Reisenden: zu einem unfreiwilligen Halt gezwungen zu sein.

Bei Flaute kamen die Bewegungen des Wassers zum Erliegen, und das Meer lag in völliger Ruhe da, glatt und träge. Die Boote kamen zum Halten. Was folgte, war Stillstand, zermürbendes Nicht-Vorankommen. In dieser bleiernen See konnten selbst die Ruderer das Schiff nicht in Bewegung versetzen. Schon schien sich Staub auf den gerefften Segeln und den wie nutzloser Firlefanz an Deck herumliegenden Tauen zu sammeln. Das Meer selbst war zum Anker geworden. Das Astrolabium blieb unverändert in einer Stellung, ganz so, als sei es verklemmt. Die Matrosen faulenzten an Deck, musizierten auf dem Dudelsack oder der Zither und spielten improvisierte Kegelspiele; manchmal überließ der Kapitän ihnen auch seine aus Hirschhorn gedrechselten Spielsteine für eine Partie Tric Trac oder Dame. Das Vakuum an Beschäftigung drohte zum abgrundtiefen Horror der Langeweile zu werden. Bewegungslähmung. Hirnerweichung.

Im Winter 1458 verzögerte sich die Rückkehr des italienischen Adeligen Roberto da Sanseverino nach Venedig erheblich, als sein Schiff unweit des Peloponnes vor der Insel Sapientza nicht von der Stelle kam und er zweiundzwanzig Tage lang in einer Flaute festsaß. Die Meere zu besegeln hieß lange Zeit auch, dabei die Monotonie der eigenen inneren Landschaft durchqueren zu müssen.

Felix Fabri – der wenig Positives über Seereisen zu sagen hatte – hielt fest, dass nur ein Schiffbruch für Seereisende schlimmer sei als eine Flaute. Er beschrieb, wie das ganze Schiff und alles, was sich darauf befand, während einer Flaute zu faulen und zu verrotten begann: Der Wein schmeckte ungenießbar, das getrocknete, geräucherte Fleisch wimmelte von Maden, und überall krochen plötzlich unzählige Fliegen, Mücken, Flöhe, Läuse, Würmer, Mäuse und Ratten hervor. Die Menschen an Bord verloren bald die Nerven; träge und schläfrig, ließen sie sich gehen. Schwermütig, leicht reizbar und voller Missgunst, gerieten die Passagiere auf einem solchen Schiff schnell aneinander.

Den Seeleuten blieb nichts anderes übrig, als abzuwarten oder zu versuchen, das Boot durch Warpen fortzubewegen: Dafür wird ein Anker an einem Seil befestigt, ausgeworfen und das Schiff herangezogen, so lange bis es die schwere Flaute hinter sich gelassen hat.

Auf See kamen Reisende zudem relativ häufig zu Tode. Im Jahr 1446 erlitt ein englisches Schiff, die Kogge *Anne*, auf den Felsen vor Modon im Süden Griechenlands Schiffbruch. An Bord befanden sich etwa hundertsechzig Pilger sowie Säcke voller für den Export bestimmter Wolle. Das Schiff war in Kingroad, dem Hafen von Bristol, in See gestochen, hatte den Binnenhafen von Sevilla angesteuert und die Straße von Gibraltar durchquert, als es in einer stürmischen, dunklen Dezembernacht auf die Felsen getrieben wurde. Siebenunddreißig Besatzungsmitglieder und Passagiere der Kogge *Anne* ertranken; der Bischof von Modon sorgte für ein nach dortigen Verhältnissen ehrenvolles christliches Begräbnis und stiftete eigens zu ihrem Gedenken ein Oratorium.

Im September und Oktober 1518 reiste Jacques Le Saige aus der französischen Stadt Douai mit einer Galeere von Zypern nach Rhodos, als das Schiff in den etwas mehr als zwei Wochen von einer Seuche heimgesucht wurde. Mindestens sieben Passagiere starben, und andere, die für zu krank befunden wurden, um die Fahrt fortzusetzen, wurden auf Rhodos in der Obhut des Johanniterordens zurückgelassen.

Felix Fabri bemerkte säuerlich, dass sich seine Galeere auf der Rückfahrt von Jaffa nach Venedig, als die Entbehrungen der Reise ihren Tribut forderten, immer mehr in eine Krankenstation verwandelte.

Der Tod von Pilgern löste nicht nur Trauer aus, da auf einer Pilgerfahrt zu sterben nach allgemeinem Dafürhalten ein besonderer Segen war. Wenn schon das Pilgern selbst als eine Tortur gelten konnte, die wie das Fegefeuer die Seele reinigte, dann konnte der Tod in der Nähe von Jerusalem nur bedeuten, dass die Seele dort Verstorbener schneller in den Himmel gelangte. Eine in mittelalterlichen Predigten gern zitierte Geschichte erzählt von einem Boot mit Pilgern an Bord, das auf dem Rückweg von Jerusalem sank. Die Leichen der Pilger, die an Land gespült wurden, waren allesamt mit Kreuzen gekennzeichnet, ganz so, als ob sie aufgrund des Martyriums, das sie auf der Reise erlitten hatten, unwiderruflich gesegnet seien. Einige Reisende sprachen zu Beginn einer Seefahrt besondere Gebete, und es wurde üblich, spezielle Liturgien für Seefahrer abzuhalten, die sich in Gefahr befanden. Die Menschen zündeten Kerzen an und beteten zu den Heiligen der Seefahrt, etwa dem Heiligen Nikolaus von Bari, dem Heiligen Jakobus von Compostela oder der Maria Magdalena von Saintes-Maries-de-la-Mer. Andere trugen ein Bildnis des Heiligen Christophorus, des Schutzpatrons aller Reisenden, bei sich. Die Menschen errichteten dort, wo schiffbrüchige Seeleute gerettet worden waren, teils vorübergehend, teils dauerhaft, Altäre an den Küsten, deren flackernde Kerzen auf die dunkle See hinausleuchteten. Ihr Licht gab den Lotsen der Schiffe Orientierung und sorgte so für eine gesegnete Weiterreise der Passagiere. Um eine Ikone der Jungfrau Maria anzubeten, von der berichtet wurde, sie sei eines Tages während eines Pestausbruchs in einem nahe gelegenen Feigenbaum erschienen, besuchten viele mittelalterliche Reisende die Küstenstadt Pola. Da die Mehrzahl des lateinischen *mare* ja *maria* lautete, musste allein schon der Name der Jungfrau – Maria – einen Segen für die Gesamtheit der Meere beinhalten.

Galeeren, die in Venedig zu dieser gefährlichen Überfahrt in See stachen, fuhren zunächst in südöstlicher Richtung durch die Adria – durch sanfte Gewässer und auf einer bekannten Route, die zur Küstenregion Istriens und Dalmatiens führte. Sie passierten zahlreiche Häfen und hielten in vielen von ihnen an. Entlang der Küste grüßten geflügelte venezianische Löwen die Reisenden. In Stein gemeißelt, signalisierte der vertraute Anblick des Wappentiers wohlgeordnete Verhältnisse, auch wenn die Luft in diesen Küstenstädten einen nicht ganz so vertrauenerweckenden Geruch nach Kiefernharz, Bärlauch und Exkrementen verströmte. An jeder Zwischenstation kamen Einheimische ans Schiff, boten lokale Produkte zum Kauf an und bemühten sich, die Reisenden dazu zu animieren, die Heiligtümer in ihrer Stadt zu besuchen.

Konrad Grünemberg, der uns eine informative Beschreibung seiner Fahrt durch die Adria hinterlassen hat, kann als repräsentativ für die vielen Reisenden gelten, die von Venedig aus in See stachen. Grünemberg, der sowohl über eine gute Ausbildung als auch über erhebliche finanzielle Mittel verfügte, war in der Stadt Konstanz Münzmeister gewesen. Im Alter von sechzig Jahren machte er sich von dort aus auf den Weg nach Jerusalem und bestieg in Venedig eine Galeere. Für die Überfahrt vereinbarte er einen Preis von 38 Dukaten, eine Hälfte zu zahlen bei der Abreise, die andere bei erfolgreicher Ankunft im Heiligen Land. Sein detaillierter, illustrierter und oftmals geschwätziger Bericht umfasst, was er in den 31 Wochen seiner von April bis November 1486 währenden Reise »Sältsams, Gefälligs und Wunderbarlichs« gesehen hat. Über die Haltung seiner Pilgerergruppe zum Reisen schreibt er: »Item wir unersättlich unsern Begierden frönen [konnten], seltsame Ding zu sehen«. Obwohl er nicht gerade tolerant war, interessierte er sich doch für die Vielfalt der unterschiedlichen Völker, denen er begegnete.

Als seine Galeere Venedig verließ, lauschte Grünemberg den Geschichten über Venedig und die dalmatinischen Städte, mit denen sich die anderen Reisenden die Zeit vertrieben. Sein Schiff nahm in Piran Rinder, Schafe und Ziegen an Bord und fuhr dann weiter nach Parenz, Rovigno und Pola. Grünemberg verweilte im großen und schönen »Sara« (Zadar, italienisch Zara), der Hauptstadt von »Schlaffonia« (Slawonien), das ihm wie ein osteuropäisches Venedig im Miniaturformat vorkam. Dort hörte er von der berühmten Reliquie des Heiligen Simeon, die in einer prächtigen Kirche ruhe, deren Turm mit Durchbrüchen fein wie Spitze verziert sei.

Seit der Leichnam des Heiligen aus Konstantinopel nach Zadar gebracht worden war (etwa 1204), war Simeons Grabmal die größte Attraktion der Stadt. Die Gebeine waren in eine riesige Truhe aus Zedernholz (datiert Ende der 1370er Jahre) gebettet, die mit fein gearbeiteten Silberplatten belegt war. Die silbernen Reliefs zeigten das Leben des Heiligen und die ihm zugeschriebenen Wunder, darunter auch den Moment, als Simeon das Jesuskind in die Arme nahm und es im Tempel in Jerusalem präsentierte. Eines der Reliefs stellte auch eine zeitgenössischere Szene dar: ein Schiff im Sturm, das Simeons Reliquien nach Zadar bringt, umgeben von hohen Wellen, die drohen, es zu versenken, an Bord verzweifelte Seeleute, die Warenbündel ins Meer werfen; mittschiffs ist eine Gruppe von Passagieren zu erkennen, die sich verängstigt zusammenkauern – eine Szene, die zwischen dem Kult des Heiligen Simeon und den Erfahrungen der Besucher eine Brücke schlagen konnte. Im Inneren der Truhe befand sich ein auf wundersame Weise unversehrt gebliebener mumifizierter Körper, der nun den Pilgern präsentiert wurde. Als Symbol des Glücks und des Erdenrunds war über dem Grabmal ein afrikanisches Straußenei aufgehängt.

In Zadar befanden sich auch Überreste der Körper des Heiligen Georg (ein Schädel), Johannes des Täufers (ein Finger), des Heiligen Chrysogonus (ein mit seinem Blut getränktes Hemd) und der Maria Magdalena (ein Schädel) sowie ein schäbiger Rest des mit Galle getränkten Schwamms, der Christus auf dem Kalvarienberg an den Mund gepresst worden war.

Auch ein dort vormals verehrtes Götzenbild, das Grünemberg als eine hohe, aus einem einzigen Steinblock gehauene und von einem Greif gekrönte Säule beschreibt, faszinierte den Konstanzer Pilger. Man erzählte ihm, der Greif sei dort viele Jahre verehrt worden, habe Wunder vollbracht und zu den Bewohnern der Stadt gesprochen. Als die Menschen zum Christentum konvertiert seien, hätten sie eine Tafel mit etlichen Kreuzen an der Säule anbringen wollen, berichtet Grünemberg. Sobald die Säule mit den Kreuzen in Berührung gekommen sei, sei sie von oben bis unten zersprungen, und der böse Geist des Götzen sei daraus entflohen.

Die fesselnde Nacherzählung dieser Legende lässt erkennen, dass Grünemberg begann, Interesse für die nicht-christliche Umgebung und ihre faszinierende Geschichte zu entwickeln. So wie er die »Säule der Schande« beschreibt, die einst Teil des römischen Forums gewesen war und im Mittelalter als Ort öffentlicher Bestrafung gedient hatte, stand für ihn fest, dass Zadar eine heidnische (Vor-)Geschichte hatte. Das auf der Säule thronende greifähnliche geflügelte Tier, ein heidnischer Vorläufer des venezianischen geflügelten Löwen des Heiligen Markus, las er als eine Warnung, dass alle Reiche kommen und gehen. Grünembergs Beschäftigung mit der Säule offenbart, dass er implizit eine Parallele zwischen der Art und Weise zieht, wie die Menschen in Zadar zu seiner Zeit die Heiligenreliquien verehrten und wie sie vormals dem vorchristlichen Götzen Ehrfurcht entgegengebracht hatten. Seine Reiseerfahrung veranlasste ihn, über die Unterschiede zwischen einer Reliquie und einem magischen Fetisch, einem Gebet und einem Zauberspruch, einer Ikone und einem Idol nachzudenken.

Grünembergs Beschreibung seiner Reise durch Dalmatien liest sich wie die Schilderung eines modernen Urlaubs: Er schwärmt von den schönen Gebäuden, dem Besuch ungewöhnlicher, eindrucksvoller Kirchen und den Begegnungen mit einnehmend freundlichen, lebhaften Einheimischen. Von venezianischen Gouverneuren wird er mit köstlichen Speisen und Gebäck empfangen. Als er in Zadar Zeuge einer Hochzeit wird, bewundert er die goldene, mit Edelsteinen besetzte Krone der Braut und die vielen Bänder und den Schmuck, den die Frauen an ihren Kleidern tragen. Als Glücksbringer für den zukünftigen Reichtum der Braut und ihrer Kinder werfen die Umstehenden Hafer, Weizen und Gerste über das Brautpaar. Beim Betreten der Kirche bemerkt Grünemberg, dass die Messe den »geschläffönischen Ordnungen« nach gehalten wird. Die Gesten der Priester kommen ihm seltsam vor und er beobachtet, wie zunächst die Männer nach vorne treten, um das Kreuz zu küssen, dann die Frauen, um ein Bild der Jungfrau Maria zu küssen. Während der gesamten Zeremonie hält »jetlich Mensch« eine brennende Kerze in der Hand. Mit einigem Erstaunen beschreibt Grünemberg die große Vielfalt an Kleidungsstilen und Sprachen, die unterschiedlichen lokalen Bräuche der Ungarn, Slawen, Türken, Griechen und Italiener und die »auffallend schönen« Frauen. Bei gutem Wetter herrschte an Deck seiner Galeere anscheinend eine Atmosphäre wie bei einer Ausflugsfahrt. Am 23. Juni, dem Vorabend des Johannisfestes, war an Bord des Schiffes für besondere Unterhaltung gesorgt: Die Seeleute hatten fünfzig Laternen angezündet, um das Schiffsdeck zu beleuchten. Sie feuerten mit ihren Gewehren in die Luft und bliesen in die Trompeten, während der Trommler Trommelwirbel hören ließ. Die Galeerenruderer, die »Galeoten«, sangen Lieder und tanzten fröhlich auf den Decks. Alles schien gut zu verlaufen – wäre da nicht die wachsende Angst vor den nahen Türken gewesen. Grünemberg hatte erfahren, dass die Türken ihre Pferde schrecklich misshandelten und von den Christen im Gegenzug für die Wahrung des Friedens Tribut verlangten, so dass die Bewohner von Städten wie Zadar und Dubrovnik in ständiger Sorge vor einer Belagerung lebten.

Während das Schiff immer weiter in Richtung Südosten fuhr, bot sich den Reisenden entlang der Küstenlinie ein reizvoller, aber herausfordernder Anblick mit teils Vertrautem und teils Unbekanntem. Die Passagiere konnten zerborstene Überreste antiker Säulen und fremdartige, über einsamen Stränden aufragende Tempel erspähen, aber auch heruntergekommene Dörfer inmitten trübselig wirkender Wälder und wild zerklüfteter Felsgebirge. Das Schiff zog an schmalen Inseln vorbei, manche kaum größer als ein Marktplatz und nur spärlich bewohnt. Die aus Venedig kommenden Reisenden waren sich nicht sicher, was für Menschen an diesen Orten leben mochten: Waren es die Weisen der Antike oder doch die Ungläubigen? Es war schwer zu sagen.

Südlich von Dalmatien, hinter Korfu, passierten die Pilger eine Region, die sie die »römischen Lande« nannten, den Süden der Balkanhalbinsel. Auf der Backbordseite waren türkische Gebiete zu sehen – die Region Achaea (der Peloponnes und ein Teil des nahe gelegenen Festlandes) war 1460 von den Osmanen erobert worden –, so dass am Horizont Moscheen zu erkennen sein konnten und in Küstennähe möglicherweise der Bau neuer Festungen und verschleierte Frauen zu beobachten waren. Ein ganz anderer Anblick könnte sich den Passagieren dagegen an Steuerbord geboten haben. Dort mochten sie hohe Kirchen erspähen, die in Sizilien oder Spanien nicht fehl am Platz gewesen wären, und den einen oder anderen Campanile, der an italienische Städte erinnerte.

Mittlerweile dürften sich unsere Reisenden darauf gefreut haben, die venezianische Stadt Modon zu erreichen. Der von hohen Mauern geschützte Hafen lag nach allgemeiner Ansicht auf halbem Weg zwischen Venedig und Jaffa. Modon war berühmt für seinen Vino proveniente dalla Romania di Grecia (»Wein aus den römischen Landen in Griechenland«, der Balkanhalbinsel als Teil des (Ost-)Römischen Reiches). An diesem Wein, der auch unter dem Namen Romanier bekannt war, hatten sich Mittelmeerreisende schon über viele Jahrhunderte gestärkt.

Auf dem Festland in der Mitte von Modon war die Luft so heiß und trocken, dass sie die bräunlich gefärbten Hänge in eine friedlos flirrende Stille tauchte. Aus Sandstein erbaut und von Mauern und Gräben umgeben, lag Modon auf einem Felsvorsprung, an dessen Ostseite sich der Hafen anschloss. Im flachen Hafenbecken ankerten am Dock zahlreiche große Boote, westlich davon drehten sich träge die Windmühlen. Horrende schwarze Felsen säumten den Fuß der Stadtmauer, als wollten sie unerwünschte Eindringlinge davon abhalten, hier anzulanden. Die ganze Stadt wirkte uneinnehmbar: stark, schroff und in sich geschlossen. An der Hauptbastion befanden sich zwei halbkreisförmige Fenster, die wie zwei stumme Augen auf das Meer hinausblickten und hinter denen stets wachsame, bewaffnete Wächter saßen.

Die Stadt war 1204, wie es auch mit weiteren Städten Moreas geschehen sollte, Teil des venezianischen Reiches geworden und beeindruckend befestigt. Die Venezianer bauten den vormaligen Truppenstandort der Kreuzfahrer zu einem bedeutenden Handelshafen aus: Die Schifffahrtsrouten führten von und nach Alexandria, zum Schwarzen Meer und weit darüber hinaus; die Kaufleute in Modon handelten mit Olivenöl, Weizen, Honig, Wachs, Feigen, Zitrusfrüchten, Karmin, Gewürzen und Gepökeltem. Wer Modon besuchte, konnte sich auch mit den berühmten Korinthen[6] eindecken. Modons venezianische Würdenträger aßen von katalanischem Porzellan und tranken aus chinesischen Gläsern – ihre Mahlzeiten waren gesalzen, gepfeffert und mit Safran sowie den besten Aromen der Welt gewürzt.

Modon und die nahe gelegene Schwesterstadt Koroni galten als Venedigs östliche Augen. Ende des 15. Jahrhunderts wurden die Städte über Jahrzehnte hin immer wieder von den Türken angegriffen und schließlich im Jahr 1500 von ihnen eingenommen. Über Modon sind aus der Zeit zwischen 1147 und 1533 mehr als 85 Berichte überliefert, die viel darüber verraten, was Besucher der umkämpften Küstenregion im östlichen Mittelmeer dort an Erlebnissen erwartete.

Die einzigen Menschen, die sich bei Ankunft eines Schiffs aus Venedig außerhalb der Mauern blicken ließen, waren die Fährleute des Hafens, zu erkennen an ihrer schmutzigen weißen Kluft. Sie nahmen die müden Passagiere in Empfang und brachten sie in Ruderbooten an Land. Ansonsten tummelten sich im Hafen vor allem Katzen – durch irgendeinen unglücklichen Umstand war vielen von ihnen augenscheinlich die Nase abgefressen worden – und ein

6 Im Französischen Raisin de Corinthe, im Englischen Raisins of Corinth, im Russischen Korinka, im Spanischen Pasa de Corinto, im Schwedischen Korint.

paar knurrende Hunde. Auch einige Maultiere standen dort angebunden, gepiesackt von Fliegen und voll beladen.

Um eine Galeere in den Hafen von Modon zu steuern, brauchte es Geschick, denn das Wasser war seicht und bedeckt mit schwarzen Binsen. Die Mole ragte so ins Meer, dass sie die vor Modon liegenden Schiffe zu umarmen schien. Dieser Damm – ein Markenzeichen venezianischer Häfen – führte in Modon bis zum Markus-Tor (benannt nach Venedigs Schutzpatron und verziert mit dem Wahrzeichen der Stadt, dem geflügelten Löwen). Dort warteten Männer der städtischen Truppen in voller Rüstung, zogen ihre Schwerter zum Salut und riefen: »Viva Santo Marco!«

Auf der schmalen Landenge hinter dem Tor drängten sich die Gebäude und Glockentürme der Stadt dicht an dicht. Die Mauern und Tore der Stadt zeigten die Wappen der venezianischen Statthalter, von denen viele aus den führenden Familien Venedigs stammten: Bembo, Canal, Cornaro, Foscolo, Miani, Morosini, Venier.

Jenseits der Stadtmauern erstreckten sich Hügel mit einigen Hütten und den für die Landschaft typischen Olivenbäumen, alten Weinstöcken und reich tragenden Obstbäumen. Einige hohe Zypressen überragten die Szenerie. In weiterer Ferne lag eine bergige, bewaldete Landschaft mit wenig bekannten Dörfern.

Wer zum ersten Mal nach Modon kam, auf den musste die Stadt wie für Reisende geschaffen wirken. Konrad Grünemberg etwa fand ein »tutschen Hus zur Herberge«, ein Haus des Deutschen Ordens. An einem schattigen Platz in einer Weinlaube bekam er Speisen, die ihm vertraut waren. Einige Bäckereien hatten ihr Angebot auf den Bedarf der Besucher ausgerichtet und verkauften köstliche haltbare Plätzchen, die sich gut im Reisegepäck verstauen und für unterwegs mitnehmen ließen. Modon hatte einen großen Marktplatz, den Waffenplatz, dort konnten die auf den Galeeren mitgereisten Händler ihre Stände aufbauen, ihre Waren verkaufen und einheimisches Handelsgut einkaufen. Bezahlt wurde in venezianischen Dukaten oder den Torneselli (der Kleinmünze des venezianischen Kolonialreichs). Und wunderbare Kirchen und Schreine gab es auch zu sehen. Die Reliquien des Märtyrers und Heiligen Athanasios, zwei Finger der Heiligen Kosmas und Damian und der ganze Körper eines Heiligen namens Leo wurden dort aufbewahrt.

Die meisten Besucher hatten noch nie von dem Heiligen Leo gehört, doch wie sich herausstellte, war er genau wie sie: ein Reisender. Es wurde berichtet, dass Leo, der entweder aus Venedig oder aus Kalabrien stammte (je nachdem, wer seine Geschichte erzählte), ein hingebungsvoller Pilger und Asket gewesen war. Er habe als mittelloser Bettler gelebt, ganz der vorbildliche Pilger, sei er barfuß und nur mit einem dürftigen Gewand bekleidet unterwegs gewesen. Ob es auf dem Hinweg oder erst auf dem Rückweg von Jerusalem passierte, variierte in den Geschichten, aber er sei gestorben, als er die Stadt Modon in der Ferne sah (so erzählten die einen) beziehungsweise als er im Modoner Hafen den Kai betrat (so die anderen). Einige berichteten, sein Tod liege lange zurück, in der Zeit der Kreuzzüge. Andere wiederum schienen sich daran zu erinnern, wie sie ihn erst wenige Jahre zuvor getroffen hatten, und sprachen von ihm, als sei er ein jung verstorbener entfernter Verwandter.

Nach seinem Tod, wann auch immer er gewesen sein mochte, hatte der Heilige Leo viele Wunder unter den Türken und Ungläubigen bewirkt. Er war zunächst am Strand von Modon und dann in der Kathedrale der Stadt beigesetzt worden. Dort verehrten ihn die Menschen als Schutzheiligen der Reisenden und Pilger. Für die Besucher von Modon traf sich das gut, war er doch der ideale Heilige für Durchreisende.

Der venezianische Senat herrschte über Modon und erließ Bestimmungen, die das Leben innerhalb der Stadtmauern wie in Venedig reglementierten. Im Jahr 1389 erklärte der Senat, dass Modon und Koroni »zwei sehr nützliche Orte für die ›Signoria‹« (das oberste Organ der Republik Venedig) seien. Es sei besonders wichtig sicherzustellen, dass ihre Häfen und Arsenale ordnungsgemäß instand gehalten und die Waren dort gut gelagert wurden. Hunderte von überlieferten Aufzeichnungen zeigen detailliert, wie Modons venezianische Statthalter versuchten, den Gesetzen Venedigs Geltung zu verschaffen: nächtliche Polizeipatrouillen in der Stadt, strenge Vorschriften, die Bestechung und Erpressung in öffentlichen Ämtern verhindern sollten, ständige Überwachung der nahe gelegenen kleineren Häfen von Navarino und Zonchio (Pylos). Neben zahlreichen Berichten zu Übergriffen der Genuesen und Osmanen sowie Maßnahmen zur Verbesserung der Verteidigung der Stadt wie etwa Verträge über die Anstellung von Armbrustschützen (Monatsgehalt im Jahr 1403: 18 Dukaten; zum Vergleich: Ruderer auf einer der Galeeren bekamen etwa 12 Dukaten) findet sich dort auch die Sorge verzeichnet, es könne zu einer katalanischen oder flämischen Seeblockade kommen. Ohne viel Federlesens wurden die Regelungen zu Arbeits- und Handelserlaubnissen oder Preisen und Zöllen auf Waren wie Mehl und Olivenöl durchgesetzt. Dem scharfen Blick des venezianischen Löwen entging nichts: keine Transaktion und kein Verbrechen, ob unter Stadtbewohnern oder Besuchern.

Das mittelalterliche Modon existierte vor allem, um den venezianischen Galeeren als Anlaufstelle zu dienen, trotzdem war die griechische Bevölkerung nicht venezianisch geworden. Viele Besucher waren überrascht, dass die Verkehrssprache Griechisch war und auch von den gebildeten Schichten verwendet wurde.

Im Juni 1453 war Peter Rot aus Basel gerade zu Gast in Modon, als er die erschütternde Nachricht hörte, Konstantinopel sei von den Türken erobert und der christliche Kaiser ermordet worden. Für viele war es ein offenes Geheimnis, dass die türkische Bedrohung immer näher an Modon heranrückte. Im November 1458 musste Roberto da Sanseverino feststellen, dass die Stadt fast menschenleer war. Eine gefährliche Seuche hatte viele Opfer gefordert und die Menschen zur Flucht gezwungen.

Der Basler Pilger Hans Bernhard von Eptingen, der die Stadt im August 1460 für zwei Tage besuchte, freute sich über den ausgezeichneten Romanier, der in seiner Heimatstadt sehr geschätzt wurde, gleichzeitig war er beunruhigt über Berichte, nach denen sich 100 000 Türken keine drei Stunden vor Modon entfernt sammelten. Tatsächlich eroberten die Türken einige Monate später die Morea, das Festland, an das Modon angrenzt.

Nachdem das mittelalterliche Modon zunächst so vielversprechend gewirkt hatte, empfanden die meisten Besucher nach einiger Zeit ein gewisses Missfallen und dann regelrechten Widerwillen gegenüber der Stadt. Reisende monierten, die Gebäude seien zu dicht beieinander und billig gebaut und die Kathedrale der Stadt in einem schlechten Zustand. Der Priester, der den Pilgern die Reliquien zeigte, machte auf sie weniger den Eindruck eines ehrwürdigen Geistlichen, sondern wirkte eher wie ein mäßig gebildeter Stümper. Sogar der Schrein, in dem die Reliquien aufbewahrt waren – das sahen die Reisenden, nachdem sich ihre Augen an die Dämmerung gewöhnt hatten –, war kurz davor auseinanderzufallen. Wenn die Priester die Liturgie anstimmten, sangen sie enthusiastisch, aber in tiefen, ungewohnten Tönen, als ob sie den Zuhörenden ein Unglück verkünden wollten. Und das Zirpen der Heuschrecken in den umliegenden Sträuchern nahm einfach kein Ende, bis es nicht mehr auszuhalten war. Modon bot seinen Besuchern nur wenige gute Unterkünfte, und die ärmlich lebenden Mönche nahmen keine Gäste in ihrem Kloster auf. Daher mussten die meisten Reisenden nachts zurück auf ihre Galeere, auch wenn sie sich gerne irgendwo ausgeruht hätten, wo ihr Schlaf nicht von den Wellen gestört werden konnte. Abgesehen von dem ausgezeichneten Wein und dem Obst war gutes Essen Mangelware. Pietro Casola, 1494 in Modon zu Gast, fand, der Komfort lasse zu wünschen übrig; er konnte gerade einmal ein paar Eier bekommen, und selbst die musste er selber kochen.

Anselm Adornes, ein flämisch-genuesischer Kaufmann und Pilger aus Brügge, beobachtete einen bemerkenswerten Vorfall, als er im November 1470 kurz in Modon haltmachte. Im Hafen wurde ein Türke durch Pfählung hingerichtet. Die Venezianer stießen ihm eine Pike so durch den ganzen Körper, dass sie am Kopf wieder heraustrat. Adornes erfuhr, dass der Mann zwei Jahre zuvor in vollem Galopp auf die venezianischen Galeeren zugeritten gekommen sei, sein Pferd habe heftig gekeucht und geschwitzt. Der Türke sei vom Pferd gesprungen und habe gerufen: »Nehmt mich als Christen an!« An Ort und Stelle habe er sein erschöpftes Pferd geschlachtet, was als Zeichen seiner Entschlossenheit angesehen wurde, in Modon bleiben zu wollen. Die ganzen zwei Jahre habe er nach außen hin als vollkommener Christ in Modon gelebt, heimlich jedoch Informationen über die Venezianer gesammelt und sie an die Türken weitergegeben. Als das herauskam, war er inhaftiert worden. Die Anschuldigungen waren untersucht und für wahr befunden worden. Schlussendlich wurde der Türke hingerichtet.

Wir kennen die Sicht des Türken auf die Geschehnisse nicht, aber je weiter die westeuropäischen Reisenden nach Osten kamen, desto öfter hörten sie Geschichten über religiösen Verrat. Diese vielen Geschichten über Abtrünnige machten es nicht leichter, Freund und Feind zu unterscheiden. Modons unsicherer Status aufgrund der Nähe zum Osmanischen Reich und den nur wenige Kilometer entfernt regierenden Türken scheint viele Reisende dazu veranlasst zu haben, die menschliche Vielfalt als etwas Abstoßendes, Beunruhigendes und zutiefst Unerwünschtes zu empfinden.

Als bemerkenswert empfanden die Besucher, die Mitte des 15. Jahrhunderts in die Stadt kamen, vor allem die Juden und die »Gyppe« von Modon, die in den Vororten außerhalb der Stadtmauern jeweils in ihrem eigenen Viertel lebten. Zur zusammengewürfelten Einwohnerschaft notierte Paul Walther aus der süddeutschen Stadt Güglingen, der Modon 1482 zum Jahreswechsel besuchte, in der Stadt lebten »Grecos, Zygieneros, Mauros, paganos et Christianos« (sprich »Griechen, Zigeuner, Mauren, Heiden und Christen«).

Meshullam da Volterra, ein jüdischer Pilger, kam auf seinem Weg nach Jerusalem im September 1481 durch Modon und fand dort eine beachtliche Gemeinschaft von über dreihundert jüdischen Haushalten vor, die seinen Aufzeichnungen nach im Handwerk und in ähnlichen Berufen tätig waren. Die Berichte einiger christlicher Besucher fielen weniger höflich aus: Pietro Casola notierte 1494, die jüdischen Einwohner der Stadt seien »schmuddelige«, »sehr schmutzige«, »stark übel riechende« Leute. »In ihrem Dunstkreis gefiel es mir nicht«, schrieb er naserümpfend. Ende der 1490er Jahre lässt sich Arnold von Harff jenseits des Stadttores in eine Vorstadt führen, »in der es eine Lange Straße gibt, in der ausschließlich Juden wohnen, deren Frauen sehr kostbare Seidenwaren herstellen wie Gürtel, Hauben, Schleier und Faciolen [Tücher], von denen ich einige von ihnen kaufte«.

Die »Gyppe«-Gemeinschaft von Modon war Teil der bedeutenden Roma-Siedlung in den venezianischen Kolonien auf dem Peloponnes, die es mindestens seit den 1440er Jahren gab. (Daher stammt auch ihr heutiger Name Roma oder Romani: Wie der geschätzte Wein, der Romanier, stammen sie aus den (ost-)römischen Ländern, Morea oder dem Peloponnes.) Sie lebten vor allem im kleinen venezianischen Hafen Napoli di Romania (Nafplio), nordöstlich von Modon, hatten aber im späten 15. Jahrhundert eine bedeutende, wenn auch provisorische Siedlung in Modon. Konrad Grünemberg schreibt dazu: »Item vor Modon zunächst an der Stadt sind bis zu dreihundert Häuslein von Röhricht und Lehm gemacht, da wohnent die Ziginer, so etwa auch Haiden genempt von uns werden.« Philippe de Voisins, der Modon 1490 besuchte, fand eine große Vielfalt an Menschen in der Stadt vor, darunter auch Roma, über die er schrieb, sie seien arm und lebten unter erbärmlichen Bedingungen.

Jean de Cucharmois, der Modon ebenfalls 1490 besuchte, war der Ansicht, der Name »Gypsies« leite sich nicht von Ägypten ab (einer der Orte, von dem aus sie möglicherweise ihre Wanderung gen Europa gestartet hatten), sondern von einer Ortschaft namens »Gipte«. De Cucharmois griff auf, was sich viele Reisende fragten:

»Woher kommen diese Menschen?« Die Roma von Modon mögen sich angesichts der vielen verschiedenen Reisenden das Gleiche gefragt haben, die dort ankamen, sie anstarrten und dann wieder davonsegelten. Vielen Besuchern war es einen Kommentar wert, dass die Roma unterhalb der Stadt am Strand in einer behelfsmäßigen Hüttensiedlung lebten, die im Gegensatz zu der mit schroffen Steinen befestigten venezianischen Stadt stand. Arnold von Harff wiederholt einen verbreiteten Mythos, wenn er schreibt: »Diese Leute sind nach einem Land ›Gyppej‹ benannt, das etwa [60 Kilometer] von der Stadt Modon entfernt liegt.« Er beschreibt sie als »arme, schwarze, nackte Leute«, die vor den Türken (die »Gyppe« besetzt hätten) geflohen und dann unter den Venezianern zu Vagabunden geworden seien.

Was sagen wir dazu, wenn Reisende über die Menschen, denen sie auf ihrem Weg begegnen, abfällig urteilen? Die Reiseschriftstellerei ist voll von mehr oder weniger gehässigen oder gar böswilligen Beurteilungen anderer Menschen. In Modon sahen sich viele der mittelalterlichen Reisenden dazu veranlasst, ihre christlich-europäische, teils in herablassenden schwärenden Hass übergehende Voreingenommenheit zu verbalisieren – eine anmaßend-wertende Haltung, die später zum Signum westlicher Touristen werden sollte. Es ist nichts dagegen zu sagen, wenn Besucher an einem *Ort* keinen Gefallen finden und sich dort nicht wohlfühlen, aber mit welchem Recht können Reisende sich von den *Menschen* enttäuscht zeigen, die diesen Ort bewohnen? Die überheblichen Kommentare der Reisenden aus den verschiedensten europäischen Ländern über die Bewohner von Modon, die sie als Juden oder Roma einordneten, lassen vermuten, dass diese Menschen in der klassischen Dramaturgie einer Reise nicht vorgesehen waren. In der unerwarteten Begegnung mit diesen Gruppen und dem unvorbereiteten Ringen der Reiseschriftsteller um Worte enthüllt sich der mitgereiste auktoriale Blick.

Als Sir Richard Guylforde im Juli 1506 auf seinem Weg nach

Jerusalem am Peloponnes entlangsegelte, war Modon keine christliche venezianische Stadt mehr. Im Jahr 1500 war sie von den Türken erobert worden. Erhalten geblieben sind die mittelalterlichen Befestigungsanlagen, die Stadt selbst wurde vollständig zerstört, die eleganten Zinnen der Umfriedung blicken heute nur noch auf eine gespenstisch leere Fläche. Aus Angst vor »den Türken« legte Guylfordes Galeere nicht in Modon an. Dass es in der Stadt ausgezeichneten Wein gab, wusste er, aber sein Schiff fuhr unbeirrt weiter, in Richtung der venezianischen Hafenstadt Candia (Heraklion) auf der Insel Kreta. Nachdem Guylforde Modon vorbeiziehen lassen musste, weckte eine nahe gelegene Insel sein Interesse: Cerigo (italienisch) oder Kythira, nach einer der mythischen Erzählungen der Ort, an dem die Göttin Aphrodite dem Meer entstieg. Entlang der Reiseroute sollten die byzantinischen Heiligtümer und die geschäftigen venezianischen Häfen einer nach dem anderen an die Türken fallen.

Während wechselnde Mächte über die Ländereien entlang der Küsten herrschten, gab es eine unerschütterliche Bastion der Christenheit: die Insel Rhodos.

Rhodos wurde nicht von den Venezianern, sondern vom Johanniterorden regiert, der die souveräne Kontrolle über die Insel innehatte und im Mittelmeer eine wichtige militärische und politische Kraft darstellte. Der fromme Orden hatte sich unter anderem der Aufgabe verschrieben, Pilger auf ihrer Reise ins Heilige Land zu beschützen. Sein Name leitet sich vom Muristan ab, einem Johannes dem Täufer geweihten Spital in Jerusalem, in dem der Orden Pilger aufnahm und pflegte. Der aus der Spitalbruderschaft hervorgegangene geistliche Ritterorden wurde 1291 von den Mamluken aus dem Heiligen Land vertrieben. Die muslimische Ritterarmee eroberte im 13. Jahrhundert große Teile des Nahen Ostens und setzte den Kreuzzügen ins Heilige Land ein Ende. Die Johanniterordensritter errichteten daraufhin eine bedeutende Machtbasis auf Zypern und machten schließlich Rhodos zu ihrem Hauptsitz. Von dort aus gelang es ihnen, ein kleines Imperium aus Kastellen, Wehrtürmen und befestigten militärischen Stützpunkten aufzubauen, zu denen die mächtigen Festungen auf der Insel Kastellórizo und in Bodrum (dem antiken Halikarnassos) an Kleinasiens Ägäis-Küste gehörten.

In der Stadt Rhodos erbauten die Johanniterordensritter einen prächtigen, von beeindruckenden Festungsanlagen umgebenen Großmeisterpalast. Die Großmeister des Ordens waren fast ausnahmslos französischer Herkunft, nur selten war es ein italienischer oder aragonesischer Adeliger, der den Titel trug. Sie bekämpften im südlichen Mittelmeer muslimische Piraten und konnten 1444 eine Mamlukeninvasion in Rhodos abwehren. In den Jahrzehnten nach der Einnahme Konstantinopels durch die Osmanen im Jahr 1453 kam es zu immer wirkungsvolleren osmanischen Angriffen auf die Inseln der Ägäis. Als Rhodos 1480 über einen langen Zeitraum von den Osmanen belagert wurde, löste das im gesamten christlichen Europa eine massive Panik aus. Schließlich eroberten die Osmanen die Insel 1523.

Nach dem Scheitern der Kreuzzüge im Heiligen Land war Rhodos der vielleicht wichtigste Grenzposten Europas – ein Ort, den der westeuropäische Adel beinahe wie ein burgundisches Gut regierte und bewohnte, der aber in Sichtweite der türkischen Küste lag.

Durchreisende waren für die Wirtschaft auf Rhodos und die Fortführung der Herrschaft der Johanniterordensritter von entscheidender Bedeutung. Jeder Teil Europas war unter den Ordensrittern durch eine sogenannte »Zunge«, eine supranationale Gruppe, vertreten. Auf Rhodos hatte jede »Zunge« ihre eigene »Auberge«, ihr Haus: die Zunge von Aragon, die Zunge der Auvergne, die Zunge von Kastilien-Leon und Portugal, die Zunge der Provence, die französische (Nord- und West-Frankreich), englische, italienische und deutsche Zunge. Für die im Ausland lebenden Ordensritter und ihre Gäste bot die jeweilige Auberge Annehmlichkeiten vergleichbar mit einem Luxushotel, aber auch komplette medizinische Versorgung.

Für die weniger illustren Gäste richteten die Ordensritter Mitte des 15. Jahrhunderts in der Stadt Rhodos in einem prächtigen Neubau ein Pilgerhospital ein. Dessen geräumige Krankenstation war ein großzügiger, gut belüfteter Raum mit natürlichem Licht. Da es an kranken Reisenden nie mangelte, standen in dem Raum zwischen 30 und 40 Betten mit Baldachinen zur Verfügung. Von den Arkaden aus gelangte man in kleine separate Kabinen, in denen Operationen durchgeführt werden konnten und die Patienten etwas Privatsphäre hatten, um sich zu erholen oder aus dem Leben zu scheiden. Einmal am Tag wurde die Heilige Messe abgehalten. Viele Ritter des Johanniterordens aus ganz Europa starben hier weit weg von zu Hause. Ihre Gräber waren mit Zeichen und Wappen geschmückt, die an ihre Herkunft erinnerten.

Den fragilen Status von Rhodos veranschaulicht ein Bericht, den der scharfsinnige englische Reisende William Wey über seine Reise nach Jerusalem im Jahr 1458 verfasst hat. Auf Rhodos erfuhr er von einem Ereignis, das erst kurz zuvor stattgefunden hatte: 250 Türken waren auf dem Seeweg auf die Insel gebracht und gezwungen worden, durch die Stadt zu laufen – an der Spitze marschierten christliche Jungen, die zuvor von den Türken gefangen gehalten worden waren. Anschließend entlud sich ein Ausbruch extremer Gewalt gegen die Türken: Sie wurden auf exzessiv grausame Weise gefoltert. Einige wurden durch die Straßen geschleift, manchen war dafür die Nase durchstochen und ein Seil hindurchgezogen worden, anderen hatte man die Hände auf den Rücken gebunden. Achtzehn türkische Gefangene wurden gepfählt, indem ihnen Spieße durch den Anus bis zur Brust getrieben wurden. Zehn wurden nackt über ein Brett mit Eisennägeln gezogen. Zwei wurden getauft und dann enthauptet. Einer wurde bei lebendigem Leib gehäutet. Wieder ein anderer wurde von einem hohen Turm geworfen und dann an seinem Penis aufgeknüpft. Die übrigen wurden gehängt (einige am Hals, andere an den

Füßen). »Ihre Körper wurden auf beiden Seiten der Stadt platziert, so dass sie für jeden, der vorbei kam, gut sichtbar waren.« Diese Art von Gewalt schien Wey nicht zu überraschen, er merkte lediglich an, der türkische Sultan lasse zur gleichen Zeit 30 000 »Männer, Frauen und Kinder« aus der Region Morea umsiedeln, damit sie das kurz zuvor eroberte Konstantinopel bevölkern konnten.

Als die Pilgergaleere von Rhodos aufbrach, um nach Zypern zu segeln, kehrte Alltag auf dem Schiff ein. Um sich die Zeit zu vertreiben, erzählten die Passagiere Geschichten, lauschten Predigten oder stimmten Lieder an. Auf ihrem Weg kamen sie an Gebäude- und Mauerresten vorbei, die im tiefen Meer versunken, aber in dem klaren Wasser für Seeleute und Passagiere deutlich zu erkennen waren. Eine wohlbekannte Geschichte über die Gegend knüpft daran an:

Nicht weit von Rhodos, nahe der Küste, befanden sich die versunkenen Ruinen einer antiken Stadt, die mal Catalia oder Satalia, mal Adalia oder Antalya genannt wurde, ganz genau konnte niemand sagen, wie sie geheißen hatte. Es wurde erzählt, es sei eine wunderbare Stadt voller prächtiger Gebäude und glücklicher Bürger gewesen, die, als Zentrum eines großen Reiches, das Land und die Meere in der Umgebung kontrolliert habe. Doch das ganze Herrschaftsgebiet sei durch die Torheit eines jungen Mannes verloren gegangen.

Der junge Mann liebte eine schöne Frau, und das so sehr, dass es ihm vorkam, als stünde sein Herz in Flammen. Doch die junge Frau starb plötzlich an der Pest. Ihr schöner Körper wurde in einer fein gearbeiteten marmornen Grabstätte beigesetzt.

Das Herz des jungen Mannes war gebrochen. Er wurde krank und siechte dahin, hielt aber an seiner Liebe zu der jungen Frau fest. Jede Nacht und manchmal sogar am Tag erwachte beim Gedanken an sie seine Lust. Eines Nachts ging er zu ihrem Grab, öffnete es, kroch hinein und hatte Sex mit ihrem Leichnam.

Und dann ging er fort. In den folgenden Wochen und Monaten begann er, sie zu vergessen.

Plötzlich, eines Abends, nach neun Monaten, hörte der junge Mann eine gebieterische Stimme, die ihm klar und deutlich zurief: »Geh zum Grab dieser Frau, öffne es, und sieh, was du erschaffen hast! Solltest du aber nicht gehen, wird dir ein schweres Leid geschehen!«

Also ging der junge Mann zurück zu dem Grab, und als er sich näherte, erinnerte er sich daran, was er getan hatte, als er das letzte Mal dort gewesen war. Dieses Mal verspürte er jedoch nicht das geringste Verlangen nach seiner früheren Geliebten. Er öffnete die Gruft. Plötzlich schoss ein schrecklicher, grässlich aussehender Drache heraus, gab kreischende Schreie von sich, erhob sich in die Luft und umkreiste einmal die Stadt, bevor er über das Land davonflog. Als er in den Bergen verschwand, erhob sich eine große Welle aus dem Meer und begrub die ganze Stadt unter sich. Die Wassermassen rissen die Menschen mit sich, die Gebäude versanken in den Fluten. Auch der junge Mann, so können wir annehmen, kam in der Sintflut um.

Seitdem galt die Seeroute zwischen Rhodos und Zypern aufgrund der versunkenen Stadt, seltsamer Unterströmungen und unergründlicher Meerestiefen, die allesamt ihren Ursprung in den schrecklichen Taten dieses sündigen Jünglings hatten, als gefährlich.

Diese Geschichte, die in ganz Europa erzählt wurde, sollte die Reisenden mahnen, deren Gedanken möglicherweise aus Langeweile, Lust oder Gottlosigkeit in unreine Gefilde abgeschweift waren. Und sie sollte sie daran erinnern, dass sich Land heben und senken konnte, dass schon ganze Städte versunken und die Küsten stetem Wandel unterworfen waren. Vielleicht dachten die Reisenden auch an die Sintflut, die Gott zur Zeit Noahs geschickt hatte, um die Welt von Verdorbenheit zu reinigen, oder an die Städte Sodom und Gomorra, deren Lasterhaftigkeit dazu geführt hatte, dass sie verwüstet und nie wiederaufgebaut worden waren.

Einige der Reisenden hatten möglicherweise auch von den teuflischen Flutwellen aus dem Jahr 1303 gehört, die Kreta überschwemmt und in Alexandria und Akkon Gebäude und Menschen mit sich gerissen hatten. Dies geschah nach einem gewaltigen Erdbeben, das sogar noch in Venedig zu spüren gewesen war. In Heraklion hatte das Unglück das Rathaus, das Arsenal, Kirchen und Kastelle zum Einsturz gebracht. Der Hafen versank im Meer, und Hunderte von Menschen, im unerbittlichen Griff der Wellen gefangen, wurden fortgespült. Solche Geschichten lösten bei den Reisenden noch größeres Unbehagen aus. Was war das für eine unwägbare Welt, die sie durchquerten! Was mochte in den undurchdringlichen Tiefen der Weltenmeere und in den sich ständig auftürmenden Wellen noch im Verborgenen lauern?

Da ihre nächste Station Zypern war, der angebliche Geburtsort der Göttin Aphrodite – der Gottheit der Schönheit und des sexuellen Verlangens –, mochten einige der Pilger bereits auf unreine Gedanken gekommen sein. Sobald sie Zypern erreicht hatten, waren die Pilger daher erleichtert, wieder festen Boden unter den Füßen zu haben. Die fruchtbare Insel wurde von dem französischen Fürstengeschlecht Lusignan (und nach ihnen ab 1489 von den Venezianern) regiert. Auf den Reliefs und Türstürzen in den Festungsstädten ersetzte der lusignanische Löwe – gekrönt und ungezügelt – seinen andernorts so präsenten geflügelten venezianischen Vetter. Das im Landesinneren gelegene Nikosia (Lefkosía) war das kirchliche und staatliche Zentrum der Insel. Daneben werden noch Limassol, Paphos, Kyrenia (heute Girne, nahe der Felsenburg Sankt Hilarion oder Dieu d'Amour) und Larnaca (italienisch Punta delle Salino) als regelmäßig angefahrene Anlegeplätze für die Galeeren erwähnt. Den besten Hafen hatte allerdings das auf der Ostseite der Insel gelegene Famagusta. In allen diesen Städten lebten Christen, die die lateinische Messe feierten und den Papst in Rom als ihr kirchliches Oberhaupt ansahen, zusammen mit Griechen, Armeniern,

Kopten und Anhängern anderer christlicher Glaubensausrichtungen (vertreten in Form zahlreicher Sekten wie etwa der Chaldäer, Jakobiten, Maroniten und Melkiten), gläubigen Juden und einigen Muslimen – sie alle hatten ihre eigenen Kirchen oder Tempel, Gräber und Sprachen. Was sie allerdings oft teilten, waren heilige Orte und Rituale.

> **Aufgepasst!** Meerjungfrauen und Sirenen sind schön und sehr selten. Seeleute berichten, dass sie furchtbar gefährlich sind. Eine Meerjungfrau mag mit einem Spiegel und einem Kamm in den Wellen auftauchen, um sich herauszuputzen und die eigene Schönheit zu bewundern. Eine Sirene hingegen kann einen Seemann mit ihrem Gesang, dem Zupfen einer Harfe oder dem Tönen eines Horns in tiefen Schlaf versetzen, seinen Verstand rauben oder zum Weinen bringen. Die Seeleute haben allen Anlass zu weinen, wenn sie sich ausmalen, wie die Meerjungfrauen und Sirenen in früheren Tagen Matrosen an die Küsten lockten, um mit ihnen Unzucht zu treiben. Weigerte sich der Seemann, riss ihn die Meerjungfrau in Stücke und verspeiste ihn.

Zypern war an einem guten Tag nur eine Tagesreise von der Küste des Heiligen Landes entfernt. Die Nähe zu den biblischen Orten war auf der Insel mit ihren Wunder vollbringenden Schreinen und den zahlreichen Reliquien deutlich spürbar. Besonders gern besuchten die Pilger eine Stätte in Salamis namens »Gefängnis der Heiligen Katharina« (manchmal auch als »Grab der Heiligen Katharina« bezeichnet), von der sie glaubten, dass sie eine Schlüsselrolle im Leben der Heiligen Katharina von Alexandria gespielt hatte (ihr Onkel soll Statthalter von Zypern gewesen sein). Bei der Gefängniszelle / Grabstätte handelte es sich in Wirklichkeit um ein megalithisches Monument und eine Grabkammer, die sogar noch Tausende von Jahren älter war als der Kult um Katharina, im Mittelalter war dort jedoch ein einfacher, mit Ikonen geschmückter Altar errichtet worden. Wer sich nicht nach Salamis aufmachen wollte, konnte Katharina auch an einem anderen Ort huldigen, an dem die Heilige begraben sein sollte: in der hochaufragenden, prunkvollen Kathedrale, die zu ihren Ehren in Nikosia erbaut worden war. (Das nach seiner Umwidmung 1570 jahrhundertelang als Haydar-Pascha-Moschee fungierende Gebäude wird heute für kulturelle Zwecke genutzt.) Die Pilger kamen in großer Zahl zu dieser Stätte. Sie konnten hier ein Pilgerabzeichen erwerben, das eine Hälfte des zerbrochenen Rades zeigte, auf dem Katharina ihr Martyrium erlitten hatte. Ohne sich allzu viele Gedanken darüber zu machen, an welchen historischen Moment in Katharinas ereignisreichem, aber kurzem Leben hier wohl erinnert wurde, war es für die Reisenden viel einfacher, die Heilige hier zu verehren, als den weiten Weg zu ihrem Hauptheiligtum auf dem Sinai auf sich zu nehmen.

Eine weitere, für mittelalterliche Besucher beeindruckende Sehenswürdigkeit befand sich in der Nähe des großen Salzsees von Akrotiri: das Kloster des Heiligen Nikolaus der Katzen. Der örtlichen Legende nach war das Kloster zur Zeit Kaiser Konstantins unter der Bedingung gegründet worden, dass dort hundert Katzen gehalten werden, um der lästigen Schlangen der Gegend Herr zu werden. Als Felix Fabri das Kloster 1480 besuchte, fand er den Umgang mit dieser Tradition ganz charmant. Während die Katzen tagsüber in der Umgebung des Klosters und den umliegenden Wäldern umherstreiften, eilten sie zur Abendessenszeit herbei, wenn ein Mönch eine Glocke läutete; dann wurden sie gefüttert. Für Fabri stellten die Katzen die guten Engel, die gejagten Schlangen die gefallenen Engel dar.

Der bei Besuchern Zyperns beliebteste heilige Ort war der Berg Stavrovouni und das dortige Kloster des Heiligen Kreuzes, zwischen Larnaka und Nikosia gelegen. Wer sich ein Pferd oder einen Esel mietete, konnte damit durch eine liebliche Landschaft im Schatten von üppig mit Zitrusfrüchten behangenen Bäumen und Maulbeerhainen bis zu einem alten, auf einem Berg erbauten Kloster reiten.

Die Luft dort war dünn, aber rein, und den Besuchern bot sich ein bemerkenswerter Ausblick über den gesamten Süden der Insel.

Im Kloster wurde den Pilgern das Kreuz des »rechten« Verbrechers gezeigt, also das Kreuz, an das der reuige Schächer Dysmas angeschlagen gewesen sein soll, der an der Seite Jesu gelitten und ihn gebeten hatte, seiner zu gedenken, als sie beide starben; außerdem ein Nagel von Christi eigenem Kreuz, der von der Heiligen Helena, die sich um die Bewahrung der Kreuz-Reliquien verdient gemacht hatte, nach Zypern gebracht und mittlerweile in Dysmas' Kreuz genagelt worden sei.

Es hieß, das Kreuz im Kloster Stavrovouni schwebe manchmal in der Luft und werde vom Heiligen Geist gehalten. Daniil von Kiew, ein Pilger, der 1107 hierher kam, bezeugte, er habe dieses Wunder mit eigenen Augen gesehen. Das Kloster war für alle, die auf dem Weg nach Jerusalem waren, ein eigenständiger Wallfahrtsort. Erkrankte Seeleute wurden darin bestärkt, das Kreuz zu besuchen, um von ihrer Krankheit geheilt zu werden oder ihre Seele besser auf den Tod vorzubereiten.

Als die Mamluken im Jahr 1426 versuchten, die Insel zu besetzen, wurde das Kloster angegriffen und seine Bausubstanz beschädigt. Um das wundersame Kreuz zu untersuchen, nahmen die Mamluken es mit, montierten es auseinander und stellten fest, dass es dank im Inneren verborgener »ausgeklügelter Federn« nur so schien, als schwebe das Kreuz in der Luft, wie Khalil, der Wesir des Sultans, festhielt.

Stavrovouni blieb ein von vielen christlichen Pilgern besuchter Ort, im späten 15. Jahrhundert war das Kreuz allerdings inzwischen mit Gold und Silber überzogen und schwebte nicht mehr. Als Erinnerung an das einstige Wunder des schwebenden Kreuzes wurde es von Zeit zu Zeit an Schnüren in einem Fenster aufgehängt und konnte dort hin und her geschaukelt werden. Die Kreuzreliquie war in der Obhut eines einzigen Mönchs, eines Sakristans. Der von seinen Brüdern Verlassene saß dort ganz allein und bewachte dieses eine Stück Zypressenholz, das ihm heilig war. Felix Fabri, der Stavrovouni im Jahr 1480 besuchte, glaubte daran, dass das Kreuz noch immer ohne sichtbare Stützen da hing, wollte es aber nicht zu genau untersuchen, da das Gott möglicherweise beleidigen könne. »Ich bin auf diesen Berg gestiegen, um das Kreuz zu ehren«, schrieb Bruder Felix vorsichtig, »nicht um ein Wunder zu finden oder Gott in Versuchung zu führen.«

War die Landschaft Zyperns von Heiligkeit geradezu durchdrungen, so war die Hafenstadt Famagusta ganz sicher kein heiliger Ort. Famagusta war eine boomende Anlaufstelle des mittelalterlichen Reisens, einst ein Dorf, aus dem erst nach dem Fall von Akkon im Jahr 1291 dorthin geflohene Kreuzfahrer eine Stadt gemacht hatten. Ab den 1290er Jahren wurde die Stadt vom Haus Lusignan regiert, 1372 übernahmen dann Genuesen die Herrschaft, 1489 die Venezianer, die Famagusta auch zu ihrer Hauptstadt machten. Bereits unter der Herrschaft des Hauses Lusignan hatte die Stadt eine große Kathedrale, einen Bischofspalast, mehrere Kirchen, drei Klöster und eine Handelsstraße erhalten und es war der Grundstein für den Bau der prächtigen Befestigungsanlagen gelegt worden. Am Hafen herrschte ein reges Treiben von Händlern und Pilgern. So entwickelte sich Famagusta schnell zum wichtigsten Hafen Zyperns und seine zwielichtigen Außenbezirke zum Ziel all derjenigen, die mehr oder weniger lasterhafte Vergnügungen suchten.

Der deutsche Priester und Pilger Ludolf von Sudheim, der die Stadt um 1337 besuchte, schrieb über Famagusta: »Diese Stadt die ist die aller reichste Stadt von allen Städten, die in Zypern sind. Und die Bürger, die da wohnen, sind alle reich.« Die Kleinodien einer Bürgertochter seien wertvoller als »alle Geschmeide der Königinnen von Frankreich«. Famagusta verfügte über einen sehr tiefen Hafen, seine Lage an der Ostseite der Insel machte es bald zum wichtigsten Umschlagplatz für alle Dinge aus dem Osten. So wurden in der Stadt Gewürze aus Indien, Webwaren aus Kamelhaar und feiner Damast aus der Levante, aber auch türkische und tscherkessische Sklaven gehandelt. Die Reisenden stellten überrascht und beeindruckt fest, wie luxuriös und exotisch die Einheimischen in Famagusta gekleidet waren: Die Männer trugen lange, mit Goldborten und Perlen besetzte Seidengewänder und Stiefel mit nach oben gebogenen Schuhspitzen, wie man sie aus dem Reich der Mamluken kannte. Viele der Frauen waren in schwarze, verzierte und gefältelte Umhänge gehüllt, ihre Gesichter waren fast vollständig von einem bestickten Überwurf verdeckt.

In der Stadt gab es zahlreiche Tavernen, meist betrieben von Italienern, die sich dort niedergelassen hatten. In diesen Schänken kehrte ein buntes Publikum ein, darunter Einheimische und Seeleute, Pilger und Piraten. Die Gerichtsakten jener Zeit vermitteln uns einen Eindruck davon, was ein Reisender erleben konnte, wenn er im mittelalterlichen Famagusta eine Nacht in einer Taverne verbrachte. Eines Abends im Jahr 1428 besuchte Antonio Mansour, ein Priester aus Pera, der genuesischen Enklave in Konstantinopel, die Stadt. Mansour ging mit Freunden in eine Taverne; sie wollten essen und trinken. In einer Ecke ganz in der Nähe von ihnen saß ein Mann aus Famagusta namens Bisarra mit seinen Begleitern. Die beiden Gruppen begannen, miteinander zu reden und sich zuzuprosten. Schon bald zechten die Männer miteinander, aßen Brot und Pasta und schütteten den griechischen Wein nur so herunter. Mansour hielt gerade das Brotmesser, als ihm »ganz zufällig« die Hand ausrutschte. Er stach Bisarra in die Brust und verletzte ihn tödlich. Sofort verhaftete man Mansour. Nachdem er klargestellt hatte, dass er Priester war, wurde er dem römisch-katholischen Bischof von Famagusta überstellt und in dessen Gefängnis eingesperrt. Mansour schaffte es jedoch, zu entkommen und auf einem Schiff nach Rom zu gelangen. Dort bat er um Absolution und wurde von allen Anschuldigungen freigesprochen.

Ein anderes Mal kam es in einer Taverne in Famagusta zu einer Schlägerei zwischen dem Wirt Antonio Cogio und einem Gast namens Bartholomäus aus Pera. Im Verlauf der Schlägerei schlug der

Wirt einem anderen Gast, dem aus Kaffa von der Halbinsel Krim stammenden Azar, einen Krug mit Wein über den Kopf. Azar trug eine klaffende Wunde am Schädel davon. Er musste einen Monat lang das Bett hüten, und es dauerte weitere siebzehn Tage, bis er seine Arbeit wieder aufnehmen konnte. Außerdem seien ihm zahlreiche Kosten für Medikamente entstanden, beschwerte er sich bei den Behörden, ganz zu schweigen von den zusätzlichen Ausgaben für das Frisieren.

Diese Kneipenschlägereien geben uns eine Vorstellung davon, was für Reisende fern der Heimat alles schiefgehen konnte – vor allem wenn Wein im Spiel war.

Berühmt-berüchtigt war Famagusta auch für seine Prostituierten. So wies etwa Ludolf von Sudheim auf den unglaublichen Reichtum der Kurtisanen hin. Er machte dafür den zypriotischen Boden verantwortlich, der seiner Meinung nach die Lust der Männer anregte, weil er einst mit Aphrodite in Kontakt gekommen war. Ähnlich argumentierend, beschrieb Enea Silvio Piccolomini (der spätere Papst Pius II., gestorben 1463) die Frauen von Famagusta als »äußerst lüstern«. Er räsonierte darüber, dass sie, bei allem, was heilig sei, ihre Körper im Namen von Venus den durchreisenden Seefahrern überließen. In der Kathedrale von Nikosia und vor dem venezianischen Palast in Famagusta gab es sogar Grabmäler für Aphrodite, als ob die Lust selbst zum Gegenstand der Verehrung geworden wäre. Je weiter die Reisenden nach Osten kamen und je weiter sie sich von ihrer Heimat entfernten, desto mehr schienen ihre Gedanken in Richtung der »Fleischeslust« zu wandern, inspiriert von der erregenden, unbändigen Sinnlichkeit der fremden Welt. Die Reisenden liefen Gefahr, in den erotischen Bann der Fremde zu geraten.

ÜBER DAS REISEN ZUR SEE

Nicole Louve (auch bekannt als Nicolle Lowe) war ein wohlhabender Adeliger aus dem lothringischen Metz. Er reiste im Frühjahr 1428 mit einer venezianischen Galeere ins Heilige Land und kehrte noch im selben Jahr mit zwei Papageien zurück, die er auf der Reise erworben hatte. Auf seiner Rückreise im Dezember 1428 verfasste er dieses satirische Gedicht über die schrecklichen Erfahrungen, die er auf seinen Seereisen gemacht hatte.

Ballade des Ritters Sire Nicole Louve, geschrieben auf See im Jahr 1428 auf der Rückreise vom Heiligen Grab

Bist du willens und gehst an Bord einer Pilgergaleer',
indem es vom ersten Hafen geht aufs Meer,
sei gewiss, den Mut in beide Hände zu nehmen
und sich ihres andauernden Schaukelns anzubequemen.

An Bord darfst du beileibe ja nicht wählerisch sein,
denn bedenke, wenn es sich dort um das Essen dreht,
ganz gleich wie es einem gerade geht:
Verderbende Speisen müssen auf Reisen bald gegessen sein.

Auf dem Deck des Schiffes gibt es keinen Schatten,
und die Sonne brät dich auf den hölzernen Latten.
Du isst verfaulte Kekse und willst etwas schlucken,
der schreckliche Wein lässt dich nur grob spucken.

Hier wird alles getan, um den Appetit anzuregen!
Indem wir uns an den gemeinschaftlichen Esstisch setzen,
stellen wir fest, der ist neben den Plätzen,
an die jedermann geht, um seine Eingeweide zu pflegen!

Ich sehe, ich muss euch noch das eine sagen:
Mit dem Wind ist es zum Verzagen.
Der Wind ist der wahre Herr dieser Fahrt.
Dagegen an? Kann weder Maus noch Maat.

Der Wind schaukelt das Boot nach seinem Willen
oder macht, dass sich die Segel füllen.
Verlass dich nicht auf den Patron,
der muss sich ergeben, der Lügenbaron!

Um die Galeere zum Tanzen zu bringen,
braucht der Wind keine Fiedel zu schwingen.
Alle beginnen zu grimassieren,
müssen erbrechen und ihre Eingeweide massieren.

Will der Wind seine Stärke zeigen,
können wir uns nur vor Gott verneigen.
Gemeinsam bitten wir für eine gute Fahrt
und dass er uns vor der Gefahr bewahrt.

Stürme sind überhaupt noch eine ganz andere Sache:
Haben die das Schiff erst in der Mache
kann es sehr unangenehm und gefährlich werden:
Schnellstens den Anker im Hafen erden!

Glaubt mir ruhig, das kann dann dauern!
Und wenn erst das Essen zur Neige geht,
dann müssen wir an Land, dorthin, wo es steht.
Zu Fuß geh'n wir schauen, auch hinter manch' Mauern.

Wer wagt es schon, ins Bett zu gehen,
wenn die Entspannung will doch nicht geschehen.
Gute Erholung ist nicht zu finden:
Welch' Hürden muss der Schlaf im Zwischendeck überwinden.

Wo es nach Fürzen und Blähungen stinkt
und manches von den menschlichen Eingeweiden sinkt
und niemand sich vorsieht vor menschlichen Winden.
Der Ekel bringt dir die Sinne zum Schwinden!

Es wimmelt von Flöhen, die Läuse sind zahllos.
Sie stechen und beißen die Schläfer gar wahllos,
die armen, die nur eines versuchen:
sich auszuruhen! Sie können nur fluchen.

Zusammenfassend kann ich wohl sagen,
ins Heilige Land zu gehen zu unseren Tagen,
ist niemandes Pflicht, hat er nicht die Stärken
hier beschrieben und in anderen Werken:

Es braucht vor allem eine große Passion,
die Übel zu ertragen, ohne Sermon.
Jung sein hilft bei den schmerzhaften Prozessen
und ein kurzes Gedächtnis, um sie schnell zu vergessen.

Oder, wie oben schon zur Genüge erwiesen,
du musst auf See in dir die Kraft erkiesen
und trutzen den schlechten Gerüchen wie den Gebräuchen,
den Fährnissen der Seefahrt – und den Seuchen.

Aber wenn du wirklich nichts anderes willst
und du nur damit deinen Kummer stillst,
einmal zu sehen das Heilige Grab und den Schrein,
das Heilige Land, dann geh! Dann soll es so sein.

Dieses Gedicht wurde 1428 an Bord einer Galeere beendet,
mit 300 solidarischen Passagieren auf See vollendet.
Auch wenn nicht einer von ihnen zu leeren in der Lage war
auf einen Sitz eine Flasche des Weins von der Loire!

Kapitel 6

EIN RUNDGANG DURCH KONSTANTINOPEL

Pera · Bukoleon-Palast · Hagia Sophia · Hippodrom · Reiterstatue · Christus-Pantokrator-Kirche · Kirche der Heiligen Apostel · Blachernen-Palast

Wenn es um die Gründe geht, warum sich Menschen auf den Weg in ferne Regionen machen, dann gehört der Anreiz, zu plündern und Gebiete zu erobern, zu den bleibenden Faktoren. Im Jahr 1204 stand ein zusammengewürfeltes Heer von Westeuropäern unter der Führung der Venezianer vor den Stadttoren von Konstantinopel. Mit dem siegreichen Angriff, der auch als »Fall von Konstantinopel« bekannt ist, entrissen die Venezianer den griechischen Herrschern die Kontrolle über die Stadt. Beim Anblick Konstantinopels muss den Eroberern vor Ehrfurcht der Atem gestockt haben. So schreibt etwa der Kreuzritter und Chronist Gottfried von Villehardouin (circa 1150 bis circa 1213), dass diejenigen, die Konstantinopel noch nie zuvor gesehen hatten, aus dem Staunen kaum wieder herauskamen, »da sie nie gedacht hätten, dass es auf der ganzen Welt eine so reiche Stadt geben könne«. Die hohen Mauern und großen Türme, die die Stadt umgaben, die Paläste und Kirchen, »von denen es so viele gab, dass niemand, der sie nicht mit eigenen Augen gesehen hatte, es geglaubt hätte«. Für Villehardouin war Konstantinopel ein staunenswertes Juwel, das es zu besitzen galt, eine Stadt der Superlative. Wir mögen den Angriff von 1204 als Kreuzzug bezeichnen, dennoch ging es ebenso sehr um Geschäfts-

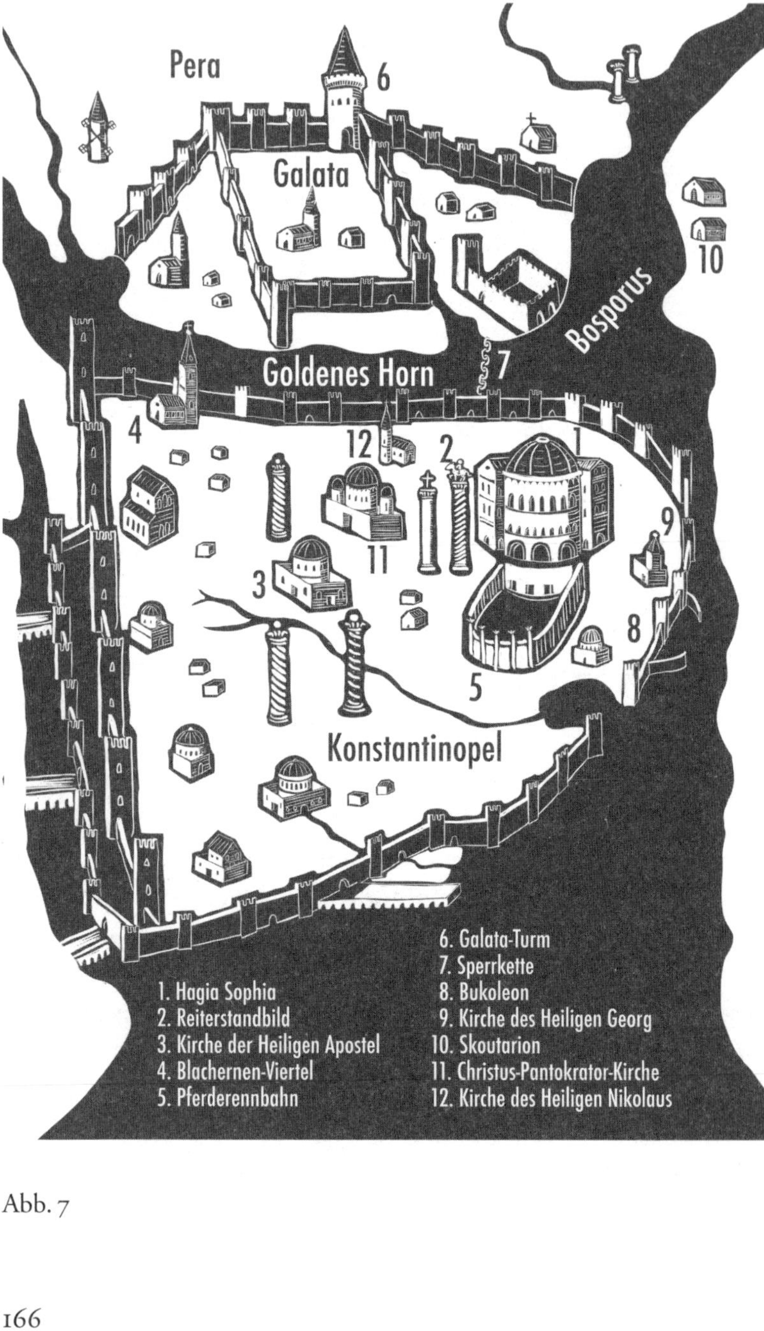
Pera
6
Galata
10
Bosporus
Goldenes Horn
7
4
12
2
1
9
11
3
8
5
Konstantinopel
6. Galata-Turm
7. Sperrkette
8. Bukoleon
9. Kirche des Heiligen Georg
10. Skoutarion
11. Christus-Pantokrator-Kirche
12. Kirche des Heiligen Nikolaus
1. Hagia Sophia
2. Reiterstandbild
3. Kirche der Heiligen Apostel
4. Blachernen-Viertel
5. Pferderennbahn

Abb. 7

interessen und Handelsprivilegien wie um den Glauben: um die Fragen, wer das Schwarze Meer unter seine Kontrolle brachte, wer die Venezianer am besten bezahlen konnte und wer Zugang zu den Märkten und den Waren haben würde, die nach Konstantinopel hinein- und hinausströmten. Während des gesamten Mittelalters kamen Menschen mit der Absicht nach Konstantinopel, die Stadt zu erobern. Wenn das nicht gelang, wollten sie wenigstens an ihrem großen Reichtum teilhaben.

Die Stadt, vormals unter dem Namen Byzanz bekannt, hatte sich an der Schnittstelle zwischen Europa und Asien zu einer dynamischen Megastadt entwickelt. Konstantinopel war mit 80 000 Einwohnern um 1350 die größte Stadt des mittelalterlichen Abendlandes (das waren immer noch signifikant weniger als zu ihrer Blütezeit im 6. Jahrhundert, als schätzungsweise bis zu 500 000 Menschen in der Stadt gelebt hatten, deren Zahl allerdings in der Folge durch Kriege, Seuchen, Erdbeben und Abwanderung stark minimiert wurde). Mit seinem riesigen ummauerten Gebiet – über sieben Hügel auf einer dreieckigen Halbinsel – war Konstantinopel für viele Besucher ein Ort, an dem eine erhabene Vergangenheit mit einer prekären Gegenwart kollidierte. Die Karten des florentinischen Reisenden Cristoforo Buondelmonti aus den 1420er Jahren zeigen Konstantinopel als Stadt, deren klassische Altertümer samt ihren verzierten Säulen inmitten eingesunkener Ruinen stehen, dazu Wohngebäude, die sich ungeordnet zwischen gigantischen Basiliken und kaiserlichen Palästen ausbreiten, mächtige Verteidigungsanlagen und hohe Mauern, Windmühlen und zahlreiche Häfen rund um die Halbinsel. Im 14. und 15. Jahrhundert bestand die Bevölkerung Konstantinopels aus einer griechischsprachigen christlichen Mehrheit mit etablierten Gemeinschaften von Albanern, Armeniern, Bulgaren, Katalanen, Genuesen, Ungarn, Türken und Venezianern, Menschen aus Amalfi, Pisa oder Ragusa sowie einem großen jüdischen Bevölkerungsanteil. Mit der römisch-katholischen Christenheit und dem Islam befand sich die Stadt aufgrund der engen Kontakte in ständigem Austausch. Konstantinopel war eine echte kosmopolitische Weltstadt: die Welt in einer Stadt.

Ein wesentliches Merkmal Konstantinopels ist seine Verbindung zum Meer, insbesondere dem Bosporus, der Meerenge, die das Schwarze Meer mit dem Mittelmeer verbindet. Tagsüber scheint die Wasseroberfläche das Licht zurückzuwerfen auf die luftigen Hügel der Stadt mit ihren Zypressen, Zedern, Eichen und Feigenbäumen. Nachts färbt sich das Meer tiefschwarz, und die hellen Steine der Uferbefestigung werden von der Meeresbrise geküsst, die von den Wellen herübergetragen wird.

Bei seinem Besuch in den 1330er Jahren – die Stadt befand sich inzwischen nicht mehr unter venezianischer Kontrolle, sondern wieder unter byzantinisch-griechischer Herrschaft – erblickte der deutsche Pilger Ludolf von Sudheim »eine außerordentlich schöne und sehr große Stadt«, die er ehrfürchtig und in allen Details beschrieb: ihre kilometerlangen Mauern, die dreieckige Form der Halbinsel, auf der sich die historische Altstadt befand, und die »mit vielfältigen und unterschiedlichen Verzierungen versehene Stadt selbst, die Kaiser Konstantin erbaut und den Namen Konstantinopel gegeben hat«. Er zählte die beeindruckenden Kirchen der Stadt auf, den Überfluss an wohlfeilen Lebensmitteln wie Brot, Fleisch und Fisch, die vielen verschiedenen Nationen, die dort lebten, das kalte Wetter der Stadt (im November, bemerkte er, sei es in Konstantinopel oft kälter als in Sachsen) und die riesigen Mengen an Steinbutt, die dort gefangen und nach ganz Asien exportiert wurden.

Doch bei all den Wundern war für Ludolf von Sudheim entscheidend, was verloren gegangen war. »Der Leser sollte wissen«, schrieb er, »dass der Kaiser der Griechen und das griechische Volk einst die Herrschaft über das gesamte große und kleine Asien innehatte.« Mit dem »kleinen Asien« meinte der Pilger aus Westfalen die anatolische Halbinsel und mit dem »großen Asien« die Regionen jenseits von Anatolien im Osten, die wir heute als Zentralasien bezeichnen würden. Konstantinopels Macht war inzwischen stark geschwunden, laut Ludolf von Sudheim aufgrund territorialer Verluste und der Tatsache, »dass sie [die griechischen Herrscher Konstantinopels] durch das Schisma von der römischen Kirche getrennt wurden«. Unbenommen seiner großartigen Monumente wurde die Stadt am Bosporus im späteren Mittelalter vermehrt als ein Ort dargestellt, der, von den wechselnden Eroberungen und seiner prekären Lage geprägt, nur noch ein Schatten seines früheren Selbst war. Machtpolitisch isoliert, schien es in einer Art Kaiserzeit-Nostalgie zu versinken.

Auf den nun folgenden Seiten werden wir einen Rundgang durch Konstantinopel unternehmen und die Hauptattraktionen der Stadt besuchen. Die Auswahl überlassen wir dabei Bertrandon de la Broquière, der Anfang der 1430er Jahre in der Metropole zu Gast war und bei seiner Beschreibung zweierlei im Blick hatte: den vergangenen Ruhm und die zukünftige Eroberung der Stadt.

Bertrandon entstammte einer adligen Familie aus Labroquère, einem Dorf an der Garonne nördlich der französischen Pyrenäen. Als junger Mann trat er in den Dienst am burgundischen Hof in Dijon ein. Dort stieg er zum ersten Schildträger (premier écuyer tranchant) des Herzogs von Burgund auf und überwachte in dieser Funktion bei Banketten die Präsentation und das Aufschneiden des Fleisches. Ab 1425 zahlte ihm Herzog Philipp III., der »Gute« (1396–1467), einen großzügigen Jahreslohn von einhundertsechzig Francs. In den inneren Kreis des Herzogs aufgenommen, erhielt er 1428 Ländereien und das burgundische Vieux-Château als Lehen.

Da Bertrandon de la Broquière das Vertrauen Herzog Philipps des Guten genoss, wurde er in den folgenden Jahren als Diplomat und Spion ausgesandt. So bekam er etwa im Jahr 1432 einen Betrag von zweihundert Pfund ausgezahlt, um »eine gewisse Fernreise« zu unternehmen. Dabei handelte es sich um eine Aufklärungsmission in den Nahen Osten. Insbesondere über die Lage an der Grenze zum Osmanischen Reich sollte de la Broquière berichten, da die osmanischen Truppen immer mehr christlich-byzantinisches Gebiet annektierten. Der ehrgeizige Herzog Philipp III. war von der romantischen Idee beseelt, es den edlen Rittern früherer Tage gleichzutun und als heldenhafter Kreuzfahrer in die Geschichte einzugehen, der die Muslime aus dem Heiligen Land vertrieb und sie von weiteren Angriffen auf die Christenheit abhielt. Er wollte außerdem Rache üben – für den gescheiterten »Kreuzzug von Nikopolis«, bei dem osmanische Truppen 1396 nahe der an der Donau gelegenen Festung von Nikopol ein Kreuzfahrerheer aufgerieben hatten. Die Verantwortung für den Kreuzzug hatte bei seinem Großvater Philipp II. (»dem Kühnen«) gelegen, und sein Vater Johann (der spätere »Jean sans Peur« oder »Johann Ohnefurcht«) hatte die erfolglose Streitmacht angeführt.

Nach der Rückkehr von seiner geheimen, achtzehnmonatigen Mission erhielt de la Broquière von Herzog Philipp dem Guten weitere achthundert Pfund. Der verschriftlichte Reisebericht gibt viele persönliche Eindrücke de la Broquières wieder und offenbart einen Reisenden, der sich den Attraktionen ferner Länder mit großem Interesse und relativ unvoreingenommen näherte und Kontakte zu anderen Reisenden und den Ortsansässigen zu nutzen wusste. Teils reiste er als Abgesandter oder Diplomat, ein anderes Mal verkleidete er sich als Einheimischer, um Moscheen zu besuchen und inkognito bleiben zu können. Gab er sich als Vertreter des Hauses Burgund zu erkennen, wurde er meist herzlich empfangen. Bertrandon de la Broquière, der in seinem späteren Leben noch eine steile Karriere als burgundischer Diplomat am französischen Hof machen sollte, war ein Feldforscher auf der Suche nach neuem Wissen, der auf Reisen ging, um aus erster Hand über die Lage in der Region am östlichen Mittelmeerraum zu berichten.

Als de la Broquière im Februar 1432 aufbrach, folgte er zunächst der Pilgerroute über Venedig, Dalmatien und Zypern bis nach Jerusalem. Nachdem er das Heilige Land und den Sinai, Damaskus und Syrien besucht hatte, machte er sich auf den Weg nach Konstantinopel. Auf diesem Abschnitt der Reise freundete sich de la

Broquière mit einem Ägypter namens Mahomet an, der fortan für seinen Schutz sorgte. In seinem schriftlichen Rapport referiert de la Broquière viel über Lebensmittel, die er kennengelernt hatte (Kaviar war akzeptabel, »wenn es nichts anderes zu essen gab«), über Kleidung (in Syrien kaufte er »kniehohe, rote Stiefel, wie es in diesem Land Sitte ist«) und über Sprachen (beispielsweise erstellte ein freundlicher jüdischer Mann aus Kaffa (Feodossija) für ihn eine Vokabelliste in Italienisch, Tatarisch und Türkisch – mit Einträgen zu »allem, was ich unterwegs für mich und mein Pferd brauchen könnte«). Reisen bedeutet, sich neues Wissen anzueignen – ein Wissen, das den Reisenden jedoch oft unerwartet begegnet und von außen zugetragen wird.

De la Broquières Bericht kann uns wertvolle Erkenntnisse über das Konstantinopel seiner Zeit liefern, während er uns durch die geschäftige, konfliktbeladene und schicksalsträchtige Stadt führt. Wir beginnen unseren Rundgang nicht in Konstantinopel selbst, sondern in einem Vorstadtbezirk (dem heutigen Beyoğlu) mit Namen Pera (der auf Griechisch einfach »jenseits« bedeutet), genauer gesagt in der ummauerten »großen Stadt« Galata (dem heutigen Karaköy). Für das gesamte Gebiet wurden die Namen Pera und Galata oftmals synonym verwendet. Pera liegt auf der anderen Seite des Goldenen Horns (de la Broquière beschreibt den Wasserweg als »gar nicht breit, aber sehr tief«) im Nordosten der Halbinsel, auf der die historische Altstadt von Konstantinopel liegt. Im Jahr 1432 war Pera, laut de la Broquières, vornehmlich von genuesischen Kaufleuten bewohnt, die die Stadt zusammen mit griechischen und jüdischen Händlern regierten. Sie alle waren einem Verwalter unterstellt, dem »Podestà«, der vom Herzog von Mailand ernannt wurde.

Pera war mit Mauern und Verteidigungsanlagen gesichert. Weithin sichtbar war etwa der Galata-Turm aus dem Jahr 1349, ein runder romanischer Steinbau, der einen früheren Turm ersetzte und den auf dem Seeweg ankommenden Westeuropäern einen vertrauten Anblick bot. Der schmale Turm mit kegelförmigem Dach und umlaufenden Arkaden ähnelte Gebäuden, die in den illuminierten Manuskripten dargestellt waren, die am burgundischen Hof von Herzog Philipp III. kursierten. Herzog Philipps Spion hielt den Hafen von Pera für »den schönsten von allen [Häfen], die [er] gesehen hatte«, und traf sich dort mit dem Botschafter des Herzogs von Mailand, um gegen die Venezianer zu konspirieren. Pera war die erste Anlaufstelle für viele Besucher aus dem Westen, eine voll erschlossene westliche Kolonie, die europäischen Reisenden und Auswanderern viel zu bieten hatte. Am Hafen traf de la Broquière zufällig auf einen alten Bekannten, einen Kaufmann in katalanischen Diensten namens Bernard Carmer, den er zuletzt in der flämischen Stadt Brügge gesehen hatte. Als der Kaufmann de la Broquière erkannte, schlug er vor, der burgundische Gesandte solle anstatt in Pera »bei ihm in Konstantinopel wohnen«, damit er die Stadt »in Ruhe« besichtigen könne. De la Broquière nahm die Einladung an. Einer Besichtigungstour mit einem ortsansässigen Westeuropäer konnte er nicht widerstehen.

Ein guter Rat: Konstantinopel zu betreten ist, wie in einen großen Wald zu gelangen – es ist unmöglich, sich ohne einen gut bezahlten Führer zurechtzufinden. Wenn du auf eigene Faust losziehst oder versuchst, billig dabei wegzukommen, wirst du keine einzige Heiligenreliquie sehen oder küssen können, es sei denn, es ist zufällig gerade ein Tag, an dem ein Heiligengedenken gefeiert wird (und an dem [alle Gläubigen] die Reliquien sehen und küssen können).

Als Nächstes fuhr de la Broquière zur Halbinsel (»mit der Form eines dreizackigen Schildes«) hinüber, auf der die eigentliche Altstadt von Konstantinopel lag. Da es damals keine Brücke gab, fuhren zwischen Pera und Konstantinopel regelmäßig Fähren, damit die trennende, fünfhundert Meter breite Wasserstraße überquert werden konnte. Die Mündung des sogenannten Goldenen Horns war in der Regel mittels einer massiven Eisenkette blockiert, damit die Herrscher von Konstantinopel den Schiffsverkehr kontrollieren konnten. Bei der Anfahrt von Pera aus bewunderte de la Broquière Konstantinopel und die sieben Hügel, auf denen es erbaut ist. Dabei vergaß er nicht festzustellen, dass auch Rom und Antiochia auf sieben Hügeln gebaut sind. Wie viele andere Reisende auch suchte er nach dem, was eine Stadt einer anderen ähnlich macht, und nicht nach den einzigartigen Dingen, die sie von anderen unterschieden. De la Broquière war erstaunt über die Größe der Stadt, die seiner Einschätzung nach einen Durchmesser von rund zehn Kilometern und einen Umfang von knapp dreißig Kilometern haben musste, ihm aber bei weitem nicht so groß und eng bebaut erschien wie Rom (tatsächlich war die Einwohnerzahl Konstantinopels etwa doppelt so hoch wie die Roms).

Er beschrieb zunächst den Blachernen-Palast, der am nördlichen Ende der Stadtmauern lag. Der elegante, aus hellen Steinen errichtete und befestigte Komplex (dessen Ruinen noch heute zu sehen sind) umschloss verschiedene luxuriöse Säle, die sich in einer Kaskade von Terrassen den Hang hinab erstreckten. Der Blachernen-Palast bildete das kaiserliche Machtzentrum, dorthin zogen sich der Kaiser und die Kaiserin zurück (seinerzeit Johannes VIII. Palaiologos und Maria von Trapezunt). Außerdem wurden hier ausländische Würdenträger empfangen. De la Broquière notierte, dass die Gräben, die den Palast schützen sollten, »ziemlich tief« seien, sah darin aber auch eine potenzielle Schwachstelle: »Genau hier war der Angriff [von 1204] erfolgreich.« Wie so viele Besucher jener Zeit bewunderte er die Stadt, überlegte aber gleichzeitig, wie sie am besten einzunehmen sei.

Erinnerungen an Eroberungen und Niederlagen rief auch der nächste von de la Broquière besuchte Ort wach: der Bukoleon-Hafen am Ufer des Marmarameers. Den kaiserlichen Bukoleon-Palast, der hier einst stand, beschrieb er nicht. Zu diesem Zeitpunkt war der Palast bereits baufällig geworden. Stattdessen weckte eine Begräbnisstätte seine Neugier: »ein kleiner Hügel mit den Gebeinen von Christen, die Jerusalem, das Heilige Land und Akkon verlassen hatten«, und zwar etwa zur Zeit des Ersten Kreuzzugs (sprich nach 1095). De la Broquière erfuhr, dass die Griechen eine große Anzahl dieser Christen hierhergebracht und sie alle getötet hatten – »außer Sichtweite der anderen Menschen«. Andere Kreuzfahrer hätten davon gehört und seien daraufhin an die Küsten des Schwarzen Meeres geflohen. Dies erkläre, laut de la Broquières, weshalb Tscherkessen, Awaren, Mingrelier und andere christliche Völker seit der Zeit in der Region anzutreffen seien. Seine Darstellung ist historisch jedoch nicht korrekt. Zum einen existierten die kaukasischen christlichen Gemeinschaften schon lange vor den 1090er Jahren, zum anderen handelte es sich bei den vielen Gräbern um die letzten Ruhestätten von Venezianern, die 1261 von den Griechen aus der Stadt vertrieben worden waren. Dessen ungeachtet offenbaren de la Broquières Ausführungen nicht nur ein im Westen verbreitetes Bild der griechischen Herrscher, sondern lassen sich auch auf sein Bestreben zurückführen, die gesamte Geschichte der Region mit den Kreuzzügen zu verknüpfen: ein Versuch, der komplizierten Geschichte dieser von zahlreichen Konflikten und einer großen Vielfalt an Identitäten geprägten Region – aus seiner Perspektive – Sinn zu verleihen.

De la Broquière machte sich im Anschluss auf den Weg zu der »bemerkenswertesten und wichtigsten« unter den zahlreichen Kirchen Konstantinopels. Diese »Hauptkirche, in der der Patriarch seinen Sitz hat«, war die auf der Höhe von Konstantinopels erstem Hügel erbaute Sophienkirche. Von dort grüßte sie einerseits in Richtung Pera und den Bosporus, aber auch in Richtung Kleinasien.

Geweiht ist diese massive Rundkirche der Heiligen Weisheit, der Hagia Sophia, ein Name, der nicht selten missverstanden worden ist, so als sei die Kirche einer Heiligen namens Sophie gewidmet. Die Kuppelbasilika hat bei Besuchern stets Ehrfurcht ausgelöst und war weithin für ihre überwältigende Größe und insbesondere für die Spannweite ihrer Kuppel bekannt. Trotz ihrer Lage oberhalb einer Verwerfungslinie und der daher bestehenden Erdbebengefahr steht die im Jahr 537 eingeweihte Kirche noch immer. Sie wurde auf einem erhöhten Plateau über den wichtigsten Häfen und Handelsvierteln der byzantinischen Stadt erbaut und vermochte gleichzeitig ein Gefühl von hochaufragender Eleganz und solider Beständigkeit zu vermitteln. Die Hagia Sophia besteht aus einer Reihe von gewölbten Gebäuden, die zur Mitte hin höher werden und in einer Kuppel gipfeln, die neben dem Pantheon in Rom seinerzeit die größte Kuppel der Welt war. De la Broquière bewunderte die Skulpturen aus weißem Marmor und die Säulen in den verschiedensten Farben. Tatsächlich stammt der verwendete Marmor aus der ganzen Welt, von Orten in den französischen Pyrenäen bis nach Kleinasien. Mamorplatten mit rotem Grundton, durchbrochen von starken rosafarbenen Adern, und Flächen mit einem hellgrauen Grundton mit eingestreuten dunkelgrauen Dreiecken wechseln sich ab, davon abgesetzt finden sich wunderschön mit karminroten und cremefarbenen Wirbeln gemaserte marmorne Türstürze.

Das Innere der Kirche war damals mit goldenen Mosaiken geschmückt, die Christus, die Heiligen und die byzantinischen Kaiser in noblen, lebensecht anmutenden Posen darstellten. Ein solches Mosaik ist in der südlichen Vorhalle erhalten geblieben. Es zeigt die Jungfrau Maria, wie sie von Kaiser Justinian, der den Kopf ehrfürchtig gesenkt hält, ein in kleinem Maßstab nachgebildetes Modell der Kuppelbasilika überreicht bekommt und von Kaiser Konstantin eine Miniaturversion Konstantinopels mitsamt seiner gewaltigen Stadtmauer. Auf der Südempore unter der Kuppel ist auf einem weiteren, späteren Mosaik Kaiser Johannes II. Komnenos (der 1118–1143 regierte) abgebildet, der Christus und der Jungfrau Maria einen Beutel mit Geld stiftet. Die zahlreichen Besucher aus aller Welt haben sich mit Kritzeleien auf den Wänden verewigt. Die verschiedensten Sprachen und Schriftzeichen, von der altslawischen glagolitischen Schrift bis zu nordischen Runen, und die

Symbole für Heilige, Schiffe, Vögel, Engel und Tiere sind bleibende Spuren des vielfältigen Spektrums an Menschen, die es einst in die Kirche verschlagen hat.

Der Hagia Sophia waren bei der Plünderung im Jahr 1204 viele Reliquien abhandengekommen; insbesondere die Heilige Lanze war nun weiter im Westen zu finden, wobei sich eine wundersame Vervielfachung abgespielt haben muss. So erwarb etwa Mitte des 13. Jahrhunderts König Ludwig IX. von Frankreich von venezianischen Maklern eine entsprechende Reliquie. Dennoch erzählte man de la Broquière, die Hagia Sophia besitze noch immer die Spitze der Lanze, mit der Christus in die Seite gestochen wurde – eine Reliquie, die damals auch in Paris verehrt wurde. (John Mandeville erwähnt, dass er beide gesehen habe, ohne sich jedoch dazu zu äußern, ob er eine von beiden oder keine für authentisch hielt.) Die Hagia Sophia beanspruchte auch, die Gewänder Christi zu beherbergen, außerdem einen weiteren Schwamm, auf dem Christus Galle angeboten worden sei (wie es auch Zadar geltend machte), sowie das Rohr, das Christus laut der Passionsgeschichte wie ein Zepter in die Hand gelegt worden war, um ihn zu verhöhnen. De la Broquière gelang es, einen Blick auf den Rost zu werfen, auf dessen glühenden Eisenstreben der Heilige Laurentius der Überlieferung zufolge den Märtyrertod gefunden hatte (eine Reliquie, die sich angeblich auch in der Basilika San Lorenzo in Lucina in Rom befand), sowie auf einen schalenartigen Stein, auf dem Abraham etwas zu essen serviert hatte, als er mit den Engeln sprach, die gekommen waren, um Sodom und Gomorra zu zerstören (Genesis 18,1–8).

Als de la Broquière feststellte, dass in der Hagia Sophia ein vom Patriarchen geleiteter Gottesdienst stattfinden sollte, weckte das seine Neugierde, und er blieb in der Basilika. Erkennbarerweise interessierte er sich dabei sowohl für die örtlichen religiösen Bräuche als auch für die kolportierte Schönheit der Kaiserin Maria von Trapezunt (auch Maria Megale Komnene, 1404–1439). Er sah sich eine Art Theaterstück an, das die alttestamentarische Geschichte von

Nebukadnezar und den drei in den Feuerofen geworfenen Männern erzählte (Buch Daniel 3,1–30) – eine Aufführung, die auch von anderen Besuchern erwähnt wurde. Anschließend verbrachte er den restlichen Tag damit, auf die Kaiserin zu warten, ohne zwischendrin zu essen oder zu trinken, da er sie aus der Nähe sehen und beobachten wollte, wie sie ihr Pferd bestieg. Als ihm das gelungen war, notierte er, sie sei »so schön«, und schwärmte von ihrer Jugend und ihrem hellen Teint und davon, wie selbstbewusst sie als Reiterin gewirkt habe. Besonders bemerkenswert waren in de la Broquières Augen zudem ihre Ohrringe: Sie waren mit großen goldenen Verschlüssen versehen und mit verschiedenen Edelsteinen und Rubinen verziert.

Die Hagia Sophia hinter sich lassend, kam de la Broquière an das Hippodrom, »einen großen und schönen Platz, von Mauern umgeben wie ein Palast, in dem in der Antike Spiele abgehalten worden waren«. Das Hippodrom, eine große Arena aus dem 3. Jahrhundert mit einer Länge von vierhundert Metern, verfügte über eine große ovale Rennbahn, die von Zuschauerbereichen in Form geschwungener Arkaden umschlossen war, und wurde noch während des gesamten Mittelalters für den Pferdesport genutzt. Der seldschukische Arzt Sharaf al-Zaman al-Marwazi (gestorben 1125) besuchte Konstantinopel Anfang des 12. Jahrhunderts und beobachtete, wie unter den Augen von Kaiser und Kaiserin sowie einer Schar Schaulustiger zunächst »Hunde auf Füchse, dann Geparden auf Antilopen, dann Löwen auf Stiere losgelassen wurden« und sich die Zuschauenden an dem Schauspiel ergötzten. Kurze Zeit später beschrieb der jüdische Reisende Benjamin von Tudela (gestorben 1173) den Ort als »eine dem Herrscher gehörende Vergnügungsstätte«. Dort werde jedes Jahr zu Weihnachten ein großes Fest veranstaltet, auf dem Akrobatik und Jonglage vorgeführt werde und Tierkämpfe mit Löwen, Leoparden, Bären und Wildeseln zu sehen seien. »Eine solche Vergnügungsveranstaltung gibt es in keinem anderen Land«, notierte er erstaunt. In den 1350er Jahren beschrieb John Mandeville das Hippodrom als »einen hübschen Turnierplatz« mit »abgestuften Sitzen, auf denen die Menschen Platz nehmen und zuschauen konnten, ohne die Sicht der anderen zu behindern«. Vom Hippodrom sind heute nur noch eine Stützmauer und eine einzelne Steinbank erhalten.

De la Broquière beobachtete, wie Thomas Palaiologos (1409–1465), Bruder des Kaisers und Herrscher im Despotat Morea, im Hippodrom trainierte und Sport trieb. Zu Pferd übten sich Thomas Palaiologos und sein Gefolge von »zwanzig oder dreißig Rittern« in der Anlage im Bogenschießen. Sie schossen um die Wette und versuchten, einen Hut zu durchbohren, der vor ihren galoppierenden Pferden in die Höhe geworfen wurde. Diese Trainingsaufgabe, so de la Broquière, hatten sie sich von den Türken abgeschaut.

Als de la Broquière das Hippodrom besuchte, hat er drei beeindruckende antike Monumente bestaunen können, die zu der Zeit die Spina krönten. Auf der niedrigen mittig verlaufenden Mauer, die der Einteilung der Rennbahn in die beiden Gegengeraden diente, war von Kaiser Theodosius I. im Jahr 390 ein ägyptischer Obelisk aufgestellt worden. Etwa zur gleichen Zeit hatte dort auch eine antike Bronzesäule mit drei ineinander verschlungenen Schlangen ihren Platz gefunden. Und im 10. Jahrhundert hatte Konstantin Porphyrogenitus (Kaiser von 913–959) eine monumentale Kalksteinsäule am südlichen Ende des Stadions errichtet. Obwohl de la Broquière diese ungewöhnlichen Denkmäler nicht ausdrücklich kommentierte, dürfte es ihm sicherlich gefallen haben, durch diese seltsame Anlage mit ihren an gefallene Reiche und vergangene Macht erinnernden Denkmälern zu spazieren. Zehn Jahre vor de la Broquière hatte ein Diakon aus Moskau namens Zosima die Stadt besucht und von dem volkstümlichen Glauben berichtet, dass die Schlangensäule noch das Gift der Tiere enthalte und eine Berührung die Folgen eines Schlangenbisses heilen könne. Um 1700 sind den Schlangen die Köpfe abgeschlagen worden, nichtsdestoweniger ist die Säule bis heute eine sonderbare, aber beredte Maskotte, die die turbulente Geschichte der Stadt bezeugt.

De la Broquière erwähnt anschließend kursorisch die »sehr schöne Kirche des Heiligen Georg« auf der der »Türkei gegenüberliegenden« Seite der Stadt (das heißt gegenüber von Kleinasien). Gemeint war die Kirche des Heiligen Georg von Mangana, eine bedeutende, aufwendig gebaute Kirche östlich der Hagia Sophia, die im 11. Jahrhundert errichtet worden war. Auch hier wurden verschiedene Reliquien aufbewahrt, darunter einige Haare aus dem Bart Christi. Heute ist von dieser Kirche nichts mehr erhalten.

De la Broquière zog weiter, auf der Suche nach einer der berühmtesten, zwischen der Hagia Sophia und dem Hippodrom gelegenen Sehenswürdigkeiten Konstantinopels: »einer sehr hohen Säule aus quadratischen Steinen mit eingravierten Buchstaben«. Dieses Reiterstandbild verzauberte die Besucher der Stadt, und fast alle versuchten, seine Bedeutung zu entschlüsseln. Sie stand auf der Agora, dem Platz vor der Hagia Sophia, und war von Verkäufern umgeben, die Speisen und Getränke, Parfüm, Ikonen und Souvenirs verkauften.

Reisende müssen sich oft auf Informationen aus zweiter Hand verlassen, um zu verstehen, was sie in der neuen Umgebung sehen, oder sie sind gezwungen, die Beschreibungen der Ortskundigen zu akzeptieren, ohne sie zu hinterfragen. Nach dem, was de la Broquière erzählt wurde, befand sich an der Spitze der Säule ein Abbild Kaiser Konstantins (der von 306 bis 337 regierte), »in Metall gegossen, auf einem großen Pferd, ein Zepter in der geballten Faust und [...] den rechten Arm mit offener Hand in Richtung der Türkei und des Landweges nach Jerusalem ausgestreckt«. De la Broquière wurde gesagt, diese Geste sei ein Zeichen dafür, dass das gesamte Gebiet bis nach Jerusalem unter seiner Kontrolle gestanden habe. In dieser Lesart war die Statue bemerkenswerterweise ein Denkmal, das den Verlust kaiserlicher Herrschaftsgewalt thematisierte.

Robert de Cléry, ein Kreuzritter aus der Picardie, der Konstantinopel im Jahr 1204 besuchte, beschrieb die Statue etwas anders – als starke Säule, dreimal so dick wie der Arm eines erwachsenen Mannes und fünfzig französische Toises hoch (was in etwa dem deutschen Klafter oder etwas mehr als 22 Metern entspricht). An der Spitze der Säule befand sich nach de Cléry auf einem eineinhalb Quadratmeter großen Steinsockel ein Abbild des Kaisers auf seinem Pferd, beide in Kupfer gegossen. Cléry beschreibt, dass der Kaiser »seine Hand nach den heidnischen Ländern ausstreckte« und in der anderen einen goldenen Apfel mit einem Kreuz hielt. Eine Inschrift besagte, dass der Kaiser »den Sarazenen« niemals Frieden gewähren würde. Nach Aussagen der Griechen stellte die Figur den 610 bis 641 regierenden oströmischen Kaiser Herakleios dar. Im Jahr 1204 hatten auf der Kruppe des Pferdes und um den Kopf des Standbilds herum zehn Reiher ihre Nester gebaut.

Robert de Clérys »Reiher« (möglicherweise waren es auch Störche) geben der Beschreibung eine charmante individuelle Note. Die an der Statue angebrachten Buchstaben verkündeten nach de Clérys Lesart, dass die Sarazenen niemals einen Waffenstillstand mit dem byzantinischen Kaiser erreichen könnten – ein anachronistisches Wiederaufgreifen der Botschaft, die so die Probleme adressierte, mit denen sich die Kreuzfahrer aktuell beschäftigten. Wenn de Cléry davon spricht, dass die Skulptur des Kaisers einen goldenen Globus oder Reichsapfel mit einem Kreuz in der anderen Hand gehalten habe, beschreibt er damit zudem ein Symbol der Weltherrschaft.

Eine bedeutende Statue – und trotzdem scheinen die Besucher sie auf unterschiedliche Weise interpretiert, ja sogar unterschiedliche Dinge gesehen zu haben. Das wirft die Frage auf: Was sehen Touristen? Und wer sagt ihnen, was sie sehen sollen? Viele Schilderungen von Besuchern und die meisten lokalen Berichte besagen, die Statue zeige einen anderen Kaiser: Justinian, der von 527 bis 565 regierte. Und tatsächlich war es wohl so, dass das Denkmal Justinian darstellen sollte. Bei der Statue selbst handelte es sich aber wohl um eine Bronze, die wiederverwendet wurde und eigentlich den schon 379 bis 395 regierenden Kaiser Theodosius I. zeigte. Der florentinische Kartograph Cristoforo Buondelmonti, der Konstantinopel um 1420 besuchte, hielt fest, dass es sich um eine Darstellung Justinians handle, der »in seiner linken Hand einen goldenen Apfel hält, während er mit der rechten Hand den Osten und die Türkei bedroht«. Auch wenn die Angaben zur Höhe der Säule in den Berichten der Besucher enorm variieren, sahen die meisten in der Statue (wie in vielen anderen Statuen auch) zweierlei ausgedrückt: den imperialen Machtanspruch und die Angst vor Machtverlust. Der Kaiser war ein beeindruckender Anblick, aber bei der Interpretation des Denkmals tendierten die Menschen dazu, es auch als Ausdruck der Befürchtung zu verstehen, die kaiserliche Herrschaft sei vom Zusammenbruch bedroht.

»Ich habe keine Ahnung, wie die Statue angesichts ihrer Größe und ihres Gewichts dort oben aufgestellt worden ist«, wunderte sich Bertrandon de la Broquière. Das Denkmal ragte etwa 30 Meter in die Höhe, allein das Bildnis auf der Spitze war über 8 Meter hoch. Es handelte sich um eine der höchsten freistehenden Säulen der Welt und eine der größten Statuen im Westen. Ein Besucher, der im 16. Jahrhundert beobachtete, wie das Reiterstandbild demontiert wurde, berichtet, die Nase der Kaiserstatue sei 23 Zentimeter lang gewesen, das habe er heimlich nachgemessen. Die Bronze zeigte den Kaiser in Kriegskleidung mitsamt einem Federschmuck auf dem Kopf (als sie noch stand, waren dann und wann massive metallene Federn von der Statue herabgefallen, was die Bewohner der Stadt verständlicherweise in Aufruhr versetzt hatte).

Um 1317 fiel das Kreuz der Weltkugel zu Boden, in den 1420er Jahren dann auch die Kugel selbst. Jedes Mal wenn Teile der Statue abbrachen, wurde dies als Kommentar zur politischen Situation oder als schlechtes Omen gedeutet. John Mandeville notierte, dass die Statue »einen [Reichs-]Apfel in der Hand gehalten habe, aber der Apfel sei dem Bildnis aus der Hand gefallen«. »Die Leute sagten«, so Mandeville, dies sei »ein Symbol dafür, dass der Kaiser einen großen Teil seines Reiches verloren hat«. Jeder Versuch, den Apfel wieder in die Hand der Statue zu legen, würde scheitern, fügte Mandeville hinzu. Dass die andere Hand der Statue in Richtung Westen erhoben sei, sei ein »Symbol, um den Sündern zu drohen«. Johannes Schiltberger, ein Abenteurer, der zu Beginn der 1420er Jahre in Konstantinopel Zuflucht gefunden hatte, notierte dazu: »Das [Reiterstand-]Bild hat vor Zeiten einen guldin Apfel in der Hand gehabt und [das] hat bedeut, daß er ein gewaltiger Kaiser ist gewesen über Christen und über Heiden. Aber nun hat er des Gewalts nit mehr«, daher sei auch der Apfel verschwunden.

Die Mehrzahl der Besucher deutete das Standbild als ein atemberaubendes Zeugnis der imperialen Vergangenheit, Gegenwart und Zukunft Konstantinopels. Dadurch, dass die Statue den Anschein erweckte, sich zu verändern, und mit ihren prophetischen Fähigkeiten die unsichere Zukunft der Stadt in ihrer massiven Hand zu halten schien, mögen manche Besucher den Eindruck gehabt haben, sie sei lebendig.

Die Reisenden bestaunten die Größe und die Bedeutung der Statue. Auch wenn es im späteren Mittelalter nicht mehr die eine, allgemein akzeptierte Liste der »Weltwunder« gab – frühe christliche Historiker wie Gregor von Tours (gestorben 594) oder Beda Venerabilis (gestorben 735) hatten für ihre Zeit Listen entwickelt, die biblische Einträge wie die Arche Noah oder den Tempel Salomons, aber auch antike Sehenswürdigkeiten vom Koloss von Rhodos bis zum Kapitol in Rom umfassten –, galt das Reiterstandbild von Konstantinopel doch als eines der Wunder der mittelalterlichen Welt: als ein einzigartiges, besonderes Objekt, dessen Verständnis das Menschenmögliche übersteigt. Es erlangte den Status einer bemerkenswerten Sehenswürdigkeit, eines materiellen Zeugnisses der Geschichte, das Bewunderung und Neugierde hervorrief.

Einige verwaiste Sockel in der Nähe der Statue erregten die Aufmerksamkeit von Bertrandon de la Broquière. Auf ihnen hatten die »vergoldeten Pferde« gestanden, denen wir bereits in Venedig begegnet sind, wo sie sich wie lebensecht an der Fassade des Markusdoms aufbäumten. Bis 1204 hatten diese Pferde (de la Broquière spricht von drei, tatsächlich sind es vier) ihren Platz neben dem Hippodrom. Auch die Lage an einer tektonischen Verwerfungslinie hatte Konsequenzen für das Stadtbild: Mehrere schwere Erdbeben hinterließen ihre Spuren, darunter das von 1346, bei dem auch die Kuppel der Hagia Sophia zerstört wurde.

Anschließend besuchte de la Broquière zwei weitere bedeutende Kirchen, die nicht weit entfernt auf Konstantinopels viertem Hügel lagen: die Christus-Pantokrator-Kirche (Christus dem Weltenherrscher gewidmet) und die ehrfurchtgebietende Apostelkirche (Kirche der Heiligen Apostel). An einem Platz, der einen herrlichen Blick auf Konstantinopel, Pera und das Goldene Horn bot, hatte Kaiserin Eirene Komnena (Piroska von Ungarn) im 12. Jahrhundert die Pantokrator-Kirche als Teil einer Klosteranlage errichtet, zu der ein großes Krankenhaus (mit mindestens fünfzig Betten), eine Bibliothek und ein Skriptorium, eine Apotheke und eine Heilquelle gehörten. Was de la Broquière hier am meisten beeindruckte, war eine Reliquie der Tränen der Jungfrau Maria. Es handelte sich um eine Steinplatte, auf der der Leichnam Christi gelegen hatte. »Es ist ein überaus heiliger Gegenstand, denn man kann alle Tränen sehen, die die Mutter Gottes geweint hat.« Die Tränen erschienen de la Broquière zunächst wie Wachs, doch bei näherer Betrachtung glichen sie eher gefrorenem Wasser. An sein Leserpublikum gewandt versicherte er: »Viele Menschen haben dies gesehen.«

Bei der Reliquie, die de la Broquière beschrieb, handelte es sich um den »Stein der Salbung«. Der Stein soll im 12. Jahrhundert nach Konstantinopel gebracht worden sein und wurde seinerzeit als eine rote Marmorplatte beschrieben, die ein einzigartiges Merkmal auf der Oberfläche trägt: die Tränen der Jungfrau Maria. Die Reliquie stellte eine direkte Parallelreliquie zum Salbungsstein im Eingangsbereich der Grabeskirche in Jerusalem dar, den de la Broquière auf seiner Pilgerreise ins Heilige Land besucht hatte und der dort seit mehr als hundert Jahren verehrt wurde. Zu Zeiten des Mittelalters sahen Reisende oftmals ein Ding an verschiedenen Orten und schienen sich nicht daran zu stören – religiös konnte das durchaus einen Sinn ergeben; die historische Nachprüfbarkeit spielte eine untergeordnete Rolle, wenn es darum ging, einem Objekt Bedeutung beizumessen.

Anschließend besuchte de la Broquière die nahe gelegene Apostelkirche, in der Konstantin I. seine Grablege hatte. Im Jahr 1204 notiert Robert de Cléry, diese Kuppelbasilika, die als Vorbild für den Markusdom in Venedig gedient hatte, sei noch prächtiger als die Hagia Sophia. De la Broquière betrachtete hier den Schaft der Säule, an die Christus auf Befehl von Pontius Pilatus zur Geißelung gebunden worden war. Anerkennend stellte er fest, dass sie aus der gleichen Art Stein war wie ähnliche Reliquien, die er in Rom und Jerusalem gesehen hatte. In offenen Holzsärgen sah er zudem die unversehrten Körper von Heiligen. Er berichtet außerdem von dem Grab Kaiser Konstantins und dessen Mutter, der Heiligen Helena, das auf zweieinhalb Meter hohen Säulen errichtet war (dabei verwechselt er allerdings die Pantokrator- und die Apostelkirche).

Die Pantokrator-Kirche steht noch heute – als Teil der Zeyrek-Moschee. Der »Stein der Salbung« ist jedoch nicht erhalten. Die Apostelkirche wurde vollständig zerstört. An ihrer Stelle wurde zwischen 1463 und 1470 die Fatih-Moschee errichtet.

Ein Tipp: In Konstantinopel gibt es eine berühmte Ikone der Jungfrau Maria mit dem Jesuskind. Die sogenannte Hodegetria (»die Wegweiserin«) wurde vom Heiligen Lukas selbst gemalt. Die beeindruckend große, verzierte Ikone ist im Besitz des Hodegonklosters in der Nähe der Hagia Sophia. Jeden Dienstag wird sie dort gezeigt. Die Ikone wird auf die Schultern von Männern gestellt, die Augenbinden tragen und von ihr hierhin und dorthin gedrängt werden. Sie dreht sie erst in die eine, dann in die andere Richtung, vertrauen [die Träger] doch wahrhaftig darauf, durch die Ikone von der Jungfrau Maria selbst den Weg gezeigt zu bekommen.

De la Broquières Weg führte ihn alsdann vorbei an der Apostelkirche in die nordöstliche Ecke der Stadt, wo er die (nach seinen Angaben kleine und schlecht überdachte) Blachernenkirche besuchte, die Teil des Blachernen-Palastkomplexes war. Die Kirche sei bemerkenswert »gepflastert, bemalt, getäfelt und auf jede erdenkliche Weise dekoriert«, bewunderte de la Broquière den ausgeschmückten Innenraum. Es handelte sich dabei um die prächtige, der Heiligen Maria von Blachernae geweihte Kirche, die Alexios I. um 1100 zu großen Teilen wieder aufgebaut hatte, und das Hauptheiligtum der Jungfrau Maria, der Schutzpatronin der Stadt. In dieser Kirche befand sich eine Marienikone, die meist von einem Schleier verdeckt wurde. Doch beinahe jeden Freitag hob sich der Schleier auf wundersame Weise langsam nach oben und gab den Blick auf das Gesicht der Heiligen Jungfrau frei. Im Laufe des nächsten Tages senkte sich der Schleier wieder. Diese Ikone scheint de la Broquière, wie auch den meisten anderen nicht-griechischen Besuchern, nicht gezeigt worden zu sein. 1434, nur wenige Jahre nach de la Broquières Besuch, brannte die Kirche nieder. Grund war ausnahmsweise nicht eine gewaltsame Eroberung, sondern ein versehentlich von Kindern gelegtes Feuer.

Nachdem de la Broquière all diese griechisch-orthodoxen Kirchen besichtigt hatte, weist er darauf hin, dass die katholischen Kaufleute ihre eigene Kirche hätten – an der Stelle, an der die Fähre nach Pera übersetze – und dort täglich eine Messe in lateinischer Sprache gelesen werde. Er scheint die Kirche des Heiligen Nikolaus gemeint zu haben, die am »Basilike«-Lebensmittelmarkt gestanden hat, im Nordosten Konstantinopels unweit des Ufers mit Blick auf das Goldene Horn und auf Pera. Die Kirche des Heiligen Nikolaus war im Wesentlichen die Kirche der in Konstantinopel ansässigen Venezianer. Sie beherbergte eine Ikone des Heiligen Nikolaus, an den Seeleute ihre Gebete richteten, damit er sie vor dem Ertrinken bewahre oder um sich bei ihm zu bedanken, wenn sie bei einem Schiffbruch gerettet worden waren. Manche sagten, aus dem lebensechten Gemälde habe sich zu Zeiten der Arm des Heiligen Nikolaus herausgestreckt und die wahrhaft Gläubigen mit Goldmünzen belohnt.

De la Broquière begann sich zu langweilen, beinahe übersättigt von den vielen Kirchen in der Stadt schreibt er: »Es gibt noch andere Kirchen, in die ich nicht hineingegangen bin.« Das fleißige Besichtigen hatte wohl zu einem gewissen Überdruss geführt, er hatte erst einmal genug gesehen und gesagt – und wendete sich eher weltlichen Angelegenheiten zu, insbesondere den verschiedenen Gruppen von Kaufleuten in der Stadt, mehrheitlich Venezianer und Türken.

Katalanische Kaufleute machten de la Broquière zunächst mit dem Handelsplatz vertraut und nahmen ihn am Tag von Mariä Lichtmess (2. Februar) zu einem »feierlichen Gottesdienst« im kaiserlichen Palast mit, bei dem »seltsam gekleidete« Kapläne sangen. Von einem Fenster in einem der oberen Stockwerke aus sah auch die Kaiserin Maria von Trapezunt zu. Und als Kaiser Johannes VIII. von den Katalanen erfuhr, dass de la Broquière vom burgundischen Hof stammte, schickte er einen Boten mit der Bitte um Nachrichten über die Gefangennahme der Jungfrau von Orleans (Johanna von Orleans war im Mai 1431 hingerichtet worden, kurz bevor de la Broquière in Konstantinopel eintraf). Dieses kleine Detail zeigt, wie Nachrichten über aktuelle Ereignisse durch Reisende wie de la Broquière per mündlichem Bericht von West nach Ost weitergetragen wurden.

Ein paar Tage später nahmen die Katalanen de la Broquière zu den Hochzeitsfeierlichkeiten eines kaiserlichen Verwandten mit, wo er ein seltsames, turnierähnliches Schauspiel beobachtete. In der Mitte eines Platzes wurde ein Pfosten aufgestellt, an dem ein großes, etwa einen Meter breites und anderthalb Meter langes Brett befestigt war. Rund vierzig Reiter, ohne Harnisch und bis auf einen kleinen Knüppel unbewaffnet, galoppierten nacheinander heran und führten allerlei Tricks vor. Nachdem die Hochzeitsgesellschaft den akrobatischen Kunststücken auf dem Pferderücken etwa eine halbe Stunde lang zugesehen hatte, wurden sechzig bis achtzig Stangen gebracht. Der Bräutigam bestieg mit einer der Stangen in der Hand ein Pferd und ließ es in höchster Geschwindigkeit auf das Brett zugaloppieren, als stünde dort sein Turniergegner. Er traf das Ziel mit voller Wucht, so dass seine Stange »ohne weiteres« an dem Brett zerbrach, woraufhin einige der Männer Triumphschreie hören ließen und begannen, auf Instrumenten nach »türkischer Art« zu trommeln. Dann nahm jeder Mann eine solche Stange, ritt auf das Ziel zu und zerbrach sie. Zuletzt kam noch einmal der Bräutigam mit zwei zusammengebundenen Stangen an die Reihe, die er auf der Zielscheibe zerbrach, alles »ohne sich zu verletzen«. Nach de la Broquières Ansicht war das gut gemacht, er hatte offensichtlich Spaß an der Vorführung gehabt. Der Kaiser hatte von einem Fenster aus zugesehen, ebenso die Kaiserin, zu der de la Broquière noch einmal festhielt, dass sie eine sehr schöne Frau sei. Als das Reiterspektakel vorbei war, »ging das Fest zu Ende, ohne dass jemand verletzt worden war, und jeder ging in seine Wohnstatt«.

De la Broquière hatte offensichtlich bei einem kuriosen Schauspiel zugesehen: eine von Musik begleitete Vorführung von Reitkünsten, ein Turnier, bei dem auf Gewalt verzichtet wurde, eine Hochzeitsfeier, bei der sich niemand eine Verletzung zuzog. Bei dieser Form der Unterhaltung ersetzte eine Inszenierung mit zerbrechlichen Stangen den Kampf mit tödlichen Schwertern. Der Bräutigam »bewährte« sich unter den Augen des Kaisers in einem Schein-Turnier. Es war, als ob die Männer von Konstantinopel auf dieser Hochzeitsfeier einen Probedurchlauf aufführten – für eine Schlacht, von der sie wussten, dass sie unvermeidlich war.

Es ist nicht genau bekannt, wie lange sich de la Broquière in Konstantinopel aufgehalten hat, aber er war in jedem Fall längere Zeit dort und verließ die Stadt am 23. Januar 1433. Auf seiner weiteren Reise traf er Sultan Murad II. (1404–1451) in der damaligen osmanischen Hauptstadt Adrianopel (dem heutigen Edirne). Voller

Staunen und geradezu überwältigt vom exotischen Flair beschreibt er die Begegnung und vergisst nicht, die dreihundert Frauen und dreißig Jungen zu erwähnen, die dem Sultan zu sexuellen Vergnügungen zur Verfügung standen. Der Sultan, so de la Broquière, konnte riesige Mengen an Wein trinken (bis zu »sechs oder sieben der einen Viertelliter fassenden Becher«). Abschließend berichtet de la Broquière an Philipp von Burgund, dass die Osmanen seiner Meinung nach aufgrund ihrer schlechten Bewaffnung leicht zu besiegen sein werden.

De la Broquières Einschätzung sollte sich noch zu seinen Lebzeiten als falsch herausstellen. Mehmed II. (»der Eroberer«), der Nachfolger Murads II. auf dem Thorn des Sultans, nahm Konstantinopel im Jahr 1453 ein. Unter den Osmanen wurde die Stadt schnell zur blühenden Hauptstadt eines ausgedehnten islamischen Reiches, das die Machtverhältnisse im östlichen Mittelmeerraum und den Zugang zu diesem Wirtschafts-, Handels- und Herrschaftsgebiet grundlegend veränderte. Die Stadt, die de la Broquière gerade erst besucht hatte, wandelte sich damit radikal. Die Denkmäler des byzantinischen Konstantinopels wurden entweder umgewidmet oder beseitigt. De la Broquières Bericht über die Stadt schildert eine Welt, die bereits in Trümmern lag.

KOSTEN EINER REISE NACH ÄGYPTEN UND INS HEILIGE LAND IM JAHR 1392

- 1 Dukaten pro Person an die Wache im Hafen von Alexandria bei der Ausreise
- 6 Dukaten pro Gruppe an einen Dolmetscher für die Reise nach Kairo
- ½ Dukaten für jedes Kamel, das den Proviant zur Galeere auf dem Nil trägt (eine Tagesreise)
- 12 Dukaten pro Gruppe, zuzüglich der Kosten für die Verpflegung der Dolmetscher, für die Galeerenfahrt auf dem Nil nach Kairo
- ½ Dukaten pro Person für die vom Sultan gewährte Reiseerlaubnis
- 5 Grossi[7] pro Person für die vom Herrscher für die Route durch die arabische Wüste gewährte Reiseerlaubnis
- 3 Dukaten pro Gruppe für den Kamelmeister, damit er sein Bestes gibt
- 6 Grossi für jeden Kamelführer auf dem Weg zum Katharinenkloster am Fuße des Berges Sinai
- 3 Dukaten von allen, die ihr Gepäck von Trägern von 2 Meilen (rund 3,2 Kilometer) außerhalb von Gaza nach Gaza bringen lassen wollen
- ½ Dukaten pro Person als Tribut an den Sultan in Gaza
- 16 Grossi pro Meile (rund 1,6 Kilometer) von Gaza nach Jerusalem
- 3 Grossi pro Person für den Weg zum Jordan

---

7 Der Wert der Grossi unterlag starken Schwankungen. In venezianischer Währung hatte ein Golddukat im 13. Jahrhundert einen Wert von 18 Grossi. Im Jahr 1440 entsprach ein Dukat (nach William Brewyn) 28 Grossi, und im Jahr 1496 wurde ein Dukat mit 80 Grossi gleichgesetzt. Zum groben Vergleich: Eine Kuh kostete damals etwa 2 Dukaten (10 Schilling in England) und ein gutes Pferd etwa 44 Dukaten (200 Schilling in England). Die Inflation war gering, aber Gebühren für Touristen konnten ohne Vorankündigung geändert werden.

Diese Liste umfasst lediglich die Kosten für einige ausgewählte Sehenswürdigkeiten und Dienstleistungen im Heiligen Land. Die Reisenden mussten jedoch für ausnahmslos alle Dienste bezahlen, die sie dort in Anspruch nehmen wollten. Die Preise setzten Mamluken und Franziskaner fest – und diese Preise waren hoch.

Kapitel 7

DURCH DAS HEILIGE LAND NACH BABYLON

Jaffa · Akkon · Gaza · Saidnaya · Bethlehem· Sinai · Matharea · Kairo · Gizeh

Im Mittelalter war das Ziel der meisten Menschen, die den Mittelmeerraum ostwärts durchquerten, das Heilige Land, die *terra sancta*: kein Land im Sinne eines Staates, sondern eine Landschaft des Erinnerns und der Emotionen, hervorgegangen aus den Geschichten der Bibel. Je nach Auffassung konnte sich das gemeinte Land vom heutigen Ägypten bis nach Syrien und Jordanien erstrecken, von den Gebieten des Stammes Naftali im Libanon bis zu denen des Stammes Juda in der Wüste Negev, vom Sinai über Jerusalem bis zur Mittelmeerküste von Sidon bis Gaza und darüber hinaus. Dieses Land war vielen Religionen heilig, teils war es möglich, Gebiete gemeinsam zu nutzen, teils entbrannte ein bitterer Konkurrenzkampf. Die Kreuzfahrer nannten die Region »Outremer« – Jenseits des (Mittel-)Meeres. Nach dem Scheitern der Kreuzzüge hieß die von 1260 bis 1517 hauptsächlich von Damaskus aus regierte Unterregion des Mamlukensultanats »Filastin« (Palästina). Später verwendeten Europäer den Begriff »Syrien« oft für die gesamte Region. Je nachdem, wer die Reisenden waren und welche Motive sie in die Region führten, versprachen sie sich vom Heiligen Land etwas anderes: militärische Siege, wirtschaftlichen Profit oder Seelenheil.

Der populärste europäische Reiseführer, Mandevilles »Buch der

Wunder und der Reisen«, war wohl die seinerzeit am weitesten verbreitete Wissensquelle über das Heilige Land. In viele verschiedene Sprachen übersetzt, diente es lange Zeit nicht nur als Inspiration, sondern als praktischer Reiseführer. Und das, obwohl – oder vielleicht gerade weil – der Autor keinen Augenzeugenbericht geschrieben hatte. Stattdessen stellte er eine Enzyklopädie aus Reiseberichten zusammen, ein Mosaik aus früheren Schriften, einige eher »historischer«, andere eher »geographischer« Art. Mandevilles Buch beginnt mit einer lyrischen und zugleich leidenschaftlichen Lobrede auf das Heilige, das »gelobte« Land. Dieses Land, so Mandeville, »ist wie die erste unter allen feinen Damen, und es ist allen anderen Ländern übergeordnet, es ist gesegnet und geheiligt durch das kostbare Blut unseres Herrn Jesus Christus«. Das Heilige Land mit einer Dame zu vergleichen ist treffend: Wie »die eine Dame« in der höfischen romantischen Literatur war das Heilige Land im Mittelalter gleichsam omnipräsent. Es sollte besser aus der Ferne und mit gezügelter Leidenschaft geliebt werden; zudem war es einfacher, sich das Land im Geiste zu eigen zu machen als es tatsächlich in Besitz zu nehmen.

Mandeville ruft seiner Leserschaft ins Gedächtnis, dass Jesus dieses Land auserwählt hat, »um Fleisch und Blut anzunehmen«, dort auf »seinen gesegneten Füßen« umherzuwandern, Wunder zu vollbringen, zu predigen und zu lehren und schließlich dort »für uns so viel Schmach und Spott« zu erleiden. »[J]eder anständige Christ, der dazu in der Lage ist«, solle daher, so Mandeville, »seine ganze Kraft zusammennehmen, um dieses Land zu erobern«, das »das beste unter allen anderen Ländern, das tugendhafteste, das würdigste auf der Welt« sei – was auch durch seine Lage in der Mitte der Welt belegt werde.

Mandevilles Loblied auf das Heilige Land zeigt repräsentativ, dass die Reise dorthin im mittelalterlichen Europa als das höchste Ziel galt, das Menschen in ihrem Leben erreichen konnten. Eine Reise ins Heilige Land war gleichbedeutend damit, Rechtschaffenheit und Ruhm zu erlangen, Glaubensfreude, Trost und Vergnügen zu finden. Zumindest war das die Idee dahinter.

Da sich ein Großteil dieser Reise auf See abspielte, waren die Reisenden zu frustrierender Passivität verurteilt. Sie gaben ihre Handlungsfähigkeit auf und wurden zu reinen Zeugen und Beobachtern einer Fahrt, die sich ihrer Kontrolle entzog. Die aus ganz Europa anreisenden Pilger konnten sich untereinander mehr schlecht als recht verständigen, denn sie sprachen eine Vielzahl von Dialekten und mussten sich auf Zeichen und Gesten verlassen, auf behelfsmäßige Wendungen in Latein oder die im Mittelmeerraum für den Handel und alle im weiteren Sinne wirtschaftlichen Transaktionen verwendete Lingua franca – eine Mischung aus Venezianisch, Genuesisch, Katalanisch und Provenzalisch. Obwohl wir glauben, dass das Reisen uns hilft, die Welt neu zu sehen, fördert es zu einem nicht geringen Teil vor allem eins zutage: Missverständnisse.

Hatten sie Zypern hinter sich gelassen, blickten die Passagiere gebannt in Richtung Horizont, um einen ersten Blick auf die Küstenlinie des Heiligen Landes zu werfen. Auf dem Meer ist der Horizont grenzenlos. Er verändert sich während der Fahrt des Schiffes ständig. Der Begriff »Horizont« gelangte im 12. und 13. Jahrhundert, abgeleitet vom griechischen »horos« (Trennline, Rand, Ende von etwas, Grenze)[8], in den westeuropäischen Sprachgebrauch. Der

---

8 Vor der Frühen Neuzeit wurde im Englischen das Wort »eaggemearc« verwendet, wörtlich eine »Augengemarkung«, ein durch das begrenzte menschliche Vermögen festgelegter Rand des Blickfelds, ein vom Auge erfasstes Ziel oder eine ins Auge gefasste Absicht eines Menschen. In anderen Sprachen legt das Wort für Horizont nahe, an etwas zu denken, das das Weltenrund umfasst, oder es verweist auf Länder jenseits dieser Welt oder beschwört auf schöne Weise das Bild einer Uferlinie des Himmels herauf (z. B. das norwegische »himmelleite« (den Himmel suchen) und »himmelsyn« (den Himmel sichten). Ebenso poetisch ist das hebräische Wort für Horizont: »ofek«, letztlich abgeleitet von einem alten Begriff für »den Ort, aus dem die Flüsse fließen« (»afek«; »Da sah man das Bett des Meeres [afki yam]«, 2. Buch Samuel 22,16).

Horizont – in dieser Vorstellung eher eine Schwelle als eine Linie – galt als die Grenze zwischen der erdgebundenen Sicht der Reisenden und dem Himmelsgewölbe darüber. Sich den Grenzen des geographischen Wissens und den Grenzen des vertrauten Anblicks zu stellen, war jedoch ein Unterfangen, das nicht nur von weitreichender Bedeutung war, sondern in der Regel auch ein hohes Risiko barg. Wenn es beim Reisen darum geht, den eigenen Horizont zu erweitern, dann sollten wir uns darunter vielleicht eher eine gefährliche Reise an den Rand des Abgrunds vorstellen als eine Aussicht auf grenzenlose Möglichkeiten.

Schließlich, und für unsere Reisenden überraschend plötzlich, wich der Horizont den unregelmäßigen Konturen der Türme und Befestigungsanlagen an der Küste des Heiligen Landes: ein Vorgeschmack auf die Städte Jaffa, Akkon, Aschkelon, Gaza und andere bekannte, entfernt an die Bibel erinnernde Orte. Der erste, der Land erspäht hatte, dürfte einen Schrei ausgestoßen haben, und Passagiere und Besatzung werden sich – von der Aussicht auf die baldige Ankunft »wiederbelebt« – aufgerafft haben, um zusammenzukommen und ein Gebet zu sprechen. Üblicherweise erklang dann unter Tränen und Seufzern das *Te Deum laudamus* (Großer Gott, wir loben dich), eine Hymne, mit der sie, in ihrem Glauben bestärkt, einen Moment der gemeinsamen Freude feierten.

Das Meer, das auf Jaffa zurollte, war geradezu getränkt von der Sehnsucht der Reisenden, endlich anzukommen und sich vom Heiligen Land willkommen heißen zu lassen. Mandeville bezeichnet Jaffa als »die älteste Stadt der Welt«, da sie vermutlich schon vor Noahs Zeiten errichtet worden sei. Jaffa ist auch der Zielhafen für die Flöße, auf denen die imposanten Zedernholzstämme für den Bau des Tempels in Jerusalem aus dem Libanon herbeigeschafft wurden (2. Chronik 2,15), und es ist der Ort, an den sich Jona begab, um ein Schiff zu finden, das ihn gegen Entgelt mitnehmen würde, nicht ahnend, dass ihm auf See eine Begegnung mit einem Wal bevorstand (Jona 1,3). Ab etwa 1300, nach dem Rückzug der

Kreuzfahrer, war Jaffa der wichtigste Hafen für Schiffe aus Europa (eine Alternativroute führte die Pilger über Alexandria und den Sinai). Indem sie alle Besucher des Heiligen Landes durch rudimentäre Einrichtungen im Hafen von Jaffa schleusten, versuchten die Mamluken, die Kontrolle über den Zustrom zu behalten. Der Hafen von Jaffa war seicht, ein zerklüfteter und je nach Seegang gefährlicher Ankerplatz, an dem ein natürliches Sandsteinriff einen Wellenbrecher bildete, aber auch wenig einladend wirkende Felsen verstreut in der Brandung lagen. Die europäischen Passagiere gingen an den Sandstränden am Fuße der Stadt von Bord.

Pero Tafur, ein kastilischer Adeliger, der in den 1430er Jahren auf einer venezianischen Galeere ins Heilige Land reiste, beschreibt durchaus repräsentativ, wie sich die Ankunft im Hafen von Jaffa gestaltete: Zunächst wurde »beinahe sofort« eine Meldung über die Ankunft des Schiffes an das Oberhaupt der Franziskaner im Heiligen Land, den Prior des Sionsbergskonvents, geschickt. Dieser sandte dann »zwei oder drei Brüder« zum »Gouverneur von Jerusalem« (einem mamlukischen Militär, der die Verwaltung der Stadt unter sich hatte), um für die Neuankömmlinge mit dem Siegel des Sultans versehene Geleitbriefe zu erbitten. Die Pilger bereiteten sich in der Zwischenzeit darauf vor, von Bord zu gehen, und schrieben ihre Namen auf eine Liste, die an den Gouverneur ging, während eine weitere Liste an Bord blieb, um jede Art von Täuschungsversuchen oder Spionageaktivitäten mittels »Identitätsschwindel« zu verhindern. Verließen die Reisenden das Schiff, standen »Mauren« bereit – »mit Eseln, auf denen die Pilger reiten können, solange wie sie im Heiligen Land sind«. Für das Anmieten der Tiere galt ein Festpreis von 2 Dukaten, der »weder erhöht noch vermindert werden« konnte. Der Gouverneur und die Franziskanerbrüder begleiteten die Pilger in die nahe gelegene Stadt Ramla, »ein großer Ort, fünf Leugen [circa 20 Kilometer] von Jaffa entfernt, wo es ein Hotel gibt, das für Pilger gegründet wurde«. Dort gab es Wohnungen für Männer und Frauen. Pilger wie Pero Tafur verbrachten ihren ersten Tag und ihre erste Nacht im Heiligen Land in den sicheren Unterkünften dieses Hotels.

Es ist bemerkenswert, wie geordnet und organisiert die Ankunft ablief. Die verantwortlichen Franziskaner und Venezianer arbeiteten Hand in Hand mit den Offizieren des Mamluken-Sultans (die Mamluken hielten Jerusalem und das Umland ab 1250 besetzt). Vorrangig ging es darum, möglichen Schaden durch Spionage abzuwenden und den Reisenden Geld abzunehmen. Die bürokratische Erfassung der Reisenden, die in Venedig begonnen hatte, wurde hier fortgesetzt, indem die Namen aller Besucher »in Schriftform« in die effiziente Maschinerie der mamlukischen Verwaltung übertragen wurden.

Als die Neuankömmlinge in Jaffa an Land gingen, sahen sie die Ruinen der zerstörten Kreuzfahrer-Siedlung, ein Symbol der gescheiterten Kreuzzüge. Auf dem steilen Hügel, auf dem die Stadt liegt, waren die Ruinen der einst großen Petruskirche zu sehen, die im Jahr 1099, kurz nach der Eroberung der Stadt durch die Kreuzfahrer, errichtet worden war. Sie war dem Heiligen Petrus geweiht, der dort Tabita von den Toten auferweckt und viele Tage mit Simon dem Gerber verbracht haben soll (Apostelgeschichte 9,36–43). Die Kirche beanspruchte für sich, im Besitz verschiedener Reliquien zu sein, darunter der Kopf des Heiligen Georg. 1197 brachen die Gewölbedecken der Kirche ein; Einwohner, die sich dort vor den vordringenden Ayyubiden versteckt hatten, wurden dabei unter den herabfallenden Steinen begraben. In den 1220er Jahren wiederaufgebaut, folgte 1268 die Zerstörung durch die Mamluken, die einige der Reliquien stahlen, andere verbrannten und von der Kirche nur Ruinen übrig ließen. Seither legten die Überreste des Gebäudes oberhalb des Hafens ein weithin sichtbares Zeugnis für die Niederlage der Kreuzfahrer ab. Meshullam da Volterra, der die Stadt 1481 besuchte, beschrieb Jaffa als einen Ort, der »ganz in Trümmern« liegt. Die zerstörten Kirchen und verlassenen Häuser, die den Anblick des Hafens überschatteten, ließen die hoch aufragenden Türme und belebten Gassen von einst nur noch erahnen.

Die meisten Reisenden hatten nicht so viel Glück wie Pero Tafur und konnten Jaffa nicht so schnell verlassen. Konrad Grünemberg beschreibt, wie die Mamluken sein Schiff im Jahr 1486 nach der Ankunft sechzehn Tage lang vor Jaffa vor Anker liegen ließen. Während der Zeit starben einige der Pilger. Das Essen an Bord reichte kaum aus, um die Passagiere zu ernähren, und der noch vorhandene Proviant war es dann wohl auch, der sie umbrachte: wochenalte Kekse, verdorbene Eier, unreife Trauben, überreife Äpfel, saurer Wein von unterschiedlicher Qualität und verunreinigtes Wasser. Mamluken-Offiziere bewachten das Boot von den Türmen Jaffas aus, hissten schließlich eine rote Flagge als Zeichen des Friedens und schickten dem Patron des Bootes als Zeichen des guten Willens eine große Schildkröte. Dann konnten Grünemberg und seine unglücklichen Mitreisenden an Land gehen.

Andere Besucher mussten in trostlosen Höhlen am Hafen von Jaffa warten oder, wie Bertrandon de la Broquière, in »ein paar mit Schilf gedeckten Zelten«, die als Sonnenschutz dienten. Für viele war die Ankunft in Jaffa so schrecklich, dass sie eher einem Abstieg in die Hölle als einem Aufstieg zum himmlischen Jerusalem glich. Thomas Larke, Sekretär des englischen Adligen Richard Guylforde, beschrieb 1508, wie seine Gruppe bei der Ankunft »von Mamluken und Sarazenen empfangen und nach Namen und Rang in eine alte Höhle gesteckt« wurde. Nachdem der mamlukische Schreiber ihre Namen notiert hatte, wurden sie in der Höhle »auf dem nackten, stinkenden Boden« über Nacht zurückgelassen und »von den Mauren wirklich grausam behandelt«. Auch Konrad Grünemberg schildert ähnliche Verhältnisse: Jeder Passagier seiner Galeere (es sind alles Männer) muss mit einem kleinen Beutel um den Hals von Bord gehen, in dem er Brot, eine kleine Flasche Wein, ein paar hartgekochte Eier, Käse, einen Kamm und Rasierzeug mitnehmen darf. Etwa dreihundert bewaffnete Mamluken (»ketzerische Christen«

und »Haiden … nicht ganz so schwarz wie die Mohren«) hätten die Gruppe umringt. Der Gouverneur von Jerusalem habe jeden Passagier nach seinem Namen gefragt, und ihn mit einer Rohrfeder in ein Buch eintragen lassen. Grünemberg und seine Mitreisenden wurden dann in zwei uralte Höhlen voller stinkendem Eselsmist geführt. Zwei Tage lang mussten sie dort auf einer Handvoll Stroh ausharren und noch mehrere »Margetten« dafür bezahlen. Tagsüber versuchten die Anwohner, seiner Gruppe unterschiedliche Dinge zu verkaufen: grobes, noch nicht ausgebackenes Fladenbrot, Perlen, Rosenkränze und eine Art Brei. In der Nacht musste Grünemberg für die Benutzung einer aus Erdlöchern bestehenden Latrine »vier Margetten« zahlen. Ein Ritter aus Grünembergs Gruppe wurde schwer verprügelt, weil er sich geweigert hatte, den geforderten Preis für die Latrinennutzung zu begleichen. Er starb am nächsten Tag an seinen Verletzungen.

Die Fremdartigkeit von Reisenden zeigt sich in ihrer Kleidung, ihrer Haltung und ihrem Auftreten. Auf Reisen scheint das Fremdsein oft zum wesentlichen Charakteristikum einer Person zu werden. Das Misstrauen zwischen den Reisenden und den Einheimischen im Heiligen Land beruhte auf Gegenseitigkeit. Besucher wie Grünemberg fielen bei ihrer Ankunft in Jaffa in der grellen Sonne, der ärmlichen Umgebung und der großen Hitze sofort auf. Für jede Kleinigkeit wurde ihnen Bargeld abverlangt. Münzen schienen zu verschwinden, als ob das Geld keinen Wert hätte. Während ihrer gesamten Reise durch das Heilige Land wurde den Reisenden eine nicht enden wollende Reihe an Kosten auferlegt, auf die sie keinerlei Einfluss hatten; mit Gebühren für die sichere Durchreise und die »Beaufsichtigung« des Gepäcks monetarisierten die Einheimischen das bei den Fremden vorherrschende Gefühl der Schutzlosigkeit. Das Unbehagen der Reisenden, die sich angesichts der Situation, der sie sich ausgeliefert hatten, in einer Art lähmendem Schockzustand befanden, wurde so nur noch größer.

Ein wundersames Rätsel: Im Norden des Heiligen Landes, irgendwo zwischen Tel Arqa und Raphanea, gibt es einen wunderschönen Fluss, der Sabbatyon oder Sambation genannt wird. Er beweist, wie heilig das Heilige Land ist. Die Leute schreiben ihm verschiedene Eigenschaften zu. Die einen sagen, dass er jeden Samstag am Sabbat ganz versiegt und den Rest der Woche kräftig fließt. Andere sagen, er fließe nur samstags, in der Woche darauf stehe er still und fließe gar nicht (oder kaum). Manche sagen, er sei die Grenze zu einem verlorenen jüdischen Stamm und seine schäumenden Wasser seien eine Grenze, die erst am Ende der Tage überschritten werden wird. Wer weiß das schon? Viele Menschen haben sich auf den Weg gemacht, um den Sabbatyon zu finden. Kaufleute und Pilger hören oft davon. Aber er ist sehr schwer zu finden.

Die gesamte Küstenlinie war, wie bei Jaffa, geprägt von Ruinen ehemaliger Gotteshäuser und zerstörten Befestigungsanlagen. Der nach Osten führende Hauptreiseweg nach Ramla und Jerusalem schlängelte sich entlang der Küste, die staubigen Straßen bewahrten die Erinnerungen an die vielen Schlachten, Landnahmen und Flüchtlingsströme. Doch bevor wir diese Route einschlagen, sollten wir ein wenig das Heilige Land durchstreifen, schließlich bot es den mittelalterlichen Reisenden eine Wunderwelt voller herausfordernder, aber faszinierender Erfahrungen.

Jaffa erlebte ab 1187 gleich mehrere Male einen Herrschaftswechsel, bis es 1268 vom Mamluken-Sultan Baibars I. (1223–1277) erobert wurde. Angesichts dieser Unruhen bauten die Kreuzritter etwas mehr als hundert Kilometer nördlich von Jaffa an der Mittelmeerküste schnellstens eine neue Hauptstadt, Saint-Jean-d'Acre, am Hafen von Acre (Akkon) auf. Akkon entwickelte sich bald zu einer der schillerndsten Städte des mittelalterlichen Nahen Ostens. Burchardus de Monte Sion, der in den 1280er Jahren einen frühen Reiseführer über das Heilige Land verfasste, beschreibt das Akkon der Kreuzfahrerzeit als eine Stadt, die »Türme und die stärksten

Mauern« zu ihrer schlagkräftigen Verteidigung aufzuweisen hat. Burchardus führt aus, dass die in Akkon ansässigen Verteidiger, der König von Jerusalem, die Tempelritter und die Johanniterordensritter, alle »Sarazenen« besiegen könnten, »wenn es Gott gefiele«. Im späten 13. Jahrhundert dürften etwa 60 000 Menschen innerhalb der Stadtmauern gelebt haben. Der Ausbau Akkons zu einem Kreuzritterhauptquartier war ein großangelegtes Projekt: Imposante Befestigungsanlagen, ein Leuchtturm, Krankenhäuser und ein Kanalisations- und Zisternensystem entstanden. Rund vierzig Kirchen hießen die Reisenden im Heiligen Land willkommen und signalisierten, dass der römisch-katholische Glauben dort Fuß gefasst hatte. Unter den Kreuzfahrern wurde die Stadt zu einem Zentrum für den Import und Export von Zucker, Olivenöl und Gewürzen. Arabische, italienische und französische Dialekte waren überall in Akkon zu hören und vermittelten den Eindruck, es handele sich um ein zutiefst multikulturelles Milieu. Neben den gewaltigen Bauten der Templer und Johanniterordensritter, die zum Teil bis heute erhalten sind, gab es in der Altstadt deutsche, provenzalische und venezianische Viertel, aber auch die Handelsmächte Genua und Pisa waren in eigenen Arealen vertreten, im nördlichen Vorort Montmusard an der Mittelmeerküste fanden sich schließlich englische und irische Straßenzüge. Zu den Einwohnern zählten Juden und Muslime, daneben aber auch Armenier, Griechen und Samaritaner. Dazu herrschte ein reger Austausch mit Zypern. Der in Valencia geborene muslimische Geograph Ibn Dschubair besuchte die Stadt im Jahr 1183 und notierte, dass eine kleine Moschee geduldet wurde. Den jüdischen Gelehrten Moses Maimonides führte im Jahr 1165 eine Reise über den Hafen von Akkon. Auch der jüdische Gelehrte Moses Nahmanides hielt sich in den 1260er Jahren dort auf. Es gibt sogar eine Aufzeichnung aus dem Jahr 1111, die besagt, dass die von den Kreuzfahrern betriebenen Tavernen von Akkon auch von Juden aus Alexandria zum Biertrinken besucht wurden.

Akkon wandelte sich unter den Kreuzfahrern wie schon manch

anderer Hafen von einem Durchgangsort zu einem begehrten Reiseziel. Seine Bürger hatten in Europa bald den Ruf, sie schwelgten nur so im Luxus. Ein Rundgang durch Akkon, der am zum Landesinneren gelegenen, imposanten Tor zur Stadt beginnt, war das Thema eines mittelalterlichen Gedichts mit dem Titel »Pardouns de Acres« (sprich: die Ablass gewährenden Stätten von Akkon). Darin werden die Reisenden aufgefordert, die Stadt zum Wohle ihrer Seele zu besuchen. Unter anderem wurden ihnen 1500 Tage Sündenerlass versprochen, wenn sie sich nur dem Stadtrand näherten, 1135 Tage für den Besuch der größten Kirche der Stadt, der Kathedrale des Heiligen Kreuzes, und vierzig Tage für jeden Besuch bei den Kranken in dem Johannes dem Täufer geweihten Hospital.

Im Jahr 1288 wurde es für das Oberhaupt der Johannitertempelritter offensichtlich, dass die guten Zeiten in Akkon ihrem Ende entgegengingen, woraufhin der Orden sein Generalkapitel nach Limassol auf Zypern verlegte. Schon 1291 konnten die Mamluken Akkon gewaltsam erobern. Die Stadt wurde verwüstet, zurückblieb eine riesige, von der Belagerung gezeichnete Ruine. Die mamlukischen Sieger hatten wenig Interesse an Seehäfen und gaben die von den Kreuzfahrern ausgebauten Küstenstädte systematisch auf, um alle Versuche, sie erneut einzunehmen, im Keim zu ersticken. Jacopo da Verona, der Akkon im Jahr 1335 besuchte, fand die Stadt »in Schutt und Asche gelegt« vor, »nur noch eine Behausung für Schlangen und wilde Tiere«. Andere Besucher berichteten, der Ankerplatz sei von den Mamluken verwüstet worden, die große Felsen im seichten Wasser platziert hätten, um eine Rückeroberung zu vereiteln.

Die Mamluken produzierten und verkauften eine Reihe von Waren, die im Westen sehr begehrt waren, wie Gewürze, Seide, Edelsteine, Glas und Alaun (der als Fixiermittel für Farben verwendet wurde). Ihre Kultur löste oft Bewunderung, ja teils sogar Phantasien des Begehrens aus. Gleichzeitig begegneten die meisten westlichen Besucher den Mamluken, die das Heilige Land kontrollierten, bestenfalls mit einer gewissen Missgunst. Viele ließen die Mamluken spüren, wie sehr sie die Vorstellung entsetzte, dass in den biblischen Ländern Muslime herrschten.

Johannes Poloner, ein deutscher Pilger, der das Heilige Land 130 Jahre nach der Eroberung von Akkon besuchte, sah 1422 in Jaffa »keinen Menschen« leben und notierte, dass »viele der Städte entlang der Meeresküste vom Sultan zerstört wurden, als er hörte, dass … Akkon von den Königen von Frankreich und England [d. h. den »fränkischen« Kreuzfahrern] eingenommen worden war«. Die Stadt Cäsarea, fügte er hinzu, wurde völlig zerstört. In der Nähe von Aschkelon, an der Küste südlich von Jaffa, wurden ihm die Ruinen einer Kreuzfahrerfestung gezeigt, die in der Mitte des 12. Jahrhunderts als Antwort auf die »Unverschämtheit der Aschkeloniter« errichtet worden war. Nun sah er, dass die Stadt vollständig von den »Sarazenen« dieses Landes unterworfen worden war. Weiter nördlich liege Sidon (1110–1260 ein Lehen der Kreuzfahrer), schreibt Poloner, eine Stadt, »deren Größe noch heute durch ihre Ruinen bezeugt wird«. Sarepta (heute Sarafand, Libanon) habe nur ein paar Häuser. Aber »seine Ruinen zeigen, dass es einst prächtig war«. Batrun, das von 1104 bis 1289 unter der Herrschaft der Kreuzfahrer stand, war »eine einst reiche Stadt, die heute jedoch völlig zerstört ist«. Kurz gesagt, Poloners Erfahrung glich der vieler anderer Besucher, die das Heilige Land nach den Kreuzzügen bereisten: Das Scheitern der Kreuzzüge und der Sieg des Islams waren überall in die Landschaft eingebrannt – sei es durch die neuerrichteten Gebäude oder die Ruinen –, auch wenn die noch existierenden Heiligengräber und Kapellen weiterhin, gleichsam inoffiziell, von der Heiligkeit zeugten, von der das Land durchdrungen war. Die gesamte Küste gab einen Eindruck von der Gewaltspirale, die nur vorübergehend unterbrochen war.

Die meisten Besucher des Heiligen Landes wendeten sich nach ihrer Ankunft nicht nach Norden, sondern nach Süden. Von Jaffa und

Aschkelon aus gelangten sie auf der Küstenstraße zur Hafenstadt Gaza, die John Mandeville um 1356 als »außerordentlich hübsch und voller Menschen und in der Nähe des Meeres« beschrieb; Gaza war eine wichtige Siedlung an der Hauptverkehrsstraße, die Damaskus, Jerusalem und Kairo verband.

Gaza hatte keine Stadtmauern, konnte sich aber einer prächtigen Kirche im Stadtzentrum rühmen. Nach 1150 hatten sich Kreuzfahrer in der Stadt niedergelassen und die Kirche zwischen dem muslimischen und dem christlichen Viertel von Gaza erbaut, möglicherweise an einer Stelle, an der erst ein alter Tempel aus Zeiten der Philister gestanden hatte, danach eine byzantinische Kirche und noch später eine Moschee. Die Kreuzfahrer verwendeten für den Bau Überreste verschiedener antiker Gebäude (darunter Kirchen und eine Synagoge), sogenannte Spolien. Ihre Kirche war ein eleganter Arkadenbau mit einem Kirchenschiff, das in scheinbar schwerelosen Bögen in die Höhe strebte. Das Portal zeigte aus Marmor gefertigte, blattförmige Verzierungen, und die Westfassade schmückte ein Rosettenfenster. In ihrer kunstfertigen Gestaltung hätten die Leisten und Strebepfeiler, Pilaster und Pfeiler der Kirche auch nach Paris oder in die Provence gepasst. Nach nur knapp vierzig Jahren wurden die Kreuzfahrer 1187 von Saladin (gestorben 1193) aus Gaza vertrieben. Unter dem Begründer der Ayyubiden-Dynastie und Anführer der gegen die Kreuzfahrer gerichteten muslimischen Rückeroberungen wurde die Kirche wieder zur Moschee. (Als Große Moschee fungiert sie in Gaza noch heute als Gotteshaus.)

Einige der Reisenden, die Gaza später besuchten, wiesen auf die Trostlosigkeit der Landschaft mit ihren »zerstörten, unbewohnten Häusern« hin, wie etwa Gilbert de Lannoy 1421. Wer noch einige Jahre später nach Gaza kam, lernte die Stadt als einen furchterregenden Ort kennen, an dem die Mamluken ahnungslose Besucher gefangen hielten. Felix Fabri schreibt, dass venezianischen Kapitänen dort mit Gefangenschaft gedroht wurde. Arnold von Harff wurde in Gaza drei Wochen lang in Ketten gelegt. Felix Fabri selbst berichtet von einer ganz anderen Erfahrung: Er und seine Begleiter nahmen 1483 in Gaza ein wunderbares heißes Bad in einem mit Marmorgewölben ausgestatteten Hamam, wo ein einheimischer »Meister des Bades« sie »sehr freundlich und zuvorkommend« abrieb, wusch und salbte.

Andere sorgten sich um die Gefahren, die in der Umgebung von Gaza lauerten, die Banditen in der nahe gelegenen Wüste oder die Korsaren vor der Küste. Der jüdisch-italienische Reisende Meshullam da Volterra, der gehört hatte, »das Land von Gaza sei gut und fett, und die dort gedeihenden Früchte [...] vorzüglich«, stellte bei seinem Besuch im Juli 1481 fest, dass es für Reisende angezeigt war, sich für das Durchqueren der Gegend zusammenzutun. Nichtsdestoweniger fand er im »Fondaco« (der Karawanserei) von Khan Yunis, südlich von Gaza, keine anderen Besucher vor, »denn in der Nacht zuvor waren vier Piratenschiffe aus Rhodos gelandet und hatten sechzig Männer verschleppt, die sich mit einer Karawane von Kamelen auf der Durchreise befanden«. Alle anderen hatten die Karawanserei verlassen und sich in Gaza in Sicherheit gebracht. Als er selbst dort ankam, stellte da Volterra fest, dass sich immer noch Räuber in der Nähe aufhielten, die den Reisenden die Waren direkt von den beladenen Kamelen stahlen. Er und seine Begleiter bekamen den dringenden Rat, »die Stadt nicht zu verlassen, bevor sich [...] die Möglichkeit zur Weiterreise mit einer Karawane von viertausend oder fünftausend Mann biete«. Er schätzte, dass in Gaza bereits 7000 Männer und 10 000 Kamele darauf warteten, dass die Route in Richtung Norden sicher genug war, um nach Damaskus aufzubrechen.

Felix Fabri wurde ebenfalls Zeuge, wie Gaza abgeriegelt wurde, als ein Heer von »vielen tausend« mamlukischen Soldaten aus Ägypten in die Stadt eindrang und die Märkte zu plündern drohte. Fabri blieb nicht anderes übrig als abzuwarten, und als die Märkte in Gaza wieder geöffnet wurden, kaufte er große Mengen an Waren, um sich und seine Begleiter für die Überquerung des Sinai auszurüsten: Säcke mit Brot, Krüge mit Wein und Beutel für den Transport von Wasser; eine ganze Kochstelle mitsamt Dreifuß, Bratrost und Spieß; drei Transportkörbe mit Hühnern und »einen großen weißen Hahn, der auf den Körben stehend« mit seinem Krähen in der Wüste die Zeit anzeigen sollte; verschiedene Körbe, die an Haken an den Sattel zu hängen kamen, und schließlich Säcke mit getrocknetem Fleisch, Käse, Butter, Öl, Essig, Mais, Zwiebeln, Mandeln, Pökelfleisch, Medikamenten, Kerzen, Schuhen und Eiern.

Diese enorme Menge an Gepäck führte zu einem Streit mit Fabris Dolmetscher, der meinte, das meiste davon sei »überflüssig« und erfordere drei zusätzliche Kamele für den Transport durch die Wüste. Tatsächlich wurde vieles davon unterwegs gestohlen, während Fabri und seine Begleiter schliefen.

Das Wissen über den Islam blieb in Westeuropa bruchstückhaft. 1141 übersetzte der Engländer Robert von Ketton, ein Priester und Astronom, der Diakon in der spanischen Stadt Pamplona war, den Koran erstmalig ins Lateinische. Um bei der Bekehrung von Muslimen zum Christentum zu helfen, hatte von Ketton mehrere islamische Werke übersetzt. Er war überzeugt, dass das Wissen über den Islam helfen werde, ihn zu widerlegen. Zur gleichen Zeit zirkulierten in Europa zahlreiche anti-islamische Schmähschriften, die die Angst der Christenheit vor der konkurrierenden Religion verdeutlichen. Man könnte annehmen, dass der Kontakt mit dem Heiligen Land zu einem besseren Verständnis des zeitgenössischen Islams geführt hätte, aber das war nicht unbedingt der Fall.

Der Pilger Konrad Grünemberg interessierte sich für die theologischen Inhalte des Islams und nutzte seine Reise im Jahr 1486, um mehr zu erfahren. Er und andere Pilger seiner Reisegruppe befragten einige Muslime zu »dem Gesetz und Wesen ihres Glaubens und anderen Gewohnheiten«. Was er dabei erfuhr, schrieb er in seinem

Reiseführer ausführlich nieder. Die Muslime erläuterten, wer ihre wichtigsten Propheten waren (vor allem Mohammed, aber auch Moses, David und Jesus), und verwiesen auf das von Gott durch Mohammed gesandte Geschenk an die gesamte Menschheit: den Koran. Grünemberg erfuhr, dass Muslime verpflichtet sind, fünfmal täglich zu beten, und ein Verbot besagt, dass »kein Mensch ein Wort nit reden oder lachen mit einem anderen in der Kirchen [gemeint ist: in der Moschee], er würde vor aller Welt geschmäht und dazu [...] sehr bestraft«.

Grünemberg berichtet, dass bei den Muslimen der Freitag der geheiligte Wochentag ist, an dem sie vorgetragenen Gebeten lauschen und anschließend Almosen verteilen, und dass sie sich gründlich waschen, um sich auf das Gebet vorzubereiten. Sie rasierten ihre Körper (mit Ausnahme der Bärte bei den Männern und der Köpfe bei den Frauen). Auch ihre Finger- und Fußnägel schnitten sie sorgfältig, um sich zu reinigen. »Die ander Waschung ist bei ihnen nötig«, so Grünemberg, »wenn sie zu Stuhl gehen oder Wind lassen.« Sie wuschen sich zudem sorgfältig die Nasenlöcher und Augen und übten sich im Fasten. Am Ende ihrer langen Fastenzeit (Grünemberg beschreibt hier den Ramadan) umarmten sie sich und wünschten sich gegenseitig »Zukomme dir ein gutes Ostern« (offensichtlich übertrug er seine eigenen religiösen Praktiken direkt auf den Islam!). Grünemberg interessierte sich besonders für die Verbote des Islams. Insbesondere zur Vorschrift über den Alkoholgenuss notiert er, es sei Muslimen geboten, »keinen Wein zu trinken, der Ursach halb, dass der Wein im selben Land gar stark ist und davon die Haiden sofort trunken werden« und sich »aller Vernunft mangelnd« verhalten. In diesem Fall scheint sich Grünemberg nicht bei den Muslimen nach der theologischen Grundlage für das Gebot zur Alkoholabstinenz erkundigt zu haben, sondern suchte die Gründe in der Wirkung des Weins dieser Region – den er probiert hatte – und im Verhalten der Einheimischen – das er wiederholt als unberechenbar bezeichnete.

Ohne Zweifel war Grünemberg neugierig darauf, welche Bewandtnis es mit dem Islam hatte. So ließ er sich etwa im Heiligen Land von einem Arabisch sprechenden Juden die Worte des von einem Minarett schallenden Gebetsrufs übersetzen. Doch seine Darstellung des Islams ist voll von westlichen Imaginationen und Fehlinterpretationen. Zum Beispiel schreibt er, dass Muslime nach »Allemegga« (Mekka) pilgern und ergänzt: »Diesen Tempel suchen [auch] Sarazenen, Türken und Tataren [auf].« Nur um dann fortzufahren, der Tempel stehe dort, wo »Machmet [sprich Mohammed] begraben liegt oder, als man sagt, schwebt in einem eisernen Sarg, gehalten von dem steinernen Magneten«. Obwohl Mohammed in Mekka starb, ist er tatsächlich in Medina begraben worden. Und der Topos vom fliegenden Sarg entstammt der westlichen Literatur und hat als Bestandteil anti-islamischer christlicher Abhandlungen, die eine Übertragung islamischer Texte versuchten, eine weit zurückreichende Geschichte. Die Entstehung des Topos lässt sich auf das 12. Jahrhundert datieren. In dieser Zeit begann das römisch-katholische Christentum sich zunehmend mit dem Islam auseinanderzusetzen, sei es vermittels des direkten Kontakts während der Kreuzzüge, des wachsenden Handels oder aufgrund erster gelehrter Übersetzungen. Ausgehend von einer um 1100 verfassten Biographie Mohammeds (der Vita Mahumeti von Embricho von Mainz) wurde in einer Reihe christlicher Texte die Geschichte von Mohammeds »in der Luft schwebendem« Sarg (nicht unähnlich derjenigen über das wundersame Kruzifix in Stavrovouni auf Zypern) verbreitet. Dass der Sarg in einem Mausoleum in Mekka zu schweben schien, wurde laut Embricho durch einen Trick mit Magneten an der Decke erreicht. Der Vorgang scheint den Reisenden unheimlich gewesen zu sein und so ihre Phantasie beschäftigt zu haben. Meist wird er als ein Symbol für die furchterregende Magie anderer Religionen gelesen, möglicherweise lässt sich der Topos des fliegenden Sargs aber besser als ein Bild für ein gescheitertes Auffahren in den Himmel verstehen. Auf diese Weise macht die Vorstellung vom fliegenden Sarg als Objekt der Verehrung aus der Hadsch eine Art Anti-Pilgerfahrt an ein unheiliges Grab und Mekka zu einem falschen Jerusalem.

Grünemberg wiederholte die ignorante Verunglimpfung, nach der die »Sarazenen, Türken und Haiden gebrauchen sich großer Ketzerei [gemeint ist: Unzucht] mit Tieren und sie mit einander und töten darum [gemeint ist: bestrafen dafür] niemands«. Als Begründung werde dafür, laut Grünemberg, angegeben, »des Mannes Samen und Natur müsse von ihm gehen, wie die Bäume ihre Zähren und Hartz ausgießen, oder sie verdürben beide«. Nach eigenem Bekunden verglich Grünemberg das, was er im Heiligen Land über den Islam gelernt hatte, mit Angaben in Büchern, die er nach seiner Rückkehr nach Deutschland zu Rate zog. So liegen den vielen zusätzlichen Informationen, mit denen Grünemberg seine Schilderung anreichert, eindeutig nicht seine tatsächlichen Begegnungen mit Muslimen zugrunde. Sie entstammen vielmehr der christlichen antimuslimischen Literatur und sind typische Phrasen, die auch in mittelalterlichen Chroniken, Predigten und theologischen Traktaten zu finden sind. Grünembergs Schrift ist ein aussagekräftiges Beispiel, das die Grenzen von Augenzeugenberichten aufzeigt, denn er vertraute offensichtlich nicht auf das, was er auf seiner Pilgerreise aus erster Hand gelernt hatte, sondern recherchierte stattdessen lieber, was die einschlägige christliche Literatur zum Islam zu sagen hatte. Dabei gab Grünemberg den westlichen »Autoritäten« und ihrem Wissen den Vorzug vor den eigenen Erfahrungen.

Wie viele Kommentatoren des Islams hat Grünemberg seinem Bericht auch eine Beschreibung der islamischen Vorstellung vom Paradies beigefügt; wie andere Menschen sich andere Welten vorstellten, war eine ständige Quelle der Spekulation. Grünemberg zufolge sagt Mohammed, das islamische Paradies bestehe aus einer »unendlichen Weite von grünen allerlustigsten Feldern und größten geblümten Wiesen und Matten« mit Bächen, in denen Milch und Wein fließe, mit Seen voller Fische, mit Weinstöcken, an denen schwere Trauben hingen, und einer nie enden wollenden Erntezeit. Er vergleicht dieses Paradies auch mit anderen berühmten nichtchristlichen Varianten des Paradieses, wie etwa den Gärten der griechischen Göttin Hera. In den Hesperiden-Gärten gibt es, laut Grünemberg, »Äpfel, von deren Geschmack allein die Menschen möchten gespeist sein, dazu beides, zahmes und Wildbret allenthalben in der Wälder lichtem Gefängnis, und Vögel, sowohl zur Speise wie zahme«. Aber das islamische Paradies übertrifft diese opulenten Gärten noch, denn hier findet sich »begehrte Wollüstigkeit und ist jedermann dort schön, grad und wohlgestaltet [...] und ist da solche Holtschaft und Begehr und Widerbegehr«. In diesem Paradies schickt Gott Engel als Diener, die schnell und aufmerksam auf jeden Wunsch reagieren und einem alles bringen, was man sich nur vorstellen kann.

Es ist bemerkenswert, dass ein Reisender wie Grünemberg, der die Pilgerreise ins Heilige Land ja für sein eigenes Seelenheil unternahm, dort beginnt, über andere, nicht-christliche Vorstellungen vom Leben nach dem Tod nachzudenken. Während er sich äußerst abfällig über Araber äußerte und es sich, wenn es um den »skandalösen und verruchten« Islam ging, meist nicht verkneifen konnte, über den Glauben anderer zu urteilen, fand er sich doch zu Überlegungen angeregt, wie sie die vergleichenden Religionswissenschaften anstellen. Wie so viele andere war er ins Heilige Land gereist, um Erlösung zu finden, doch Reisen öffnet den Geist auf unvorhersehbare Weise. Als neugieriger Mensch, der sich gern ablenken ließ, erforschte er andere Werte, andere Ideale und andere Welten.

Abseits der Küste gab es, über das gesamte Heilige Land verstreut, eine Reihe offizieller, halboffizieller und inoffizieller heiliger Stätten, die im Laufe der Zeit in Mode kamen, dann aber wieder in Vergessenheit gerieten. Die zahlreichen beeindruckenden Burgen im Heiligen Land waren ein Überbleibsel aus der Zeit der Kreuzzüge.

Der Hauptanziehungspunkt für diejenigen unter den Reisenden, die nach etwas Besonderem suchten, lag in der nördlichen Region des Heiligen Landes: das abgelegene Kloster Unserer Lieben Frau von Saidnaya, nordöstlich von Damaskus. Das auf einem Felsvorsprung erbaute Kloster beherbergte eine bemerkenswerte Ikone, die von einer kleinen Gemeinschaft von Nonnen und Mönchen betreut wurde. Die Ikone der Jungfrau Maria verströmte ein wundersames süßes Öl, eine Art Schweiß, der alle Krankheiten heilen konnte. Darüber hinaus wurde die Ikone manchmal leibhaftig und nahm eine Art Fleischlichkeit an, als wäre sie lebendig geworden – das fleischgewordene Wort. Die Brust und der Bauch der Jungfrau wurden einem lebendigen Körper ähnlich. Die Menschen, die die Ikone dort berührten, bestätigten, die Fleischlichkeit mit ihren eigenen Fingern gespürt zu haben. Das wundersame Öl wurde in Phiolen gesammelt und in die ganze Welt getragen. Selbst das Öl der Ikone, so sagte man, konnte zu Fleisch werden und bluten. Das sei bewiesen worden, als ein pietätloser Kreuzritter sein Messer an eine Phiole der heiligen fleischgewordenen Flüssigkeit gehalten habe.

Zu den beliebtesten Zielen gehörten Orte wie Bethlehem und Nazareth, der Berg der Versuchung im judäischen Bergland und der Jordan, allesamt feste Bestandteile der Routen, die nicht nur die Kreuzfahrer eingeschlagen hatten, sondern auch die Pilger, die nach ihnen kamen. In Bethlehem, nur wenige Kilometer südlich von Jerusalem, befanden sich seinerzeit rund um die Geburtskirche Dutzende von Sehenswürdigkeiten. Der anonymgebliebene Engländer, der einen Bericht über seine Reisen in den Jahren 1344 und 1345 verfasste, bezeichnete die Geburtskirche als eine »unfassbar schöne und große« Kirche mit Mosaiken an den Wänden (»in der ganzen Welt«, schreibt er, »gibt es keine schöneren«). Die nahe der Kirche gelegene Kapelle der Milchgrotte, die dem Engländer zufolge die Lage der Krippe markiert, in der Jesus geboren wurde, (oder »den Stall der Kuh und des Esels«, wie er schrieb), wurde in den Berichten vieler Reisender oft nur am Rande erwähnt. Der religiös verehrte »Original«-Geburtsort Jesu war lange Zeit nur eine von vielen beeindruckenden und schillernden Pilgerstätten, denn es wurden ständig Traditionen entwickelt und neue Räume erschlossen, in denen sich die aktuellen Trends und die jeweiligen Bedürfnisse der Besucher widerspiegelten.

Als unser anonymer Engländer Bethlehem verließ, erlebte er eine heikle Situation, die zwar zeigte, dass es im Heiligen Land nicht immer fromm zuging, ihn aber in seinem Glauben wohl nur bestätigte. Er und seine Mitreisenden hatten »reichlich guten Wein« getrunken. (Da Bethlehem eine christliche Stadt war, gab es dort nicht die gleichen strengen Auflagen in Bezug auf Wein, der außerdem nicht von der minderwertigen Qualität war, über die sich die Pilger in muslimischen Städten beschwerten.) Nachdem also der Engländer und seine reichlich beschwipsten Reisegefährten Bethlehem einige Kilometer hinter sich gelassen hatten, wurden sie plötzlich von vier Soldaten des Sultans (»Bedienstete Satans«, wie er sie nannte) bedrängt, die ihnen ihre mit Wein gefüllten Trinkbehältnisse abjagen wollten. Sie gerieten an eine betrunkene Engländerin (die versäumt hatte, ihren Wein, wie es sonst üblich war, mit Wasser zu mischen). Durch den Alkohol ermutigt, wie es Reisende an unbekannten Orten oft sind, schlug sie mit ihrem Pilgerstab auf eines der Pferde der mamlukischen Soldaten ein. Um ihr das zu vergelten, holten die Soldaten mit ihren stahlgespickten Peitschen aus. Doch, so erzählt der englische Anonymus weiter, ihre Peitschen konnten nicht einmal den Saum der trunkenen Engländerin berühren – sie stand unter dem Schutz der Jungfrau Maria. Der Anonymus schreibt: Die Mamluken »standen stumm da, wie im Erdboden festgewurzelt«. Dazu fielen unserem Engländer die Worte des Propheten Habakuk ein: »In Deinem Zorn wirst Du die Erde zertreten, in Deinem Grimm wirst Du die Völker in Erstaunen versetzen« (Habakuk 3,12). Selbst der einheimische Führer der Reisegruppe war fassungslos. Die Reisenden konnten ihren Weg fortsetzen, mehr noch: Ohne zu verstehen, was ihnen gerade passiert war, sahen sie den Vorfall als weiteren Beweis für ihr gottgegebenes Recht auf das Land an, das sie gerade durchquerten.

Von Gaza aus südwärts führte die Straße die Reisenden durch die Wüste der Sinai-Halbinsel. Mit ihren Reittieren stapften sie durch dieselben heißen Sandlandschaften, durch die Moses und Aaron, wie im Buch Exodus berichtet wird, die Kinder Israels geführt hatten. Mit den Besuchern wurde an Orten – kaum mehr als Steinhaufen oder aus Palmen gefertigte Kreuze im Sand – haltgemacht, die für Ereignisse standen, die ihnen aus den biblischen Geschichten vertraut waren.

Bernhard von Breydenbach, ein Mainzer Geistlicher, durchquerte diese Wüste im Jahr 1483. Breydenbach war ein ehrgeiziger und gebildeter Mann, ein engagierter Pilger und ein innovativer Verleger. Er war eine Art Tutor und Berater des Adligen Johann von Solms (Wirkenszeitraum um 1482) und reiste mit ihm durch das Heilige Land. Auch ein bekannter Künstler, Erhard Reuwich (1445–1505), begleitete sie. Ihr gemeinsames Projekt war die Erstellung eines neuartigen Reiseführers, der enzyklopädisches Wissen über die Region mit aktuellen Beobachtungen und in graphische Abbildungen gefassten Eindrücken von Augenzeugen verbinden sollte. Breydenbach steuerte Texte über die Erfahrungen bei, die er dort gemacht hatte, und Reuwich Illustrationen zu den Menschen und Orten, die sie kennengelernt hatten. Das daraus resultierende Buch, die *Peregrinatio in terram sanctam* (Pilgerreise im Heiligen Land), wurde zu einem der Bestseller der frühen Ära des Buchdrucks in Europa.

Wir begleiten Breydenbach und seine Gefährten auf ihrem Weg durch die Wüste Sinai zum berühmten, aber abgelegenen Katharinenkloster am Berg Sinai. Die Gruppe (zu der auch der Ulmer Felix Fabri gehörte) hatte nach der Besichtigung Jerusalems beschlossen, ihre Reise zu verlängern und eine weitere Etappe in Angriff zu nehmen, die nur etwas für Unerschrockene war. In Begleitung eines einheimischen Führers verließen sie Bethlehem am 27. August und reisten über Hebron und Gaza weiter nach Süden durch die Wüste. Am 16. September sahen sie schließlich den Berg Horeb, von dem man damals annahm, er sei der obere Teil des Berges Sinai, wo Moses die Zehn Gebote empfangen hatte. Sie verbrachten zehn Tage in dem Kloster, in dem die Reliquien der Heiligen Katharina aufbewahrt wurden, und reisten am 27. September wieder ab.

Das Katharinenkloster lag hinter sehr dicken Mauern am Fuße des Berges. Ursprünglich war es der Jungfrau Maria geweiht, doch um 1300 waren die Reliquien der Heiligen Katharina zur Hauptattraktion geworden. Während der Kreuzfahrerzeit noch eine wohlhabende Einrichtung, litt das Kloster, als Breydenbach es besuchte, unter der mittlerweile isolierten Lage; zudem waren die Besitzverhältnisse umstritten. Einige griechische Mönche hielten das Klosterleben aufrecht und bemühten sich, die dort ankommenden Pilger aller Konfessionen zu versorgen.

Zahlreiche Besucher hinterließen Graffiti oder ritzten ihre Namen in die Wände, Türen oder Möbel des Klosters, so etwa »Swinburn« (Thomas Swynburne, späterer Bürgermeister von Bordeaux, der 1392 mit seinem Stallmeister Thomas Brygg das Kloster besuchte), »Wilhelm von Diesbach 1466« (der damit den Besuch eines späteren Schultheißen von Bern dort festhielt), »Anselmus Adournes« (Anselm Adournes, Kaufmann aus Brügge, der 1470 mit seinem Sohn das Kloster besuchte und uns einen beredten Bericht darüber hinterlassen hat), »Lambert Vande Walle« (ein Verwandter von Adournes, ebenfalls aus Brügge) oder ein gewisser »Dertlot«, der das Kloster 1332 besuchte. Die Graffiti-Spuren auf dem Sinai zeugen von Dutzenden internationalen Besuchern unterschiedlichen Ranges und Standes. Reisen zu Orten, die den Pilgern Unerschrockenheit abverlangten, wurden zu einem erstrebenswerten Nachweis der eigenen Frömmigkeit und Kultiviertheit. Wer dort seinen Namen einritzte, wurde Teil der einzigartigen Heiligkeit des Ortes – und hinterließ ein persönliches Zeugnis, dass sich die Reise gelohnt hatte.

Das Kloster hielt für die Pilger zuverlässig einigermaßen komfortable Unterkünfte bereit. Antonius von Cremona, der dort um 1330 zu Gast war, beschrieb, dass die Mönche venezianische Kupferkessel nutzten, um vierhundert Menschen auf einmal zu beköstigen. Ende des 15. Jahrhunderts waren römisch-katholische Christen wie Breydenbach und Fabri allerdings von der Messe in der Hauptkirche des Klosters ausgeschlossen. Sie durften meist nur einen kurzen Blick auf das Marmorgrab der Heiligen Katharina werfen und wurden stattdessen in die »Kapelle der Franken« geführt, einen schmalen Raum mit einem geschmückten Altar, geweiht der Heiligen Katharina. Breydenbachs Gruppe hatte jedoch das Glück, dass der Abt ihnen die Reliquien der Heiligen zeigte. Zum Zeitpunkt von Breydenbachs Besuch handelte es sich bei den gut erhaltenen Reliquien offenbar um Katharinas Kopf und ihre Hände. Obwohl sie nicht mehr das heilige Öl verströmten, das frühere Besucher beobachtet hatten, wurden die Reliquien weiterhin sowohl von ortsansässigen Muslimen als auch von den weitgereisten christlichen Pilgern verehrt. Jedes Mitglied von Breydenbachs Reisegruppe erhielt ein kleines Stück des Baumwolltuchs, in dem Katharinas Reliquien aufbewahrt waren.

Felix Fabri schreibt über die furchtlosen georgischen Eseltreiber, die die Pilger von Jerusalem nach Ägypten führten und auch seine Reisegruppe zum Katharinenkloster geleitet hatten. Er befand, es waren »gut aussehende Männer, höflich, zuvorkommend und kühl im Benehmen, nicht zu leidenschaftlichen Ausbrüchen neigend«, und daher, so schloss er, »besonders geeignet für die Durchquerung der Wüste« – genau wie die freundlichen, zuverlässigen Esel, die ihn und seine Begleiter durch Staub und Sand getragen hatten. Auf dem Sinai angekommen, wurde Fabris Freude durch mehrere Faktoren getrübt. Zunächst waren viele seiner Mitpilger schwer erkrankt. Noch mehr beunruhigte ihn jedoch die Anwesenheit hungriger Araber, die vor dem Kloster ein Lager aufgeschlagen hatten. Er nahm an, dass sie dort auf eine Gelegenheit warteten, das umfangreiche Gepäck seiner Reisegruppe zu stehlen, um möglicherweise »ungerechtfertigte Abgaben« von ihm zu erpressen. Diese Araber taten Fabri und seinen Begleitern nichts, »weder Gutes noch Böses«, aber »dass sie dort warteten, daran trug [er] schwer«. Auf Reisen wird man oft von den eigenen Ängsten heimgesucht.

Dann kam es zu einem weiteren üblen Streit darüber, wer sein Gepäck auf der Weiterreise tragen sollte, so dass Fabri befürchten musste, es könnte ihm versagt bleiben, den Berg Sinai in Frieden zu besteigen.

Nachdem er für die Durchquerung der Wüsten weder Mühen noch Kosten gescheut hatte, wollte Fabri nun ungestört die transzendente Freude spüren, die sich bei eifrigen Pilgern einstellt, wenn sie ihr Ziel erreichen. Doch gegenläufige Erlebnisse, die profanen Tatsachen vor Ort und die Strapazen des über »Furcht einflößende und steile« Berge führenden Wegs spielten sich immer wieder in den Vordergrund. Fabris italienischsprachiger Führer, ein Bruder Nicodemo, erklärte ihm die Landschaft, durch die sie kamen, indem er von Legenden und Wundern erzählte, die sich dort ereignet hatten. So gut sich Fabri auch damit fühlen mochte, an dem heiligen Ort angekommen zu sein: Er machte sich ständig Sorgen über die »immer größer werdende Zahl an Arabern« direkt vor dem Kloster und im weiteren Umfeld. Voller Aufregung und Freude feierte er am Leichnam der Heiligen Katharina das Abendmahl und wandelte auf den Spuren von Moses. Was ihn jedoch noch mehr bewegte, waren die »schlechten Angewohnheiten und schweren Irrtümer«, die sich die Mönche im Kloster leisteten, und die »undankbaren Hunde«, die Araber, deren bloße Anwesenheit ihn bedrückte und bei ihm auf Schritt und Tritt eine Art dünkelhafte Furcht auslöste. Dieser Verdruss prägt Fabris Erinnerungen an seine Zeit im Katharinenkloster.

Sein Aufenthalt fand ein unrühmliches Ende, als einer seiner Begleiter beschuldigt wurde, »mit einem eisernen Werkzeug« ein Stück vom Sarg der Heiligen abgeschlagen zu haben. Fabris Gruppe musste feststellen, dass der Sarg tatsächlich beschädigt worden war

(Fabri selbst hatte zuvor die »lasterhafte Neugier« einiger Pilger beschrieben, die am Heiligen Grab in Jerusalem Steinstücke abschlugen). Es stand die Drohung im Raum, sie an die Araber auszuliefern. Heimlich ersetzte der Übeltäter das Stück Stein. Erst als Fabri und seine Begleiter ein »Abschiedsgeschenk« – einen größeren Geldbetrag – überreicht hatten, wurde der Mantel des Schweigens über die Angelegenheit gebreitet. Es war eine letzte Demütigung, die Fabri unmissverständlich zeigte, dass er an Orten wie dem Sinai nur geduldeter Gast war.

Dem Weg durch den Sinai in Richtung Westen folgend, verwandelte sich die Landschaft von der bergigen Wüste in das üppige Delta des Nils. Breydenbach berichtet von der großen Fruchtbarkeit der Gegend, die mit Oliven- und Palmenhainen und anderen Bäumen bepflanzt war. Wie ergiebig das Land war, zeigten beispielhaft die Gärten von Matharea, eine Attraktion für Touristen, etwa 14 Kilometer nordwestlich von Kairo gelegen.

Matharea war ursprünglich ein christliches Heiligtum, bekannt für den »Baum der Jungfrau Maria«, der sich der Legende nach vor Maria verneigt und der Heiligen Familie auf ihrer Flucht nach Ägypten (Matthäus 2) Schutz gewährt hatte. Eine spätere Legende besagt, die Jungfrau Maria habe hier die Kleider des jungen Jesus in Quellwasser gewaschen. Aus diesem Wasser seien dann fruchtbare Gärten entstanden. Im Mittelalter entwickelte sich dort eine Art Erholungsort, ein Park mit einem Brunnen, aus dem süßes Wasser sprudelte, und einem Hain mit berühmten Balsambäumen. Im Jahr 1392 wurden immerhin 2 Grossi (venezianische Groschen) Eintritt verlangt. Die Bäume verströmten ein hochgeschätztes, wohltuendes, aromatisches Harz, das in der Medizin, als Parfüm und als Konservierungsmittel (daher der Begriff »Einbalsamieren«) verwendet wurde. In den Balsamgärten von Matharea wurde der beste Balsam der Welt angebaut, denn er entsprang dem Boden, auf dem die Jungfrau Maria selbst geruht hatte, und dem Wasser, das die Kleider ihres Sohnes berührt hatte. Mit Rosenwasser vermischt, wurde der Balsam an die Besucher verkauft. Allerdings war dieses Geschäft auch anfällig für Betrug: In vielen Reiseführern wird vor gefälschtem Balsam auf der Basis von Kienöl (Kiefernharz) gewarnt.

Im 15. Jahrhundert scheinen die Gärten um einen uralten Feigenbaum herum angelegt gewesen zu sein, der als der Baum verehrt wurde, unter dem die Jungfrau geruht habe. Nach dem Horror der unermesslichen Einsamkeit, »der Unfruchtbarkeit und Dürre der Wüste«, schreibt Breydenbach, sei seine Reisegruppe »wegen der großen Ergötzlichkeit und Schönheit und des Überflusses aller Güter« von den Gärten geradezu bezaubert gewesen. Er und seine Begleiter blieben ein paar Tage dort, um sich zu erholen. Einer aus seiner Gruppe, der Lautenist Conrad, brachte ihrem einheimischen Dolmetscher das Lautenspiel bei. Der Park schien wie eine Inkarnation der zwei berühmtesten Gartenkonzeptionen der mittelalterlichen Kultur: des *hortus conclusus* (eines ummauerten Gartens, der gleichzeitig ein Symbol für die Jungfrau Maria ist) und des *locus amoenus* (eines idealisierten »angenehmen Ortes« der Erholung und Erbauung). Wie die Heilige Familie löschte auch Breydenbachs Reisegruppe in Matharea ihren Durst und wunderte sich, wie sich die lebensfeindliche Landschaft des Sinai so plötzlich in solch einen einladenden Lustgarten hatte verwandeln können.

Aber es gab dort tatsächlich etwas noch Bemerkenswerteres, über das viele Europäer zwar gelesen hatten, aber nicht aus eigener Anschauung berichten konnten: einen Baum mit Früchten, von dem »Paradiesäpfel« geerntet wurden. Allein die Blätter des »wunderbarlichen Baums« waren nach Breydenbach »xv oder xvi Schuh lang« (sprich maßen in der Länge beinahe 5 Meter). Noch bemerkenswerter waren die Bündel mit den süßen, länglichen Früchten, die von den Einheimischen »Musi« genannt wurden (eine lautsprachliche Wiedergabe des arabischen *mawz* für Dessertbanane/Kochbanane bzw. *Musa paradisiaca*). Viele Europäer, darunter auch Breydenbach, fanden es bemerkenswert, dass beim Anschneiden jede Scheibe der reifen Frucht das Bild eines Kreuzes mit allen Merkmalen eines Kruzifixes zeigte. Es war, als ob im Heiligen Land alles Lebendige von Heiligkeit durchdrungen war. Wer seine Reise als Pilgerfahrt betrachtet, wird dem Heiligen überall begegnen. Diese seltsame Frucht – die erst im 16. Jahrhundert den Namen »Banane« erhalten sollte, abgeleitet von einem westafrikanischen Wort – war bekannt dafür, dass sie innerhalb einer Woche verdarb, was sie in ihrer saftigen Köstlichkeit noch wertvoller machte. Dass diese besonderen Früchte im Inneren ein Kreuz aufwiesen, ließ sich für Reisende wie Bernhard von Breydenbach dahingehend deuten, dass die christliche Rückeroberung des Landes keineswegs unwahrscheinlich war. Schließlich tauchten in der Natur noch immer überall Zeichen auf, dass es sich um das heiligste aller Länder handelte. Später verfasste Breydenbach ein Kräuternachschlagewerk, den »Gart der Gesuntheyt«, in dem er beschrieb, wie ihm seine Reise nach Ägypten und ins Heilige Land geholfen hatte, nützliche Pflanzen zu bestimmen, weil er sie in ihrer tatsächlichen Farbe und Form hatte sehen können: Die religiöse Reise trug zur Naturgeschichte bei und umgekehrt.

Bevor sie Matharea verließen, feierten Breydenbach und seine Gruppe eine feierliche Messe am Brunnen der Jungfrau Maria. Einige tauchten gleich mehrmals in das Brunnenbecken, in der Hoffnung, das Wasser möge ihnen Gesundheit bringen. Aber es war Zeit, zur Hauptattraktion weiterzuziehen: zur prächtigen Stadt Babylon. Gemeint war damit nicht etwa die biblische Stadt Babylon (im heutigen Irak), sondern die große Mamlukenstadt Fustat, die damals gerade im Großraum Kairo aufging.

Babylon (später »Alt-Kairo« genannt) hatte sich um die römische Zitadelle der Stadt östlich des Nils entwickelt, die auch als »Festung Babylon« bekannt war. Das eigentliche Fundament Fustats wurde jedoch erst im 11. und 12. Jahrhundert von den Fatimiden gelegt. Die Stadt grenzte auf der einen Seite an das seit dem 7. Jahrhundert von den Arabern besiedelte Alt-Kairo und auf der anderen Seite an die Stadt Kairo (Qāhirah) im Nordosten. Um 1170 errichtete dann Saladin auf einem Hügel zwischen Fustat und dem fatimidischen Kairo eine prächtige Zitadelle. Während der Mamlukenzeit erreichte die Stadt ihren Höhepunkt – aufwendige neue Paläste und städtische Gebäude entstanden, und der ständige Bevölkerungszuwachs (um 1300 lebten dort etwa eine halbe Million Menschen) machte sie womöglich zur größten Stadt westlich von China. In ihrer Silhouette zeichnete sich eine erstaunliche Vielfalt an Minaretten, Kuppeln und Giebeln ab. Die Stadt bot unerschrockenen Reisenden zahlreiche Attraktionen: Neben Handelsmöglichkeiten und dem Besuch wundersamer Heiligtümer hatten sie nicht zuletzt die Chance auf eine Audienz beim Mamluken-Sultan, der Fustat als Hauptstadt gewählt hatte.

Breydenbach betrat Kairo am 9. Oktober 1483. Ihn erstaunte nicht nur die Größe der Stadt, sondern auch das Gewimmel an Menschen aus aller Welt, die sich durch die langen Straßen schlängelten. Er notierte, ihre Reisegruppe sei »von den Heiden [...] nicht wenig bedrängt und angeschrien« worden. Aber er wurde direkt zu einem prächtigen, reich mit Wandbehängen und Gemälden geschmückten Palast geführt, wo er sich ausruhen und offenbar ein- und ausgehen konnte, wie es ihm beliebte. Er schlenderte durch den Palast und betrachtete die vielen Besitztümer seines Gastgebers: Frauen und Eunuchen, Kriegsbeute, Rüstungen, Sättel und Pferde sowie elegante Einrichtungsgegenstände. Am nächsten Tag wurden er und seine Reisebegleiter von ihrem Führer, einem ursprünglich jüdischen Konvertiten, der erst Christ und dann Muslim geworden war, zu eigens für sie vorgesehenen Zimmern innerhalb des Palastes geleitet. Breydenbach war mitten im Ramadan angekommen und staunte darüber, wie sich die Stadt bei Sonnenuntergang wandelte, wenn von überall Lichter ihren Schein warfen und das Lärmen von Festen und opulenten Feiern durch die Nacht schallte.

Während seiner Zeit in Kairo begegnete Breydenbach einer Reihe von Menschen, die einschlägige – und nicht nur gute – Erfahrungen damit gesammelt hatten, was es bedeuten kann, wenn Religionen aufeinanderprallen. Er war noch keinen Tag in der Stadt, da wurde er von einem Christen angesprochen, der eiserne Fußfesseln trug und ihn um Geld anbettelte. Dieser Christ war zwei Jahre im Gefängnis gewesen, weil er einem Mann in Alexandria zwei muslimische Kinder abgekauft hatte, um sie im christlichen Glauben zu erziehen – etwas, das nach islamischem Recht ausdrücklich verboten ist. Am nächsten Tag hörte die Gruppe von einem Ungarn, der nur äußerlich zum Islam übergetreten war: Sein »christlich Herz trug er unter eym sarazenischen Gewand«, so Breydenbach. Nicht lange und er sah drei gefangene Christen, die – ebenfalls in Fußfesseln und beinahe unbekleidet – ihr Unglück beklagten und um Almosen baten. Es stellte sich heraus, dass die Mamluken es sich zur Gewohnheit gemacht hatten, ihre Gefangenen dreimal am Tag zum Betteln auf die Straße zu schicken.

Um die Märkte der Stadt zu besuchen, wurde Breydenbachs Reisegruppe am 13. Oktober aufgeteilt. Jede der drei oder vier Kleingruppen erhielt einen eigenen Führer. Als er die Waren sah, schreibt Breydenbach, habe er seinen Augen nicht getraut, dazu noch die Anzahl der Menschen und ihr Reichtum. Er kaufte Rüstungen, Seide und fremdartige Tiere. Doch als sich die Gruppe auf dem Sklavenmarkt umsah, wurde sein Status als Kunde und Tourist plötzlich in Frage gestellt. Während er noch halb fasziniert, halb mitfühlend zusah, wie Kinder zum Verkauf angeboten wurden, wandte sich ein Händler an Breydenbachs Führer und fragte, wie viel die Sklaven, die er dabei habe, kosten würden. Breydenbach wurde plötzlich vom Kunden zur Ware, vom subjektiv Blickenden zum Objekt in den Augen eines Betrachters. Sein Führer lächelte zunächst nur, stellte dann aber, nachdem ihm zehn Dukaten pro Person angeboten worden waren, doch klar, dass Breydenbach und seine Begleiter nicht zum Verkauf standen.

Nach Breydenbachs Darstellung war die Sklaverei in und um Kairo allgegenwärtig. Am Nilufer sah er eine große Gruppe versklavter Menschen, die Ziegel herstellten. Sie erinnerten ihn an die Israeliten, die für den Pharao arbeiten mussten, bis Moses sie befreite. Breydenbach betrachtete die Stadt mit einer Mischung aus Entsetzen und Staunen. Ihre Einwohnerzahl erschien ihm überwältigend hoch: Er schätzte, sie liege höher als die von ganz Italien. Allein die Zitadelle, schrieb er, nehme eine Fläche ein, die größer sei als die Stadt Ulm und etwa halb so groß wie die Fläche Nürnbergs. Außerdem sah er zahlreiche unbeschreiblich seltsame Tiere. An den Häusern in Kairo fiel ihm auf, dass sie äußerlich unscheinbar aus Lehm und Ziegeln gebaut waren, im Inneren aber, geschmückt mit kunstvollen Ornamenten, üppige Eleganz entfalteten. Sobald sich die Reisegruppe auf der Straße zeigte, begannen die Leute ihn und seine Begleiter zu drangsalieren, doch Breydenbach wollte seine Neugier anscheinend unbedingt stillen oder setzte großes Vertrauen in den Schutz durch seine Gruppe und seinen Führer, so dass er sich nicht abschrecken ließ und seine Besichtigungstour fortsetzte.

Schließlich wurde Breydenbach am 16. Oktober eine Audienz beim Sultan gewährt, einem der mächtigsten Männer der Welt. In der Zitadelle des Sultans beeindruckten Breydenbach die zahlreichen Bediensteten und die Anzahl an Pferden, Ställen und geräumigen Gemächern – »davon gar viel zu schreiben wär', aber kaum ist es glaublich«, resümiert der Mainzer Kleriker. Doch der Empfang war eher ein Spektakel als ein Gespräch. Breydenbach und seine Mitreisenden wurden durch eine Reihe von Türen geleitet und sahen den Sultan auf seinem Thron sitzen. »Und gar viel Herren und Mamluken haben ihn nach ihrer Sitte ehrfürchtig und schweigend umstanden«. Von dem, was dann gesagt oder getan wurde, berichtet Breydenbach nichts, aber nach einer Stunde wurde seine Gruppe nach draußen eskortiert und auf einen großen Marktplatz geführt, wo Kamele, Esel und Pferde verkauft wurden. Anschließend an ein Mittagessen »gingen etliche von uns ins Schweißbad«, so Breydenbach, »denn sie beweisen gute Dienstbarkeit in den Bädern«. Neben der Eleganz der Räumlichkeiten, die mit Mosaiken und verschiedenen Sorten von »Marmelstein« verziert sind, hebt er hervor: Sie haben dort »eine seltsame Weis' die Glieder derer, die da baden, zu richten oder zu reiben«.

In Breydenbachs ausführlichem Bericht über Kairo findet sich beides: die religiös bedeutsame Vergangenheit des Heiligen Landes und die merkantil-politisch bewegte Gegenwart der Mamluken-Megastadt. Die weltlichen Wunder, die Breydenbach in Kairo sah, ließen ihn sprachlos zurück. Da war er nun, ein Besucher, der gekommen war, um das Heilige Land zu sehen, und dessen Erwartungshorizont noch immer von den biblischen Geschichten geprägt war. Die Realität wartete jedoch mit neuartigen, verwirrenden Verlockungen auf, die eine ständige Herausforderung für sein Selbstverständnis bedeuteten.

Von den Höhen der mamlukischen Zitadelle aus waren die goldenen Steinpyramiden in der Sandwüste jenseits der Stadt deutlich sichtbar. Tatsächlich waren die Pyramiden den Bewohnern des mittelalterlichen Kairo gut bekannt: Sie wurden wegen ihrer eleganten weißen Kalksteinverkleidung für den Bau mehrerer mittelalterlicher Bauvorhaben der Stadt geplündert.

Die in den 1330er Jahren verfassten Schilderungen des Symon Semeonis', eines irischen Mönchs, wiederholten wie John Mandevilles Darstellung aus den 1350er Jahren die im Mittelalter weit verbreitete Ansicht, die Pyramiden seien auf Veranlassung des alttestamentarischen Josefs als Kornspeicher erbaut worden. Die Autoren glaubten daran, dass Josef dort nach dem Traum des Pharaos (Genesis 41) das Getreide für die sieben mageren Jahre eingelagert habe.

In dieser Sichtweise waren die »über alle Maßen ausgeklügelt gebauten« Pyramiden vergessene Bauwerke, in denen der Traum des biblischen Pharaos mitsamt den antiken Ziegeln und den in verschiedenartigen Sprachen eingemeißelten Inschriften reale Gestalt angenommen hatte. Zwei der Pyramiden waren nach Mandeville

»erstaunlich hoch und breit«, aber alle waren voller Schlangen. Auch kontroverse Aspekte verschwieg er nicht: Einige behaupteten, so Mandeville, dass die Pyramiden »Gräber großer Menschen aus alten Zeiten sind. Die allgemeine Meinung ist jedoch, dass sie Josephs Scheuer sind«. Welchen Grund könnte es auch geben, so fragte er sich, für eine Grablege ein so hohes Bauwerk zu errichten? Simone Sigoli, der die Stadt 1384 besuchte, schrieb, dass die Pyramiden »zu den größten Bauwerken gehören, die man je gesehen hat«. Sie seien »aufgemauert aus riesigen, langen und breiten Steinen, und sie [die Pyramiden] sind genau wie Diamanten gemacht« – Sigolis Versuch, neben der übermäßigen Größe auch die Polyeder-Form des ungewöhnlichen Gebäudes zu fassen. »Man stelle sich vor«, fügte er hinzu, »was für eine große Menge [an Getreide] hineinpassen musste.«

Überall im Heiligen Land wurden mögliche Bezüge zur Bibel ausgesprochen wörtlich genommen und in materielle Stätten übersetzt – oder es passierte, wie in diesem Fall, das Gegenteil: ein interessantes Monument wurde umgemünzt auf den Traum des biblischen Pharaos. Mehrdeutigen Stätten wie den Pyramiden verlieh Mandevilles spirituelle oder exegetische Ausdeutung eine höhere Bedeutung. Implizit erklärte er sie damit zu jüdisch-christlichem kulturellen Eigentum (die altägyptische Vergangenheit wie die mamlukische Gegenwart des 14. Jahrhunderts waren vernachlässigenswert). Da dies nur von ihrem biblischen Ursprung ablenken würde, bemühte sich auch Symon Semeonis zu betonen: »Es ist nicht wahrscheinlich«, dass es sich bei den Pyramiden um Gräber handelt. Der Umgang der Pilger mit den Pyramiden ist nicht mit touristischer Neugier auf exotische Orte zu verwechseln, im Gegenteil ging es eher darum, bekanntes Bibelwissen zu vertiefen und mit den Erfahrungen vor Ort zu sättigen.

Sigolis Reisegefährte Giorgio Gucci war skeptischer gegenüber diesen »Getreidespeichern … von riesiger Gestalt«. Er hatte gehört, in der Ära Josefs seien sie »zur Zeit der großen Hungersnot vom Pharao gebaut worden«, sie schienen ihm aber »eher für ein ständiges Andenken als für einen Kornspeicher« geeignet zu sein. Zu beinahe jeder touristischen Erfahrung gehört es, dass dann und wann Zweifel auftauchen. Die Reisenden fragen sich: Was sehe ich gerade? Ist es wirklich das, was mir angekündigt wurde? Ist das, was ich sehe, die Reise wert gewesen? Sehe ich etwas Reales?

Bernhard von Breydenbach glaubte, die Pyramiden seien heidnische Heiligtümer und Gräber, und sah in einem Sphinx (der Skulptur eines sitzenden Katzenkörpers mit dem Gesicht eines Mannes) einen »große[n] Abgott mit Namen Isis«. Auf einer Karte, die seinem Buch als Holzschnitt beilag, erscheinen die Pyramiden als winzige Spitzen in der Wüste, nicht weit vom Nil entfernt, der nach Kairo fließt. Ein anderer deutscher Pilger, Arnold von Harff, stand im Jahr 1497 vor den Pyramiden. Er beschrieb sie als »höchst fremdartige Bauwerke«, errichtet »gänzlich aus großen, schweren Steinen, sechs, sieben Fuß lang, und sich in der Höhe [verjüngend] jeweils um einen Stein wie eine Treppe«. Er und seine Begleiter benötigten drei Stunden, um die Spitze zu erklimmen – offenbar handelte es sich um die Große Pyramide. Oben angekommen, genossen sie den Blick über die Landschaft bis nach Alexandria und zum Mittelmeer. Nachdem sie sich ausgeruht und eine mitgebrachte Mahlzeit verzehrt hatten, stiegen sie wieder hinunter, wobei die Mamluken-Bogenschützen ihrer Eskorte einen Versuch machten, mit ihren Pfeilen den Erdboden zu erreichen; allein, die Gesellschaft fand die Pfeile auf halber Strecke über dem untersten Steinsockel. Harff gibt zwei Theorien zum Ursprung der Pyramiden wieder: »Man sagt, der König Pharao habe sie in den dürren Jahren erbauen lassen und habe sie voll Korn gehabt.« Nicht alle scheinen von den Pyramiden als Getreidespeicher überzeugt gewesen zu sein, denn Harff ergänzt: »Manche sagen auch, es [das Gebäude] sei eine Grablege der alten Könige von Ägypten gewesen.« Harff selbst war verwundert, dass dem Gebäude ein Eingang fehlte.

Die Pyramiden sind ein eindrucksvolles Beispiel dafür, wie ein

Ort zu einem Reiseziel wird. Bei Besuchern riefen sie in einem quasi archäologischen Impuls historisches Interesse hervor. Mit ihrer Schönheit, ihrer Größe und ihren faszinierenden Inschriften haben sie wohl eher den forschenden Blick des Touristen angeregt, als die Pilger in ihrer Hingabe zu bestärken (wobei wir ja bereits festgestellt haben, dass das eine durchaus in das andere übergehen konnte). Die meisten christlichen Besucher, die auf der Verbindungsroute nach Jerusalem oder dem Sinai unterwegs waren und die Pyramiden besuchten, waren vorsichtig mit der Behauptung, es handele sich um Josefs Kornkammern. Auf diese Weise lassen die Pyramiden die säkularen und humanistischen Impulse des späteren Tourismus anklingen, bei dem die Augenzeugenschaft Trumpf ist und die Reisenden keine Notwendigkeit mehr sehen, ihre Neugierde durch eine fromme Auslegung ihrer Motive zu rechtfertigen.

Wir kehren nun zu unserer Reiseroute zurück und visieren ein Ziel an, das wie kein anderes im mittelalterlichen Europa die Vorstellungswelt beherrscht hat: Jerusalem.

TIPPS ZUM DURCHQUEREN DER WÜSTE

aus dem Reisebericht von Meshullam da Volterra, 1481

1. Jeder tut gut daran, auf sein Reittier zwei Säcke zu laden, einen mit Biscotti (zweifach gebackenes Brot) und den anderen mit gehacktem Stroh und Futter für die Tiere.
2. Außerdem braucht ihr mit Wasser gefüllte Schläuche, denn in der Wüste werdet ihr kein Trinkwasser, sondern nur Brackwasser finden.
3. Jeder muss Zitronen dabeihaben, um Insekten zu vertreiben.
4. Ihr solltet in einer großen Karawane reisen, denn in der Wüste treiben viele Räuber ihr Unwesen.
5. Auch dürft ihr nur langsam gehen, und zwar aus zwei Gründen: Erstens, weil es in der Wüste so viel Staub und Sand gibt, dass die Pferde mancherorts bis zu den Knien einsinken, und zweitens, weil der aufgewirbelte Staub sonst in euren Mund gelangt, eure Kehle austrocknet und euch verdursten lässt – wer von dem heißen brackigen Wasser trinkt, wird nur noch durstiger.
6. Jeder Reisende, der die arabische Sprache nicht beherrscht, sollte sich besser wie ein Türke kleiden, damit niemand erkennt, dass er in Wahrheit ein Jude oder Franke [römisch-katholischer Westeuropäer] ist und deswegen gefangen genommen und erst für Lösegeld wieder auf freien Fuß gesetzt wird: Tragt ein weißes Tuch um den Kopf gebunden nach Art der Türken und Ismaeliten.
7. Jeder Reisende muss eine lange Eisenstange dabeihaben, an deren Spitze Glöckchen befestigt sind. Diese Stange wird in den Boden gerammt, um daran über Nacht die Esel und Pferde anzubinden, denn es gibt nichts, woran man die Tiere sonst festbinden könnte, nicht einmal den kleinsten Strauch.
8. Gebt den Reittieren weder Futter noch Wasser, wenn die anderen Mitglieder eurer Reisegruppe dies nicht auch gerade tun, denn es gilt als große Sünde, wenn ein Tier zu fressen bekommt, die anderen aber zusehen müssen. Das würde die Pferde oder Esel, die nichts zu fressen haben, leiden lassen, und das wäre eine Grausamkeit gegenüber den Tieren.

Kapitel 8

EIN RUNDGANG DURCH JERUSALEM

Monjoie · Jaffator · Muristan · Grabeskirche · Via Dolorosa · Ölberg · Himmelfahrtskapelle

Die Via Maritima, der Weg, auf dem die Pilger von der Küste aus von Jaffa nach Jerusalem reisten, zog sich als eine einzige Staubfahne durch die Landschaft. Nach einiger Zeit ging die Küstenebene in Hügel und Täler über, dann in Berge. Den Pfad säumten seltsame Bäume und trockene Sträucher, deren dornige Rispen sich in die Kleidung und die Beine der Pilger bohrten. Hier und da waren verlassene Häuser zu sehen, in den verfallenen Räumen lebten nur noch die Ziegen. Jede Pilgergruppe hatte ein paar barfüßige, mit Pfeil und Bogen bewaffnete Mamluken als Eskorte. Selbst wenn es um die einfachsten Dinge ging, waren die Pilger auf Einheimische als Übersetzer angewiesen, denen sie daher übertriebene Höflichkeit vorgaukelten. Geritten wurde auf müden Eseln und spuckenden Kamelen, die nur mit glucksenden Lauten, strengen Ermahnungen und polyglotten Beleidigungen zum Weitergehen zu bewegen waren. Und alles – jeder Lichtblick, jede Annehmlichkeit, jeder Schluck verdünnter Wein – kostete Geld. Es gab keinen einzigen Menschen in Jerusalem, der nicht vom Tod Christi profitierte – entweder kam er der Seele zugute oder dem Geldbeutel.

Tagsüber herrschte eine erstaunliche Hitze. Der Boden glühte. Die Luft fühlte sich an wie in einem Backofen. Die Münder der Pilger waren knochentrocken und es war unmöglich, der Sonne zu

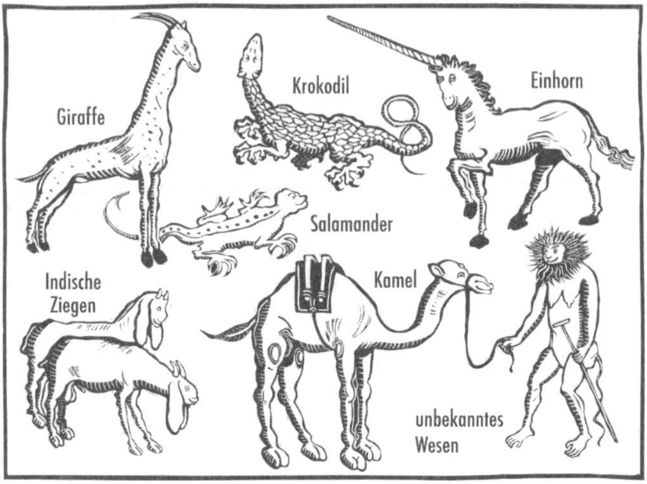

Abb. 8

entkommen. Selbst das Licht war heiß. Und dann, in der Nacht, änderte sich alles schlagartig und es wurde so klirrend kalt wie ein Winter in den Alpen.

Die Pilger zogen oft nachts weiter und suchten sich tagsüber einen Platz, der vor der sengenden Hitze Schutz bot. Wenn sie überhaupt schliefen, dann in den rudimentärsten Unterkünften: in Zelten oder Höhlen, manchmal auf nichts weiter als ein paar Brettern oder baumwollgefüllten Matten. Es hieß, es gebe Skorpione, Krokodile und Drachen in der Gegend. Die Einheimischen, die an ihren Turbanen als Nichtchristen zu erkennen waren und in Begleitung widerspenstiger Kamele auf dem Weg auftauchten, ließen sie lieber überholen. Neben dem regelmäßig erschallenden Spott einheimischer Jungen war die Angst vor Briganten, Straßenräubern und simplen Dieben ein ständiger Begleiter der Pilger.

In der Vorstellungswelt der mittelalterlichen Christen galt alles und jedes, da Gottes Schöpfung, im Wesentlichen als gut – erst recht im Heiligen Land. Doch vielen Pilgern fiel es schwer, sich das in Erinnerung zu rufen, während sie sich mühsam ihren Weg durch anscheinend doch recht feindliches Terrain bahnen mussten.

Von einem Berg, der etwa neun Kilometer nordwestlich der Jerusalemer Altstadt liegt, erblickten die europäischen Besucher erstmals ihr Ziel: Jerusalem. Hier, auf dem Gipfel einer felsigen Anhöhe (heute der An-Nabi Samwil oder al-Nabi Samuil), fanden sie das Grab des biblischen Propheten Samuel. Das Grab, untergebracht in einem kleinen Steingebäude, war und ist für christliche, muslimische und jüdische Gläubige gleichermaßen zugänglich. Schicht um Schicht türmten sich hier die Spuren der Geschichte und der verschiedenen kulturellen Praxen auf. Sie geben Zeugnis von der Heiligkeit, die diesem Ort zugeschrieben wurde, den Eroberungen und Rückeroberungen und gipfeln schließlich in der heutigen spannungsgeladenen geteilten Nutzung.

Um das Grabmal und die sakrale Stätte herum entstand ein Dorf mit jüdischen und muslimischen Einwohnern. Pilger aus der ganzen Welt – jüdische, muslimische und christliche – machten sich auf den Weg dorthin, um Samuel zu verehren. Auch wenn sich die christlichen Pilger mehr für den Anblick des in der Ferne schimmernden Jerusalem, das finale Ziel ihrer Reise, zu interessieren schienen. Für ein informelles Ritual hielten die einheimischen Führer der Pilgergruppen regelmäßig auf dem Berg an und ermutigten die Reisenden, dort abzusteigen. Die Pilger zogen ihre Schuhe aus und wandten sich der heiligen Stadt zu: Der Anblick Jerusalems ließ sie auf die Knie niedersinken und vor Freude weinen. Diese Freude trug dem Berg seinen Namen ein: Monjoie oder Mons gaudii (Lingua franca bzw. Lateinisch für »Berg der Freude«). Von hier aus hallten die biblischen Worte »Groß ist der Herr und hoch zu rühmen in der Stadt unseres Gottes, auf seinem heiligen Berge« (Psalm 48,2) in der Landschaft des Heiligen Landes wider.

Um 1107, kurz nach der Eroberung Jerusalems durch die Kreuzfahrer, beschrieb der Abt Daniil von Kiew, den seine Pilgerreise dort vorbeiführte, wie er und seine Mitreisenden am Monjoie abstiegen, jeder ein kleines Kreuz vor sich auf den Boden legte und sich in Richtung der Auferstehungskirche (wie die Grabeskirche bei orthodoxen Christen heißt) verneigte. »Niemand kann beim Anblick dieses ersehnten Landes die Tränen zurückhalten«, schrieb Daniil, des Landes, wo »Christus, unser Gott, seine Passion um uns Sünder willen erlitten hat«. Es gibt Dutzende von Berichten aus der Zeit der Kreuzfahrer bis ins 17. Jahrhundert, in denen Besucher ein ähnliches Ritual auf dem Mons gaudii, dem Berg der Freude, vollziehen. Als Margery Kempe auf ihrer Pilgerreise im Jahr 1414 Jerusalem zum ersten Mal sah, war sie von »Freude und Rührung« so überwältigt, dass sie fast von ihrem Esel fiel. Zwei Deutsche aus ihrer Reisegruppe, die ihr Verhalten mehr als Anzeichen für eine ernsthafte Erkrankung deuteten, als dass sie davon ausgingen, sie sei seelisch oder geistig derart überwältigt, halfen ihr mit medizinischen Gewürzen wieder auf. Doch für Reisende wie Kempe, die sich seit langem ausgemalt hatten, nach Jerusalem zu kommen und die Stadt in ihrer Vorstellung schon viele Male besucht hatten, war Jerusalem einer dieser Orte, von denen man sagte, an denen sei man nie zum ersten Mal.

Auch der Sekretär des Herzogs von Mailand, Santo Brasca, war bei seinem Besuch im Jahr 1480 in Tränen ausgebrochen, als sich ihm die Aussicht vom Monjoie bot. Er sank auf die Knie und stimmte mit tränenverhangener Stimme eine bekannte Hymne an: »Urbs beata Jerusalem dicta pacis visio« (Gesegnete Stadt Jerusalem, Anblick des Friedens genannt). Dann sprach er ein kurzes Gebet, das die Misshandlungen aufzählte, die Jesus Christus in genau dieser Stadt erduldet hatte.

Möglicherweise weinten die Pilger jedoch weniger aus Freude denn aus Erleichterung darüber, dass ihre beschwerliche Reise sie tatsächlich an ihr Ziel gebracht hatte. Ist es angesichts einer solch langen Reise, die sie teils durch glühend heiße Regionen geführt und stets einen ungewissen Ausgang gehabt hatte, ein Wunder, dass ihre Nerven blank lagen und der Anblick Jerusalems ihnen ein Trost war?

Vom erhöhten Aussichtspunkt auf dem Monjoie aus gesehen, wirkte Jerusalem auf die Reisenden winzig. Gottgleich sahen sie von oben auf eine lebendige Landkarte, durch die sie einige Stunden später in Richtung ihres Ziels ziehen würden. Das Ritual der mittelalterlichen Pilger, auf ihrem Weg einen freudigen Blick auf Jerusalem zu werfen, bietet eine ähnliche Erfahrung wie eine Ankunft im Flugzeug, wenn das Panorama den Blick auf die Landschaft des Zielorts freigibt. Das Besondere an der Aussicht auf eine in der Ferne liegende Stadt ist, dass weder die Details noch die vielen Unvollkommenheiten zu sehen sind: der Schmutz, die verfallenen Ruinen, die Ratten, die streitenden Menschen, die ungezogenen Kinder und ihr Geplapper in fremden Sprachen, das fragwürdig aussehende Essen der Straßenhändler, die trostlosen Gassen voller Kamelhaufen, die Menge an Aussätzigen, die sich vor den Stadttoren drängen.

Ein Eindruck »a prima vista«, sprich auf den ersten Blick, hat eher etwas damit zu tun, was man nicht sieht, denn so ein erster Blick lässt das Auge über die Landschaft gleiten, glättet verfallende Trümmer zu romantischen Ruinen und verbirgt die lästigen Einzelheiten der Realität hinter gnädiger Unschärfe. Ganz besonders gilt das für Menschen, die Tränen in den Augen haben, wie es bei den meisten Reisenden der Fall war, wenn sie Jerusalem zum ersten Mal sahen. Für die gläubigen Reisenden war die »Vision« von Jerusalem mehr ein Gefühl als ein Sehen.

Was bedeutete es, das irdische Jerusalem zu betreten? Jerusalem war der Ort, über den die weitaus meisten schriftlichen, mündlichen und bildlichen Darstellungen kursierten. Ungemein präsent in der Welt, löste er bei zahllosen Menschen das Verlangen aus, selbst dort gewesen zu sein. Jerusalem war sowohl das Zentrum der Welt als auch ihr kulturelles Optimum. Manche bezeichneten die Stadt auch als Nabel der Welt, den »umbilicus«, den Ausgangspunkt für jegliches Leben, die Nabe des Weltenrades, den Punkt, von dem alles ausgeht und an dem alles zusammenläuft. Von allen Reisen, die man unternehmen konnte, wurde die Pilgerfahrt nach Jerusalem am höchsten geschätzt. Sie war alles Geld, ja sogar das eigene Leben wert: In Jerusalem in der Nachfolge Jesu Christi zu sterben, galt als der beste aller Tode. In der Tat gibt es viele Berichte über Pilger, die kurz vor oder nach ihrer Ankunft in Jerusalem gestorben sind. Pilger wurden häufig in Akeldama begraben, dem »Blutacker« außerhalb der Altstadt, wo sich Judas erhängt hatte. Die Tradition entstand wohl, weil der Acker in der Bibel als Stätte »zum Begräbnis für die Fremden« erwähnt wird (Matthäus 27,7). Unser englischer Anonymus, der 1344 / 1345 in Jerusalem war, berichtet als einer von vielen Besuchern von den einzigartigen Bestattungseinrichtungen in Form eines Bauwerks mit »zehn runden Öffnungen, in die die Leichen der Toten auf den Grund geworfen werden, auf die, die bereits tot sind«. Im Jahr 1486 starben in Ramla und im Umland zwei deutsche Ritter, Jan Branborken aus Pommern sowie Dietpolt von Haspberg. Ihre Leichen mussten mit großem Aufwand auf Bahren von Ramla nach Jerusalem getragen werden, weil sie im Franziskanerpriorat auf dem Berg Zion bestattet werden sollten. 1506 wurden die englischen Reisenden Richard Guylforde und sein Begleiter, der Prior John Whitby aus Guisborough in Yorkshire, in der Nähe des Monjoie »schwer krank«. Es mussten Kamele gemietet werden, um sie »unter großen Schwierigkeiten und unverschämten Kosten« nach Jerusalem in Sicherheit zu bringen. Innerhalb einer Woche waren sie tot und wurden ebenfalls auf dem Berg Zion begraben. Während Guylforde dahinsiechte und schließlich starb, besuchte sein Schreiber, Thomas Larke, nichtsdestoweniger eifrig die vielen Pilgerstätten der Stadt.

Die meisten europäischen Besucher Jerusalems wussten wenig über die mittelalterliche Stadt, in die sie kamen. Was sie jedoch teilten, war eine tief verwurzelte, kollektive Erinnerung an die Stadt, die die Besucher aus (biblischen) Geschichten, Reiseführern und Streitschriften kannten und durch eine Form der Geographie verorteten, die der Bedeutung des Wortes im Griechischen entsprach: »geo« plus »graphia«, das heißt »Schreiben über die Welt«. Allerdings hatte sich diese kollektive Erinnerung im 14. Jahrhundert längst in den Steinen der Gebäude vor Ort verfestigt, da Jerusalem und seine Umgebung entsprechend der Wünsche und Bedürfnisse der Pilger sowie ihren biblischen Erinnerungen gemäß umgestaltet worden waren – schließlich waren die Pilger die eifrigsten Besucher der Stadt.

Das Jerusalem des Mittelalters beschränkte sich weitgehend auf ein kompaktes Gebiet von etwa einem Quadratkilometer: die »Altstadt«. In der Mamlukenzeit (1250–1517) waren die Mauern Jerusalems zerstört worden – bis auf die Westseite, vor der die europäischen Reisenden ankamen und die Stadt dann durch das Jaffator (auch bekannt als Davidstor, Pilgertor, Fischtor oder Kaufmannstor) betraten. Angrenzend liegt die Davidszitadelle, eine mamlukische Befestigungsanlage, die – nachdem sie lange davor zum Palast des Herodes gehört hatte – einst eine Kreuzritterfestung war und die westlichen Zugänge der Stadt kontrollierte. Mit ihren ausgeblichenen und verwitterten Steinen zwar von der Zeit gezeichnet, aber noch immer ansehnlich, wachte die Davidszitadelle, obwohl sie sozusagen »im Ruhestand« war, noch immer über das Stadttor und die vielen Menschen, die durch das Tor strömten.

Auch wenn Jerusalem sich ständig verändert, hat der Grundriss der Altstadt Bestand, unabhängig von den verschiedenen Religionen und Reichen, die sie im Laufe der Zeit für sich beansprucht haben. Die Hauptstraßen folgen noch immer den Achsen der römischen Stadt. Der Ostteil der Stadt wird von dem als Tempelberg bekannten Plateau dominiert. Hier befand sich einst der jüdische Tempel (erbaut an der Stelle, die Abraham aufsuchte, um Isaak auf dem Gipfel des Berges Morija zu opfern) und seit dem frühen Mittelalter der Felsendom. In der Zeit, in der die Kreuzfahrer Jerusalem besetzt hatten, war der Felsendom eine Abtei, die als Templum Domini, Tempel des Herrn, bekannt war. Die nahe, ebenfalls auf dem Tempelberg gelegene Al-Aksa-Moschee diente den Tempelrittern als Hauptquartier. Nachdem die Kreuzfahrer Jerusalem 1244 endgültig verloren hatten, wurden die Christen vom gesamten Tempelberg ausgeschlossen und die Gebäude umgewidmet, um nun als islamische Kultstätten zu dienen. In seiner Schrift aus dem Jahr 1340 wiederholte Ludolf von Sudheim eine Warnung, die offensichtlich vielen westlichen Besuchern mitgegeben wurde: »Die Muslime erlauben keinem Christen, diesen Tempel [den Felsendom] zu betreten, und wenn sie ihn doch betreten, müssen sie entweder sterben oder ihrem Glauben abschwören.« Die Pilger hatten sich in eine aufregend exotische, aber gefährliche Kontaktzone begeben.

In der nordöstlichen Ecke der Stadt lag in einem Gewirr von Straßen die Via Crucis oder Via Dolorosa, der letzte Weg, den Jesus hatte gehen müssen: von Gethsemane, wo er verraten worden war, bis zum Kalvarienberg, auf dem er gekreuzigt wurde. Diese Gassen führten durch Märkte, Moscheen und Koranschulen und, in der Nähe des Tempelbergs, an den Hauptlatrinen der Stadt vorbei.

Den westlichen Teil der Stadt dominierten die Davidszitadelle und die Kirchenbauten, darunter die Grabeskirche und die armenische Sankt-Jakobus-Kathedrale. Ganz in der Nähe, im Südwesten, gleich außerhalb der aus dem 11. Jahrhundert stammenden, verfallenen Stadtmauern, lag der Zionsberg. Er war der Hauptsitz der Franziskaner und aller römisch-katholischen Christen im Heiligen Land. In dem Bereich zwischen Zionsberg und Tempelberg lebten überwiegend Juden, sowohl aus der Umgebung als auch aus Europa – in der Regel in Häusern, die sie von Muslimen gemietet hatten. Alle diese Teile der Stadt waren wie in einem komplexen Irrgarten durch Gassen und Durchgänge miteinander verbunden.

Bernhard von Breydenbach, der Jerusalem 1483 besuchte, rät davon ab, sich zu Pferde in die Stadt zu begeben, und empfiehlt stattdessen zu Fuß zu gehen. Anscheinend zogen viele Pilger sogar die Schuhe aus, bevor sie die Stadt betraten, weil sie ihre Füße demütig auf den Jerusalemer Boden setzen und – buchstäblich – in den Fußstapfen Jesu wandeln wollten. In dem Moment, in dem die

Pilger durch das Stadttor schritten, so Breydenbach, waren ihnen alle ihre Sünden vergeben, sie erhielten vollkommenen Ablass. Jerusalem war einer der spirituell wichtigsten Orte der Welt. Wer die Steine dieser Stadt mit den Füßen berührte, ging eine innige Verbindung zu dem geheiligten Boden ein, war wie neu im Glauben geerdet.

Wenn sich mittelalterliche Reisende durch die Erfahrung, Jerusalem zum ersten Mal betreten zu haben, spirituell bestärkt fühlten, dann hatte ihre tatsächliche Umgebung daran den wenigsten Anteil. Als der Engländer William Wey 1458 in die Stadt kam, wurde er als Erstes von Jungen mit Steinen beworfen. Der aus Ulm angereiste Felix Fabri beschreibt 1480, wie sich junge Einheimische um ihn und seine Begleiter scharten und sich über die Pilger lustig machten. Meshullam da Volterra, der die Stadt 1481 besuchte, musste »mit bitterem Herzen« feststellen, dass sich »die ganze Stadt [...] in einem Zustand der Zerstörung« befand. Er sei vom Tag seiner Ankunft bis zur Weiterreise krank gewesen und wäre beinahe vor die »Tore des Todes« getreten. Pietro Casola, der 1494 aus Italien nach Jerusalem gereist war, hält fest, dass er »vor Hitze und Durst fast tot« war, als er in der Stadt ankam. In der Stadt fielen ihm vor allem die hässlichen Häuser und der Straßenmarkt (der Suq) auf, auf dem in weitläufigen Gewölben alle Arten von billigsten Lebensmitteln verkauft wurden. Auch dass die Gesichter der Frauen mit einem schwarzen Schleier verhüllt waren, beindruckte ihn, genauso wie die gut gekleideten, stattlichen Männer, die sich in weiße oder seidene Gewänder hüllten, die wie ein Überwurf anmuteten.

Felix Fabri nahm dagegen am Würfelspiel Anstoß, das orthodoxe Christen »aus Aberglauben« in den verfallenen Gewölben ehemaliger Kirchen veranstalteten. Beinahe alle Besucher erwähnen die Verwüstung in der Stadt: eingestürzte Kirchen, zerbrochene Altäre und die prominenten Gebäude der Kreuzfahrer, die, wie die christlichen Piler schockiert feststellen mussten, vom Islam in Besitz genommen worden waren. Berge der typischen hellen Kalksteine und Reste von Mauerwerk lagen überall verstreut in den Straßen. Seinen Zenit hatte das christliche Jerusalem augenscheinlich in den ersten Jahren nach der Eroberung durch die Kreuzfahrer im Jahr 1099 erlebt, die ein neues Jerusalem errichten, die gesamte Stadt unter ihre Herrschaft bringen und in neuem Glanz erstrahlen lassen wollten. Wie so viele andere vor und nach ihnen dachten die Kreuzfahrer, deren Euphorie sich im Anschluss an den Sieg mit Arroganz mischte, dass Jerusalem für immer ihnen gehören würde.

Jerusalem ist eine Stadt der unvollendeten Projekte. Im 15. Jahrhundert – 250 Jahre nach der Eroberung durch Saladin – war die Stadt ein lebendiges Denkmal für das Scheitern der Kreuzzüge. Bertrandon de la Broquière beschrieb Jerusalem bei seinem Besuch im Jahr 1432 als »eine schöne, große Stadt, die aussieht, als hätte sie schon bessere Tage gesehen«. Die unangenehme Überraschung, dass die Stadt nicht dem glich, wie sich die Pilger »Jerusalem« in gutem Glauben vorgestellt hatten, verdeutlichte ihnen gleichzeitig, dass dieser Ort grundlegend anders war als die Welt, aus der sie stammten. Sie hatten die Stadt betreten, in der Jesus Christus gelebt hatte und gestorben war: eine außerordentliche Erfahrung, die jeden einzelnen Pilger von Grund auf verändern musste.

Vom Jaffator aus wurden die Pilger von ihren franziskanischen Führern zunächst durch die engen Gassen des Suq zu einem nur wenige Gehminuten entfernten Ziel geleitet: entweder direkt zur Grabeskirche oder zum Muristan, der Hauptunterkunft für christliche westeuropäische Besucher. Im Muristan (der Name leitet sich vom persischen Wort für Hospiz ab) fand zusammen, was sich Westeuropa unter einem Krankenhaus vorstellte und der Nahe Osten unter einer Karawanserei. In der Kreuzfahrerzeit von den Johanniterordensrittern erbaut, war das Gebäude im späten 15. Jahrhundert nicht viel mehr als eine Ruine, in der sich die Pilger einquartieren konnten. Die riesige Halle mit einigen angeschlossenen kleineren Räumen bot nicht viel, aber die Pilger konnten sich auf dem Boden zusammenrollen und versuchen zu schlafen.

Der Muristan war, darin sind sich die Berichte einig, als Ort zum Übernachten eine Zumutung. Es scheint praktisch keine sanitären Einrichtungen gegeben zu haben, die Wände und das Dach waren baufällig. Direkt gegenüber von den Schlafsälen befanden sich die Lebensmittelgeschäfte des Suq, was bedeutete, dass von dort ständig laute Geräusche und starke Gerüche herüberwehten. Die Muristan-Besucher mussten ihre Lebensmittel und ihr Wasser von den fliegenden Händlern kaufen, die sich schon am Eingang drängten. Den Besuchern wurde ein kleiner Platz zum Schlafen zugewiesen: auf dem blanken Boden, auf einem Teppich oder einer Strohmatte. Felix Fabri schätzt, dass etwa vierhundert Pilger dort untergebracht waren, und zwar unter »erbärmlichen und ruinösen« Bedingungen. Andere Besucher berichten über den Dreck, den Gestank und den ständigen Lärm der Einheimischen. Hatten sie ein geringes Entgelt für die Einquartierung gezahlt (laut des englischen Pilgers Thomas Brygg betrug das Entgelt im Jahr 1392 einen halben Dukaten), konnten die Pilger so lange im Muristan bleiben, wie sie wollten oder es ertragen konnten. An eine Wand des Muristans schloss sich der Zawiyyat-Darja-Komplex mit einer kleinen Moschee und einer Unterkunft für durchreisende Derwische an, eine Sekte von Sufi-Mystikern, die ein Armutsgelübde abgelegt hatten. Dies wird den christlichen Pilgern anschaulich vor Augen geführt haben, dass sie nicht die Einzigen waren, die Jerusalem auf der Suche nach Heiligkeit besuchten.

Einige Pilger blieben anscheinend nur ein paar Tage im Muristan, andere bis zu sechs Wochen. Auch wenn es das Anliegen der christlichen Besucher Jerusalems war, das Leiden Jesu nachzuvollziehen, ging die Übernachtung im Muristan für einige dann doch einen Schritt zu weit. Alternativ war es möglich, bei den Franziskanern auf dem Zionsberg zu logieren (nur für Geistliche und Adelige) oder bei einem Mitglied der örtlichen jüdischen, muslimischen oder christlich-orthodoxen Gemeinden ein Zimmer zu mieten. Bernhard von Breydenbach wohnte in dem kleinen Haus seines örtlichen Dolmetschers. Gabriele Capodilista, 1458 aus Padua angereist, sah die Zustände im Muristan und lehnte es sofort ab, dort zu übernachten; stattdessen suchte er sich eine private Unterkunft in einem anderen Teil der Stadt.

Die meisten Besucher verbrachten nur wenig Zeit mit der Suche nach einer Unterkunft und gingen direkt zur Grabeskirche. In seinem circa 1283 verfassten und überaus populären Reiseführer dürfte Burchardus de Monte Sion den meisten christlichen Besuchern »aus der Seele« gesprochen haben, wenn er schreibt, die Grabeskirche nehme unter allen heiligen Stätten Jerusalems den »ersten Platz« ein. Der weitläufige Komplex von Kapellen und Schreinen wurde im 4. Jahrhundert von Kaiser Konstantin errichtet. Als die Kreuzfahrer 1099 Jerusalem einnahmen, fanden sie die Kirche in einem schwer beschädigten Zustand vor. Kalif al-Hakim hatte 1009 angeordnet, sie zu zerstören und niederzubrennen. Die Kreuzfahrer bauten sie nach und nach wieder auf und erweiterten den Komplex erheblich, indem sie zuvor separate Kultstätten unter einem Dach vereinigten. Ihre Kirche, die heute noch weitgehend erhalten ist, wurde 1149 geweiht. Sie beherbergt sowohl das Grab Jesu Christi als auch den Golgotafelsen, den Ort, an dem Jesus gekreuzigt wurde, sowie eine Vielzahl weiterer Schreine und Altäre. Es ist eine Art heiliges Museum, so baufällig wie berühmt, ein Hort alter und neuer Traditionen.

Tipp: Wer zur Osterfeier in Jerusalem ist, darf auf keinen Fall die Zeremonie des Heiligen Feuers in der Grabeskirche verpassen, wenn sich eine vor dem Grab hängende Lampe auf wundersame Weise selbst entzündet.

Der Streit zwischen den verschiedenen Konfessionen und Gruppen um den heiligen Boden, auf dem diese Kirche steht, konnte lange nicht beigelegt werden und schwelte auch im 14. und 15. Jahrhundert. Ab den 1350er Jahren stießen die Besucher der Kirche auf die verschiedensten christlichen Gruppen: Armenier, Äthiopier, Georgier, Nubier, Griechisch-Orthodoxe, Syrisch-Orientalisch-Orthodoxe (Liturgie des Heiligen Jakobus) und Syrisch-Orthodoxe mit byzantinischem Ritus waren mit separaten Altären vertreten. Einige der von diesen Gruppen entsandten Priester lebten sogar gemeinsam mit Ehefrauen und Kindern in den Räumen der Kirche, in den oberen Stockwerken und auf den Emporen. Die Schlüssel zur Kirche verwahrt bis heute eine lokale muslimische Familie. Die Reise zum heiligsten Ort der Christenheit brachte auch eine Begegnung mit dem dynamischen Multikulturalismus vor Ort mit sich. Den europäischen Besuchern dürfte klar gewesen sein, dass die Vorrangstellung des Papstes in Rom keineswegs gesichert war. Ein harmonisches Nebeneinander sah anders aus: 1510 besetzten georgische Christen die römisch-katholische Kalvarienbergkapelle und verwüsteten ihren Altar.

Abb. 9

Die Grabeskirche ist ein düsteres, unübersichtliches und unruhiges Gebäude voller lauter Geräusche. Dennoch stellt sich beim Überschreiten der Schwelle ein Gefühl von Endgültigkeit ein, davon, angekommen zu sein. In das Halbdunkel der Kirche hineinzuschreiten, vermittelt das Gefühl, in das Innere eines Gedächtnispalastes zu treten. Wenn es einen passenden Ort für ein Déjà-vu-Gefühl gibt, dann ist es die Grabeskirche, in der sich historisch konnotierte Andeutungen und überladene Heiligkeitssymbolik mit der Erfahrung, tatsächlich dort zu sein, vermischen. Die Fülle von Altären und Schreinen schafft eine Atmosphäre liebevoll gehüteten Schnickschnacks, verschattet von dunklen Gewölben, geerdet von abgenutzten Steinstufen.

Viele Pilger verbrachten ihre erste oder zweite Nacht eingeschlossen in der Kirche, um Vigil zu halten. Eine Vigil – eine nächtliche Gebetswache – ist ein religiöses Ritual, das, ähnlich wie das Fasten den Verzicht auf Nahrung bedeutet, den Verzicht auf Schlaf beinhaltet. Während einer Vigil wachen die Teilnehmenden aufmerksam und stellen, eifrig in religiöse Gebete, Lesungen und Gedanken vertieft, das Erscheinen des Göttlichen sicher. In der Grabeskirche war dies im Wesentlichen eine 24-stündige Zeit des intensiven Gebets, der Wachsamkeit und des Fastens, eine Art Auszeit, in der das Unterwegssein der Pilger ein Ende hatte und stattdessen ihre ganze Aufmerksamkeit auf diesen einen Ort gerichtet war. Felix Fabri beschrieb die Vigil als die »herrlichste« Form des Gefangenseins: »Wie süß ist das Einschließen, bei dem ein Christ im Grab seines Herrn eingeschlossen und gefangen ist!« Die Vigil umfasste eine feierliche, von Mönchen angeführte Prozession um die Kirche, bei der jeder Pilger eine brennende Wachskerze in der Hand hielt. An jeder heiligen Stätte wurden Lobgesänge, Choräle und Psalmen in Latein gesungen.

Thomas Larke, der die Grabeskirche 1506 besuchte, wunderte sich über die vielen »Gänge, Krypten und Gewölbe, Kapellen und Trennwände, hohe und niedrige, in so großer Zahl« und fragte sich, welche Bedeutung die vielen »geheimen Orte« in der Kirche haben mochten. Zunächst war ein Eintritt zu entrichten (im Jahr 1392 6 1/2 Dukaten), dann betraten die Pilger die Kirche und fanden gleich hinter dem Hauptportal die erste heilige Stätte, den »Petra unctionis«, den Salbungsstein. Auf dem Rechteck aus glattem Kalkstein, etwa sechs Meter lang und einen Meter breit, soll der Leichnam Jesu nach der Kreuzigung aufgebahrt und für die Bestattung vorbereitet worden sein. Wie bei vielen anderen Reliquien auch gab es im mittelalterlichen Europa mehrere Versionen dieser Platte, teils nur in Fragmenten, darunter auch das Pendant, das uns bereits in Konstantinopel begegnet ist.

Felix Fabri beschreibt, wie er auf seiner ersten Pilgerreise im Jahr 1480 gerade einmal siebzehn Schritte in die Kirche hineingegangen war, dann stehenblieb und die oberen Fenster und das Gewölbe der Kirche bestaunte. Plötzlich fiel eine deutsche Pilgerin namens Hildegarde weinend zu Boden und begann, den Stein zu Fabris Füßen zu küssen. Hildegarde bedeutete Fabri, dass er genau auf dem Stein stehe, auf dem Jesus gesalbt und in ein Leichentuch gewickelt worden sei. Bruder Felix wich entsetzt zurück, wetterte über seine »dumme Unachtsamkeit« und Respektlosigkeit und fiel selbst zu Boden, wobei er Gott inständig und unterwürfig um Vergebung bat. Er hatte vor lauter Ehrfurcht das eigentlich Heilige nicht gesehen; er war zu sehr damit beschäftigt gewesen, nach oben zu starren, um zu erkennen, dass seine Füße auf heiligem Boden standen. In Jerusalem mussten sich Pilger darauf einstellen, regelmäßig in solche Situationen zu kommen. Dinge, die alltäglich erschienen, entpuppten sich als heilig. Heiliger Boden kann verblüffend gewöhnlich aussehen, vor allem wenn man gerade selbst darauf steht.

Golgota oder der »Calvariae locus«, der Ort, an dem Jesus gekreuzigt worden und gestorben sein soll, sieht in keiner Weise so aus, wie er in der westeuropäischen christlichen Kunst dargestellt wird. Anstelle des grünen Hügels weit außerhalb der Stadtmauer findet sich in der Grabeskirche ein kompakter, nur mäßig großer

Kalksteinfelsen, der etwa fünf Meter aus dem Boden des Innenhofs herausragt. In direkter Nähe warteten in einer ähnlichen Anordnung wie heute nicht nur eine, sondern zwei Kapellen auf die Pilger: im Erdgeschoss auf einer Ebene mit der Basis des Golgota-Felsens eine auch als Adamskapelle bekannte, armenisch-apostolische und griechisch-orthodoxe Kapelle und darüber die römisch-katholische Kalvarienbergstätte, ausgeschmückt mit alten, anscheinend jahrhunderteübergreifend restaurierungsbedürftigen Mosaiken aus der Kreuzfahrerzeit.

Ogier d'Anglure berichtet, dass der erste Ort, den seine Reisegruppe im Jahr 1395 besuchte, der Kalvarienberg war. Wie viele andere Besucher auch beschreibt er, dass Stufen, 18 an der Zahl, den »geheiligten Hügel« hinaufführen. Auch er erwähnt die beiden Kapellen. Besonders bemerkenswert erschien ihm zudem eine im Felsen sichtbare runde Aussparung, ein gemeißeltes Stemmloch, in dem das Kreuz aufgestellt war. D'Anglure versichert seinen Lesern, dass der gespaltene Felsen mit dem biblischen Bericht übereinstimme, nach dem die »Felsen zerrissen« seien (Matthäus 27,51). Laut Ogier war die Stätte des Kalvarienbergs wie eine schöne Kapelle geschmückt, »in der Höhe ganz mit Marmor ausgekleidet, [...] gewölbt und sehr edel und kostbar gearbeitet, bemalt und erdacht: folglich ist es ein sehr schöner und ehrfürchtiger Ort«. Dort versammelte sich seine Reisegruppe, hörte die Messe, legte die Beichte ab und nahm an der Abendmahlsfeier teil.

Der andere Ort in der Kirche, den es zu besuchen galt, war das Heilige Grab selbst – die Ädikula (lateinisch für kleines Bauwerk), die einem kleinen Haus ähnelt und in der Mitte der Rotunde aus dem 11. Jahrhundert steht. Dort, so heißt es, wurde der Leichnam Jesu nach seinem Tod hineingelegt, und dort soll auch der Engel vom Himmel herabgestiegen sein, um bei der Auferstehung den Stein vom Eingang des Grabes wegzuwälzen (Matthäus 28,2–7). Es handelte sich also um einen Ort von großer Heiligkeit, und dennoch – oder gerade deshalb – haben sich viele Besucher bemüßigt gefühlt, Teile des Heiligen Grabes als Souvenirs mitzunehmen. Im Jahr 1125 brachte eine Nonne namens Herderviga von ihrer Pilgerfahrt Splitter vom Heiligen Grab mit zurück, die in der Abtei Schaffhausen in der Schweiz zu berühmten Reliquien wurden. Heimlich etwas vom Heiligen Grab abzuschlagen, wurde derart Usus unter den Pilgern, dass die Muslime im 14. Jahrhundert eine Schutzmauer errichteten und ab da Aufseher die Pilger überwachen ließen, damit sie keine weiteren Schäden an der Stätte verursachen konnten, um derentwillen sie so weit gereist waren und von der sie zu gern etwas mit nach Hause nehmen wollten. Wie Ludolf von Sudheim 1350 berichtet, war eine Marmorabdeckung mit drei Löchern um das Grab herum angebracht worden, damit die Pilger den »rechten Stein des Grabes«, in dem sich einst der Körper Jesu befand, berühren und küssen konnten. Die mittelalterliche Grabstätte wurde 1555 niedergelegt, als die heutige errichtet wurde, so dass wir nicht mehr sehen können, was mittelalterliche Besucher sahen. Allerdings sind Zeichnungen der Grabstätte überliefert. Dazu wurden in ganz Europa zahlreiche Kopien angefertigt: Sie zeigen ein kleines U-förmiges Gebäude mit einer kunstvollen Kuppel. Neben einer kleinen Tür an der Vorderseite hatte das Gebäude nur ein oder zwei winzige Fenster, die Rückseite war halbkreisförmig. Im Inneren befand sich ein aus Stein gehauenes Grab – selbstverständlich leer –, in dem einst der Leichnam Christi gelegen haben soll. Es war eine kleine, dunkle Kammer, so dass die Pilger gern nacheinander, jeder für sich, eintraten.

Die gesamte Szenerie des mittelalterlichen Jerusalems spiegelte die Bedürfnisse der Besucher wider, so dass sich die Stadt nach und nach mit »Visibilia« füllte: sichtbare, oft greifbare Orte und Zeichen – Installationen, die auf vergangene Wunder verwiesen und eine Stadt schaffen sollten, die eine allegorische Wirkung zu entfalten vermochte. Dies gilt insbesondere für die Grabeskirche, in der sich viele intime, aber keineswegs gesicherte verdinglichte Überlieferungen zum Leben und Tod Christi finden. In der Nähe des

Kalvarienbergs konnten sich die Besucher einen hellen Felsen ansehen, der von roten Adern durchzogen war. Es hieß, dieses Rot sei das Blut Christi, das während der Kreuzigung heruntergetropft sei. An den steinernen Stützsäulen im Inneren der Kirche liefen ständig Wassertropfen herunter. Diese Steine, so hörten es die Pilger, weinten immerfort um den Tod Jesu. Im hinteren Teil der Kirche konnten die Besucher den »Kerker Christi« anschauen, einen der vielen Orte, an denen Jesus während seiner Qualen festgehalten worden sein soll, mehr noch, auch die Ketten, in die seine Hände gelegt gewesen sein sollen, ließen sich neben dem Gefängnis in der »Kapelle der Ketten« bewundern. Es handelte sich dabei um mittelalterliche Narrative, nicht um biblische Stätten. Doch viele tausend Pilger besuchten sie ehrfurchtsvoll. Mancher Autor eines Reiseführers war versucht, sich von diesen Stätten zu distanzieren. Dies sei der Glaube des »einfachen Volkes«, schreibt etwa Burchardus de Monte Sion. Dennoch wies er auf diese Orte und die ihnen zugeschriebene Heiligkeit hin.

Wie es Touristen zu allen Zeiten getan haben, wollten unzählige Besucher in der Grabeskirche Spuren hinterlassen, indem sie sich mit Kratzern im Stein verewigten – eine Art Graffiti. An den Wänden der Treppe, die zur Kapelle der Heiligen Helena hinabführt, sind Tausende von Kreuzen eingeritzt; allem Anschein nach haben die Pilger für diese Signets bezahlt, die seither wortlos, aber aussagekräftig dokumentieren, dass sie dort gewesen sind. Den Steinstaub, der beim Einritzen eines solchen Kreuzes entstand, haben die Pilger möglicherweise als Souvenir mit nach Hause genommen. In den 1480er Jahren betonte Felix Fabri, jedes »Steinchen«, das aus dem Heiligen Land mitgebracht worden sei, und alles, was die heiligen Stätten berührt habe, sollte mit »großer Verehrung« behandelt und »unter die wichtigsten Reliquien der Kirchen« aufgenommen werden. Die von den Pilgern hinterlassenen Zeichen sind nicht gerade individuell (was hätte in einer christlichen Stätte weniger originell sein können als ein Kreuz?), aber sie überdauern die Zeit.

Nicht zuletzt war die Grabeskirche auch Schauplatz übernatürlicher Wunder. Hier, im Zentrum der Welt, warf die Sonne angeblich keinen Schatten. Jedes Jahr zu Ostern war am Karsamstag in der Zeremonie des Heiligen Feuers vor dem Heiligen Grab zu beobachten, wie sich eine Lampe auf wundersame Weise selbst entzündete: ein Zeichen für die Gegenwart des Heiligen Geistes und eine Versinnbildlichung der Auferstehung Jesu vom Tod zum Leben. Eine der Säulen hier trug die Bissspuren von Skorpionen, die auf den leidenden Körper Jesu gesetzt worden sein sollen.

Die westeuropäischen Besucher konnten sich keineswegs frei in Jerusalem bewegen. Sie standen unter der ständigen Aufsicht ihrer mamlukischen Gastgeber und wurden von Franziskanermönchen von Ort zu Ort geführt. Zunehmend unterwarfen sich die Besucher einer Ritualisierung ihres Jerusalembesuchs, es entstand eine Art verbindliche Reiseroute zu den heiligen Stätten: der »Ordo peregrinationis«. Mit der Zeit entwickelten sich daraus die Kreuzwegstationen und die Via Dolorosa.

Die Grabeskirche – die im Wesentlichen noch so erhalten ist, wie sie im 14. Jahrhundert war – markierte den Höhe- und Schlusspunkt der »neu entwickelten« Tradition der Via Dolorosa, des »Leidenswegs«, eine Route durch das finale Martyrium Christi, an dem sich die verschiedenen Episoden seines Leidens in Stationen aufreihen. Tatsächlich befinden sich die letzten Kreuzwegstationen in der Kirche selbst und nicht auf dem Weg. Die Via Dolorosa, mehr ein Fußweg von Gedenkstätte zu Gedenkstätte, kann keinem historischen Streckenverlauf folgen und ist weitgehend von den mittelalterlichen Reisenden und ihren Reiseführern als Route durch Jerusalem erfunden worden. Den Touristen verhalf sie dazu (und tut dies immer noch), die Stadt aus einer idealisierten Perspektive zu sehen und alles andere auszublenden.

Der Orden der Franziskaner prägte die Erfahrungen, die westeuropäische Christen beim Besuch des Heiligen Landes machten, auf entscheidene Weise. Der Heilige Franz von Assisi (gestorben 1226), der charismatische Gründer der Franziskaner, hatte das Heilige Land zu Beginn des 13. Jahrhunderts besucht, um den dortigen Muslimen zu predigen und sie zu bekehren. Zu diesem Zweck hatte Franziskus auch um eine Audienz beim Sultan persönlich gebeten. Den meisten Berichten zufolge konnte Franziskus den Sultan zwar beeindrucken, allerdings nicht so, dass er dem Islam abgeschworen hätte. In den folgenden Jahrhunderten übernahm der Franziskanerorden mehr oder weniger die Rolle eines Reisebüros für die Heiligen Stätten; die Zusammenarbeit mit den herrschenden Mamluken war dafür Voraussetzung. In den 1320er Jahren gewährte der Sultan den Franziskanern eine Reihe von Privilegien und machten sie damit quasi zu den Vertretern der westlichen Christenheit im Heiligen Land. Es ging nun nicht mehr darum, das Heilige Land zurückzuerobern, sondern europäischen Reisenden zu ermöglichen, die Schauplätze des Lebens und Sterbens Christi zu besuchen. Die Franziskaner verkauften den Pilgern kleine Andachtsbüchlein, handbuchartige religiöse Wegweiser, manchmal auch »Processionalis« genannt, in denen die passenden Gebete und Psalmen sowie die Ablässe für alle heiligen Stätten in Jerusalem und im Heiligen Land aufgeführt waren. Mit diesem »Drehbuch« in der Hand machten sich die Pilger auf, die Region aus christlicher Perspektive zu betrachten und zu erleben. Die Via Dolorosa ist ein Beispiel dafür, wie sich die Pilger in der Stadt bewegten: nicht durch Erfahrung geleitet, sondern durch die Erinnerung.

Welche der Stationen zur Via Dolorosa gehörten und ihr genauer Verlauf wurde erst im späten 15. Jahrhundert formal festgelegt. Sie verlief von der nordöstlichen Ecke außerhalb der Altstadt nach Westen durch die Märkte der Stadt (das heutige muslimische Viertel) zur Grabeskirche. Auf der Route befanden sich »Stationen« – im lateinischen Sinne des Wortes: Orte zum Stehen, Orte zum Verharren. Die meisten Stationen der Via Dolorosa fallen im Straßenbild nicht weiter auf und sind nur durch kleine Steintafeln gekennzeichnet. Die Besucher reicherten diese Orte mit imaginierten Narrativen und Bildern aus ihrer Erinnerung an. An jeder Station waren sie dazu eingeladen, zu beten und Ablass zu gewinnen: üblicherweise den »vollkommenen Ablass«, eine vollständige Befreiung von den Sündenstrafen beziehungsweise der Zeit im Fegefeuer. Die Verurteilung Jesu durch Pontius Pilatus bildet heute die erste Station. Im Mittelalter waren jedoch die genaue Route, die Anzahl der Stationen und die übergreifende Erzählung nicht festgelegt. Die Abfolge der Stationen entspricht aufsteigend den Prüfungen und Erniedrigungen Jesu. Entlang dieser Orte werden die Pilger, respektive die Touristen, unerbittlich durch die Stadt gelenkt und zurück in die Vergangenheit katapultiert – aus der schmutzstarrenden Enge des Jerusalemer Stadtlebens hinein in die biblische Szenerie.

In der Tat ist an den meisten Kreuzwegstationen eine kreativ-anachronistische Herangehensweise und reichlich Vorstellungskraft erforderlich, damit der Besucher der Realität vor Ort einen Zugang zum Kreuzwegsnarrativ abtrotzen kann. Ein gutes Beispiel dafür ist die sechste Station, etwa dreihundert Meter östlich der Grabeskirche. Sie erinnert an den Ort, an dem eine einheimische Frau namens Veronika Jesus den Schweiß vom Gesicht abwischte, den er vergoss, als er das Kreuz nach Golgota tragen musste. Das Gesicht des gequälten Jesus hatte als »vera ikon« (»wahres Bild«) auf Veronikas Schleier oder Halstuch einen Abdruck hinterlassen. Eingebettet in die städtische Umgebung ist die sechste Station jedoch wenig beeindruckend. Die Straße verengt sich an der Stelle und steigt an. Im Mittelalter befanden sich hier, wie auch heute, Geschäfte, Moscheen und Madāris. Der Ort wurde erst ab dem 15. Jahrhundert mit Veronika in Verbindung gebracht. Zuvor hatte sich hier eine Kreuzfahrerkirche befunden, die den Heiligen (und Ärzten) Kosmas und Damian geweiht war. In den Felsen sind in einen nachweislich alten (allerdings nicht 2000 Jahre alten) Stein in lateinischer Sprache die Worte eingemeißelt: »Sechste Station: Die fromme Veronika wischte das Antlitz Christi mit einem Leintuch ab«. Die Datierung des Steins legt eine spätere Entstehungszeit nahe, vermutlich das Mittelalter. Um dieser Straßenszenerie Bedeutung zu verleihen, blieb den christlichen Besuchern nichts anderes übrig, als an Europa zu denken – insbesondere an die berühmte Reliquie des Schweißtuchs der Veronika und die große Ehrfurcht, die dem Tuch (wie wir zuvor gesehen haben) im Petersdom in Rom entgegengebracht wurde.

Die Via Dolorosa führte auf den Ölberg hinauf oder – die meisten Pilger folgten keiner festen Reihenfolge – von der Anhöhe hinab, an deren Fuß sich der Garten Gethsemane befindet, in dem Jesus verraten wurde. Der Ölberg ist Teil einer östlich der Altstadt gelegenen, sonnenverdorrten Hügelkette. Er erhebt sich aus dem sogenannten »Tal Josafat«, dem Wadi, das den Osten und Süden Jerusalems umgibt und Teil des Kidrontals ist, das von Jerusalem aus in die staubtrockene judäische Wüste führt. Der tiefe Einschnitt des Tals trennt nicht nur die Stadt Jerusalem von ihrem Umland, sondern verleiht dem Ölberg, vom Talgrund aus betrachtet, seine vermeintliche Höhe. Das unbewohnte, wahrscheinlich unbewohnbare Tal Josafat oder Joschafat war aus der Bibel als der Ort bekannt, an dem alle Völker zum Weltengericht versammelt sein werden (Joel 4,2 und 12).

Im Tal zeugen alte Gräber, deren Namensgebung verwirren kann, von den verschiedenen religiösen Traditionen, die zu unterschiedlichen Zeiten in der Region die Vorherrschaft hatten: das Grab von Joschafat (Jehosafat oder Josafat), daneben das heute bekanntere Absalom-Grab; das Grab von Zacharias und Simeon (heute nur noch Zacharias-Grab genannt), das Grab von Jakobus dem Jüngeren (heute als Grab der Söhne Chesirs bekannt) und das von den christlichen Pilgern des Mittelalters selbstverständlich am meisten geschätzte Grab der Jungfrau Maria. Das tief im Felsen liegende Grab, über dem eine Kirche errichtet worden war, ist über eine dunkle Treppe zu erreichen. Die meisten Besucher des spätmittelalterlichen Jerusalems hielten an diesen Orten inne und bestaunten sie, bevor sie ihren Rundgang auf dem Ölberg unternahmen.

Auf dem Ölberg gab es im Mittelalter tatsächlich einige Olivenbäume (die mittelalterlichen Besucher registrierten dies sehr wohl). Einige von ihnen stehen dort bis heute. Möglicherweise haben die Kreuzfahrer den Olivenhain in Gethsemane gepflanzt und gepflegt, das entspräche ihrem Engagement für die Wiederherstellung einer christlichen Landschaft im Heiligen Land.

In den 1480er Jahren hat Felix Fabri seinen Besuch des Ölbergs in eine charmante Szene gefasst: Er beschreibt, wie er sich mit seinen Mitreisenden auf den Weg zum »Gutshof von Gethsemane« machte, sich dort »im Schatten unter den Olivenbäumen« niederließ und »fröhlich frühstückte«. Abseits des Olivenhains war der Berg mit jüdischen Gräbern übersät, da er jahrhundertelang die Hauptnekropole der jüdischen Gemeinde in der Stadt war (und es heute noch ist).

Es ist kein steiler Anstieg zu bewältigen, um auf den Ölberg zu gelangen; der Weg wäre für die Pilger in etwa fünfzehn bis zwanzig Minuten zu schaffen gewesen, hätte es nicht die vielen inoffiziellen Heiligtümer und Wunder zu bestaunen gegeben: Der preußische Pilger Johannes Poloner berichtet 1422, auf dem Berg seien ihm einige apokryphe Stätten gezeigt worden, darunter die Felsen, an denen Jesus in seinem Todeskampf Blut schwitzte, und die Stelle, an der der Baum, aus dem das Kreuz gefertigt worden war, einst eine Brücke über den Fluss Kidron gebildet hatte. Auf dem Weg zum Gipfel des Berges kamen die Besucher an der Kreuzritterkirche Dominus Flevit (lateinisch für »Der Herr weinte«) vorbei, errichtet an der Stelle, an der Jesus über Jerusalem geweint haben soll. Nun hielten dort viele Pilger inne und drückten ihre Nachfolge Jesu aus, indem auch sie beim Anblick der Stadt in Tränen ausbrachen.

Auf dem Gipfel des Ölbergs besuchten die Pilger die Himmelfahrtskapelle. Hier soll Jesus Christus seine letzten Schritte auf dem Boden der Stadt getan und das irdische Jerusalem in Richtung des himmlischen Jerusalems verlassen haben. In der christlichen Tradition war Jesus der Prototyp des Reisenden. Er war oft unterwegs, angefangen von der Flucht nach Ägypten in seiner Kindheit (Matthäus 2) über die vierzigtägige Wanderung durch die Wüste (Matthäus 4) und den Einzug in Jerusalem auf einem Esel (Matthäus 21) bis hin zu seinem Weg nach Emmaus (Lukas 24), der endgültigen Reise zu Gott bei seiner Himmelfahrt (Lukas 24,51; Johannes 3,13) und der Ermahnung an die Nachfolger Christi, sich als »Fremdlinge und Pilger« (1. Petrus 2,11) auf einer Reise zum himmlischen Jerusalem zu sehen. Von hier aus, dem höchsten Punkt des Ölbergs, fällt die Hochebene, auf der Jerusalem erbaut wurde, dramatisch ab bis in die sanft goldfarbene, aber unnachgiebige judäische Wüste. Wer von hier aus nach Westen gen Jerusalem blickt, hat diesmal die ikonische Ansicht mit den Kirchen und Türmen der Stadt und dem Felsendom im Vordergrund vor Augen. Wer nach Osten schaut, kann den Blick über die eindrucksvolle Leere der Wüste schweifen lassen, in der Ferne am tiefsten Punkt der Erde das Tote Meer schimmern sehen und dahinter noch die Berge von Moab (heute das Abărimgebirge in Jordanien) erkennen. Die Himmelfahrtskapelle bietet sich daher als letzte Station einer Tour durch Jerusalem an, da sie eine Art Scharnier oder Fluchtpunkt in der Landschaft bildet. Gerade wenn die christlichen Pilger an einer »Imitatio Christi« teilnahmen, dann war dies auch der Punkt, an dem sie sich neue Ziele setzten: Die Pilger hatten den Weg zu Fuß beschritten, sie waren die Stufen des Kalvarienbergs hinaufgestiegen und die Via Dolorosa entlanggegangen, und sie waren dabei mit Herz und Seele den blutigen Fußspuren Jesu Christi gefolgt. Hier in der Himmelfahrtskapelle hatte ihr Christus seinen letzten Schritt getan.

Die Kreuzfahrer verließen 1187 den Ölberg und auch die Himmelfahrtskapelle, die 1212 in eine Moschee umgewandelt wurde. Bei dem heute noch erhaltenen Gebäude handelt es sich um ein kleines Kuppelheiligtum, das von den Muslimen unter Verwendung von Spolien – Mauerwerksteilen und Skulpturen aus der Zeit der Kreuzfahrer – wiederaufgebaut wurde, so dass sich daran die Verdrängung des Christentums durch den Islam ablesen lässt.

In Mandevilles Reiseführer aus dem 14. Jahrhundert heißt es, Jesus habe an diesem Ort gestanden, »als Er in den Himmel aufstieg, und Sein linker Fuß scheint noch immer in den Felsen eingeprägt zu sein«. Dies war der Ort, an dem Jesus die letzte Manifestation seiner menschlichen Inkarnation hinterließ: Die Pilger konnten einen göttlichen und doch menschlichen Fußabdruck sehen, den Abdruck, den ein nackter menschlicher Fuß zurückgelassen hatte. Wir denken üblicherweise nur daran, wie vergänglich Fußspuren sind, dabei ruft uns ein Fußabdruck doch eindrücklich ins Bewusstsein, dass jemand zuvor vor Ort gewesen ist. Anders gesagt: Fußabdrücke werden oft herangezogen, wenn es um den Nachweis von Eigentumsverhältnissen, früherer Besiedlung oder der Existenz menschlichen Lebens geht. So ist es auch in der Himmelfahrtskapelle, einem Ort an der spannungsgeladenen Nahtstelle zwischen Ost und West, zwischen Christen und Muslimen – am äußeren Rand dessen, was sich als christliches Europa bezeichnen ließe.

Die Verehrung des Heiligen Fußabdrucks, der sich in der Himmelfahrtskapelle befindet, reicht mindestens bis ins 7. Jahrhundert zurück, seinerzeit stand dort noch ein byzantinischer griechisch-orthodoxer Kirchenbau. Im 11. Jahrhundert errichteten die Kreuzfahrer, die häufig lokale Traditionen übernahmen (vor allem solche, die von der Menschwerdung Gottes in der Person Jesu handelten), die Himmelfahrtskapelle. Von einem kleinen Marmorturm umgeben, wurde der Heilige Fußabdruck zu einem Objekt der Verehrung und der Wallfahrt. Wie die Vorhaut Jesu, die in Europa vielfach verehrt wurde, war der Fußabdruck eine äußerst wichtige Reliquie, war er doch der physische Beweis sowohl für die Menschwerdung Christi als auch für die Himmelfahrt seines auferstandenen Körpers.

Der Fußabdruck vervielfältigte sich im Laufe der Zeit, Steine mit einem Abdruck wurden in Kirchen in ganz Europa aufgestellt, so in Arles, Poitiers und Westminster. Die Fußabdruckreliquie von Westminster, die der Abtei 1249 von Heinrich III. überreicht wurde, zeigt, wie die Heilige Geographie in einem endlosen Wechselspiel zwischen Originalen und Kopien, Erinnerungsstücken und Souvenirs dem Heiligen Lande eingeschrieben und in den Westen reimportiert wurde.

Die Fußabdruckreliquie aus der Kreuzfahrerkapelle wurde in die Al-Aksa-Moschee auf dem Tempelberg gebracht. Die Himmelfahrtskapelle blieb stehen und wurde offiziell zu einer Moschee, inoffiziell hat sich jedoch längst wieder eingespielt, dass sie als ein Ort christlicher Gottesverehrung genutzt wird, den die meisten christlichen westeuropäischen Besucher Jerusalems aufsuchen. In Burchardus de Monte Sions in den 1280er Jahren verfasstem Bericht heißt es, dass an der Stelle, an der die Fußabdrücke Christi gewesen waren, ein Stein lag. So konnten die Pilger die Abdrücke zwar berühren, »aber sie nicht sehen«. Eigentümlicherweise tauchten in den 1350er Jahren neue Fußabdrücke in der Kapelle auf. Pilger berichteten von verschiedenen Arten von Fußabdrücken, die sie gesehen hatten: Einige hatten den linken Fuß, andere den rechten Fuß Christi gesehen, wieder andere meinten, es seien die Abdrücke beider Füße. Ogier d'Anglure, 1395 vor Ort, berichtet, er habe einen quadratischen Stein mit dem rechten Fußabdruck Christi in der Himmelfahrtskapelle gesehen und einen weiteren Stein, der hinter einer Säule versteckt war und den linken Fußabdruck zeigte. Ebenso sah John Poloner 1422 einen christlichen Stein mit dem linken Fußabdruck (der in der Länge »eine Handfläche und zwei Glieder des Mittelfingers« maß) und gläubige Muslime, die einen separaten Stein verehrten. Richard of Lincoln, der in den 1450er Jahren das Heilige Land bereiste, erzählt von einem »alten Tempel«, in dem Christus in den Himmel aufgestiegen sei, in dem »man die Fußabdrücke im Stein sehen kann«. Für den Eintritt seien 2 Schilling zu bezahlen. Andere Pilger erwähnen einen weiteren Heiligen Fußabdruck, bei dem es sich um den rechten Fuß Christi handeln soll und der sich in Bethanien am Hause Simons des Aussätzigen

(Matthäus 26,6), ganz in der Nähe der Himmelfahrtskapelle befindet. Andere Reisende wollen in den harten Steinen des Pflasters nahe dem Goldenen Tor die Hufabdrücke des Esels gesehen haben, auf dem Jesus am Palmsonntag in Jerusalem einzog. Die Pilger wandelten im wahrsten Sinne des Wortes, wenn auch auf archäologisch fragwürdige Weise, in den Fußstapfen biblischer Figuren und fanden die lebendigen Spuren der Geschichte in den Steinen der Stadt verewigt. Irgendwann wurde in der Himmelfahrtskapelle eine neue Fußabdruckreliquie (eine vage fußförmige Vertiefung in einer weich anmutenden, marmornen Platte) installiert, die jetzt in der Moschee besichtigt werden kann.

Hier, an der Himmelfahrtskapelle, tritt die Hektik der Stadt zurück und gibt dem Anblick der Wüste – der Leere – Raum, aber auch das Reisen aus religiösen Bedürfnissen hat hier seinen Zenit erreicht. Für die Besucher könnte die Pilgerreise hier enden. Wenn nach Jerusalem zu reisen das Beste war, was sie für ihr Seelenheil tun konnten, warum dann noch weiter nach Osten ziehen?

Christliche Pilger, die keine Mühen scheuten, konnten auf der anderen Seite des Ölbergs noch Ausflüge zu manchen schwieriger zu erreichenden, aber nicht weniger bedeutsamen Zielen unternehmen: etwa zu den Dörfern Bethanien und Bethphage oder dem weiter entfernt in der Wüste aufragenden Berg der Versuchung (dem Dschabal al-Qaruntul), wo Jesus vierzig Tage und Nächte verbracht haben und vom Teufel versucht worden sein soll. Sie könnten weiterreisen zum Toten Meer und den verbrannten Überresten von Sodom und Gomorra oder dem Jordan und der Taufstelle Christi. Die meisten sahen jedoch keine Notwendigkeit, sich diesen beschwerlichen Reisen auszusetzen. Anders verhielt es sich mit Souvenirs: Viele Pilger kauften in Jerusalem das eine oder andere Erinnerungsstück, vielleicht ein Stück Band oder Pergament, auf dem das Maß des Fußabdrucks Christi oder seines Grabes angegeben war, einen Holzstab, wie ihn Moses gehabt hatte, einen Rosenkranz aus Olivenholz (das in heiligem Boden gewachsen war!), Kamelhaar oder ein farbig gestaltetes wächsernes Kruzifix. Henry Bolingbroke, der Earl of Derby, dem wir in London beim Packen über die Schulter geschaut haben, war von Jaffa über Ramla nach Jerusalem gereist. Seine Mitreisenden kauften Wachskerzen, und Henry hinterlegte am Heiligen Grab eine Opfergabe von sechs Dukaten. Im Anschluss scheinen sie direkt kehrt gemacht zu haben; ohne noch lange in der Heiligen Stadt zu verweilen, traten sie die Rückreise über Zypern und Rhodos an.

Die Mamluken hatten kein Interesse daran, dass die christlichen Besucher aus ihrer Pilgerfahrt eine Entdeckungsreise machten. Der Flame und Diplomat Ghillebert de Lannoy, der 1422 für den englischen König Heinrich V. einen Reisebericht über Ägypten und Syrien verfasste, betonte, dass der Sultan keinem Christen erlaube, aus dem Heiligen Land über das Rote Meer in Richtung Indien zu reisen. Offenbar fürchtete der Sultan, dass sich umherziehende Christen mit anderen Herrschern verbünden könnten, zum Beispiel mit dem Priesterkönig Johannes, wo immer sein mythisches Reich auch liegen mochte.

Doch einige Reisende lockte das Extraordinäre, die Sphäre des Noch-nie-Gehörten, Noch-nie-Gesehenen: der phantastischen Völker, Wunder und Orte. Manche wurden vom Pilger zum Touristen und ließen die starre Logik der Pilgerfahrt zugunsten einer weniger rigiden, aufgeschlosseneren und ungewohnten Art des Reisens hinter sich. Für einige war die über allem stehende Jerusalemreise nicht das Ende aller irdischen Reisewünsche, sondern ein Ansporn, weiterzugehen, die Initialzündung für ein inneres Bedürfnis, immer mehr über die noch unbekannte Welt zu erfahren.

KÖNNEN SIE DAS BITTE NOCH EINMAL WIEDERHOLEN? REDEWENDUNGEN FÜR REISENDE

Fast alle mittelalterlichen Reiseführer warten mit diversen Informationen zu fremden Alphabeten und Schriften auf und offerieren Übersetzungen zu auf Reisen nützlichen Redewendungen. Das zeugt von dem Wunsch der Reisenden, sich verständlich zu machen, aber auch von ihrer Angst, missverstanden zu werden. Die Auswahl der Ausdrücke spiegelt zudem wider, in welcher Art und zu welchen Themen Reisende und ihre Gastgeber interagierten – oder zumindest, wie sich die Reiseliteraten diese Interaktion vorstellten. Aber Achtung: Auch wenn die Autoren behaupten sich auszukennen, geben diese Vokabellisten und Sammlungen übersetzter Redewendungen die jeweilige Fremdsprache nicht immer korrekt wieder!

Griechische Redewendungen für Reisende, um 1462
Guten Morgen. – Calomare.
Willkommen. – Calosertys.
Sag mir den Weg. – Dixiximo strata.
Setz dich hin! – Catase!
Gib mir das. – Doys me tutt.
Lass mich in Ruhe! – Ame.
Bring mir … – Fer me …
Was sagst du da? – The leys?
Ich kann dich nicht verstehen. – Apopon kystys.
Gott sei mit dir. – Theos Metasana.
Wo ist die Taverne? – Elle canawte?
Frau, hast du guten Wein? – Geneca, esse colocrasse?
Mann, hast du guten Wein? – Antropos, esse colocrasse?

Ein paar Albanisch-Vokabeln für Reisende, 1496
boicke – Brot
vene – Wein
oie – Wasser

mische – Fleisch
tauerne – Wirtshaus
criste – Gott
dreck – Teufel
Laff ne kammijss! – Wasch mir mein Hemd!

Türkische Zählweise für Reisende, um 1498

1 – bir
2 – equi
3 – ug
4 – doit
5 – bex
6 – alti
7 – yedi
8 – zaquiz
9 – doguc
10 – an

Einige arabische Ausdrücke für Reisende, um 1496

ckayesch – schön
nem – schlafen
nyco – mit jemandem schlafen
Marat nyco? – Frau, kann ich mit dir schlafen?
Marca beba. – Ihr seid uns sehr willkommen.
Hebat olla. – Gott gebe uns guten Wind.
A tzismo ede? – Wie heißt das?

Kapitel 9

EIN ABSTECHER NACH ÄTHIOPIEN

Aghmat · Rio de Oro · Malsa · Barara

Südlich des Heiligen Landes und jenseits von Ägypten lag Äthiopien, ein riesiges Gebiet, das über den Nil mit dem Mittelmeer verbunden war. Das mittelalterliche Königreich Äthiopien, historisch gesehen ein umkämpftes und manchmal selbst expansiv auftretendes christliches Reich mit einer bedeutenden muslimischen Minderheit, war durch Wüstengebiete, die schiere Entfernung und feindliche Auseinandersetzungen mit islamischen Herrschern von Europa isoliert. Seinen zentralen Herrschaftsbereich hatte das Königreich, das mit den muslimischen Sultanaten am Horn von Afrika um die Vorherrschaft wetteiferte, auf einer Hochebene, die sich von Norden auf der Höhe des Dahlak-Archipels im Roten Meer bis nach Süden zum Shala, einem See im äthiopischen Grabenbruch, erstreckt. Die im 4. Jahrhundert gegründete äthiopisch-orthodoxe Kirche errichtete im ganzen Land kunstvolle Hallenbasiliken. Dazu gehören die einzigartigen Gebäude von Lalibela aus dem 13. Jahrhundert, ein »neues Jerusalem« mit elf kunstvollen, in den massiven Fels gehauenen Kirchen. Der Komplex umfasst sein eigenes Golgota und einen Berg Sinai. Möglicherweise wurde Lalibela als Reaktion auf die muslimische Eroberung Jerusalems im Jahr 1187 gegründet, da nun dorthin zu pilgern nur noch schwer möglich war. Im Laufe der Zeit wurde es dann für die mittelalterlichen äthiopischen Christen obligatorisch, nach Lalibela zu reisen.

Gemeinschaften von äthiopisch-orthodoxen Christen gab es in Jerusalem sowie in Ägypten und auf Zypern, wo eine Begegnung mit Europäern am wahrscheinlichsten war. Nichtsdestoweniger waren die Grenzen Äthiopiens für die Europäer völlig undefiniert – und der Begriff »Äthiopien« wurde als Synonym für einen Großteil Afrikas verwendet. Nach einer gängigen Definition erstreckte sich Äthiopien vom Atlasgebirge bis zur ägyptischen Grenze und vom Atlantik bis zum Roten Meer. Afrika war in den Augen der Europäer vor allem aufgrund seiner Größe bemerkenswert – so, als ob es einfach zu groß wäre, um es zu erfassen. Auf der berühmten Karte von Fra Mauro, einem venezianischen Mönch und Kartographen, aus der Zeit um 1450 nehmen Äthiopien und das dazugehörige Reich »Abassia« (Abessinien) fast die Hälfte des afrikanischen Kontinents ein und scheinen sich von Afrikas Südspitze bis zu dessen nordwestlichem Rand zu erstrecken.

Als Martin Behaim 1484 vom portugiesischen König auf eine »Entdeckungsreise« nach »Äthiopien« geschickt wurde, umsegelte er Westafrika und stieß an den Küsten der Region des heutigen Gabun und Angola auf eine »andere Welt«, die den Europäern bis dahin unbekannt war. Als er knapp zehn Jahre später seinen Globus anfertigte, stützte er sich bei der Beschreibung Äthiopiens auf die Schriften von Ptolemäus und Marco Polo, in denen der »Kaiser von Abassia oder Abissinia« auf seinem Thron sitzt und ein frommer Untertan vor ihm kniet. »Sein Volk sind Christen«, heißt es auf dem Globus weiter, und sie »treiben groß Handel mit Gold und Elfenbein«.

Lange Zeit galt das mittelalterliche Äthiopien als Heimat von fabelhaften (oder monströsen) Menschen. Homer nannte die Äthiopier »die äußersten Menschen«, da sie in einem fernen Land jenseits der Meere lebten. Mandeville schrieb in seinem Reiseführer von 1350, dass Äthiopien (der Name leitet sich vom Griechischen »Aithiopes« für »verbrannte Gesichter« ab) »ein riesiges Land« sei, das im Süden von »völlig schwarzen« Menschen bewohnt werde. Wie viele mittelalterliche Schriftsteller war Mandeville überzeugt, dass Geographie und Physiologie grundlegend miteinander verbunden sind. Die Definition der Äthiopier über ihre Hautfarbe verrät die Auffassung, dass diese eine Folge der Lage Äthiopiens war: eine heiße Region in den sengend heißen Zonen der Welt. Nach Mandeville war Äthiopien auch die Heimat der Skiapoden, Menschen mit nur einem sehr großen Fuß, die mit erstaunlicher Geschwindigkeit herumhüpfen konnten und ihren Fuß als Schattengeber gegen das gleißende Sonnenlicht des glutheißen äthiopischen Himmels benutzten. Andere meinten, dort lebe ein humanoides Volk. Diese »Archapites« oder »Artabatitae« könnten sich nur mit Händen und Füßen gleichzeitig auf dem Boden wie auf vier Pfoten fortbewegen und wanderten umher wie die wilden Tiere.

Mandeville behauptete, es gebe in Äthiopien eine Quelle, deren Wasser tagsüber unerträglich kalt und nachts unerträglich heiß sei. Die Natur sei dort wie spiegelverkehrt, fremdartig und irgendwie seltsam, aber doch wiederzuerkennen. Alles fließende Wasser in Äthiopien sei aufgrund der großen Hitze »trübe und ein wenig salzig« und die Menschen hätten wenig Appetit, seien schnell betrunken und litten an Durchfall. »Sie leben nicht lange«, schloss Mandeville. Die Unwegsamkeit des Geländes, die Suche nach sauberem Wasser, die seltsamen Sitten und die Unbeständigkeit des Wetters: die immerwährenden Sorgen des Reisenden.

Abb. 10

Äthiopien war in Europa auch als Heimat des »äthiopischen Wolfs« bekannt, ein Tier mit einer vielfarbigen Mähne, das »so hoch springen konnte, dass es Flügel zu haben schien«. Außerdem war zu hören, dass in Äthiopien Drachen geboren werden, weil es dort das ganze Jahr über feurig heiß ist. Es war auch die Heimat der diabolischen Hyäne, die sich angeblich von totem Fleisch ernährte und die menschliche Stimme nachahmen konnte, um die Menschen in den Tod zu locken.

Doch es gab auch ein positive Seite des Äthiopienbilds in Europas religiös geprägter Kultur: Das Land galt als begnadet, als Hort einer reichen christlichen Tradition. Von dort stammte die Königin von Saba, die mit einer luxuriösen Karawane zu König Salomo nach Jerusalem gereist war, »mit Kamelen, die Spezerei trugen und viel Gold und Edelsteine« (1. Könige 10,2). In den im Mittelalter kursierenden apokryphen Geschichten über die Heiligen Drei Könige, die das Jesuskind begrüßten, wird einer dieser drei Weisen als aus Äthiopien stammend beschrieben. Der Sterndeuter mit der schwarzen Hautfarbe wurde zu einem festen Bestandteil der europäischen religiösen Bilderwelt, oft als jugendlich und am weitesten vom Jesuskind entfernt stehend dargestellt. Er wurde als Vertreter des aufstrebenden, weit entfernten Kontinents Afrika gesehen, der nichtsdestoweniger ein integraler Bestandteil der christlichen Ökumene war. Darüber hinaus galt Äthiopien seit dem frühen 14. Jahrhundert als das Reich des sagenumwobenen Priesterkönigs Johannes (»Ioannes rex et sacerdos«: »Johannes, König und Priester« oder auch »Presbyter Ioannes«), eines mächtigen (aber fiktiven) christlichen Herrschers, von dem sich die europäischen Christen erhofften, er könne ihnen im Kampf gegen die Ungläubigen beistehen. Fra Mauro gab auf seiner Karte an, der Priesterkönig Johannes herrsche in Äthiopien über einhundertzwanzig Königreiche, wobei seine enorme Macht schon aufgrund der schier unvorstellbar hohen Zahl der unter seiner Herrschaft lebenden Menschen Hochachtung hervorrief. Die meisten Europäer, die Darstellungen zu Äthiopien anfertigten, waren nie dort gewesen. Sie waren froh, einen Ort zu haben, an dem sie Mythen, Gerüchte und Legenden verorten konnten, damit sich eine wundersame und gleichzeitig moralisch lehrreiche Version der Welt skizzieren ließ. Doch trotz seiner ungeheuren Fremdartigkeit avancierte Äthiopien im 14. Jahrhundert zum begehrten Ziel europäischer religiöser, diplomatischer und kommerzieller Missionen. Das Land, wo auch immer es lag, wurde zu einer Art Nahtstelle, an der antike Phantasien auf politische Realitäten trafen und die Vorstellung eines Landes heraufbeschworen, das Gefährlichkeit und Frömmigkeit, Unfruchtbarkeit und Fruchtbarkeit, Nähe und Distanz versprach.

Auf unserem Abstecher nach Äthiopien lernen wir nun einige der ungewöhnlichen mittelalterlichen Reisenden kennen, die sich dorthin aufmachten – oder behaupteten, sie hätten sich dorthin aufgemacht – und darüber geschrieben haben.

Unbedingt probieren! Die hiesige Spezialität: sonnengetrocknete geräucherte Heckenkirsche. Für die Einheimischen ist das die Kost, von der sie sich ernähren. Allerdings werden Menschen, die tagein, tagaus sonnengetrocknete geräucherte Heckenkirschen essen, selten älter als 40 Jahre.

Ungefähr um das Jahr 1345 verließ ein Franziskaner mittleren Alters seinen Konvent im Königreich Kastilien. Wir kennen weder seinen Namen noch wissen wir irgendetwas über ihn, aber er beschrieb später in seinem »Buch des Wissens« eine bemerkenswerte Reise, die ihn in »alle Königreiche, Länder und Herrschaftsbereiche [führte], die es auf der Welt gibt«. Seinem Bericht zufolge begann er seine Odyssee in Spanien, von dort aus reiste er durch Frankreich, Deutschland, Dänemark, Schweden, Norwegen und auf die Britischen Inseln.

Die Beschreibung des ersten Teils der Reise wirkt beinahe so, als hätte der Autor die Strecke lediglich mental durchschritten:

Er führt nur wenige lokale Details an, außerdem gibt er die Namen wichtiger Ort ausschließlich spanischsprachig an – »Artuz« für Aarhus in Dänemark, »Estocol« für Stockholm, »Guinsa« für die englische Königsstadt Windsor – und stellt ihnen Abbildungen der Flaggen und Wappen der einzelnen Gebiete zur Seite. Im Wesentlichen handelt es sich um ein europäisches Wappenbuch. Es ist mehr als wahrscheinlich, dass die Angaben des spanischen Franziskaners ganz oder teilweise aus Karten und Büchern entnommen sind und er die Orte nicht selbst besucht hat.

Doch sobald er Europa hinter sich lässt und nach Afrika reist, wird der Bericht des Franziskaners lebendiger und detaillierter. Seine Route führte über Italien ins Heilige Land, dann durch Ägypten und die Nordküste des afrikanischen Kontinents entlang, über Bengasi, Sirte, Sousse und Ceuta. Schließlich erreichte er das »sehr alte« marokkanische Aghmat, eine wichtige Handelsstadt der Berber und zeitweise Hauptstadt des muslimischen Almoraviden-Königreichs von Marokko. Aghmat, das heute verlassen ist, war damals eine blühende muslimische und jüdische Stadt mit schönen Backsteinmauern, einer Münzprägestätte und einem großen Palast. Die Stadt lag im üppigen Ourika-Tal, einem wichtigen Einschnitt, der die rote Erde des Atlasgebirges freilegt. Zwischen den Eschenbäumen, die in der frischen Luft des Tals wuchsen, hüpften Scharen schmalgesichtiger Berberaffen umher. Reisende, Händler und Weise waren auf schmalen Pfaden unterwegs, teils auf der einen Seite die aufragende Felswand, auf der anderen der Abgrund, teils auf weiten Abhängen durch vulkanisches Geröll; mal zwängten sie sich zwischen schmalen Felswänden hindurch, mal zogen sie an grünen Flussufern entlang, die von leuchtenden Kanälen aus frischem Wasser durchzogen waren.

In Aghmat erfuhr der spanische Franziskaner vom Grab des Königs al-Mu'tamid, der 1091 aus der spanischen Stadt Sevilla nach Afrika verbannt worden war, nachdem sein Königreich an die Almoraviden-Dynastie gefallen war. Er lernte das Atlasgebirge und seine gefährlichen Pässe kennen und suchte in der marokkanischen Landschaft nach historischen Spuren der Berber-Dynastie der Almohaden. Er stellte fest, dass die Atlasregion »gut mit Lebensmitteln und Wasser versorgt, aber sehr kalt« war. Die Bewohner der Region empfand er als »sehr anständige Leute«. Anschließend segelte er in einem »Panfilo«, einer kleinen Zweimastgaleere, die sonnendurchglühte Küste Südmarokkos entlang, »ein wüstes Land mit bösen, grausamen Menschen, die an der Küste leben«. Weiter südlich, am Kap Bojador, begegnete er jüdischen und maurischen Einwohnern und beobachtete, dass Gold per Kamel zum König von Guinea gebracht wurde. Diese Reise ist so ungewöhnlich und die Beschreibung in ihren Details so präzise, dass man versucht ist, sie als eine Darstellung einer Reise zu lesen, die unser Franziskaner wirklich unternommen hat.

Die Reiseschilderungen des spanischen Franziskaners liefern uns einige der frühesten Berichte über die Atlantikinseln westlich von Afrika: die Kanaren, Madeira und die Azoren. Als er die Inseln im Anschluss an seinen Aufenthalt in Marokko besuchte, waren sie üblicherweise noch gar nicht auf europäischen Seekarten verzeichnet, obwohl sie arabischen Geographen gut bekannt waren. In einem Holzboot segelte er zunächst zur Insel La Graciosa und von dort nach Lanzarote, Lobos, Roque del Este und Teneriffa. Er kannte Dutzende anderer Atlantikinseln, darunter Madeira, obwohl nicht klar ist, ob er sie besucht hat.

So wahrheitsgetreu Teile des Buches auch sein mögen, der weitere Bericht des spanischen Franziskaners über seine Reise durch Afrika stützt sich eindeutig auf Fabeln, die in mittelalterlichen europäischen Büchern über den Kontinent kursierten. In der Region Senegal beschreibt er die katzengroßen Ameisen des »Rio de Oro« (»Fluss des Goldes«), eines legendären Flusses. Diese Riesenameisen sollen Ameisenhügel gebaut haben, in denen Gold gefunden wurde. Der spanische Franziskaner wiederholt damit lediglich eine alte europäische Erzählung über die mythische Insel Orelle, auf der hundegroße Ameisen den ganzen Tag auf einem riesigen Hügel Gold schürfen.

Irgendwo in der Nähe des Nils traf der Franziskaner auf Kaufleuten aus Genua, die mit den Sultanen in Ägypten seit langem einen Vertrag über den Handel flussauf- und flussabwärts hatten. Hier will er auch gesehen haben, wie mit Stoßzähnen aus Elfenbein gehandelt wurde. Dann kam er in eine »sehr heiße« Region mit »sehr hohen Bergen«, manches Mal »Mondberge«, manches Mal »Goldberge« genannt. Damit scheinen die mythischen Kong-Berge gemeint zu sein, eine große Gebirgskette, die die Westküste Afrikas von der Region im Inneren des Kontinents trennen sollte. Die Kong-Berge, von denen es hieß, sie lägen jenseits der Quelle des Weißen Nils, tauchten (noch bis ins 19. Jahrhundert hinein) in vielen Berichten und auf vielen Karten auf, wurden aber nie gefunden und existierten nur in den Köpfen der Kartographen und Reiseschriftsteller. In jedem Fall begab sich der spanische Franziskaner auf legendäres Terrain, als er den Ort beschrieb, von dem es hieß, dass dort das irdische Paradies zu finden sei und der in vielen Darstellungen im äußersten Süden, »unterhalb« des afrikanischen Landesinneren verortet wurde. Der Franziskaner beschreibt einen besiedelten Landstrich, den er »Graçiona« nannte. Das christliche Reich sei bevölkert von »Negern […,] intelligenten Männern mit gutem Verstand, und sie haben Verständnis und Wissen«. Ihr Trinkwasser, das vom antarktischen Pol stamme und das irdische Paradies durchfließe, sei »ausgezeichnet«. Zudem sei der dortige Herrscher ein Verfechter eines gewissen »Preste Juan« oder Presbyter Johannes, des Patriarchen von Nubien und Äthiopien.

Der Franziskaner aus Spanien war einer der ersten Autoren, die die Figur des Priesterkönigs Johannes in Afrika verorteten. Die Hauptstadt des christlichen Herrschers war nach seiner Darstellung ein Ort namens »Malsa«, der an den Ufern eines afrikanischen Flusses namens »Euphrat« lag. Das Banner des Priesterkönigs zeige, so schrieb er, ein schwarzes Kreuz auf weißem Grund, links und rechts flankiert von einem goldenen Bischofsstab, und symbolisiere seine Hegemonie über die benachbarten christlichen Herrscher von »Graçiona« und »Magdasor«. Der Franziskaner schreibt nichts weiteres zur Hauptstadt »Malsa«, aber mittelalterliche Bilder zeigen den Priesterkönig Johannes auf einem prächtigen, geschnitzten Thron inmitten von Zeltlagern in einer bergigen Landschaft. Es scheint fast so, als verschmelze in der Darstellung des Franziskaners, möglicherweise aufgrund einer Verwechslung, das Wort »Mansa«, das in der westafrikanischen Sprache Mandinka »Herrscher« oder »Monarch« bedeutet, mit dem mittelalterlichen islamischen Reich Mali und der phantastischen europäisch-christlichen Vorstellung eines Priesterkönigs Johannes in Äthiopien.

Unser Franziskaner aus Spanien »sah und hörte« täglich wunderbare Dinge in »Malsa«. Das nahe gelegene irdische Paradies, erzählten ihm Einheimische und »weise Männer«, bestehe aus Bergen, die so hoch seien, dass sie fast den Mond berührten. Diese Berge seien von einem großen See umgeben, aus dem die vier biblischen Flüsse des Paradieses (die im 1. Buch Mose genannten Tigris, Euphrat, Gihon und Pischon) flossen und ganz Nubien und Äthiopien bewässerten. Der Franziskaner erfuhr, dass die Menschen, die an diesen reißenden Strömen lebten, vom Tosen des Wassers taub geworden seien. Er hörte außerdem, dass in diesen Bergen kein Lebewesen verwesen oder sterben könne. Weiter wurde ihm gesagt, auf der einen Seite der Berge sei es immer hell, auf der anderen Seite immer dunkel, weil die Berge genau am »Horizont« oder einer Version des Äquators lägen. Diese Textbausteine stammten tatsächlich aus europäischen Schriften, wurden aber wiedergegeben als Wahrheiten, die unser anonymer Autor von Augenzeugen erfahren hatte.

Dass dieser Franziskaner aus Spanien offensichtlich an den Priesterkönig Johannes glaubte, steht im Einklang mit einer im spätmittelalterlichen Europa weit verbreiteten Vorstellung eines christlichen Reiches jenseits von Ägypten, die sich mit dem tatsächlichen Reich Äthiopien überlagerte. Seit dem 12. Jahrhundert kursierten Spekulationen über den Priesterkönig Johannes, einen geheimnisvollen, aber mächtigen christlichen Herrscher, der möglicherweise ein direkter Nachfahre von einem der drei Weisen aus dem Morgenland war, ein afrikanischer Priesterkönig, dessen Reich irgendwo im Osten – vielleicht in Syrien oder Indien – lag. Auf dem Behaim-Globus wird an mindestens zwei Orten – in Ostasien und in der südlichen Hemisphäre Afrikas – ein Bezug zum Priesterkönig Johannes hergestellt, was die Unsicherheit darüber widerspiegelt, wer er war und wo er zu verorten war. Etwa ab der Zeit, als die Europäer begannen, in größerer Zahl über Ägypten hinaus ins Innere Afrikas zu reisen (und unser Franziskaner aus Spanien seine Darstellung verfasste), verfestigte sich die Vorstellung, der Priesterkönig Johannes müsse in Äthiopien zu finden sein. Nach Ansicht einiger Europäer herrschte er über ein gut organisiertes und weitläufiges Gebiet und vermochte, da die Quelle des Nils in seinem Reich lag, die Wasserzufuhr für den wichtigsten Fluss der arabischen Welt zu stoppen.

Ab etwa 1400 war die Figur des Priesterkönigs Johannes zu einer Obsession der europäischen Reisenden geworden. Sie wollten ihn finden, ein Bündnis mit ihm schließen und sich an den Schätzen und Luxusgütern in seinem wundersamen Imperium bereichern.

Als sich Bertrandon de la Broquière 1431 in der Konstantinopler Vorstadt Pera aufhielt, begegnete er einem Mann aus Neapel namens Pietre, der in Konstantinopel als römisch-katholischer Gesandter den äthiopischen Kaiser Takla Mariam (Regierungszeit 1440–1443) vertrat. Takla Mariam entstammte der christlichen Salomonischen Dynastie (die sich in direkter Linie von König Salomon und der Königin von Saba herleitete). Der Gesandte Pietre erzählte, er sei im Land des Priesterkönigs Johannes verheiratet gewesen, und ermutigte den burgundischen Diplomaten, mit ihm dorthin zu reisen. De la Broquière war skeptisch und befragte Pietre ausgiebig über »Prêtre Jean« und dessen Herrschaftsgebiet. Der Neapolitaner erklärte ihm, das Reich des Priesterkönigs Johannes liege in Äthiopien, eine fünfzehntägige Reise den Nil hinauf, jenseits von einem See. Er ergänzte, das Volk des Priesterkönigs sei bereit, sich einem westlichen Bündnis anzuschließen und den Türken entgegenzutreten.

Und Pietre hatte noch viel mehr zu erzählen. Erstens war der Priesterkönig ein guter Christ, der die Autorität der römisch-katholischen Kirche anerkannte, die Messe allerdings nach griechisch-orthodoxem Ritus feierte. Wenn er ausritt, ließ er das Kreuz vor sich hertragen. Er kontrollierte ein riesiges Gebiet und war in der Lage, ein Heer von vier Millionen Mann aufzustellen. Seine Männer waren von großer Statur und ihre Haut war »weder schwarz noch weiß, sondern eher rötlich-braun«. Das Volk von Äthiopien war »tugendhaft und weise« und befand sich ständig im Krieg mit einem östlichen Herrscher namens Chinemachin, der auch der Großkhan genannt wurde. In Äthiopien wuchsen Gold und Ingwer in Hülle und Fülle. Dort gab es die höchsten Berge der Welt. Das Land war voller seltsamer Tiere – Löwen, Elefanten und Giraffen. Dazu gab es eine Bestie, die Gorilla genannt wurde. Sie sehe aus »wie ein Mensch, nur mit einem Schwanz, der zweieinhalb Fuß lang und halb schwarz und halb weiß ist«. Die Menschen warnten auch vor neunzig Meter langen Schlangen, die so dick wie der Mast einer Galeone waren.

Das Einzige, was »Prêtre Jean« fehlte, waren Schiffe und Schiffszimmerleute. Und so hatte er, da der Krieg gegen Chinemachin kein Ende nehmen wollte, Pietre aus Neapel beauftragt, in Konstantinopel jemanden zu finden, der für ihn Schiffe baute. So erfuhr de la Broquière von Äthiopien und dessen Herrscher, dem Priesterkönig Johannes. De la Broquière war skeptisch: »Ich weiß nicht, ob [Pietre] die Wahrheit gesagt hat oder nicht. Ich berichte nur und übernehme keine Garantie für die Fakten.« Reisende schnappen oft solche halbgaren Gerüchte auf. De la Broquière ist nicht selbst nach Äthiopien gereist, um herauszufinden, ob sie stimmen oder nicht.

De la Broquières Begegnung mit Pietre steht stellvertretend dafür, wie die Europäer jahrhundertelang ein Äthiopien beschrieben, das sowohl real als auch imaginär war: in Geschichten über Afrika, die eher zum Schmökern gedacht waren als schlüssige Erkenntnisse vermitteln wollten. Europäische Autoren schrieben, sie wären an einem Ort gewesen und hätten einen Herrscher und seine Untertanen getroffen, doch was sie berichteten, gehört weitgehend ins Reich der Mythen.

Im Jahr 1480 unternahm Giovanni Battista da Imola eine ungewöhnliche Reise nach Äthiopien. Battista war ein recht bescheidener Mann aus der Stadt Imola in der Nähe von Bologna. Mit Briefen, Geschenken und Almosen im Gepäck machte er sich in Begleitung eines Franziskanermönchs namens Giovanni von Jerusalem aus auf den Weg. Der Franziskanerprior in Jerusalem, Giovanni de Thomacellis, hatte die beiden Männer mit der Mission beauftragt, Kontakte zu den Äthiopiern herzustellen, um sie in der römisch-katholischen Weltgemeinde aufzunehmen (und so »verlorene Schafe zur Herde zurückzubringen«). Nach seiner Rückkehr nach Jerusalem im Jahr 1483 berichtete Battista über seine Reise und erzählte einem anderen italienischen Ordensbruder, Francesco Suriano (gestorben 1529), von seinen Erlebnissen, die Suriano dann in seinem Traktat über das Heilige Land niederschrieb.

Battistas Bericht ist ein Beispiel dafür, wie örtliche Gegebenheiten unverhofft auf die Reisepläne Einfluss nehmen können. Zunächst war er gezwungen, dreißig Tage lang in der ägyptischen Stadt Naqada am Westufer des Nils zu verweilen, weil die Straßen nicht sicher waren (warum, erläutert er nicht, aber wir können davon ausgehen, dass gewalttätige Konflikte oder Wegelagerei der Grund waren). Als Battista schließlich die Hafenstadt Sawakin mit ihren luxuriösen, aus Korallen des Roten Meeres erbauten Häusern erreichte, musste er dem Gouverneur gemäß den örtlichen Gepflogenheiten verschiedene Geschenke überreichen: einen bunten Wandteppich, ein dunkles Tuch und fünf Stücke Seife. Als er Äthiopien, das Gebiet des Priesterkönigs Johannes, erreichte, war er schon halb tot. In Anbetracht der fremden politischen Struktur hielt Battista fest, dass mehrere Städte von einer Gruppe bewohnt wurden, aber unter der Oberhoheit einer anderen standen. Und er bemerkte, dass »alle führenden Männer in diesem Land sich selbst ›Soldans‹, das heißt Herrscher, nannten«. Ein abessinischer Gouverneur namens Syonsirave versorgte ihn mit Kühen und Schafen und stellte ihm einen Führer zur Verfügung, der Battista durch sein Gebiet führen sollte. Dennoch war Battista gezwungen, in jeder von Syonsiraves Städten großzügig Geld auszugeben. Als Ersatz für sein Kamel, das erschöpft war und verkauft werden musste, besorgte er sich einen Esel, der den plötzlich einsetzenden starken Regenfällen besser standhalten konnte. Da der Regen jedoch Überschwemmungen verursachte, wurde Battista in der Stadt »Chiapeg« am Nil erneut aufgehalten.

Reisen versetzt uns in einen leicht surrealen Zustand, der uns wie traumwandelnd notleidende Regionen der Welt durchqueren und aktuelle Ereignisse nur schemenhaft wahrnehmen lässt. Wenn uns dann lokale Probleme – Wetterlagen, Konflikte oder Politik – in die Quere kommen, geschieht das meist »wie aus heiterem Himmel«. Battista wurde auf seiner Reise zu einer Kirche geführt, in der der »König«, den er hatte treffen wollen, vor kurzem begraben worden war (es handelte sich um das Grab des Kaisers Ba'eda Mariam I., der 1478 gestorben war). Schließlich erreichte er »den Hof des großen Priesterkönigs Johannes« in einer Stadt namens Barara, der äthiopischen Hauptstadt des 15. Jahrhunderts, die hoch auf einem zerklüfteten Bergrücken lag. Dort herrschte kühleres Klima und es gab reichlich Trinkwasserquellen.[9] Anschließend wartete er in Barara auf eine Audienz beim Monarchen, dem Kind-Kaiser

9 Die genaue Lage der Stadt ist bisher nicht eindeutig nachgewiesen worden, sie befand sich aber in der Gegend des heutigen Addis Abeba.

Eskandar oder Qostantinos II. (1471–1494). Wir wissen nicht, ob ihm tatsächlich eine Audienz gewährt wurde, aber hier, am »Hof des Priesterkönigs Johannes«, traf Battista auf zahlreiche Europäer. Einige von ihnen waren schon seit mehr als fünfundzwanzig Jahren dort. Unter den Venezianern und Neapolitanern, Burgundern und Katalanen gab es Männer, deren Familien Battista gut bekannt waren, etwa den dorthin ausgewanderten venezianischen Maler Nicolò Brancaleone (circa 1460 bis circa 1526). In gewisser Weise hatte er dort ein zweites Zuhause gefunden, ein fernes Land, das ihm auf seltsame Weise vertraut war. In einer nahe gelegenen Kirche sah Battista zu seinem Erstaunen eine große und reich verzierte Orgel »im italienischen Stil«. Die Europäer am Hof in Barara sagten ihm, sie seien in dieses fremde Land gekommen, um Juwelen und kostbare Edelsteine zu suchen, der König habe ihnen jedoch nicht erlaubt, das Land wieder zu verlassen. Dennoch gefalle es ihnen am Hof, da dort ein »gediegener und zivilisierter Umgang« herrsche und der Priesterkönig sie ihrem Rang entsprechend entlohne. Die Europäer erzählten Battista, dass sie in Häusern lebten, die mit Schilfrohr konstruiert und mit Lehm verputzt waren. Das Land des Priesterkönigs Johannes sei reich an Gold, aber es fehle an Getreide und Wein. Die vielköpfige Bevölkerung sei rabiat, »ungehobelt und unkultiviert«, »voller Läuse«, »ein schwaches Volk mit wenig Energie und Einsatzbereitschaft, aber stolz« und geradezu inbrünstig christlich. Battista erfuhr noch viel mehr über das Reich des Priesterkönigs Johannes, aber Suriano, ansonsten ein eifriger Protokollant, schrieb es nicht auf – »aus Angst, meine Leser zu ermüden« und weil er sich wieder den geistlichen Fragen zuwenden wollte, seinem Hauptthema. Er hatte den Verlockungen der mysteriösen Fremde genug Platz eingeräumt und richtete seine Aufmerksamkeit wieder auf Gott.

Battista da Imola war Mönch, aber auch ein Kurier, der Botschaften übermittelte. Er wurde 1484 ein zweites Mal von Jerusalem nach Äthiopien gesandt, mit einem weiteren Brief, nun von seinem neuen Prior Paolo da Canneto. Dieser Brief wandte sich direkt an Eskandar und forderte die äthiopische Kirche auf, sich mit der römisch-katholischen Kirche zu vereinigen; »zögere nicht«, schrieb der Kustos des Heiligen Landes, »denn in der Verzögerung liegt Gefahr«. Wir wissen nicht, ob dieser Brief den äthiopischen Thron jemals erreicht hat oder ob er den italienischen Mönchen bei der Kontaktaufnahme mit den äthiopischen Herrschern geholfen hat.

Nahezu alle, die nach Äthiopien gereist waren oder behaupteten, dort gewesen zu sein, bezeugten die Existenz des Priesterkönigs Johannes. Die Berichterstatter aus den Jahren 1350 (der anonyme Franziskaner aus Spanien), 1431 (Pietre aus Neapel) und 1480/1481 (Battista da Imola) glaubten allesamt, dass sie das Reich des Priesterkönigs Johannes besucht hatten. Für die Europäer des Mittelalters war der Priesterkönig Johannes überall und nirgendwo, und verwirrenderweise wurde sein Reich oft »Indien« genannt, auch wenn damit eigentlich Äthiopien gemeint war. Auch wenn Äthiopien definitiv irgendwo und nicht überall und nirgendwo war, blieb es in der europäischen Vorstellung trotzdem nur vage definiert. Das Äthiopien des Priesterkönigs Johannes war weit entfernt, aber doch erreichbar, entlegen, aber auch glamourös, ein Ort europäischer Träume. Es steht für ein Bild von Afrika, das von der utilitaristischen Weltanschauung der europäischen Christen geprägt war. »Priesterkönig Johannes« wurde zu einem Synonym für den jeweiligen äthiopischen Kaiser; eine Art, Äthiopien anzuerkennen, ohne es tatsächlich als das zu sehen, was es war. Europäische Reisende besuchten das christliche Äthiopien und sahen es durch die Brille der zu ihrer Zeit kursierenden Priesterkönig-Johannes-Phantasien. Neben die wundersamen und exotischen Eindrücke trat die Einschätzung, dass Äthiopien ein argloses christliches Königreich war, das nur darauf wartete, vom Ausland ausgebeutet zu werden.

Im Sommer 1402 schickte der äthiopische Kaiser Dawit (gestorben 1413) eigene Gesandte nach Venedig, die als Geschenke unter anderem vier lebende Leoparden, Riesenperlen und aromatische

Harze überreichten. In den venezianischen Dokumenten, die sich auf diese Gesandtschaft beziehen, wird Dawit jedoch als Priesterkönig Johannes (»Prestozane« oder »Prete Jane«) bezeichnet. Die Gesandten von Kaiser Dawit – den die Venezianer weiterhin »Prete Jane« nannten – kehrten mit einer Gruppe venezianischer Handwerker und Künstler und verschiedensten luxuriösen Waren im Gepäck nach Äthiopien zurück. Obwohl der äthiopische Hof offenbar italienische und andere europäische Handwerker und Künstler beherbergte, scheinen die europäischen Versuche, mit »Priesterkönig Johannes« eine christliche Allianz gegen den Islam zu bilden, kaum Früchte getragen zu haben.

Wir wissen, dass das äthiopische Königreich nicht von einem Priesterkönig Johannes regiert wurde, dass äthiopische Botschafter, Mönche und Pilger häufig in Jerusalem, Rom, Venedig und anderswo zu Gast waren, dass die Äthiopier häufig Botschaften nach Europa schickten und dass sie sich zuweilen ihrerseits einen europäischen König vorstellten, der ihr christliches Reich vor Feinden retten würde. Im Jahr 1479 richtete Papst Sixtus IV. in Rom ein Pilgerhospiz für Äthiopier ein, und zwar im Kirchengebäude Santo Stefano degli Abissini, einem koptischen Zufluchtsort im Vatikan, nur wenige Schritte vom Petersdom entfernt.

Die Vorstellungen von Äthiopien, die im Mittelalter in Europa kursierten, bildeten wie in einem Mikrokosmos die mittelalterliche europäische Vorstellung von der ganzen Welt ab: der Globus als bunte Ansammlung von Geschichten, Phantasien und Halbwahrheiten mit einer Geographie, die eher den phantastischen Beschreibungen der Geschichtenerzähler entspricht, als auf landschaftlichen Gegebenheiten zu beruhen. Wir kehren nun zu unserer doch mehr konventionell ausgerichteten Route zurück, die uns von Äthiopien und Jerusalem nach Osten zu den Wundern Asiens führen wird.

MEDIZINISCHER RAT FÜR REISENDE

aus der »Rosa anglica practica medicinae«, der Englischen Rose (sprich: der bestmöglichen Zusammenfassung) der praktischen Medizin, vom Londoner Arzt John of Gaddesden, um 1314

Wer auf eine Reise geht, nach Übersee aufbricht, in den Krieg zieht oder eine Pilgerfahrt unternimmt, zum Studium an eine Universität oder auf einen Markt geht, Freunde oder Bekannte trifft oder Kranke besucht, sollte Folgendes beachten:

- Allgemein kann als Anweisung für alle Reisenden gelten, dass es gut für sie ist, wenn sie zu Beginn einen Aderlass machen lassen oder fasten, damit der Körper zweifelsfrei züchtig ist, denn sonst besteht die Gefahr von Fieber oder einer Schwellung, von Ruhr oder einem platzenden Blutgefäß.
- Wer im Frühling aufbricht, muss sich vor allem vor Tollheit und Melancholie hüten.
- Bei warmem Wetter beugt Folgendes am besten gegen Durst und Hitze vor: Du nimmst Rosenzucker, Veilchenzucker oder Seerosensirup oder eine Konfitüre aus Zichorienblüten und Zucker oder du nimmst Kandiszucker, Tamarinde, Berberitze oder Sauerampfer und dann kannst du diese oft auf der Reise einnehmen.
- Wer zu viel getrunken hat, sollte als Mann seine Hoden mit Salz und Essig waschen, eine Frau sollte ihre Brüste waschen und das Blatt, den Strunk oder den Saft von Kohl mit Zucker essen.
- Wenn die Luft heiß oder übelriechend ist, sollte der Reisende an Kampfer, Rosen oder Veilchen riechen, bei sehr heißem Wetter an Moschus oder Wildem Salbei oder Harz vom Wald-Geißbart oder Kamille, an Lorbeerblättern oder Majoran. Wo es schlechten Atem oder Körpergeruch gibt, sollten sich Reisende die Nase zuhalten. Nach dem Aufstehen sollten sie ein Stück geröstetes Brot in würzigen Wein tunken oder geröstete Kastanien mit würzigem Wein essen.
- Nach anstrengenden Reisen bei heißem Wetter ist Wasser mit Kamille, Fenchel und Brennnessel aufzukochen und damit werden

die Füße gewaschen. Dazu sollte ein Schlückchen Absinth die Müdigkeit und Abgeschlagenheit fast vollständig verschwinden lassen.

- Der Reisende sollte etwas Wermut und einen Stängel vom Mönchspfeffer (oder Keuschbaum) mit sich führen, damit er unterwegs nicht stolpert; und wenn er das tut, wird er tagsüber nicht müde werden. Und bevor der Reisende am Morgen aufbricht, sollte er sich mit Estragon und Marciaton (einer Salbe aus Olivenöl, Bienenwachs und Lorbeer) einreiben. Er sollte gebratenes Fleisch und Knoblauch zum Wein oder Würzwein essen.
- Arme Menschen sollten drei Körner Weihrauch und Pfeffer oder sechs Blätter Minze einnehmen, und sie sollten an Mönchspfeffer und Weihrauch riechen, das hilft bei laufender Nase oder Verschleimung.
- Die Füße sollten immer mit heißem Salzwasser gewaschen, getrocknet und dann mit Ziegen- oder Schafsfett eingerieben werden, und dasselbe sollte mit dem Damm geschehen, wegen all der Scheuerstellen, die auf der Reise entstanden sein können.
- Wer im Winter reist, sollte ein Gewand aus zwei Lagen Stoff tragen, das über dem Hemd mit Baumwolle gepolstert ist und mit Fuchs-, Lamm- oder Kaninchenfellen gefüttert. Auf dem Kopf sollten Reisende eine mit dickem Schaffell gefütterte Mütze tragen. Außerdem sollten sie eine Kapuze haben, die bis zu den Schultern reicht, oder ein dünnes Tuch auf dem Kopf tragen. Sie sollten ihre Füße möglichst warm und trocken halten und sie vor dem Schlafengehen sorgfältig abtrocknen.
- Achte darauf, Fieber zu vermeiden, das durch Blähungen und Sonnenbrand entstehen kann. Gehe nicht zu nah ans Feuer, wenn dir sehr kalt ist, sondern reibe deine Gliedmaßen lieber ein wenig, wenn auch nicht weit vom Feuer entfernt.
- Wasser, in welcher Form auch immer, sollte auf Reisen in keinem Fall getrunken werden, denn es verursacht Fieber, Abszesse und Verstopfung.

Kapitel 10

AUF DER SEIDENSTRASSE

Die Sperberburg · Die Karawanserei · Täbris ·
Der Alte vom Berge · Gog und Magog

Als Sklave, Soldat, Gefangener, Pilger und Söldner hatte Johann Schiltberger einen großen Teil des Nahen Ostens bereist, war durch ausgedörrte Wüsten und minarettgeschmückte Städte gezogen. Dennoch gelang es ihm nicht, einen Ort zu besuchen, von dem er schon so viel gehört hatte: die Sperberburg.

Schiltberger, 1380 in einer kleinen bayerischen Stadt geboren, hatte im Alter von sechzehn Jahren seine hochgeborene Familie verlassen, um im Gefolge des Adligen Linhart Reichartinger gegen das osmanische Heer zu kämpfen. Schon bald hatte eine Niederlage auf dem Schlachtfeld zur Folge, dass Reichartinger getötet und Schiltberger verwundet und gefangen genommen wurde. Die nächsten einunddreißig Jahre verbrachte er – teils als Gefangener, teils als Gefolgsmann – zunächst in der Armee des osmanischen Sultans und dann in der Armee Timurs und weiterer timuridischer Anführer.[10] Die Dynastie der Timuriden beherrschte einen Großteil Zentralasiens: von Aleppo im Westen bis Herat, Samarkand und Taschkent im Osten. Später diente Schiltberger einem Tatarenfürsten namens Chekre in Armenien und Sibirien. Schließlich konnte er sich in der georgischen Hafenstadt Batumi auf ein Schiff retten,

10 Timur (1336–1405), Schah Ruch (1377–1447) und Miran Schah (1366–1408).

das ihn über das Schwarze Meer nach Konstantinopel brachte. 1427 kehrte er nach Bayern zurück und verfasste einen Bericht über seine Reisen und die vielen Dinge, die er auf seinen »interessanten und seltsamen Abenteuern« gesehen hatte.

Schiltberger war praktisch veranlagt, anpassungsfähig und neugierig – ein junger Mann, der auch das Umherziehen in Gefangenschaft zu nutzen wusste, um etwas von der Welt zu sehen. Wo immer er hinkam, begegneten ihm Wunder. Während der Belagerung der Hafenstadt Samsun an der Nordküste der Türkei wurde er Zeuge, wie unzählige Nattern und Vipern in die Stadt eindrangen, einige von ihnen kamen aus dem Meer, andere aus den Wäldern. Sie hatten kein Interesse daran, den Menschen oder gar dem Vieh Schaden zuzufügen, und führten stattdessen elf Tage lang Krieg gegeneinander. Am elften Tag wurden die Seeschlangen schließlich von den Waldschlangen besiegt. 8000 leblose Schlangenkörper wurden eingesammelt und begraben. Das Ereignis wurde als göttliches Vorzeichen gewertet, dass der Sultan, so wie er das Land beherrschte, bald auch Macht über die Meere haben würde.

Schiltberger schrieb, er habe gesehen, wie in einer staubigen Schlacht in Kilikien 9000 Jungfrauen in Gefangenschaft genommen wurden. Er sah, wie in der Tatarei mit Stoßzähnen bewehrte Streitelefanten in den Krieg zogen und mit ihren Rüsseln Kanonen zwischen den Truppenteilen hin und her transportierten. Er war dabei, als ganze Städte dem Erdboden gleichgemacht wurden, während ihre Bewohner noch lebten und die Häuser um sie herum niedergerissen wurden. In der Wüste begegnete er Dorfbewohnern, die eine unendliche Menge an Gewürzen besaßen, aber kein Vieh und kaum Wasser hatten. Er sah, wie Könige ganze Landstriche gegen Juwelen und Gold eintauschten. Er traf eine verwitwete Tatarenprinzessin mit ihrem Gefolge von 4000 Frauen, die allesamt so gut wie die Männer auf ihren Schlachtrössern reiten und mit Pfeil und Bogen schießen konnten. In Isfahan mit seinen eleganten Brücken, Bögen und schattigen Gassen wurde Schiltberger Zeuge, wie 12 000 Bogenschützen die Daumen abgeschnitten wurden und aus den Schädeln Tausender ermordeter Kinder vor den Augen der besiegten Bewohner ein Turm errichtet wurde (der kastilische Botschafter Clavijo sah einen ähnlichen Turm aus Tatarenschädeln in Damghan östlich von Teheran).

Obwohl Schiltberger Dinge gesehen hatte wie kein anderer Bayer vor ihm, hatte die Sperberburg seine Sehnsucht geweckt. Er hatte gehört, die Burg sei nicht weit von der Stadt Trapezunt entfernt, liege aber möglicherweise auch irgendwo an der Küste in den Gebieten der Herren von Korykos oder auch tiefer in Kleinarmenien und den zahlreichen dahinterliegenden Landschaften, die den Reisenden ihre Geheimnisse nur widerwillig preisgaben. Die Geschichte von der Sperberburg kannte jeder. Als junger Mann hatte Schiltberger selbst davon gelesen und auf seinen Reisen immer wieder davon gehört.

Also bezahlte er einen Führer, der ihn auf versteckten Pfaden durch dichte Wälder und über seltsam geformte, von der Sonne ausgedörrte Hügel führte. Schließlich erreichten sie einen Berg, auf dem sich die Sperberburg befand (oder zumindest ein Gebäude, das der Führer Schiltberger gegenüber als die Sperberburg benannte).

In der Sperberburg sollte eine Prinzessin wohnen, die schönste Frau der Welt – halb Gottheit, halb Verführerin, so war sie den Männern erschienen. Sie war so schlank wie ein Reh, hatte die zartesten gewölbten Augenbrauen und einen Mund so süß wie Honigwein.

Laut der Erzählung lebte die Prinzessin in diesem Palast allein, nur mit einem Sperber als Gesellschaft. Der Sperber hockte auf einer Sitzstange aus Nussbaumholz, seine gelben Krallen zeichneten sich auf der mit Onyx verzierten Querstange deutlich ab. Mit seinen hellen, wachsamen, immer offenen Augen schien er weder blinzeln noch schlafen zu müssen. Schweigend die Welt betrachtend, strahlte der Vogel Erfahrung und Weisheit aus. Einmal am Tag erhob er sich zur Jagd und hielt das Schloss seiner Herrin frei von Ungeziefer, Insekten und anderen Wildtieren.

Die Prinzessin galt trotz ihres verführerischen Auftretens und der lasziven Kleidung als Jungfrau und gläubige Christin. Sie wollte ihre Jungfräulichkeit bewahren, bis irgendwann ein tapferer Ritter auftauchen würde. Sollte der Ritter drei Tage und drei Nächte lang Wache halten können, ohne einzuschlafen, durfte er die Prinzessin um alles bitten, was er wollte, solange es mit reinem Herzen geschah.

Ein Prinz von Armenien hatte es schaffte, den Schlaf zu besiegen und wach zu bleiben. Nach drei Tagen und drei Nächten konnte er sich kaum noch auf den Beinen halten, seine Blase war dem Platzen nahe und die Knie schlotterten ihm wie Wackelpudding, aber die Prinzessin beglückwünschte ihn, dass er durchgehalten hatte, und fragte, nach welcher unverdorbenen Sache ihm der Sinn stehe.

Der armenische Prinz sagte, die unverdorbene Sache, die er im Sinn habe, sei, sie zur Frau zu nehmen. Doch während er dies sagte, spürte er ein starkes Verlangen nach dem Körper der Prinzessin und bemerkte, dass sich in seiner Hose etwas rührte.

Die Prinzessin verstand sofort, welche unreinen Motive sich hinter dem Wunsch des Prinzen verbargen. Mit einem Aufschrei verbannte sie ihn, schleuderte ihm Beleidigungen ins Gesicht, hielt ihm sein schamloses Verhalten vor und belegte zu guter Letzt auch noch seine gesamte Familie mit einem Fluch.

So blieb das Burgfräulein rein und keusch und entlarvte die schmutzigen Gedanken der Männer, die zur Sperberburg kamen. Ihrem treuen Sperber gleich, reinigte sie die Welt von innerer Verderbtheit, indem sie aufdeckte, was dort niederen Instinkten folgend kreuchte und fleuchte.

Schiltberger blickte zu den Mauern der Burg hinauf, zu der man ihn geführt hatte. Hinter dem großen Steintor und dem furchterregenden Fallgitter konnte er vielleicht in der Ferne einen Blick auf das Schloss erhaschen, das mit all den zierlichen Türmen, den rosafarbenen Schieferdächern mit Dutzenden von schmalen Schornsteinen, goldenen Zinnen und kupfernen Wetterfahnen, den filigranen

Fenstern, den Spitzbögen und Lanzetten und den hoch aufragenden Säulengängen geradezu entzückend aussah. Aber vielleicht war das auch nur eine Fata Morgana. Die Tore waren verschlossen und der Ort schien verlassen. Keine Prinzessin, kein Sperber: die Reise vergeblich.

Die dortigen Priester meinten, das Ganze sei das Werk des Teufels und keinesfalls gottgefällig. Also kehrten sie um. Der Führer, der von Schiltberger Geld bekommen hatte, damit er ihm das Schloss zeigte, verschwand schnellstens.

Wie wir feststellen müssen, sind wir von unserer Route abgekommen und von Jerusalem aus nach Nordwesten gereist, obwohl wir uns eigentlich hätten nach Osten wenden sollen. Wir haben uns von Geschichten ablenken lassen, in denen es um Sperber, Jungfrauen und unzüchtige Ritter ging. Davor werden Reisende schließlich immer gewarnt: Wer sich ablenken lässt, kommt vom Weg ab und ist verloren. Und sich als Reisender verloren zu fühlen, ist fast so schlimm, wie sich zu langweilen.

Da die Suche nach der Sperberburg nur ins Reich der Phantasie führt, verabschieden wir uns von Schiltberger und machen uns ohne ihn auf einen Weg, der uns, wie geplant, die Seidenstraße(n) erreichen lässt.

Was wir heute als Seidenstraße bezeichnen (der Ausdruck stammt aus dem 20. Jahrhundert), ist keine einzelne Straße, sondern vielmehr ein Sammelbegriff für die zu Land und zu Wasser quer durch Eurasien führenden Ost-West-Routen – von Ägypten nach China, von der Türkei nach Indien. Auf diesen Routen wurde weit mehr als nur Seide gehandelt: in der Medizin und in der Küche verwendbare Gewürze, Juwelen, Getränke, Tiere. Es gibt zahlreiche Aufzeichnungen über den Handel mit Pelzen und Leder, Edelsteinen, Färbemitteln, Talg, Seife, Ölen, Wein, Schwefel, Reis, Alaun, Zucker, Töpferwaren, Bernstein, Quecksilber, Kaviar und Henna. Auf den Seidenstraßen wurden Waren sowohl in Ost-West- als auch in West-Ost-Richtung transportiert: So wurden zum Beispiel englische und schottische Wolle, französische Stoffe, italienisches Glas und Stahlwaren nach Osten gehandelt. Gewollt oder ungewollt, brachten die Seidenstraßen Menschen miteinander in Kontakt, sei es durch Missionierung, Sklaverei, Sexarbeit oder Gastfreundschaft.

Um 1300 erschlossen die Seidenstraßen ein riesiges Gebiet und hatten sich zu einem gut organisierten, ganz Europa und Asien umfassenden Netzwerk entwickelt, für das Händler Rat in Handbüchern auf Italienisch oder Katalanisch finden konnten. So ein Handbuch ist beispielsweise die um circa 1340 verfasste »Practica della mercatura« (»Praktische Anleitung für den Handel«) von Francesco Balducci Pegolotti. Der Kaufmann aus Florenz wollte es Europäern (insbesondere Europäern aus aufstrebenden Handelsplätzen wie seiner Heimatstadt) ermöglichen, im Osten Geschäfte zu machen. Die »Practica della mercatura« war ein direkter Vorläufer eines modernen Geschäftsreisehandbuchs und zielt eher darauf ab, zu zeigen, wie es sich geschickt im internationalen Markt agieren lässt, als Neugierde zu stillen oder religiöse Fragen zu beantworten.

Pegolottis Biographie ist schwer zu rekonstruieren und zu datieren, aber einen Großteil seines Lebens stand er in enger Verbindung mit der großen Florentiner Bank- und Handelsgesellschaft Bardi. Anfang des 14. Jahrhunderts ging er nach Antwerpen, um dort Privilegien für die Florentiner zu erwirken. Danach verbrachte er einige Jahre in London, wo er zum Leiter der englischen Bardi-Vertretung aufstieg und Geschäfte mit der apostolischen Nuntiatur und der englischen Monarchie tätigte. Von London aus segelte er 1321 zum damals englischen Hafen Libourne in der Gascogne, um nach einem Zwischenstopp in der Toskana Bardi für etwa fünf Jahre in Famagusta auf Zypern zu vertreten. Zwischenzeitlich kehrte er nach Florenz zurück, wo er eine Zeitlang in der florentinischen Kommunalverwaltung erfolgreich Karriere machte, er scheint aber auch einige Zeit in Armenien verbracht zu haben, wo er, wahrscheinlich mit Stützpunkt in Ayas (heute Yumurtalık), erneut florentinische Geschäftsinteressen vertrat.

Die Seidenstraßen waren auf den Merkantilismus ausgerichtet, und die »Practica della mercatura« spiegelt dies wider. Pegolotti räumte Fragen der Sicherheit und den lokalen Kulturen einen gewissen Raum ein, doch der größte Teil seines Reiseführers befasst sich mit Gewichten und Maßen, Währungsumrechnung und Münzprägestätten, Transitzöllen und Mautgebühren und den Unterkünften – mit allen Aspekten also, die für Geschäftsreisen praktisch relevant und wichtig waren. Anhand der Seidenstraßen können wir beobachten, wie sich die Rolle des »Geschäftsmannes« und des »Geschäftsreisenden« entwickelt, der nicht aus religiöser Berufung oder aus Fernweh, sondern aus Gründen des Profits auf Reisen geht. Doch die Seidenstraßen waren auch Schauplatz weltoffener Begegnungen, verbunden mit dem Austausch von Ideen und dem Kennenlernen kurioser Neuheiten. Die Reisenden kamen mit anderen Menschen und mit Situationen in Berührung, die eine Herausforderung ihrer ethischen Haltung darstellten und neue Wege der Auseinandersetzung mit der Welt erforderten.

Pegolottis Leitfaden ist auch ein faszinierendes Glossar der Schlüsselbegriffe, die benötigte, wer sich durch die vielfältigen und sich stetig verändernden Welten der Seidenstraßen bewegen wollte. So enthält das Handbuch beispielsweise Wortlisten in einer Vielzahl von Sprachen, von Flämisch bis Armenisch, die Wörter wie »Zoll« und »Marktplatz« umfassen, und rechnet vor, welchen Wert diverse Münzen haben. Bei Pegolotti ist nachzulesen, wie sich in der Wildnis gefundenes Gold abscheiden lässt. Außerdem gibt er sehr detaillierte Ratschläge, wie es sich vermeiden lässt, beim Kauf von Gewürzen und anderen Waren von ausländischen Händlern betrogen zu werden.

Dass Pegolotti selbst die gesamte Strecke bis nach China zurückgelegt hat, ist jedoch unwahrscheinlich, auch wenn sein Buch auf die Routen durch Asien hinweist. Seine Absicht ist es nicht, von

Orten zu erzählen, die sein Interesse geweckt oder Ablenkung geboten hätten. Er war ein gewissenhafter, seinem Beruf verpflichteter Kaufmann, und die Seidenstraßen waren für ihn und sein kaufmännisches Lesepublikum ein Schauplatz, auf dem es um Geschäfte und Gewinne ging, nicht um Neugier. Das breite Spektrum der von ihm gehandelten Waren umfasste persisches Rosenwasser, Aloë aus Sokotra, bulgarisches Feh-Pelzwerk, Kampfer aus Sumatra, changierenden Seidentaft aus der Tatarei, ägyptisches Leinen, Ingwer aus Arabien und Indien und Wurzeln des Arznei-Rhabarbers und der Indischen Narde, aus der das kostbare Heil- und Salböl, das Nardenöl, gewonnen wurde. Pegolotti betrachtete die Seidenstraße als Ort des Handels.

Das Buch des Florentiners offenbart die Angst vor Betrug und Unehrlichkeit auf fremden Märkten, setzt aber auch ein großes Maß an Vertrauen voraus, insbesondere in die Sicherheit auf Reisen. Dass italienische Kaufleute das Recht hatten, mit dem Nahen Osten Handel zu treiben und ihn zu bereisen, war für Pegolotti eine Selbstverständlichkeit, für ihn ging es lediglich darum, detailliert darzulegen, welche Steuern zu zahlen waren und welche nicht. Am Beispiel der venezianischen Kolonie Tana, einem wichtigen Umschlagplatz zwischen dem Schwarzen Meer und der Wolga, erläuterte er im Einzelnen, welche Abgaben zu entrichten waren: Auf Gold, Silber und Perlen wurden beispielsweise keine Zölle erhoben, auch nicht die mongolische »Tamunga«-Steuer (Tamga), die ansonsten im Waren- und Personenverkehr fällig wurde, oder die »Comerchio«-Abgabe, eine Zoll- oder Verkaufssteuer. Auf Wein, Ochsenhäute, Sättel und Pferdehäute musste ein Zoll von 5 % entrichtet werden, ausgenommen waren Genueser und Venezianer, die lediglich 4 % zahlten. Die Erhebung von Zöllen diente dazu, Handelsbarrieren zu errichten und die Preise zu manipulieren. Sie trug aber auch dazu bei, Einnahmen zu erzielen, die dann für die Verbesserung der von den Händlern genutzten Infrastruktur ausgegeben werden konnten. Pegolotti rät ausdrücklich dazu, mit den

»Doganieri«, den Zollbeamten, gesonderte »Abmachungen« zu treffen, da es in der Regel Spielraum für Verhandlungen gab.

Gesundheit und sichere Reise! Wenn du fürchtest, du könntest an Lepra erkrankt sein, oder wenn du einen Leprakranken kennst, musst du unbedingt vom wunderbaren Brunnen von Urfa erfahren. Das Wasser des Brunnens heilt Leprakranke, die sich an diese Vorschrift halten: Fünf Tage lang müssen sie fasten und an jedem Tag das Wasser des Brunnens trinken und sich darin waschen. Nach den fünf Tagen können sie aufhören, sich mit dem Wasser zu waschen, trinken sollen sie es aber noch bis zum zehnten oder zwölften Tag.

Wie diejenigen, die innerhalb Europas unterwegs waren, mussten auch die Reisenden auf den Seidenstraßen häufig ihre Referenzen vorweisen. Italienische Kaufleute führten Schreiben zu ihrer Person und ihren Handelswaren sowie Geleitbriefe mit sich und schlossen Verträge in Schriftform. Pegolotti besaß einen Geleitbrief des englischen Königs, als er 1321 die Britischen Inseln verließ. Im Leitfaden des italienischen Kaufmanns findet sich sogar eine Illustration zu den Signets, die Händler auf Zuckerhüte aufgebracht hatten, um sie als ihr Eigentum auszuweisen und die Qualität der Ware zu sichern.

Pegolottis Handbuch enthält Informationen zu allen wichtigen Helfershelfern des Handels auf den Seidenstraßen: Da war zunächst der »Calamancio« (der Dolmetscher), dann die »Alzatori« (die die Fracht auf- und abluden), die »Bastagori« (die Träger), die »Currattiere« und »Sensali« (die Makler), die »Scarsellieri« (die Kuriere), die »Scrivani« (die Schreiber), die »Vetturali« (die Fuhrleute) und schließlich die »Tantaulli« (die Wächter). Mitte des 14. Jahrhunderts konnte der Geschäftsreiseverkehr auf eine kommerzielle Infrastruktur zurückgreifen, die den Händlern das regelmäßige Reisen erst ermöglichte, Schutz vor Gefahren bot, und sie von der Seidenstraßen-Region profitieren ließ.

Mit Beginn des 13. Jahrhunderts trugen mongolische Beamte, Kuriere und Händler einen metallenen »Pass« bei sich, die »Païza«, ein geprägtes Siegel, mit dem sie sich ausweisen konnten und das vom sogenannten Kaiserlichen Lehrer, einem der höchsten Beamten am mongolischen Hof, verliehen wurde. Die Autorität der »Païza« beruhte auf einem Erlass des höchsten Anführers der Mongolen, des Groß-Khagans oder Khans, der es dem Träger erlaubte, frei zu reisen. Inschriften auf dem Siegel unterstrichen drastisch den Machtanspruch: »Derjenige, der keinen Respekt zeigt, macht sich schuldig« oder »Ich bin der Abgesandte des Großkhans: Solltest du dich mir widersetzen, wirst du sterben«. Marco Polo bezieht sich in seinem Testament auf solche Tafeln, die ihm von Kublai Khan (regierte von 1260–1294) geschenkt worden waren, damit er sich frei über die Seidenstraßen bewegen konnte. Polo bewahrte sie bis zu seinem Tod auf, offenbar als kostbare, materielle Trophäen des Privilegs, frei zu reisen.

Die wichtigsten Meilensteine auf den Seidenstraßen waren für die Reisenden die Einrichtungen namens Karawanserei (manchmal auch mit ihrem türkischen Namen Han bezeichnet). Eine Karawanserei[11] lässt sich mit einem Hansekontor, einem venezianischen Fondaco oder dem Jerusalemer Muristan, das wir bereits besucht haben, durchaus vergleichen. In erster Linie diente sie der Unterbringung der Karawanen: Gruppen von Reisenden, die aus Kaufleuten, Pilgern, Gelehrten, Dienern, Sklaven, Vagabunden und ihren Tieren bestanden. Einige Karawansereien waren monumental, elegant und für die Ewigkeit gebaut, obwohl die Bedingungen in ihnen nicht unbedingt luxuriös waren. Galfridus de Vino Salvo, ein Historiker aus dem 12. Jahrhundert, schreibt, im Inneren von Karawansereien finde sich alles Mögliche, angefangen bei Gewürzen

11 Der Begriff »Karawanserei« stammt aus dem Persischen und setzt sich aus »Saray« für »Palast, ummauertes Gebäude« und »Karwan« für »Karawane« zusammen.

und Seide über »kostbare Kissen« bis hin zu Rüstungen, Medikamenten, Schachspielen und Gerste.

Eine Karawanserei war in der Regel eine befestigte Verteidigungsanlage mit dicken Mauern, wenigen oder gar keinen Fenstern und nur einem einzigen Eingang, der hoch genug war, um beladene Tiere – erschöpfte Kamele, Esel und Pferde – direkt einzulassen. Im Inneren befand sich ein Hof oder eine zentrale Halle, eine Art Drehscheibe, in der die Menschen zusammenkamen und aßen, die Tiere sich ausruhten und schliefen und in der kleine Stände aufgebaut waren, um Waren an die Reisenden zu verkaufen: nicht nur Gewürze und Seide, sondern auch die nötigsten Reiseutensilien wie Hufeisen, neue Kleidung und Schuhe oder Gefäße für Getränke. Dort ließen sich auch Lebensmittel für die Weiterreise kaufen: Käse, Melonen und überhaupt alle Arten von Obst. Mit hoher Wahrscheinlichkeit gab es auch einen Brunnen, an dem sich jeder frisches Wasser holen konnte, das zu trinken sich aber sicher nicht jeder getraute. Gegen Bezahlung ließen sich zudem die Dienste von Boten, Kurieren und Prostituierten nutzen. Einige Karawansereien hatten kleine Einzelzimmer entlang der Arkadengänge, möglicherweise sogar in einem zweiten Stockwerk, aber meistens schliefen die Reisenden wie im Muristan in Jerusalem auf dem Boden auf eilig zusammengebauten Pritschen und Matratzen in seitlich von den Gängen abgehenden Zellen.

Pegolottis Listen vermerken jede Karawanserei (oder »Gavazera«, wie er sie nannte), an der Zollgebühren erhoben wurden. Mit gutem Recht kann die Karawanserei als Vorläufer lokaler Regierungsstellen, Poststationen und am Wegesrand gelegener Raststätten angesehen werden. Die Karawanserei nahm in gewisser Weise auch die internationale Hotelkette vorweg, deren Niederlassungen die Gäste beruhigt ansteuern konnten, da die Qualität der Unterkunft gleichbleibend war. Bei weitem kein Luxuspalast oder ein internationales Einkaufszentrum, glichen die meisten mittelalterlichen Karawansereien eher einer kunstvoll verzierten Scheune. In den

Gängen und Vorhöfen war Platz für die Besitzer der Tiere und ihre Untergebenen reserviert. Dort konnten sie ihr Bettlager aufschlagen – unweit der schreienden Esel und der dampfenden Dunghaufen. Es ist nicht unwahrscheinlich, dass das Wohlbefinden der Lasttiere als wichtiger angesehen wurde als das vieler Gäste, da die Tiere das Haupttransportmittel waren und zudem einen bedeutenden Wert darstellten. Ein schönes Beispiel ist etwa die Karawanserei in Arutsch in Armenien, in der die Tiere in einer zentralen Halle untergebracht waren, mitsamt in das Mauerwerk eingearbeiteten Trögen für Heu und Wasser, während die Reisenden in Gewölben zu beiden Seiten unterkamen. Die Tiere, die das Reisen überhaupt erst möglich machten, standen also im Mittelpunkt.

In einer besseren Karawanserei waren die Gäste in den oberen Arkaden untergebracht. Meist gab es verschiedene Anbauten und Nebenräume, in denen sich die Latrinen und Bäder befinden konnten, Vorratskammern für Honig, Öl, Kerzen, Met oder Getreide, eine Moschee oder Kapelle, ein Schlachthaus oder eine Wäscherei, Quartiere für einen Arzt, einen Tierarzt, einen Bademeister, einen Imam, einen Pförtner oder sogar eine kleine Garnison, mitunter auch ein separater Bereich für weibliche Gäste. Und in jeder Karawanserei streiften Katzen umher, um die Mäuse von den Getreidespeichern fernzuhalten.

Überall entlang der Seidenstraßen finden sich Überreste von Karawansereien – von Zypern bis China, vor allem aber in der heutigen Türkei, in Armenien, Georgien, dem Irak, dem Iran und in Usbekistan. Üblicherweise gründete ein lokaler Fürst oder Bischof eine Karawanserei als Zeichen wirtschaftlicher Prosperität und Akt sozialer Fürsorge – und weil er Menschen und Handel in die Region locken und sein Territorium besser mit weit entfernten Orten verbinden wollte. Die Orbelian-Karawanserei, die 1332 hoch oben auf dem armenischen Selim-Pass erbaut wurde, empfing die Gäste einst mit einem Tuffsteinportal, das neben einem geflügelten Tierwesen und einem mächtigen Stier Andacht heischende Inschriften in Armenisch, Persisch und Türkisch trug, die die Vorbeigehenden aufforderten, sich an die Wohltätigkeit der Erbauer zu erinnern. Denn wer Reisende unterstützt, kann die biblische Aufforderung erfüllen, dem Hungrigen zu essen und dem Durstigen zu trinken zu geben und den Fremden aufzunehmen (Matthäus 25,35). Oder, wie der heilige Paulus (Hebräer 13,2) mahnte: »Gastfrei zu sein vergesst nicht, denn dadurch haben einige ohne ihr Wissen Engel beherbergt.« Schließlich konnte man nicht wissen, wer mit der nächsten Karawane ankommen würde.

Pegolotti beschrieb zahlreiche Karawansereien auf der Route durch Armenien zwischen Ayas (Yumurtalık) und Täbris. Auf seiner Reise besuchte er auch die »Karawanserei des Sultans« oder »Gavazera del Soldano«, wie er sie nannte. Dabei handelte es sich um die prächtige Sultan Han in Tuzhisar, die an einer alten Route von Kayseri nach Sivas lag. Sie war eine von mehreren Karawansereien, die, wie es der Name bereits anklingen lässt, vom Sultan der Rum-Seldschuken Kai Kobad I. (gestorben 1237) gegründet worden waren. Außen war sie mit in Stein gehauenen geometrischen Mustern, Mäandern und ineinander verwobenen Sternen verziert. Löwenköpfe mit weit aufgerissenem Maul blicken von Wasserspeiern hinab. Ein beeindruckendes, an eine Krone erinnerndes Portal kündigte an, dass sich die Reisenden nun in die Obhut des Sultans begaben. Aufwendige Gewölbe hießen die Besucher willkommen und spannten sich über ihnen auf wie ein Baldachin der himmlischen Ordnung.

Schon beim Eintreten waren Dutzende von Räumen und auch Brunnen zu sehen. Hinter dem Eingangsbereich gelangten die Reisenden in einen großen, teilweise überdachten Innenhof, an dessen kunstvollen Säulenbögen sich in steinernen Bändern Drachen schlängelten. Gegenüber dem Eingang befand sich etwas erhöht eine Pavillon-Moschee – eine kleine, verzierte Halle, die auf Spitzbögen stand. Im Hauptgebäude dienten die Gewölbe des Ost- und Westflügels dem Lagern und Verladen. Außerdem gab es ein sehr gut ausgestattetes Badehaus mit heißen und kühlen Bereichen.

Abb. 11

Eine Karawanserei, in der alles auf Reisen und Mobilität ausgerichtet war, konnte in der Regel zwischen fünfzig und zweihundert Gäste beherbergen. In ihrem transitorischen Charakter stellte sie ausdrücklich selbst kein Ziel dar, sondern war lediglich eine Zwischenstation auf dem Weg anderswohin. Wie so viele Einrichtungen für Reisende war auch die Karawanserei im Hinblick auf die soziale Durchmischung ein unberechenbarer Ort, an dem darüber hinaus lokale Bräuche auf Menschen aus ganz Europa und Asien trafen. Der Aufenthalt in einer Karawanserei war nicht teuer; wer nichts bezahlen konnte, durfte meist bis zu drei Tagen umsonst bleiben, und so war die Zusammensetzung des Personenkreises, der sich dort einfand, nicht weniger eklektisch als zufällig.

Die Handelsdiplomaten Giosafat Barbaro und Ambrogio Contarini beschreiben detailliert, wie es war, auf den spätmittelalterlichen Seidenstraßen zu reisen. Sowohl Barbaro als auch Contarini waren venezianische Botschafter bei »Ussuncassan« (Schah Uzun Hassan, gestorben 1478), dem Herrscher des Staates Aq Qoyunlu (der den größten Teil des heutigen Iran und Irak umfasste). Barbaro unternahm mehrere Reisen durch Persien und den Kaukasus, zunächst als Kaufmann (von 1436 bis etwa 1452) und später als venezianischer Botschafter in Persien (von 1472 bis 1479). Contarini reiste 1474 bis

1477 durch Persien und die Türkei. Als Botschafter bestand beider Aufgabe letztlich darin, auf ein Bündnis des venezianischen und des persischen Staates gegen die Türken hinzuarbeiten. Beide hinterließen ausführliche Berichte über ihre Reisen. Aus ihren Schriften geht hervor, dass die Reiseinfrastruktur auf den Seidenstraßen gut entwickelt war, aber auch, dass sich das Vorwärtskommen mitunter langsam, beschwerlich und gefährlich gestaltete.

Barbaro beschreibt, wie er und seine Mitreisenden vom Schwarzmeerhafen Tana aus mit einer Art Schlitten (»Zena«, abgeleitet vom russischen »Sani«) über die zugefrorenen Flüsse fuhren. Ihm war neu, dass die Tataren lieber im Winter reisten, wenn der Boden gefroren war, als im Sommer, wenn Insektenstiche zur Plage wurden. Laut Barbaro waren die Tataren mit ganzen Kamel- und Ochsenherden und einer riesigen Anzahl an Pferden unterwegs (eine Karawane, der er in Persien begegnete, umfasste 4000 Pferde). Seinem Bericht zufolge herrschte auf den Seidenstraßen reges Treiben: »Alle Routen waren voll von Menschen und Tieren, die ihrer Wege gingen.« Jeder der Reisenden habe einen zweirädrigen Karren mit sich geführt, der mit Schilfmatten ummantelt war; wohlhabendere Reisende hatten Filz- oder Stoffabdeckungen. Auf einigen dieser Karren transportierten die Menschen eine Jurte, ein mit Schilf, Filz oder Stoff bedecktes »Häuschen« aus Holz, »so dass sie, wenn es ans Übernachten geht, diese Häuser herunterholen, um darin die Nacht zu verbringen«. Die Frauen in der Karawane trugen Gesichtsmasken aus Pferdehaar, »um sich bei klarem Wetter vor der brennenden Sonne zu schützen«. Einige hatten Säuglinge im Arm: Die linke Hand hielt das Kind und das Zaumzeug des Pferdes, die rechte Hand trieb das Pferd an und »schlug es mit einer an den kleinen Finger gebundenen Peitsche«. Barbaro schreibt, dass Späher der Karawane auf der Route zwischen vier und zwanzig Tagen voraus waren. Sie trugen Flaschen aus Ziegenfell mit getrockneten Mahlzeiten bei sich, denen sie nur etwas Wasser hinzufügten, um einen stärkenden Brei herzustellen. Dazu aßen sie Wild, das sie unterwegs erlegten, oder, falls dies nicht möglich war, Kräuter und Wurzeln.

Als Barbaro mit einer tatarischen Karawane mitreiste, übernachtete er in Karawansereien und »Fondachi«, in Herbergen und mitgeführten Jurten. In Yazd besuchte er den »Fondaco«, in dem die Händler untergebracht waren und ihre Seide und andere Waren in kleinen, jeweils nur etwa einen halben Quadratmeter großen Läden verkauften. Besonders überrascht war er, dass die Preisschilder an den Waren aus Papier waren, da Papier in Europa an erster Stelle für die Herstellung von Produkten des gehobenen Bedarfs, wie etwa für Bücher, verwendet wurde.

Während seiner Reise übernachtete Barbaro in der Stadt Mardin, die auf einem Hügel lag und für ihre Seiden- und Kamelhaarstoffe berühmt war. In der Herberge, die der Bruder des Regionalfürsten gegründet hatte, bekamen die Reisenden zu essen, und »wenn sie den Eindruck erweckten, dass es sich bei ihnen um Persönlichkeiten von Rang handelte, wurden ihnen Teppiche unter die Füße gelegt«. Barbaro war erstaunt, dass in diesem Fall so ein verschwenderischer Aufwand betrieben wurde, denn die Teppiche schienen ihm sehr wertvoll zu sein. Er schätzte, dass jeder einzelne von ihnen für die hohe Summe von mehr als einhundert Dukaten verkauft werden könne.

Als er eines Tages allein in der Herberge saß, sah er sich plötzlich einem nackten Mann gegenüber. Der Mann, ein einheimischer Weiser, holte aus seiner Ziegenfelltasche ein kleines Buch hervor und begann, Gebete zu lesen.

Er trat näher an Barbaro heran und fragte: »Was bist du?«

Barbaro antwortete: »Ich bin ein Fremder.«

Darauf erwiderte der Mann: »Auch ich bin ein Fremder in dieser Welt, so wie wir alle; und dabei habe ich es belassen und immer entsprechend gehandelt und werde dies bis an mein Ende so tun.«

Er gab Barbaro den Rat, der Welt besser nur mit Verachtung zu begegnen, und fand »gute und beredte Worte«, um ihm Trost zuzusprechen. Für Barbaro war das ein »seltsames Ereignis« und so entschied er sich, die denkwürdige Begegnung als eine Art mystisches Gespräch festzuhalten. An den Seidenstraßen waren solche rätselhaften Begegnungen nicht selten, da sich in den Karawansereien und anderen Unterkünften Menschen verschiedener Welten in einer zeitlich begrenzten, aber intimen Gemeinschaft zusammenfanden.

In Antalya wohnte Barbaro in einer Karawanserei, die als Zollstation diente (was nicht ungewöhnlich war). Obwohl er eigentlich in Ruhe darauf warten wollte, dass seine Karawane sich wieder in Bewegung setzte, wurde er von einem Mann angesprochen, der von ihm Zoll verlangte. Fünf Dukaten sollte Barbaro zahlen, weil der Mann glaubte, der Italiener sei auf dem Weg nach Jerusalem. Als Barbaro zu erklären versuchte, dass er nicht nach Jerusalem wolle, entstand eine Auseinandersetzung zwischen dem Mann, der die volle Zollgebühr verlangte, und einem anderen Mann, der sich für Barbaro verbürgte. Flüche und Schläge wurden ausgetauscht. Als Barbaro daraufhin schleunigst sein Pferd bestieg und aus der Karawanserei floh, schrie der Mann, der die Dukaten von ihm verlangt hatte, hinter ihm her: »Du Narr, du bleibst auf immer und ewig ein Narr!« Barbaro reiste weiter nach Beirut, von dort nach Zypern und zurück nach Venedig. Die ganze misslungene Begegnung wirkt, als basiere sie auf einer unglücklichen Verkettung von Missverständnissen, bei der sprachliche und kulturelle Differenzen für Verwirrung sorgen, so dass die Situation schnell eskalieren kann. In einer solchen Situation sehnt sich der Reisende danach, nur schnell irgendwo anders zu sein als dort, wo er sich gerade befindet.

Wie Barbaro wohnte auch Contarini in den üblichen Unterkünften wie etwa Karawansereien. Contarini, der im Vergleich zu Barbaro weniger abgehärtet und als Reisender weniger schnell zufriedenzustellen war, schreibt ausführlicher darüber, was er alles in den verschiedensten Unterkünften ertragen musste. In der Nähe von Schytomyr konnte er gar keine Unterkunft finden und war gezwungen, ohne etwas Essbares bei sich zu haben, in einem gefährlichen Wald »voller unzufriedener Männer« zu übernachten. Auch in Georgien blieb ihm häufig keine andere Wahl, als im Wald zu schlafen.

In einer Herberge in Astrachan wurden Contarinis gesamte Waren, darunter alle seine Juwelen, beschlagnahmt und ihm wurde eine große Summe Geldes abgepresst.

In Ghom versuchte er, ein kleines Haus als Schlafstätte zu mieten, war aber zunächst gezwungen, zwei leidvolle Nächte bei extremer Kälte in einem Zelt zu verbringen. Zu einer anderen Gelegenheit logierten Contarini und seine Begleiter in der Karawanserei in Ghom und erkrankten an einem Fieber, das sie im Delirium »viele verrückte Dinge« sagen ließ – ein Umstand, der zwischenzeitlich ihre Sicherheit zu gefährden drohte.

Contarini beklagte sich wiederholt über die Speisen, die er unterwegs essen musste: gesalzener Schafsschwanz in Astrachan, ein äußerst dürftiges Omelett aus Enteneiern und ein wenig Butter in Derbent am Kaspischen Meer, ranziges Pferdefleisch gleich an mehreren Orten, ein unappetitliches Abendessen aus nicht mehr als Brot, Rüben und ein wenig Fleisch in Kutaissi und »stinkende Stutenmilch« in einem tatarischen Lager. Westliche Besucher der Tatarei stellten die Mongolen (vor allem im westlichen Teil oftmals Tataren genannt) häufig als unersättliche Vielfraße dar. Als jemand, der unfreiwillig daran teilnahm, hasste Contarini die Saufgelage, bei denen die Menschen seltsame alkoholische Getränke tranken und sie ihren Gästen aufzwangen. Gastfreundschaft – Fremde bei sich aufzunehmen und zu versorgen – kann schnell in Feindseligkeit umschlagen, so dass der Fremde als Feind betrachtet wird.

Als er am Ende seiner Reise Derbent erreichte, war Contarini nur noch in Lumpen gekleidet: seine lammfellgefütterte Jacke war völlig zerrissen, darüber trug er einen »Umhang in einem bemitleidenswerten Zustand« und auf dem Kopf eine Lammfellmütze. Die Leute, die ihn sahen, wunderten sich, dass er es sich überhaupt leisten konnte, Fleisch zu kaufen. Seine Begleiter sagten ihm, er sehe aus, als käme er gerade aus einem Schuldnergefängnis.

Sowohl Contarini als auch Barbaro machen in ihren Berichten deutlich, dass versklavte Menschen und Sklaverei[12] auf den Seidenstraßen – von Venedig bis nach China – allgegenwärtig waren. Im Schwarzmeerhafen von Poti (den Venezianern und Genuesen als Fasso bekannt) übernachtete Contarini zu drei verschiedenen Gelegenheiten im Haus einer Tscherkessin namens Marta, die Sklavin eines Genuesers war. Marta empfing ihn zwar freundlich, die geliehene »armselige Decke«, aus der seine Schlafstatt bestand, fand er jedoch wenig angemessen, und krank wurde er auch noch. Um ihn zu kurieren, machte Marta ihm einen Umschlag aus Öl und Kräutern. Vom Schwager des Kaisers erhielt Barbaro in Tana acht versklavte Russen als Gastgeschenk und erwiderte die Geste mit ausgewählten Stücken seiner Handelsware. Das weitere Schicksal dieser Russen ist unklar. Später sah Barbaro in Venedig, als er am Rialto Wein kaufte, zwei Tataren in Ketten, die ursprünglich von Katalanen versklavt worden waren. Bei dem Versuch zu fliehen, hatte sie ein venezianischer Winzer »aufgegriffen«. Barbaro brachte die Angelegenheit vor die berühmt-berüchtigten »Signori di Notte«, die bewirkten, dass die Männer freigelassen wurden. Barbaro nahm sie für zwei Monate bei sich auf, und es stellte sich

12 In vielen Sprachen (beispielsweise in Englisch, Französisch, Deutsch, Italienisch, Portugiesisch, Spanisch und Schwedisch) leitet sich das mittelalterliche (und das heutige) Wort für »Sklave« vom Wort »Slawe« ab. Umstritten ist nach wie vor, wo diese Ableitung ihren Ursprung hat und wie sie zu datieren ist, aber die Tatsache an sich verweist auf den historischen Kontext: Der mittelalterliche europäische Sklavenhandel bezog versklavte Menschen größtenteils aus Osteuropa und dem Kaukasus, viele von ihnen waren Tscherkessen. De la Broquière fand bestürzend, was er während seiner Reise durch den Nahen Osten an Sklaverei sah, so etwa den Verkauf einer Schwarzen, eines jungen Mädchens, das nicht älter als fünfzehn oder sechzehn Jahre war und in Damaskus fast nackt durch die Straßen geführt wurde.

heraus, dass sie gemeinsame Bekannte aus der Zeit in Tana hatten; einer der Freigelassenen behauptete sogar, Barbaro habe ihm bei einem Brand dort unversehens das Leben gerettet. Die Männer schwelgten in Erinnerungen an ihre Reisen und waren sich einig, dass in der Fremde unterwegs zu sein oftmals mit unverhofften Wendungen des Schicksals verbunden war – und mit extremen Erfahrungen, wie etwa gefangen genommen oder freigelassen zu werden. Schließlich sorgte Barbaro dafür, dass die Tataren ein Schiff zurück nach Tana nehmen konnten.

Zu dieser Zeit war die Sklaverei in jener Region weit verbreitet und der Handel mit dem Westen stützte und förderte das Phänomen noch. Barbaro berichtet, dass ein Franziskaner namens Thermo von Tana mit dem Geld, das er durch Vogelfang verdient hatte, einen tscherkessischen Jungen kaufte, ihn Petriche nannte und zum Mönch machte. In Poti wurde Contarini von einem Italiener, einem gewissen Bernardino, gewarnt, er solle besser nicht nach Tana zurückkehren, da er sonst selbst versklavt werden würde. In Täbris lernte Contarini zwei versklavte Slowenen kennen, die zum Islam übergetreten waren. Zwischen den beiden und Contarinis Dienern hatte sich eine enge Freundschaft entwickelt, so dass Contarini über sie an Insiderinformationen kam und erfuhr, was der Schah geplant hatte. Knabensklaven, Eunuchen, königliche Sklaven, Sexsklaven, Menschen, die als Geschenke zwischen Herrschern ausgetauscht werden, und versklavte Kriegsgefangene tauchen zu dieser Zeit in den Erzählungen über die Seidenstraßenregion auf. In einem tatarischen Lager gab es nach Barbaros Schätzung 1500 »Sklaven, Hirten, Kuriere und dergleichen«. Das Reisen gründet sich oftmals auf der Ausnutzung extremer Abhängigkeiten und lässt sich daher nicht einfach mit Freiheit gleichsetzen.

Die Reise über die Seidenstraßen führte über weite Strecken durch unwirtliches Gelände – Wadis, in denen Tamarisken, Ginster und Oleander wuchsen, wichen kahlen, von Hufspuren durchzogenen Ebenen, gefolgt von Bergen und Wüsten. Doch es gab entlang der Routen auch bedeutende Städte. Eine der faszinierendsten war Täbris (auch Tauris genannt) im heutigen Iran. An den Bergausläufern unterhalb des Sabalan gelegen, wo schneebedeckte Gipfel in von Mineralien malerisch bunt gefärbte Hügel übergehen, war die Stadt mit georgischer und aserbaidschanischer Bevölkerung im Mittelalter schnell gewachsen. Im Jahr 1299 wählten die Ilkhane Täbris als Residenz innerhalb ihres mongolischen Reichs und auch den nachfolgenden Dynastien diente sie als Hauptstadt der Region, die westliche Besucher als »Persien« kannten.[13] Täbris war für seinen immensen Reichtum, die beeindruckende Architektur seiner Gebäude und Gärten und die wundersamen Waren auf seinen Basaren bekannt.

In Täbris hatten zeitweise auch der Vater und der Onkel Marco Polos eine Niederlassung der venezianischen Händlerfamilie gegründet, um die Reichweite ihrer Geschäfte zu vergrößern. Marco Polo legte in den 1270er Jahren auf seinem Weg nach China einen Zwischenstopp in Täbris ein und verbrachte auf seiner Rückreise neun Monate dort. Die Stadt sei »umgeben von schönen, schattenspendenden Gärten, voll von herrlichen Früchten«. Die Genuesen kauften hier »die fremdländischen Waren«: aus Indien und Bagdad, Mosul und Hormus. Mandeville schreibt in den 1350er Jahren über Täbris, sie sei die »bekannteste« der vielen »schönen«, unweit von Armenien gelegenen Städte.

Mahmud Ghazan (gestorben 1304), Herrscher über das mongolische Ilkhanat, das den heutigen Iran, Irak und einen Großteil Syriens umfasste, baute Täbris neu auf und stattete es mit eleganten Bädern, Märkten und einer Karawanserei an den Toren der Stadt sowie einem angrenzenden Zollhaus aus. Die Umgestaltung der Stadt orientierte sich an dem Ziel, durchreisende Kaufleute beher-

13 Die Reiche der Dschalairiden, Qara Qoyunlu und Aq Qoyunlu umfassten im 14. und 15. Jahrhundert die Region im Norden des heutigen Irans.

bergen und den merkantilen Besuchern möglichst effizient Geld für diese Gastfreundschaft abknöpfen zu können.

Der spanische Diplomat Ruy González de Clavijo gehörte zu einer Gesandtschaft, die im Namen Heinrichs III. von Kastilien zum mongolischen Eroberer Timur (»Tamerlan«, 1336–1405) reiste. Clavijo verbrachte 1404 fast drei Monate am Hof von Timur in Samarkand und verfasste eine ausführliche Beschreibung seiner Reise, die ihn auch über Täbris führte. Als er dort ankam, wurde ihm eine Geschichte über eine Gruppe genuesischer Kaufleute erzählt. Sie hatten einen der Hügel oberhalb der Stadt gekauft, um dort ein befestigtes Gebäude als Handelsposten zu errichten. Doch als sie mit dem Bau einer Festung begannen, machte der damalige Dschalairiden-Sultan einen Rückzieher und teilte ihnen mit, dass sie so viele Waren kaufen und abtransportieren könnten, wie sie wollten, es Kaufleuten aber nicht erlaubt sei, eigene Burgen zu bauen oder zu erwerben. Die genuesischen Kaufleute sprachen daraufhin direkt beim Sultan vor, um ihn umzustimmen. Der Sultan ordnete daraufhin an, sie alle zu enthaupten.

Clavijo scheint auf seinen Reisen ein Tagebuch geführt zu haben, so dass er viele Städte in Persien genau beschreiben konnte. Täbris fand er reizvoll und bezaubernd. Von besonderem Interesse war für ihn die Wasserversorgung über Bewässerungskanäle und -leitungen. Es gab öffentliche Trinkbrunnen und Tröge, die, wie er bemerkte, im Sommer mit Eisstücken gekühlt wurden. (Historisch belegt, waren in der Region tatsächlich prächtige mehrstöckige Eishäuser zu finden, in denen das Eis den Winter über gesammelt, in Stroh verpackt und für die Sommermonate unterirdisch gelagert wurde.) Die Karawansereien wurden entlang »schöner Straßen mit gut angelegten Freiflächen« gebaut. In ihrem Inneren gab es separate Wohnungen und Geschäfte samt Büros. Auf den Märkten wurden »mitten im ärgsten Getümmel von Händlern und Waren« wunderbare Seidenstoffe verkauft. Die Frauen, die in die Läden kamen, um Parfüm und Salben zu erwerben, waren laut Clavijo in ein »weißes Laken« gekleidet und hatten ihr Gesicht mit einer schwarzen Maske bedeckt, so dass niemand wissen konnte, wer darunter verborgen war. Clavijo nahm dies als interessanten Brauch zur Kenntnis, äußerte sich aber ansonsten nicht dazu und brachte nichts davon mit dem Islam in Verbindung. Vielmehr war er von den prächtigen Moscheen überwältigt, die »wunderschön mit blauen und goldenen Kacheln verziert« waren.

Gleichzeitig stellte er fest, dass sich viele der schönen städtischen Gebäude in einem baufälligen Zustand befanden, da sie auf Befehl von Miran Schah (1366–1408) eingerissen worden waren. Der Timuriden-Herrscher hatte Täbris erobert, sollte aber 1408, nach Clavijos Besuch, nicht nur die Stadt, sondern auch sein Leben verlieren. Die Sieger setzten ein Zeichen, indem sie seinen Kopf vor den Mauern von Täbris aufspießen ließen. Clavijo hatte nach neun Tagen in Täbris einen positiven Eindruck von der Stadt. Vor seiner Abreise hatte Timur ihm noch einige Pferde geschenkt; dazu hatte er erfahren, dass der mongolische Eroberer die gesamte Hauptstraße entlang bis nach Samarkand ein zuverlässiges System von Relais- und Poststationen eingerichtet hatte, die jeweils etwa einen halben oder ganzen Tag auseinanderlagen und Dutzende von Pferden zum Wechseln bereithielten. Die Infrastruktur des Handels und der Diplomatie eroberte den Raum unbesehen der geographischen, politischen und religiösen Barrieren.

Einige Jahrzehnte später, im Jahr 1474, hielt sich Giosafat Barbaro während eines Besuchs bei »König Assambei« (wiederum Schah Uzun Hasan) in der Karawanserei in Täbris auf. Auf dem Weg dorthin wurde Barbaro zweimal überfallen: Zuerst von einigen Kurden, die vier seiner Begleiter töteten und ihre Saumtiere (speziell gezüchtete Maultiere) stahlen, während Barbaro auf seinem Pferd fliehen konnte. Kurz darauf erschien ein Mann auf der Straße zwischen Choy und Täbris und verlangte, Barbaros Empfehlungsschreiben zu sehen. Als er sich weigerte, versetzte ihm der Mann »einen Schlag ins Gesicht«, der Barbaro noch etwa vier Monate lang Schmerzen bereitete. Am Hof in Täbris wurde er jedoch vom Monarchen höflich empfangen, der ihm über einen Dolmetscher versprach, seine Verluste vollständig zu ersetzen.

Besucher näherten sich der »Königsloge« – dem Empfangsraum des Schahs – durch einen von hohen Wänden aus Lehm umgebenen weitläufigen Garten voller hübscher Erfindungen, darunter ein stets sprudelnder Springbrunnen. Der »König« saß auf einem Kissen aus Goldstoff, seinen Krummsäbel neben sich. Der ganze Pavillon war mit Teppichen ausgelegt, die mit fein gearbeiteten geometrischen Mustern in verschiedenen Farben dekoriert waren. Den »König« und seine Berater umstanden Sänger und Musiker, die auf Harfen, Lauten, Rebecken, Zimbeln und Dudelsäcken spielten und einen »angenehmen« Klang erzeugten. Barbaro wurden einige luxuriöse Gewänder überreicht – darunter ein Pelzmantel, eine Jacke, ein Seidengürtel und eine schmuckvolle Kopfbedeckung aus Bombasin (einem feinen Gewebe aus Seide und Kamelhaar) –, dann wurde ihm angeraten, den Maidan von Täbris aufzusuchen, damit er sich auf dem Hauptplatz der Stadt die wöchentlichen Spiele ansehen könne, bei denen wilde Wölfe losgelassen wurden, um mit Menschen zu kämpfen. Im Laufe seines Aufenthalts in Täbris sah Barbaro verschiedene exotische Großkatzen, Elefanten, eine Giraffe und Zibetkatzen. Am Hof scheint es eine Fülle von Dingen gegeben zu haben, für die der Orient berühmt war: Rubine, Sandelholz, elegantes Porzellan und Jaspis, Perlen, kunstvolle Kameen, mit Goldfäden bestickte Zelte, Zuckerhüte und köstliche Süßigkeiten. Barbaros Besuch in Täbris, eine Zeit des Schwelgens in Luxusgütern, leiblichen Wonnen und Vergnügungen, erinnert an die Beschreibungen des einen oder anderen irdischen Paradieses, von denen das Publikum der europäischen Reiseschriftstellerei gar nicht genug lesen konnte.

Contarinis Aufenthalt in Täbris – nur wenige Jahre später – hätte nicht unterschiedlicher sein können und zeigt, dass Reisende ein und denselben Ort oft auf ganz andere Weise erleben. Er fand

Täbris gefährlich und überteuert. In der Karawanserei wurde er mit Beschimpfungen begrüßt und als »Hund« bezeichnet. Die Leute sagten, er sei gekommen, um eine Spaltung unter den Muslimen herbeizuführen.

Der Herbergsvater riet Contarini, er solle besser im Verborgenen bleiben und sich in der Karawanserei verstecken. Wenn seine Reisegruppe Hunger bekam, musste sich Contarini mit seinem Dolmetscher oder einem Reisegefährten namens Agustino von Pavia hinausschleichen, um Lebensmittel zu besorgen. Flüchtig konnte Contarini einen Blick auf die »vielen Basare« voller Seidenstoffe und »Waren von fast jeder Art« werfen, doch er wurde schnell bemerkt. Unter Schimpftiraden wurde ihm zugerufen, es wäre gut, wenn er »in Stücke geschnitten« würde. Als sich ein lokaler Konflikt zusammenbraute, in dem auch die Karawanserei eine Rolle spielte, verließ er die Herberge, um bei der armenischen Kirche in Täbris Zuflucht zu suchen. Tatsächlich fand er dort für sich und seine Reisegruppe samt ihrer Pferde eine Unterkunft.

Die Suche nach dem irdischen Paradies war etwas, das die meisten Reisenden im Hinterkopf hatten – auch wenn viele der darüber verfassten Texte davon ausgingen, es sei für die Menschen unerreichbar. Reiseschriftstellerei und Phantasie gehen Hand in Hand, denn beim Reisen geht es immer darum, irgendwo anders hinzugelangen – hinter der nächsten Ecke oder dem nächsten Bergpass könnte sich eine neue Welt verbergen. Mandeville, der häufig über Orte schrieb, die er nicht besucht hatte oder die noch nicht einmal existierten, meinte lakonisch: »Ich kann das Paradies nicht richtig beschreiben, weil ich nicht dort gewesen bin, und das betrübt mich.« Wenn Schriftsteller das Paradies beschrieben haben, dann manchmal als üppigen Garten (in der Tradition des Gartens Eden oder der islamischen Vorstellung von der Dschanna), manchmal als Insel (wie in der Reise des Heiligen Brendan dargestellt) oder auch als hohen Berggipfel (wie in der Beschreibung

Äthiopiens) mit einer Quelle, aus der sich große Flüsse speisen. Allen, die sich auf die Suche nach dem Paradies machen, so hieß es, würden Versuchungen begegnen, die in einem Gebüsch oder einer Hecke lauern konnten. Die Reisenden konnten nur darauf hoffen, dass ihnen auf dem Weg Hoffnung und Beharrlichkeit zuwachsen würden, damit sie die Kraft und den Mut hätten, um ihr Ziel zu erreichen. Einige glaubten, das Paradies befinde sich auf der »Unterseite« der Welt – jenseits von Äthiopien und in Richtung Antarktis –, während andere meinten, es liege im Osten, jenseits von Cathay. Von den Verfassern der biblischen Texte bis hin zu Christoph Kolumbus besteht keine Einigkeit darüber, wo das irdische Paradies zu finden ist. Auf den Darstellungen der »bekannten« Welt der im 12. und 13. Jahrhundert in Europa weit verbreiteten Beatus-Codices ist das Paradies beispielsweise ein Gebiet ganz oben auf den nach Osten orientierten Karten jenseits des Libanongebirges und am Rande Asiens. Auf der um 1430 in Süddeutschland oder in Böhmen entstandenen sogenannten Borgia-Velletri-Weltkarte ist das Paradies als ein hübscher Garten dargestellt, der am äußersten östlichen Rand des Erdenrunds an China angrenzt (in der oberen linken Ecke der nach Süden ausgerichteten Karte). Auf Giovanni Leardos venezianischer Karte von 1442 befindet sich das »Paradixo teresto« ganz oben auf der nach Osten ausgerichteten Karte, östlich von Indien, und ist als prächtige Stadt dargestellt – für einen venezianischer Geographen anscheinend eine naheliegende Vorstellung.

Genauso anschaulich wie das auf Erden gelegene göttliche Paradies wurde auch sein Gegenteil dargestellt: das falsche Paradies, das den unvorsichtigen Reisenden verführen konnte.

Der antike griechische Geograph Strabon (63 v. Chr. bis 23 n. Chr.) lokalisierte ein verlorenes beziehungsweise falsches Paradies in Indien. Alexander dem Großen war, laut Strabon, von diesem obskuren Land der Vergnügungen erzählt worden. Dieses Land gehöre allerdings der Vergangenheit an. Rund ums Jahr habe es dort reiche Ernte und Quellen gegeben, aus denen Wasser,

Milch, Honig, Wein und Olivenöl sprudelten. Aber »Völlerei und Üppigkeit« hätten die dort lebenden Menschen faul und gottlos gemacht, und so habe der Gott Zeus alle Wohltaten verschwinden lassen, das Land in Staub verwandelt und die Menschen auf immer und ewig zu harter Arbeit verdammt. Für Reisende ist es oft ein Trost, dass Orte, die vergängliche Freuden bieten, auch von Armut und Konflikten bedroht sind: Es mochte möglich sein, so ein falsches Paradies zu finden und es zu besuchen, aber man würde dort nicht leben wollen.

Mit dem 13. Jahrhundert war das Schlaraffenland (das Land der Müßiggänger oder Schlaraffen, von mittelhochdeutsch »slūr« für schlürend, schlaff, faul und »Affe« für eine leichtsinnige Person) zur beliebtesten Darstellung avanciert, wenn es um das falsche Paradies ging. Das Schlaraffenland, in einem der Lieder der Carmina Burana als »Cucania«, im Altfranzösischen »Coquaigne« oder im Englischen »Cockaygne« oder »Cockayne« genannt, lag irgendwo an einer fernen Küste. Arbeit war dort verboten, freier Sex mit willigen Partnern stand allen offen, und aus mäandernden Bächen ließen sich ewige Jugend verleihende Getränke schöpfen. Die Sonne ging nie unter, und alle Kleidung war frei von Läusen. Schweine rösteten sich freiwillig und flogen als leckere Pasteten durch die Luft. Die Schindeln der hübschen Kirche waren aus feinsten Weizenmehlkuchen gemacht, und jeder konnte sich vom süßen Bauwerk nach Herzenslust etwas abreißen und essen, essen und essen. »Cockayne« war das erträumte Land des Überflusses, ein Ort, den es nur in der Phantasie gab, ein Produkt westlicher Vorstellungskraft. Geschichten über »Cockayne« kursierten oft in Klöstern: Das Land sprach die Phantasie derjenigen an, die nicht reisen konnten, so auch Menschen, die an ein Kloster gebunden waren. Die Geschichten über »Cockayne« verspotteten die einfache, strenge Welt, in der ein mittelalterlicher Mönch zu leben hatte, schließlich waren Völlerei und Genusssucht Todsünden, die es zu meiden galt. Die phantastischen Vorstellungen rund um das Land »Cockayne«

stellten die geltenden Regeln auf den Kopf: Irgendwo in der Ferne sollte es den Geschichten zufolge einen Ort geben, an dem alle ihren Gelüsten frönen und sogar satt werden konnten – den ultimativen, aber sündigen Urlaubsort.

Entlang der Seidenstraßen lagen viele solcher Orte, die einem falschen Paradies ähnlich waren. Der berühmteste von ihnen war der Lustgarten Hasan-i Sabbahs (gestorben 1124). Über den Anführer der Assassinen waren zahlreiche Legenden in Umlauf, in denen er den Namen der »Alte vom Berge« trägt. Historisch gesehen waren die »Assassinen« eine islamische Sekte (eine Abspaltung von den Ismailiten), in späteren Jahrhunderten wurden sie jedoch immer häufiger als isoliert agierende Ketzer inszeniert. Ihr Anführer wurde in diesen Darstellungen zu einer Art Halbgott, dessen Anhänger in seinem Auftrag Selbstmordmissionen unternahmen. Marco Polo, der durch Persien nach Indien reiste, war einer der ersten Europäer, der über den »Alten vom Berge« berichtete und bezeugte, dass ihm dessen Geschichte »von verschiedenen Personen« erzählt worden sei. Polo ergänzt in seiner Darstellung das historisch durchaus reale Detail, der »Alte vom Berge« sei im Jahr 1265 von Hülegü (gestorben 1265), einem Khan des südwestlichen Teilreichs der Mongolen, gestürzt worden, nachdem der Enkel Dschingis Khans das falsche Paradies volle drei Jahre lang belagert hatte. Der bei Marco Polo erwähnte Ort, üblicherweise in Syrien oder Persien vermutet, wird heute als die Bergfeste von Alamut im Nordiran angesehen (der damalige Hauptstützpunkt der Nizari-Ismailiten wurde 1256 von mongolischen Truppen zerstört). Die Sekte war für den Tod von Kalifen, Kreuzfahrern, Emiren und Atabeys verantwortlich – und für mindestens zwei Attentate auf Saladin. Gleichzeitig handelte es sich bei dem Ort aber auch um ein hochentwickeltes Zentrum der Gelehrsamkeit und der Spiritualität.

Der »Alte vom Berge« und sein hochgelegenes Pseudo-Paradies nahmen in den Geschichten, die von Reisenden weithin verbreitet wurden, schaurige Züge an, die die historische Realität von Alamut verdrängten. Wie darin der Garten des »Alten vom Berge« beschrieben wird, verrät viel über die Vorstellungen von paradiesischem Überfluss und Luxus: die Welt als Schlaraffenland. Arnold von Lübeck (gestorben 1212), mittelalterlicher Chronist der Kreuzzüge, verortete den »Alten vom Berge« als einen »in der Gegend von Damaskus, Antiochia und Aleppo« ansässigen Fürsten. Dort habe er, so Arnold, viele schöne Paläste gebaut, die von den höchsten Mauern umgeben seien. Es sei dort üblich, dass viele seiner Bauern ihre Söhne von der Wiege an in diesen Palästen aufziehen und in verschiedenen Sprachen unterrichten ließen. Die Lehrer des Fürsten unterwiesen sie, bis sie erwachsen seien, »namentlich in Latein, Griechisch, der Lingua franca, Arabisch und vielen anderen Sprachen«. Während ihrer Ausbildung würden die Schüler dazu erzogen, dem Fürsten des Landes aufs Wort zu gehorchen und jeden Befehl auszuführen; im Gegenzug werde ihnen ein Platz im Paradies versprochen. In Arnolds Erzählung war das Pseudo-Paradies in den Bergen eine Art geheimes militärisches Ausbildungslager mit Universitätsbetrieb, ein Ort, an dem junge Menschen für die Zwecke des »Alten vom Berge« gefügig gemacht wurden.

Im Garten des »Alten vom Berge« würden den jungen Männern Betäubungsmittel verabreicht (in der Regel Haschisch, daher leite sich auch der Name der Sekte ab: die Assassinen, die Haschischesser). Das Rauschmittel versetze sie in eine Art Benommenheit bis zum Stupor völliger Gefügigkeit. An diesem Punkt sichere sich der »Alte vom Berge« die Loyalität der jungen Männer, indem er jedem von ihnen verspreche, wer sich bereit erkläre zu sterben, dem stehe dieses Paradies für immer offen und er könne immerwährend jugendliche Jungfrauen haben (und so viel Sex mit ihnen wie möglich – sie würden trotzdem Jungfrauen bleiben). So habe jeder junge Mann, der den Garten besuchte, dem »Alten vom Berge« das Versprechen gegeben, ihm ergeben zu dienen. Die jungen Männer fürchteten sich auch nicht mehr vor dem Tod, da auf sie das schöne Paradies wartete. Mittels dieses Tricks vermochte der »Alte vom

Berge« die jungen Männer in die Gebiete seiner Rivalen zu schicken, um seine Feinde zu töten und ihre Besitztümer plündern zu lassen. Die treuen, unterwürfigen Jünglinge, die durch die Zaubertränke des »Alten vom Berge« betäubt waren und keine Lebensgefahr mehr fürchteten, weil sie sich auf ein Leben nach dem Tod mit endlosem Sex im Paradies freuten, opferten sich dabei oft selbst.

Mandeville, der seine Darstellung circa 1356 verfasste, schrieb von einem »prächtigen, gut befestigten Schloss auf einem Berg«, in dem sich »der schönste Garten« befinde. Darin seien die süßesten Kräuter und die schönsten Blumen angepflanzt. »Schöne Brunnen und auch viele angenehme, in Gold und Himmelblau ausgeschmückte Säle und Kammern« erwarteten die Besucher. Mandeville erwähnt auch, dass der »Alte vom Berge« für seinen Garten »verschiedene Vergnügungen« ersonnen hatte, darunter »Tiere und Vögel, die sangen und sich mit Hilfe eines Uhrwerks bewegten, als ob sie lebendig wären«. Mandeville scheint hier sowohl auf den technischen Einfallsreichtum als auch auf die Gefahren des falschen Scheins aufmerksam machen zu wollen.

Laut Mandeville gab es in dem Garten drei jungfräuliche Mädchen, die noch nicht fünfzehn Jahre alt waren, und drei gleichaltrige Burschen mit rosigen Wangen. Sie alle trugen goldene Kleider und wurden den Besuchern als Engel vorgestellt. Sie saßen rund um drei Freudenbrunnen, die unterirdische Zuleitungen besaßen, »so dass, wann immer [der Alte] es wünschte, in einem Springbrunnen Wein, in einem anderen Milch, in einem weiteren Honig floss. Und er nannte diesen Ort Paradies.«

Die Geschichten über den »Alten vom Berge« und sein fingiertes Paradies verraten das Misstrauen gegenüber der Zivilisiertheit und zeigen die hinter dem verführerischen Schein des Gartens lauernde Gewalttätigkeit. Sie offenbaren aber auch die Sehnsucht der Reisenden nach dem irdischen Paradies und seinem entgegengesetzten Pendant, dem Schlaraffenland. In den üppigen Obstgärten, den prächtigen Lauben und den verlockenden Freudenhäusern, denen sie auf ihrer Reise begegneten, sahen die Reisenden des Mittelalters eine Manifestation des Gartens Eden, wenn auch manchmal nur als verlorenes Paradies. Der flämische Pilger Joos van Ghistele, der 1481 durch Ägypten reiste, beobachtete reiche Kaufleute, die sich in der Nähe von Kairo in Gartenlauben und Vergnügungspavillons amüsierten. Anscheinend vom Glück begünstigt, genossen diese Männer Bankette und orgiastische Partys mit schönen Frauen. Dies sei wie das irdische und das himmlische Paradies in einem, kommentierte van Ghistele. Als bloßer Durchreisender warf er staunend einen Blick hinein, war aber gleichzeitig erleichtert, dass er vom Genuss der trügerischen Reize ausgeschlossen war.

Das Reich des »Alten vom Berge« war nicht von Dauer. Nach und nach hatten alle anderen Fürsten der Gegend sein arglistiges Vorgehen durchschaut und sich zusammengetan. Gemeinsam stürmten sie mit Armeen aus Bogenschützen und Elefanten seine Burg, töteten ihn und zerstörten sein falsches Paradies.

Auch wenn spätere Reisende nicht genau wussten, wo sich die Burg des »Alten vom Berge« befunden hatte, kamen sie entlang der Seidenstraßen oft an historischen Überresten und Ruinen vorbei, die ihre Phantasie beflügelten und von verlorener Bedeutung und verblichener Macht kündeten. So mancher fragte sich, ob die Überbleibsel, auf die er gestoßen war, eine letzte Spur vom falschen Paradies des »Alten vom Berge« waren.

Auf seinen Reisen über die Seidenstraßen erfuhr Giosafat Barbaro durch einen aus Kaffa stammenden Dominikanermönch namens Vincent von gewaltsamen Überfällen auf die einheimische Bevölkerung, die im Jahr 1486 durch glühende Anhänger des Islams verübt worden waren. Einer der angegriffenen Orte war »das Land von Gog und Magog«, irgendwo in der Nähe des »Kaspischen Gebirges« gelegen. Vincent erzählte ihm, der Angriff habe einem Volk von Christen gegolten, die dem griechischen Ritus folgten und gewaltsam ermordet worden waren. Barbaro scheint die Existenz eines Landes namens »Gog und Magog« nicht angezweifelt zu haben; eine Region und ein Volk dieses Namens wird auch von anderen Reisenden erwähnt, allerdings ebenfalls ohne genaue Ortsangaben, und auch die Angaben zur Religion wechseln.

In der Bibel werden die beiden Namen nur kryptisch erwähnt, schließen lässt sich jedoch, dass es sich bei »Gog und Magog« (Hesekiel 38) bei ersterem um einen Anführer und bei letzterem um das Land handelt, in dem dessen Volk lebt. In der Apokalypse steht geschrieben, Satan werde nach 1000 Jahren in Gefangenschaft losgelassen, um »zu verführen die Völker an den vier Vierteln der Erde, Gog und Magog« gleich, und der Satan werde sie alle zum Kampf versammeln (Offenbarung 20,7–9). Und wenn sie sich über »die weite Erde« ausgebreitet und »das Lager der Heiligen« und die »geliebte Stadt« (Jerusalem) umzingelt hätten, dann werde Feuer vom Himmel herabfallen und sie verzehren. Hier wurden »Gog und Magog« mit den Mächten Satans gleichgesetzt, die einen letzten Versuch unternahmen, die Christenheit zu überwinden. Sie waren zu einer bedeutsamen Metapher innerhalb des apokalyptischen Denkens geworden, verwiesen sie doch auf die epische Schlacht, die nach 1000 Jahren kommen sollte.

Schon vor dem Mittelalter hatten »Gog und Magog« viele Wandlungen durchgemacht. Dem Doppelbegriff wurde als Ort (in der Regel ein Gebirge) oder als Volk ein Platz irgendwo an den Seidenstraßen zugeordnet: entweder im Kaukasus oder »jenseits« von China. Manchmal wurde behauptet, »Gog und Magog« befänden sich in Derbent am Kaspischen Meer. Der Name Derbent leitet sich vom persischen »Dar-band«, »geschlossenes Tor«, ab: Alexander der Große soll dort die Stämme von »Gog und Magog« hinter verriegelten Toren oder hohen Mauern eingeschlossen haben, um sie daran zu hindern, dem Rest der Welt ihre Lebensweise aufzuzwingen. Unser anonymer Franziskaner aus Spanien, der um 1350 behauptet hatte, in Äthiopien gewesen zu sein, ließ seine Leser auch wissen, er habe in der »Burg von Magog« gewohnt, einer wunderbaren, aus magnetischem Eisen erbauten Festung oberhalb des »Flusses Magog«. Auf der anderen Seite des Tals befand sich, laut den Ausführungen des Franziskaners, das Gegenstück, die »Burg von Gog«. Jede der Burgen sollte 10 000 Mann fassen können. Zwischen ihnen befänden sich eiserne Tore, die den Zugang zur Tatarei verschlössen.

In einer komplexen, keinesfalls stringenten Abfolge von Wandlungen verlagerte sich der Ort, an dem diese eingeschlossenen Stämme vermutet wurden, immer weiter nach Osten. Dieser Verschiebungsprozess greift damit augenscheinlich die sich innerhalb der westlichen Vorstellungswelt entwickelnden Ängste vor Übergriffen durch Völkerschaften in ganz Asien auf. Aus den Kaspischen Toren Alexanders des Großen wurde in einigen Berichten aus dem 14. Jahrhundert sogar die Chinesische Mauer. Ibn Battuta, ein unermüdlicher Reisender aus Tanger im Norden Marokkos, schrieb, die Große Mauer von »Gog und Magog« sei sechzig Tage von China entfernt. »Dieses Gebiet«, so erläuterte er, »ist von umherziehenden heidnischen Stämmen besetzt, die fressen alle Menschen, die sie fangen können, und aus diesem Grund betritt niemand ihr Land oder versucht, dorthin zu reisen.« Gehört habe er dies ausschließlich von Menschen, die selbst nie dort gewesen seien.

Auch die Darstellung der Völker von »Gog und Magog« wandelte sich: Mal handelte es sich um eine Gruppe Hebräisch sprechender jüdischer Kannibalen, die angeblich in diesen legendären Bergen eingeschlossen waren (und nur darauf warteten, dass der Antichrist sie befreite und gegen die Christenheit anführte, wie es die Bibel prophezeite), mal waren es Tataren. Andernorts hieß es, sie seien Riesen, praktizierten Inzest und freie Liebe oder vergifteten Brunnen, um die Pest zu verbreiten. In einer eng verwandten Darstellungstradition, die insbesondere in Deutschland Verbreitung fand, bewohnte eine Gruppe namens die »Roten Juden« ein Land im Osten. Eines Tages, so das Narrativ, würden sie als eines der Zeichen, dass das Ende aller Zeiten gekommen wäre, in Europa einfallen, um die Christenheit zu überwältigen.

Eine aufschlussreiche Darstellung zu »Gog und Magog« präsentiert auch Mandeville. Seinem Reiseführer aus dem 14. Jahrhundert zufolge war damit ein Ort gemeint, an dem die in der Bibel erwähnten zehn verlorenen Stämme Israels von Mauern, Bergen und dem Kaspischen Meer eingeschlossen lebten. Sie konnten sich, laut Mandeville, nicht entschließen, über das Kaspische Meer zu fliehen, weil sie nicht wussten, wohin sie das führen würde. Außerdem sprachen sie eine Geheimsprache, die niemand anderes kannte. Aus allen diesen Gründen »haben die Juden kein eigenes Land« außer diesem eingeschlossenen Raum zwischen den Bergen, so Mandeville, und selbst dafür mussten sie an die Königin von Armenien Tribut zahlen. Mandevilles Beschreibung von »Gog und Magog« wirft für den Reisenden entscheidende Fragen auf: Ist »Land« oder »Nation« eine Frage der Sprache oder der Verständigung? Macht der Besitz eines »echten eigenen Landes« ein Volk zu einem Volk? Mittelalterliche Definitionen von »Nation« tendierten dazu, Sprache, Bräuche und Religion in eins zu setzen. Das Schreiben über »Gog und Magog« kann als ein Versuch gesehen werden, darüber nachzudenken, was es bedeutet, in der Diaspora zu leben, ein Volk ohne »eigenes Land« zu sein, in einer Welt, in der die kulturelle Identität von Land und Sprache abgeleitet wurde.

Die wechselnden Darstellungen von »Gog und Magog« weisen viele Merkmale auf, die für Repräsentationen mittelalterlicher Reisekultur typisch sind. Orte wurden oft aus vagen biblischen oder historischen Hinweisen erschlossen. Solche Orte waren keineswegs fest »verortet«, im Gegenteil: Ihre Darstellung richtete sich eher nach den Bedürfnissen der Leser von Reiseliteratur und den möglichen Besuchern als den geographischen Gegebenheiten. »Gog und Magog« war in vieler Hinsicht schwer einzuordnen, aber die moralische Wertung war klar: Es handelte sich um einen Eintrag auf einer moralischen Landkarte, der darauf wartete, von der Welt entziffert und überwunden zu werden. Die »Gog und Magog«-Phantasien waren von Vorstellungen vom Ende der Zeit und vom

Ende der Welt durchdrungen. »Gog und Magog« stehen auch für den tiefgreifenden Antisemitismus vieler christlicher Reisender des Mittelalters, die, selbst wenn sie neugierig und aufgeschlossen gegenüber neuen Kulturen und Wundern in fernen Ländern waren, jüdischen Menschen einen bösartigen Hass entgegenbrachten, wo immer sie ihnen begegneten. Es hat beinahe den Anschein, als hätte es eines kriegerischen Gegners bedurft, der die Eroberung Europas im Sinn hatte und der sich »plausibel« heraufbeschwören ließ, um das Reisen über die Seidenstraßen vorstellbar zu machen. In der gesamten abendländischen Tradition der Reiseschriftstellerei, wie auch in der mittelalterlichen Literatur überhaupt, findet sich die Tendenz, jüdische Bewohner und Besucher als unweigerliche Außenseiter zu porträtieren, die, der christlichen Kultur feindlich gesinnt, eine grundsätzliche Gefahr darstellen. In der Literatur als repräsentativer Form des Wissenstransfers war die tatsächliche Machtdynamik im christlichen Europa, in dem jüdische Gemeinschaften marginale und bedrängte Minderheiten bildeten, in ihr Gegenteil gekehrt – und das mittels einer Phantasie, in der Christen mit steter Verfolgung konfrontierte Entdecker waren und imaginären, tief in den geheimnisvollen Randbereichen der Seidenstraßenregion verborgenen jüdischen Aggressoren eine bedrohliche Rolle zugewiesen wurde.

DIE KREATUREN INDIENS

Dies sind nur einige der vielgestaltigen monströsen Kreaturen, die in Indien zu finden sind:

- Schlangen, so riesig, dass Hirsche die Tiere sind, die sie vornehmlich verschlingen.
- Ein Tier, Leucocrota genannt, das den Körper eines Esels hat, das Hinterteil eines Hirsches, die Brust und die Beine eines Löwen, Hufe wie ein Pferd, ein gegabeltes Geweih und ein Gesicht, das beinahe menschlich wirkt.
- Gelbbraune Stiere, deren Haare auf abscheuliche Weise zu Berge stehen, haben dort einen riesigen Kopf und ihr grinsendes Maul reicht von Ohr zu Ohr. Ihre Hörner können sie ausfahren, wenn sie kämpfen müssen, und an ihrer zähen Haut wird jedes Geschoss abprallen. Sie sind nicht zu zähmen.
- Auch das Mantichoras genannte Tier kommt in Indien vor: Es hat ein menschliches Gesicht, jedoch drei Zahnreihen, den Körper eines Löwen, den Schwanz eines Skorpions und glühende Augen. Es ist von blutroter Farbe und zischt wie eine Schlange. Es frisst Menschenfleisch und kann schneller laufen als Vögel fliegen.
- Auch das Einhorn – ein Tier mit dem Körper eines Pferdes, dem Kopf eines Hirsches, den Füßen eines Elefanten und dem Schwanz eines Schweins – ist dort zu finden. Mitten auf der Stirn hat es ein einziges, vier Fuß langes Horn, das hell leuchtet und unglaublich spitz ist. Das Einhorn ist ausgesprochen wild und lässt ein furchtbares Gebrüll hören: Mit seinem Horn durchbohrt es alles, was ihm in die Quere kommt. Man kann es töten, aber zähmen lässt es sich nicht.
- Es gibt dort auch Krabben, deren Zangen sind sechs Ellen lang, und sie packen Elefanten damit und zerren sie unter Wasser, um sie zu ertränken.
- Der Indische Ozean bringt Schildkröten in einer Größe hervor, dass sich die Menschen aus ihren Panzern geräumige Behausungen schaffen können.

Kapitel 11

DURCH PERSIEN UND INDIEN

Hormus · Kalikut · Cochin · Malediven · Ava

Wir folgen nun der Route nach Südosten und lassen uns von stürmischen, heißen Winden zum großen Hafen von Hormus am Persischen Golf leiten. Bei denjenigen, die sich aus den Weiten der arabischen Wüste in Richtung der wundersamen Pracht und Fülle Indiens aufmachten, war dies eine beliebte Route. Als Alternative zum Landweg nach Indien und China bot sich von hier aus der Seeweg an, der schneller und wohl auch sicherer ans Ziel führte. Ab etwa 1400 hatte sich die Seepassage so etabliert, dass sie stärker als der Landweg genutzt wurde. Der Startpunkt der Schiffsreise nach Osten lag an der Straße von Hormus, dort, wo der Persische Golf in das Arabische Meer mündet.

Die Häfen auf der persischen Seite der Meerenge – insbesondere Hormus selbst – waren die wichtigsten Umschlagplätze für den Handel und den Austausch zwischen Indien, Arabien und dem Indischen Ozean. Wegen der ständigen Überfälle durch mongolische Armeen wurde die gesamte Stadt Hormus um 1300 vom Festland auf die winzige Insel Dscharun verlegt, ein unwirtliches, bergiges Eiland aus leuchtend rot-ockerfarbenem Sand und Salz. Das dort im Mittelalter florierende »Neu-Hormus« war eine ausgesprochen multikulturelle Stadt, in der sich Kaufleute und Seefahrer aus China, Gujarat und Armenien genauso wie venezianische und genuesische Zwischenhändler, Rechtsanwälte und Missionare tummelten. Etwa 50 000 Menschen lebten dicht gedrängt auf einer Fläche von etwa fünf Quadratmeilen. In den Häfen von Hormus gab es prächtige Basare. Hunderte von Schiffen lagen dort vor Anker, italienische Galeeren neben Daus, die aus Kokosnussschalen bestanden, die mit Seilen und Holzpflöcken zusammengefügt worden waren. Marco Polo, der Hormus im Anschluss an seine Reise durch Persien in den 1270er Jahren besuchte, vermerkte, dass »Kaufleute aus allen Gegenden Indiens« dort »Gewürze und Spezereien, köstliche Steine und Perlen, Gold- und Seidengewebe, Elefantenstoßzähne und eine Menge anderer Waren« auf den Markt brachten. »Wegen der großen Hitze und des ungesunden Klimas« im Sommer sei jedoch Vorsicht geboten. In der heißen Jahreszeit wehe tagein, tagaus ein Wind, »dass die Leute, die sich ihm aussetzen, ersticken müssen, weil sie keine Luft mehr bekommen«. Um der verheerenden Wirkung des Wüstenwindes zu entkommen, tauchten die Einwohner, sobald sie bemerkten, dass der Wind nahe, »bis an das Kinn ins Wasser und bleiben in dieser Lage, bis er wieder aufhört«.

Andere Besucher waren ebenfalls der Meinung, dass man Hormus besser meiden sollte: Das schwüle Wetter schien einen allgemeinen Verfall widerzuspiegeln. Odorich von Pordenone, einer der wichtigsten Reiseschriftsteller des europäischen Mittelalters, war ein unerschrockener, zu Geschwätzigkeit neigender Franziskanermissionar. Von Zeitgenossen wurde er als kleiner, zierlich gebauter Mönch mit rotem Gabelbart beschrieben. Er reiste in Begleitung von Jakobus von Irland, einem weiteren Mönch, über den sehr wenig bekannt ist. Die weite Spanne dessen, was Odorich von der Welt gesehen hatte, umfasste das dörfliche Leben im friaulischen, fünfundsiebzig Kilometer nordöstlich von Venedig gelegenen Pordenone, in dem er aufgewachsen war, bis zum Hof des Großkhans in China, an dem er sich drei Jahre aufhielt. Odorichs Reisebeschreibungen fanden ein breites Publikum – und viele Nachahmer. Er besuchte Hormus im Jahr 1318 und berichtete, dass die Hitze dort »unglaublich« und »gefährlich« sei und dass es weder Bäume noch frisches Wasser gebe. Seinen Worten nach führte die Hitze dazu, dass die Hoden der Männer bis zu den Knien herunterhingen. In den 1350er Jahren präzisierte John Mandeville Odorichs Schilderung und schrieb, die Hitze bewirke, dass »die Eier der Männer bis zu den Schienbeinen herunterhingen«. Dies sei »auf ihre beträchtliche Degeneration zurückzuführen«. Die Einheimischen hatten, nach Mandeville, eine Technik entwickelt, die Hoden zusammenzubinden und »»mit einer speziellen Salbe [einzucremen], um sie oben zu halten«. Andernfalls würden die Männer sterben. Einige der Manuskripte, die von Mandevilles Reiseführer im Umlauf waren, enthalten Bilder der Männer von Hormus, denen riesige Hoden wie zusätzliche, unförmige Gliedmaßen an ihren Beinen herunterhängen.

Solche Gerüchte über deformierte Hoden mögen widerspiegeln, dass Menschen das Schreiben über Reisen seit eh und je zum Anlass genommen haben, sich über die Absurditäten und die Unzuverlässigkeit des menschlichen Körpers lustig zu machen. Aber die Idee, dass die Hitze in Hormus die Hoden der Männer bis zu den Schienbeinen sacken ließ, entstand durch die Konfrontation der Reisenden mit verschiedenen Abwandlungen der »Natur«, einschließlich des Klimas. Während frühe Geographen die äquatoriale Trockenzone für unbewohnbar gehalten hatten, herrschte zu Zeiten von Odorich und Mandeville die Auffassung, dass die Lebensverhältnisse in den Tropen, auch wenn dort Menschen wohnten, in krassem Gegensatz zu den gemäßigten Regionen und »wohl temperierten« Zivilisationen Europas standen. Die Natur machte seltsame Dinge mit den Bewohnern der Tropen, und die ungeheure Hitze von Hormus schlug sich in den ausartenden Formen bestimmter Körperteile der Männer nieder.

Odorich bezeichnete Hormus als »Tor nach Indien«. Die Stadt war damals auch das Tor zu allem Seltsamen, Wunderbaren und Schrecklichen. Die auf dem Basar der Stadt angebotenen Waren würden ihren Weg auf die Märkte und bis in die Haushalte Westeuropas finden, doch in Hormus hatten die europäischen Reisenden das Heilige Land und auch das Christentum weit hinter sich gelassen. Sitten und Gebräuche, das Wetter, das Essen, sogar die menschlichen Körper waren ihnen fremd und ließen sie staunen.

Der wichtigsten Ost-West-Seeroute folgend, fuhren die Schiffe von Hormus aus über das Arabische Meer in den Indischen Ozean. Für Europa und den Nahen Osten stellte diese Route eine Verbindung zu »Indien« her, dem großen Territorium, das nach dem Fluss Indus benannt war, der aus den Bergen an der Nordwestseite des Subkontinents fließt.

Der mittelalterliche Begriff »Indien« umfasste den gesamten Subkontinent, vom heutigen Ost-Iran bis Myanmar und darüber hinaus. In detaillierteren Beschreibungen wurde »Indien« üblicherweise in drei Bereiche eingeteilt. Nach Mandevilles Definition waren dies »Kleinindien«, eine gemäßigte Region, »Großindien«, eine glühend heiße Region, und »Nordindien«, eine gebirgige, eiskalte Region. Für den venezianischen Reisenden Nicolò di Conti reichte ein erster Teil Indiens von Persien bis zum Indus (das heutige Afghanistan und Pakistan), der zweite Teil vom Indus bis zum Ganges (die heutigen nordindischen Provinzen Gujarat, Rajasthan, Punjab, Uttar Pradesh und Nepal), und der dritte Teil umfasste »alles, was jenseits liegt«: den Süden des indischen Subkontinents, Sri Lanka, das heutige Bangladesch und Myanmar eingeschlossen. Laut di Conti übertraf dieser dritte Bereich die anderen noch an Pracht, Wohlstand und Eleganz. Die Menschen dort, notierte er, »führen ein verfeinertes Leben, fernab von jeder Barbarei und Grobheit«. Sie zeigten eine äußerst menschliche Haltung und die Kaufleute seien sehr reich.

Jeder Indienreisende hatte seine eigene Vorstellung davon, wie sich die theoretische Geographie des Subkontinents auf die Orte übertragen ließ, die er besuchte. Indien selbst wurde oft als ein

Land beschrieben, das aus Tausenden – möglicherweise bis zu 5000 – »Inseln« oder Territorien bestand, eine Landschaft von fast unendlicher Vielfalt. Obwohl indische Waren auf den europäischen Märkten ein vertrauter Anblick waren, galt »Indien« als ein Ort der Fremdartigkeit, der Götzen, der Mirakel und Naturwunder in Hülle und Fülle, von dem der aufmerksame Reisende viel lernen konnte. Die europäischen Reisenden hatten über den enormen Reichtum und die wunderbaren Gärten gelesen, die zur Erlösung des Menschen von allen Leiden angelegt worden waren. Und die Erfahrungen, die einige Reisende in Indien machten, schienen dies widerzuspiegeln oder zu bestätigen: Sie fanden außergewöhnliche Paläste, gebaut aus exotischen Materialien, seltsame Früchte und scharfe Gewürze, die nahezu frei erhältlich waren, und heidnische Prinzen, die riesigen Bevölkerungen unsagbare Macht und einen schillernden Reichtum abrangen.

Die Natur Indiens konnte auf Schritt und Tritt in Erstaunen versetzen. Die Luft war zum Schneiden dick vor Hitze; es fühlte sich an, als würde man Brühe atmen. Riesige Moskitos schwirrten träge in der Luft, so dass man um Hals, Handgelenke und Knöchel fürchten musste. Netzpythons, dreimal so lang wie ein Mann, krochen durch die Straßen der Städte, vorbei an Elefanten, die palastähnliche Aufbauten auf dem Rücken trugen. Reisende, die töricht genug waren, nach Einbruch der Dunkelheit auf diesen Straßen unterwegs zu sein, wurden von verschlagen grinsenden Affen und gefleckten Wildkatzen angegriffen. Am nächtlichen Himmel sah das Sternenzelt ganz anders aus als gewohnt, so als ob das große Tuch des Firmaments mit der Sternenkarte darauf verdreht worden wäre. Odorich von Pordenone, der Indien im Jahr 1318 besuchte, urteilte zusammenfassend, dass es »in der ganzen Welt nicht solche Wunder gibt wie in diesem Lande«.

Dem Franziskanermissionar Jordanus Catalanus von Severac, der 1329 durch Indien reiste, fehlten immer wieder die Worte, um zu beschreiben, was er dort sah und erlebte: Die »vollkommen schreckliche« Hitze war, laut Catalanus »für Fremde unerträglicher, als sich sagen lässt«. Die Mango, die er »Aniba« nannte (in Abwandlung des Namens der Frucht in Marathi), sei »eine Frucht, so süß und köstlich, dass es unmöglich in Worte zu fassen« sei. Die Bäume Indiens seien so zahlreich und so vielfältig, dass »sie zu beschreiben das menschliche Auffassungsvermögen übersteigen würde«. Reiseschriftstellerei kann als eine Form der Wissensproduktion angesehen werden und als eine Art und Weise, sich einen Ort anzueignen, doch Indien entzog sich durchweg solchen Versuchen, es beherrschbar zu machen: Es war unmöglich, es zu beschreiben.

Indische Gewürze, Edelsteine, Parfüm, Leinen, sogar Papageien und Katzen wurden westwärts in den Nahen Osten und von dort nach Europa exportiert und waren für die wohlhabenden Käuferschichten der Welt ohne weiteres zugänglich. Die mittelalterlichen Dokumente, die in der Genisa (eine Art verschlossenes Archiv) der Synagoge in Kairo gefunden worden sind, zeigen ein unglaublich breites Spektrum an Waren, die von Indien aus in Richtung Westen gehandelt wurden: wasserdichte Lederbeutel mit eingelegtem Fisch, Kokosnüsse (und Kokosnussschaber), Teppiche, Rattenfallen, Angelzeug, Glaswaren. Es überrascht nicht, dass die Handelshäfen an Indiens Westküste bei Reisenden aus dem Westen am besten bekannt waren: Khambhat im Norden, Thane (heute ein Vorort von Mumbai), Kalikut (heute Kozhikode), Cochin (heute Kochi) und Quilon (heute Kollam) im äußersten Süden.

Der venezianische Kaufmann Nicolò di Conti hinterließ zwei Berichte über seine Reisen in Indien: einen gab er an den spanischen Reisenden Pero Tafur weiter, als sie sich 1437 auf dem Sinai trafen, und einen weiteren konnte der italienische Humanist Poggio Bracciolini (1380–1459) aufzeichnen, als er di Conti in Rom traf. Im Gold- und Gewürzhandel tätig, hatte di Conti viele Jahre im Nahen Osten und in Indien verbracht. Nachdem er bis nach Java gereist war, hielt er sich wahrscheinlich um den Jahreswechsel

1419/1420 einige Monate an der Malabarküste im Südwesten Indiens auf. In seinem von Bracciolini überlieferten Bericht finden sich neben äußerst prosaischen Beschreibungen zur Ausdehnung einzelner Städte wahre Höhenflüge der Phantasie.

Als erstes fiel di Conti der Reichtum an Ingwer, Pfeffer, Sappanholz und Zimt an der Malabarküste auf. Allesamt Güter, die auf dem europäischen Markt begehrt waren. Aber er wies auch sofort auf die riesigen Schlangen hin (»sechs Ellen lang«, sprich fast sieben Meter), die auf kleine Kinder aus seien und harmlos blieben, solange man sie nicht reize. Während es sich dabei um die Beschreibung eines Pythons zu handeln scheint, sind andere Tiere, die er dort gesehen haben will, schwerer zu identifizieren: fliegende Katzen (möglicherweise meinte er Riesengleittiere, auch Pelzflatterer genannt), die »von Baum zu Baum flogen, indem sie ihre Füße ausstreckten und mit den Flügeln wackelten«, eine harmlose vierfüßige Schlange mit einem »länglichen Schwanz«, deren Fleisch »als eines der besten Nahrungsmittel« geschätzt wurde, oder eine siebenköpfige geflügelte Schlange, die einen Menschen allein mit ihrem Atem töten konnte und in den Bäumen lebte.

Achtung! In dieser Region gibt es Flusspferde, die sowohl an Land als auch im Wasser leben. Sie sind halb Mensch, halb Pferd und fressen nichts lieber als Menschen, wenn sie welche bekommen können.

Besonders beeindruckt war di Conti von der bedeutenden Hafenstadt Kalikut. Da bereits in der Antike von Plinius und Ptolemäus als Handelsplatz für Pfeffer erwähnt, war Kalikut westlichen Reisenden bekannt. Die Stadt war nach di Conti »ein edles Handelszentrum für ganz Indien«, in dem Papier, Ingwer, Zimt, Lack (Schellackharz), Kirschpflaumen und die kostbare Zitwerwurzel (die weiße Kurkumawurzel, im Mittelalter in der westlichen Medizin gegen Magenleiden eingesetzt) verkauft wurden. Kalikut war vom 12. bis ins 14. Jahrhundert der wichtigste westliche Hafen Indiens (und brachte dem Westen den ungebleichten Baumwollstoff »Kattun«).

Als der portugiesische Seefahrer Vasco da Gama 1498 in Kalikut landete, beobachtete er, wie »in großer Zahl Menschen, alle dunkel und nackt, an den Strand strömten, nur mit Tüchern angetan, die bis zur Hälfte des Oberschenkels reichten, mit denen sie ihre Nacktheit verbargen«. Da Gamas Biograph Gaspar Correia (1492–1563) behauptete, der Anblick der Portugiesen sei für die Einheimischen etwas gewesen, »was sie noch nie gesehen hatten«. Diese Verwunderung der Einwohner und die selbstverherrlichende Pose der Portugiesen, die ersten Ankömmlinge an fernen Ufern zu sein, lässt sich nur schwer mit der mittelalterlichen Geschichte der Malabarküste in Einklang bringen, deren Häfen Fremde seit langem willkommen hießen. Um 1400 war das Gebiet zutiefst kosmopolitisch. Es ist nicht vorstellbar, dass die Einheimischen zuvor noch keine ausländischen Händler gesehen hatten, da die Stadt seit langer Zeit im Zentrum der Routen des Gewürz- und Seidenhandels lag.

Ab den 1340er Jahren begann Cochin, mit Kalikut als wichtigstem westlichen Hafen zu konkurrieren. Für Cochin, eine Landzunge auf einer Insel, änderte sich durch eine Überschwemmung im Jahr 1341 alles. Die Überflutung zerstörte sowohl den nahe gelegenen alten Hafen von Cranganore (heute Kodungallur), schuf aber auch eine tiefe natürliche Hafenanlage auf der Landzunge. Cochin hatte schon immer eine vielfältige Bevölkerung, darunter viele Buddhisten, Hindus und Muslime sowie Christen, die dem ostsyrischen Ritus folgen (sogenannte »Nestorianer«), und jüdische Gläubige, die 1344 eine Synagoge in Cochin gründeten. Im Jahr 1405 verlegte die Fürstenfamilie Perumpadappu Swaroopam ihre Hauptstadt nach Cochin, was die Stadt aufblühen ließ. Die Portugiesen landeten 1500 in Cochin und besetzten die Stadt 1503. 1524 wurde Vasco da Gama in der Franziskanerkirche in Cochin beigesetzt, die oft als die erste von Europäern in Indien gegründete christliche Kirche bezeichnet wird. Die Waren, die von Cochin und der Malabarküste aus gehandelt wurden, waren im Westen sehr begehrt und verhalfen der Region zu großem Reichtum: Der Wohlstand sprach westliche Besucher durchaus an, doch die lokalen Bräuche und Religionen fanden sie mehr als beunruhigend.

Besucher, die um 1400 in Cochin ankamen, wurden nicht nur von riesigen, dickbäuchigen und girlandengeschmückten Steinstatuen – Krishna und Shiva – begrüßt, sondern auch von weltlichen Darstellungen, wie Reliefs mit nackten Tänzerinnen. An den kunstvoll verzierten, mehrstöckigen Gebäuden fand sich eine Fülle an geschnitzten, schutzverheißenden Tierfiguren, und selbst auf den Münzen waren winzige Tiere eingeprägt. Die aus kostbaren Materialien fein herausgearbeiteten figürlichen Schnitzereien dieser Region bewiesen eine Komplexität und Kunstfertigkeit, wie sie in Europa weitgehend unbekannt war. Die Tempel waren aus einheimischen dunklen Hölzern erbaut, wobei geschnitzte springende Tiger die majestätischen Fassaden belebten. Die Giebel krönte ein hochherrschaftlich dasitzender Elefant, der friedliche, gnädige Gott Ganesha, der Weisheit, Einsicht und die Beseitigung von Hindernissen symbolisiert. Andere geschnitzte Statuen mochten beinahe an Heiligenfiguren europäischer Provenienz erinnern, da sie mit symbolischen Attributen versehen waren. In Indien waren sie jedoch oft frei heraus nackt dargestellt – mit stolz zur Schau gestellten Brustwarzen und Phalli – und besaßen teils Tierkörperteile. Auf den ersten Blick ähnelten die Figuren der Muttergöttin Varahi, die aufrecht stehend ein Baby an ihrer Brust hält, der Jungfrau Maria. Aber Varahi trug einen Schweinekopf, manchmal sogar mit hervorstehenden Hauern, und wirkte eher rachsüchtig als sanftmütig.

Als sich di Conti und Pero Tafur auf dem Sinai trafen, warnte er Tafur eindringlich davor, nach Indien zu gehen. Laut Tafur (dessen Aussagen zu di Conti etwas von denen Bracciolinis abweichen) hatte di Conti etwa vierzig Jahre in Indien verbracht und kannte die Region sehr gut: Tatsächlich war er sogar mit einer Inderin ver-

Abb. 12

heiratet, mit der er drei in Indien geborene Kinder hatte. Die Verbindung hatte ein einheimischer Prinz vermittelt. Di Conti warnte vor allem vor dem »langen und beschwerlichen« Weg zwischen Indien und Europa (er selbst war in Mekka gezwungen worden, zum Islam zu konvertieren). In Indien müsse der Besucher mit fremden Völkern zurechtkommen, die keine Gesetze oder Herrscher kannten, mit der ungewohnten Luft, den fremden Speisen und Getränken und bestialischen Menschen, die nicht in der Lage seien, sich zu beherrschen (di Conti behauptete, Zeuge von Kannibalismus geworden zu sein). Anscheinend wollte di Conti deutlich machen, dass Indien kein Reiseziel für neugierige Touristen sei. (Tafur selbst wollte nur aus Neugierde nach Indien reisen.) Laut Tafur sagte di Conti zu ihm: »Du wirst haufenweise Gold, Perlen und Edelsteine sehen, aber was soll dir das einbringen, da die Menschen, die sich damit schmücken, Bestien sind?«

Nachdem er di Contis Geschichten über Indien gehört hatte, ließ Tafur seine Reisepläne fallen. Resigniert schrieb er: »Ich kam zu dem Schluss, solange ich nicht hinfliegen könnte, war die Reise unmöglich zu schaffen.«

Afanassi Nikitin war ein gut vernetzter Kaufmann aus der westlich von Moskau gelegenen Stadt Twer. Ende der 1460er Jahre verließ Nikitin seine Heimatstadt, um mit einer Handelskarawane in die Region um den Kaukasus und nach Westpersien zu reisen und auf Geheiß des jungen Großfürsten von Twer, Michail (gestorben 1505), neue Märkte zu erschließen. Nikitin hatte sich einer Gruppe russischer und persischer Kaufleute angeschlossen und reiste über die untere Wolga, eine etablierte Handelsroute, südwärts. Doch wie bei vielen Reisenden jener Zeit kamen ihm gewisse Umstände dazwischen: Nachdem er sich auf einer mondbeschienenen Passage nach Astrachan zunächst erfolgreich hatte verstecken können, wurde er kurze Zeit später doch noch gejagt und beschossen, sein Boot lief auf Fischreusen auf, sein Gepäck wurde geplündert, er erlitt in einem Sturm Schiffbruch und wurde erneut ausgeraubt. Da er nicht in der Lage war, die Rückfahrt nach Hause zu bezahlen, und sein Unterfangen weiterhin unter einem unglücklichen Stern zu stehen schien, ließ er sich von dem Bedürfnis leiten, seine zahlreichen Verluste wiedergutzumachen, verabschiedete sich von seinen Mitreisenden und verließ die geplante Route. Er besuchte Baku, wo er das flammende Naphtha (Rohöl) bewunderte, das mit unauslöschlichem Feuer im Boden brannte. Er reiste ein paar Jahre lang durch Persien. In Dschahrom staunte er über Vieh, das mit Datteln gefüttert wurde. Im Frühjahr, wahrscheinlich 1469, erreichte er Hormus und feierte dort Ostern.

Nikitin, der mit den kühlen Wäldern und den schneereichen Wintern im Westen Russlands vertraut war, fand die Hitze von Hormus unglaublich. Dort, so notierte er, »brennt die Sonne heiß und verbrennt die Menschen«. Aber er stellte auch fest, dass die Stadt »ein riesiges Warenhaus [der Handelsgüter aus] aller Welt ist; man findet dort Menschen und Waren jeder Art, und was auch immer auf der Erde produziert wird, man findet es in Hormus«. Hormus stellte eine Art Kreuzung der Routen über die Weltmeere dar. Nikitin, allein und verunsichert, aber einfallsreich und geschäftstüchtig, fand sich in Basaren wieder, die von verführerischen Waren überquollen.

Von Hormus aus begab sich Nikitin auf eine epische Reise mit überraschendem Verlauf, die ihn weit über die merkantilen Ziele seines ursprünglichen Vorhabens hinausführte und die er in Form von diversen Notizen und Gedächtnisstützen, noch nicht zu einer Erzählung geordnet, festhielt. Er segelte über das Arabische Meer,

Tausende von Kilometern, bis nach Indien. Und als er Indien später im Jahr erreichte, ließ er sich dort für drei Jahre als Pferdehändler nieder. Er verbrachte einige Zeit in Junnar, einer alten Stadt eine Tagesreise von der Küste entfernt, die auf einem felsigen Bergrücken liegt, umgeben von Wäldern, in denen es von Wildkatzen nur so wimmelt. Er beobachtete, wie der Khan von Junnar auf Elefanten und Pferden, manchmal aber auch auf seinen männlichen Dienern ritt, die von den zentralasiatischen Stämmen Chorasans stammten und dort gefangen genommen oder gekauft worden waren. Zu dieser Zeit war Junnar Teil des Bahmani-Sultanats, eines mächtigen muslimischen Königreichs, das einen Großteil der im Westen und im Zentrum des indischen Subkontinents liegenden Regionen umfasste.

Anfangs folgten die Inder Nikitin auf Schritt und Tritt, fasziniert von seiner weißen Haut und der Kleidung, die seinen ganzen Körper bedeckte. Auch Nikitin beschrieb die dunkelhäutigen, nackten Menschen in Indien mit großer Faszination und war gleichermaßen schockiert wie erregt von der allgegenwärtigen Nacktheit, den entblößten weiblichen Brüsten und der »verruchten« Hurerei der Bahmani-Frauen.

Für ausländische Kaufleute gab es in Indien eine Art Gasthaus (manchmal »Dharmashala«, »Sarai« oder »Sattra« genannt). Hospize und Unterkünfte mit Essen und einem Bett waren für Reisende oft kostenlos, da sie den Handel förderten. Nikitin notierte, die Wirtin bereite das Essen zu, mache das Bett und habe dann Sex mit dem Gast. Er fügte noch hinzu, dass die einheimischen Frauen weiße Männer zu mögen schienen. Sie hätten tagsüber Sex mit ihren Ehemännern und gingen abends zu den ausländischen Männern, brachten ihnen süßes, gewürztes Gebäck mit und boten den Fremden manchmal sogar Geld an, damit sie bereit waren, Sex mit ihnen zu haben, »weil sie an Fremden und Weißen Gefallen gefunden haben«. Auf einem der hinduistischen Göttin Parvati gewidmeten Platz, der Handels- und Wallfahrtsort in einem war, staunte Nikitin über den geringen Preis der dortigen Frauen und hielt für seine Leser den »billigen« Tarif fest: 2 Jital-Kupfermünzen für den Geschlechtsverkehr mit einer Frau; 4 Pagoden-Goldmünzen für den Geschlechtsverkehr mit einer hübschen Frau; 5 Pagoden-Goldmünzen für den Geschlechtsverkehr mit derjenigen, die Nikitin für die attraktivste der Frauen zu halten schien: eine anmutige, dunkelhäutige Dame, »ganz schwarz mit kleinen, hübschen Brustwarzen«. Reisen bedeutet auch über Sex und sexuelle Entdeckungen nachzudenken: Wir nennen das heutzutage Sextourismus, dabei ist die Lust ein wichtiges Element ganz verschiedener Arten von touristischen Erkundungen. Der Sextourismus befriedigt die Bedürfnisse der Reisenden und bringt sie in intime Beziehungen zu den Menschen, denen sie auf ihren Reisen begegnen. Diese Beziehungen haben finanzielle, erotische und exotische Aspekte. Für Sex zu bezahlen, mit Sex Geld zu verdienen und auf eine Art Sex zu haben, die es zu Hause nicht gibt, ist seit langem ein Teil der Reisekultur. Die vorgebliche »Romantik« des Reisens ist oft einfach ein Synonym dafür, dass unterwegs sein mit einer neuen Art von Sex einhergeht oder neue Orte den Reisenden das Gefühl geben, sexuell lebendig zu sein.

Nikitin, so scheint es, hat seinen eigenen sexuellen Horizont während seiner Reise wohl tatkräftig erweitert, anstatt nur über die von ihm beobachteten Bräuche zu berichten. Im Laufe seiner Reisen nimmt er sich in der Kritik an den Einheimischen immer weiter zurück, beharrt weniger auf seinen christlichen Werten und scheint sich in seiner westlichen, russischen Art weniger sicher zu sein. »Wer durch viele Länder reist, wird in viele Sünden verfallen und sich selbst des christlichen Glaubens berauben«, räsoniert er klagend (wahrscheinlich 1472) über seine Zeit am muslimischen Hof in Bidar, der eleganten Hauptstadt des Bahmani-Sultanats.

Nikitin kann als ein frühes Beispiel für eine bestimmte Form des Reisens betrachtet werden: Er ist der unabhängige Reisende, der in der Fremde »heimisch« wird oder für den das Reisen Elemente der Assimilation und eigenen Veränderung beinhaltet. Zunächst versuchte er, die einheimische Küche zu meiden und sich von Brot und Wasser zu ernähren, doch später aß er hungrig mit einheimischen Hindus, Buddhisten und Muslimen. Er staunte über die Gewürze des Landes, über Pfeffer, Ingwer, Nelken, Zimt und aromatische Wurzeln, die alle billig und schmackhaft und überall erhältlich waren. Er lernte die Bräuche und die Theologie anderer Religionen gut kennen. Da man ihm schon früh auf seiner Reise seine Gebetsbücher geraubt hatte, vergaß er die christlichen Feste zu feiern, wusste nicht mehr, wann Ostern oder Weihnachten war, und verlor den Überblick über die Wochentage. Die meiste Zeit verbrachte er mit Muslimen, und irgendwann wurde er von einem einheimischen Muslim namens Melikh gewaltsam zum Islam bekehrt. Nikitin scheint verheimlicht zu haben, dass er Christ war, und hatte wohl begonnen, islamische Kleidung zu tragen. Er nahm einen muslimischen Namen an – Khoza Issuf Khorossani – und erklärte, »zwischen den beiden Religionen« zu stehen. Seine Aufzeichnungen enden mit einem Gebet in arabischer Sprache an den »alles hörenden, alles sehenden Allah«, ein klares und offenbar freiwilliges Bekenntnis zum islamischen Glauben.

Auf jeder Reise gibt es einen Wendepunkt – bis dahin können manchmal nur Stunden, manchmal Monate vergehen –, an dem wir beginnen, den Gedanken an die Rückkehr nach Hause loszulassen, oder uns zumindest darüber klarwerden, dass wir nicht unverändert nach Hause zurückkehren werden. Gibt es nicht einen Moment, an dem sich jeder Reisende fragt, was das alles für einen Sinn gehabt hat? Was er von der Reise mitnehmen wird? Und ob es möglich wäre, einfach weiterzureisen und nie wieder nach Hause zurückzukehren? An jedem neuen Ort, den er besuchte, in jeder neuen Erfahrung in der Fremde fand Nikitin neue Versionen von sich selbst, die er noch nicht kannte. Die Fremdheit der Menschen und Orte, denen er begegnete, wurde zu einer Fremdheit, die er seiner eigenen Vergangenheit gegenüber empfand. Für viele Menschen ist das Reisen eine Flucht vor dem banalen und mühseligen

Alltag, aber Nikitin ging noch weiter. Denn wenn wir zu lange unterwegs sind, verspüren wir oft das Bedürfnis, die Menschen, zu denen wir gereist sind, zu verstehen, ja sogar zu werden wie sie.

Wenn wir im Ausland neue Sprachen lernen, scheinen wir manchmal auch in neue Persönlichkeiten zu schlüpfen, andere Charakterzüge anzunehmen. Nikitin war ein ungewöhnlich unerschrockener Reisender, und er wusste, dass seine Reisen mehr als ungewöhnlich waren. Als er seinen Bericht, dessen Russisch mit Arabisch und Türkisch durchsetzt war, nach Russland zurückschickte, legte er ein schriftliches Zeugnis davon ab, was in Indien aus ihm geworden war. Weite Verbreitung fanden seine Ausführungen nicht, wurden aber in mehrere Chroniken als Bericht über eine bemerkenswerte Erfahrung aufgenommen.

Im Jahr 1472 machte er sich auf den Rückweg nach Twer und schrieb in Kaffa am Schwarzen Meer an weiteren Teilen seiner Schilderungen. Aber er starb – wir wissen nicht genau wie – in der Nähe von Smolensk im Großfürstentum Litauen. Nikitin war so weit gereist, hatte so viele Erfahrungen gemacht und überlebt und so viele Veränderungen durchgemacht, und doch wurde er zu einem weiteren Reisenden, der nie mehr nach Hause zurückkehrte.

Eine ähnliche, wenn auch etwas zaghaftere Herangehensweise als Nikitin bewies der genuesische Kaufmann Jeronimo di Santo Stefano, der in den 1490er Jahren eine »verhängnisvolle Reise« nach Indien unternahm. Santo Stefano brach mit seinem Geschäftspartner Jeronimo Adorno zu einer Reise auf, von der sie annahmen, dass sie einfach und profitabel sein würde: Sie wollten Korallenperlen und andere Waren in Kairo erwerben und sie in Indien verkaufen, um dann Waren aus Indien mit zurückzunehmen und in Europa zu verkaufen.

Die beiden erreichten Indien in einer wenig vertrauenerweckenden Jalba, einem kleinen, mit Seilen zusammengehaltenen Boot aus alten Planken, dessen Segel aus Baumwolltüchern gefertigt waren.

Die beiden Genueser brauchten fünfundzwanzig Tage, um von dem am Roten Meer gelegenen ägyptischen Hafen Qusair al-qadim zur indischen Malabarküste zu gelangen.

Zunächst lief alles gut für die beiden Jeronimos: Sie fanden Christen, die in der Gegend um Kalikut lebten. Sie brachten alles Wichtige über die wundersamen Pfefferbäume, Ingwerwurzeln und Kokosnüsse in Erfahrung. Sie lernten religiöse Gebräuche der Einheimischen kennen, die einen Ochsen (Rinder sind im Buddhismus, Hinduismus und Jainismus heilig) oder die Sonne (sowohl im Buddhismus als auch im Hinduismus gibt es bedeutende Sonnengottheiten) oder kleine selbstangefertigte »Idole« verehrten. Die örtlichen Heiratsbräuche weckten ihr Interesse, als sie erfuhren, dass jede der Frauen dort »sieben oder acht« Ehemänner haben konnte und dass kein Mann eine Jungfrau heiraten wollte.

Anschließend segelten sie nach Sri Lanka. Dort machten sie große Augen, als sie auf Waren stießen, die ein überaus gutes Geschäft verhießen: Zimtbäume, so groß wie Lorbeerbäume und wertvolle Edelsteine – Granat, Hyazinth, Tigerauge –, die überall funkelten.

Als sie sich zur Koromandelküste im Südosten Indiens begaben, sahen sie rotes Sandelholz, eine Augenweide und hervorragend geeignet, um schöne Häuser zu bauen. Nachdem sie sieben Monate an dieser Küste unterwegs gewesen waren, beschlossen die beiden Männer, dass es an der Zeit sei, ihre Waren zu verkaufen. Also machten sie sich auf den Weg zu einem Ort, an dem es, wie sie gehört hatten, wunderbare Rubine zu kaufen geben sollte. Das Land namens Ava (das sich über den nördlichen und zentralen Teil des heutigen Myanmar erstreckte) konnten sie wegen eines lokalen kriegerischen Konfliktes jedoch nicht auf direktem Weg erreichen und so reisten sie stattdessen nach Pegu (heute Bago), in das buddhistische Königreich, das sie »Niederindien« nannten (heute die Südküste Myanmars). Hier begannen die Dinge für die beiden Genuesen gehörig schiefzulaufen.

Für ihre Waren vereinbarten sie mit dem Herrn von Pegu einen Preis von 2000 Dukaten. Alles war abgeschlossen und vertraglich vereinbart, aber der Herr von Pegu wollte das Geld nicht freigeben. Also gingen Jeronimo und Jeronimo täglich zu seinem Hof, um die Zahlung zu verlangen. Mit jedem Tag wurden sie ärmer und hungriger und litten mehr unter der extremen Hitze und Kälte. Und dann, nach fünfundfünfzig Tagen, starb Jeronimo Adorno: Er war nie ein zäher Mann gewesen, und die Tortur der letzten Tage war zu viel für ihn gewesen. Er starb am 27. Dezember 1496, ohne dass ein Priester anwesend war, um die Sakramente zu spenden. Jeronimo di Santo Stefano ließ den Leichnam auf dem Gelände einer Kirchenruine begraben, einem verlassenen Ort, der »von niemandem frequentiert wurde«. Er trauerte lange um seinen Freund und betete für seine Seele. Er fürchtete schon, dass er ebenfalls sterben würde, aber erholte sich, als der Herr von Pegu ihn endlich für seine Waren bezahlte. Dann stach er wieder in See.

Über den Indischen Ozean spannte sich seinerzeit ein riesiges Handelsnetz, das die Ost- und Westküste Indiens, Mauritius, die Seychellen, die Malediven, die Andamanen und Nikobaren sowie Sumatra verband. Die Haupthandelswaren waren Ingwer, Sandelholz, Pfeffer und Kardamom, Korallen, Papier, Arsen, Zibetparfüm und Indigo. In der Darstellung auf mittelalterlichen europäischen Landkarten zerfällt die Landmasse Asiens in eine Unzahl winziger Inseln im Indischen Ozean. Doch es war bekannt, dass die Monsunwinde das gesamte Gebiet über Tausende von Kilometern hinweg verbanden. Jeronimo di Santo Stefano hätte umkehren und nach Hause fahren können, nachdem der Herrscher von Pegu ihm das geschuldete Geld gezahlt hatte, aber er entschied sich, der Verlockung von Seide, Harzen und Gewürzen zu folgen und in Richtung Südosten nach Sumatra zu segeln.

Viele Reisende kennen den Moment, in dem sich eine zielgerichtete, gut organisierte Reise, der man lange entgegengefiebert hatte, in ein Himmelfahrtskommando zu verwandeln scheint: jede Aktion ein Missgeschick, jede weitere Ausgabe eine zu viel, jede Erfahrung bestenfalls eine Enttäuschung. Und doch ziehen Reisende oft weiter, in der Hoffnung, dass sie der Tortur, der sie sich ja freiwillig aussetzen, doch noch etwas Gutes abringen können. Jeronimo di Santo Stefano wurde auf seiner Reise von einer Katastrophe nach der anderen heimgesucht: Sein Besitz wurde beschlagnahmt (der örtliche Herrscher beanspruchte alles, da er die Güter zum Nachlass Adornos erklärte, der in seinem Herrschaftsbereich gestorben sei) und ein Großteil davon tatsächlich konfisziert, doch er stach in See und tauschte, in Khambhat im Fürstentum Gujarat angekommen, alles, was er noch besaß, gegen Seide und Harze ein, die in seiner Heimat als Handelsware begehrt sein würden.

Dann nahm er ein Schiff, das ihn noch weiter nach Süden an Cochin vorbei zu den palmengesäumten Ufern der Malediven bringen sollte. Die Malediven, Korallenatolle mit mehreren tausend winzigen Inseln, die sich über ein riesiges Gebiet im kobaltblauen Meer erstrecken, waren zu dieser Zeit ein islamisches Sultanat und ein bei Kaufleuten beliebter Umschlagplatz auf den Handelsrouten im Indischen Ozean. Der Archipel war aufgrund seiner Lage an den wichtigsten Seewegen von Java und Sumatra nach Indien, Aden und Hormus alles andere als abgelegen. Die Inseln exportierten Ambra, Schildpatt und Kokosseile, waren aber auch Handelszentrum für Gewürze und Edelsteine sowie für chinesische Seide und Töpferwaren. Schlechtes Wetter zwang di Santo Stefano zu einem sechsmonatigen Aufenthalt unter den, wie er es nannte, »schwarzen und nackten, aber gesunden und höflichen« Einheimischen, die sich hauptsächlich von Fisch und von kleinen Mengen an importiertem Reis ernährten.

Die maledivische Bevölkerung war bis zu ihrer Konversion zum Islam im Jahr 1153 dem Buddhismus gefolgt. Einer unter den Einheimischen verbreiteten Legende nach verdankten sie ihre Bekehrung einem aus dem Maghreb stammenden Weisen, der dort einen

Dämon vertrieben hatte. Auf den Inseln finden sich noch immer Überreste der buddhistischen Vergangenheit in Form von Hügeln, den sogenannten Hawittas, und Tempeln in Stupa-Form, deren Grundmauern oft zum Bau von Moscheen genutzt wurden. Die überbordende Natur zeigte sich in Fliegenden Fischen, die sich zielstrebig ihren Weg durch die Wellen bahnten, und Krabben jeglicher Größe, von denen es überall an Land nur so wimmelte. In der Abenddämmerung umkreisten die schwarzen Schatten riesiger »Fledermäuse« – Indischer Riesenflughunde, die mit ihren schmal zulaufenden Schnauzen und spitzen Ohren an Füchse mit Fledermausflügeln denken ließen – die Brotfruchtbäume.

Ende 1343 landete Ibn Battuta im Hafen von Kinolhas und besuchte die Malediven für einen Zeitraum von etwa acht Monaten. Ibn Battuta, der zuvor bereits enorme Entfernungen durch Eurasien zurückgelegt hatte, kann in gewisser Weise als früher Entdecker angesehen werden. Es ist nicht klar, was ihn dazu veranlasste, die Inseln zu besuchen. Anscheinend reiste er aus rein touristischem Interesse dorthin, da er kein anderes Motiv angab, außer, er habe von den Malediven gehört. Die Herrschaft über die Inseln und ihre Hauptstadt Malé hatte damals die Sultanin Khadeeja (gestorben 1380) inne, Tochter eines Sultans, die ihren Bruder (und später mindestens zwei Ehemänner) ermordete. Ibn Battuta wurde als Weiser aus Nordafrika willkommen geheißen und zum obersten Richter ernannt. Er heiratete eine Frau aus der maledivischen Herrscherfamilie. Die Menschen auf den Malediven seien »fromm und rechtschaffen« und aufrichtig, fand er, aber ihre Frömmigkeit praktizierten sie nur lax. Er notierte, dass sich die Frauen draußen unverschleiert und nur zum Teil bekleidet zeigten, von der Taille aufwärts waren sie nackt. Nachdem er sich als hoher Richter etabliert hatte, versuchte er erfolglos, die Frauen, einschließlich der Sultanin, dazu zu bringen, sich zu verhüllen. Unter Mithilfe der Männer, die ihm als Gesetzeshüter dienten, ließ er Gruppen von Einheimischen freitags zur Moschee fahren. Nach eigener Aussage habe er sich in dieser Zeit hauptsächlich von Lebensmitteln ernährt, die von der Kokospalme stammten: von Kokosnussfleisch, Kokosnussmilch, Kokosblütensirup und Kokosnussöl. Nachdem er vier Frauen geheiratet, ein Kind gezeugt und sich einige Feinde in den oberen Rängen der maledivischen Gesellschaft gemacht hatte, reiste Ibn Battuta im August 1344 nach Sri Lanka weiter.

Die winzigen Atolle der Malediven standen mit weiten Teilen der Welt in Kontakt, denn die dort (und in Südindien) geernteten Kaurimuscheln waren das wichtigste Zahlungsmittel im gesamten Indischen Ozean; die winzigen Muscheln wurden auch für Schmuck und bei religiösen Ritualen verwendet. Als Marco Polo um das Jahr 1280 Südchina besuchte, beobachtete er beispielsweise, dass neben Goldmünzen mit weißen Kaurimuscheln bezahlt wurde (80 Kaurimuscheln = 2 venezianische Groschen). Ibn Battuta notierte, wie die Einheimischen auf den Malediven die perlenartigen Muscheln aus dem Meer sammelten und sie in Gruben liegen ließen, bis das Fleisch verschwunden war. Der Wechselkurs war erstaunlich: 400 000 Kaurimuscheln entsprachen einem Golddinar. Weiter berichtet er, dass die Malediver mit den Muscheln Reis von den Bengalen kauften und die Jemeniten die Muscheln als Schiffsballast verwendeten. Seiner Erinnerung nach war er auch in Mali und anderswo in Westafrika Zeuge gewesen, wie die Muscheln zum Einsatz kamen. Später, in den 1440er Jahren, stießen portugiesische Reisende im Senegal auf Kaurimuscheln, die als Geld kursierten.

Jeronimo di Santo Stefano verbrachte sechs Monate auf den Malediven. Schließlich wirkten die Wetterverhältnisse stabil genug, dass er es wagen konnte, wieder in See zu stechen. Aber nach nur acht Tagen wurde sein kleines Schiff von Wasser überflutet. Es war nicht möglich, es zu retten, und es sank. Einige der Männer, die an Bord gewesen waren, ertranken. Die ganze Nacht über klammerte sich di Santo Stefano an eine Holzplanke und betete verzweifelt um göttliche Gnade, während er auf dem Meer umhertrieb: verloren in den Untiefen der Einsamkeit, wie sie nur einem Reisenden begegnen. Was für eine seltsame Wendung, dass nun ein ängstlicher, aber geschäftstüchtiger Kaufmann aus Genua eine ganze Nacht lang bei silbern glänzendem Mondlicht allein in der Lakkadivensee umhertrieb, wo das Meer voller unvorstellbarer Kreaturen ist, wo Stachelrochen lautlos durch die Tiefen »fliegen« und riesige Fischschwärme die Wellen zum Brodeln bringen.

Schließlich kam ein Schiff, das di Santo Stefano rettete und ihn in den gujaratischen Hafen Khambhat zurückbrachte.

Dort schloss er sich einer Seidenstraßenkarawane an und machte sich über Hormus und Isfahan auf den langen Weg zurück in den Westen. Auch diese Karawane armenischer und persischer Kaufleute wurde »überfallen und ausgeplündert«, aber schließlich erreichte di Santo Stefano den osmanischen Hafen Tripolis. Hier an der Mittelmeerküste hatten die Genueser freundschaftliche Beziehungen zu den osmanischen Türken geknüpft, und es gab eine etablierte Gemeinschaft genuesischer Kaufleute. Von dort aus schrieb di Santo Stefano im September 1499 an seinen Freund Messer Giovan Jacobo Mainer in Genua und beschrieb seine katastrophale Reise. Offensichtlich hatte er während dieser Zeit nur wenig oder gar keinen finanziellen Gewinn erzielt, dankte aber Gott für den geistigen Gewinn und für die »große Barmherzigkeit«, die ihm zuteilgeworden war. Er beendete seinen Brief in der festen Absicht, nach Hause zurückzukehren.

In den Berichten von Reisenden wie Nikitin und den beiden Genueser Jeronimos erscheint ganz Indien wie ein kaum begreiflicher Fiebertraum: fremd, beängstigend, ein Land voller verheißungsvoller Freuden und unglaublicher Gefahren. Wenn die Welt für den Reisenden wie eine Enzyklopädie war, dann beanspruchte Indien darin einen ganzen Band für sich – schwer zu fassen und zu verstehen. Für Nikitin und di Santo Stefano enthüllten ihre Reiseerfahrungen in Indien, dass der Subkontinent als geradezu unermessliches geographisches und soziales Gebilde mit jeder Etappe eher mehr überraschende Entdeckungen bot, als dass sich abgezeichnet hätte, dass sie mit Indien vertraut geworden wären. Indien war sowohl ein nahezu unbeschreiblicher Ort voller wundersamer Geschichten als auch ein trügerisches Paradies, in dem ein unbeschwertes Leben im Luxus mit erstaunlicher Geschwindigkeit in fatales Verderben umschlagen konnte.

Wer weiter nach Indien hineinreist, findet (zumindest nach Mandeville) ein Land vor, in dem die Menschen Federn am ganzen Körper tragen, außer im Gesicht und an den Handflächen. Diese Menschen konnten genauso selbstverständlich über Wasser gehen wie über Land. In der Nähe gab es ein anderes Land, in dem zwei Orakelbäume standen: der Baum der Sonne und der Baum des Mondes. Die Bäume sprachen indisch und griechisch und sagten Besuchern die Zukunft voraus. Dorthin zu reisen, war jedoch schwierig, da es in der Wüste wilde Tiere – Drachen und Schlangen – gab. Winzige Menschen lebten im nahe gelegenen Land Pytan vom Duft wilder Äpfel – sie mussten diese Äpfel überallhin mitnehmen, denn sie starben, wenn sie des Duftes beraubt wurden. Und es gab noch Hunderte weiterer indischer Länder und Inseln: ein Land, in dem die Menschen keinen Kopf, sondern die Augen in den Schultern und die Münder auf der Brust hatten; eines, in dem eine Gruppe von Menschen ohne Augen und ohne Kopf, aber mit Mündern auf dem Rücken lebte; wieder ein anderes, in dem es Menschen mit flachen Gesichtern ohne Nase, Augen oder Lippen gab; ein weiteres, in dem Menschen mit riesigen Lippen lebten, die sie als Sonnenschirm benutzen konnten, und ein Land, in dem es Menschen gab, die gleichzeitig männlich und weiblich waren – mit den Genitalien beider Geschlechter. John Mandeville beschrieb sogar ein Königreich, in dem der König nicht aufgrund seines Reichtums oder Adels bestimmt wurde, sondern durch etwas, das sich »Wahl« nannte und sich danach richtete, wer »moralisch überlegen und am rechtschaffensten und gerechtesten« war. Was für eine andere Welt Indien doch war: In Europa erbten die Könige üblicherweise ihren Thron oder erlangten ihn durch Macht und Durchsetzungsvermögen!

Diese Porträts der an der Peripherie lebenden, unbekannten Menschen an der Schwelle zur Zivilisation stehen für die phantastische Kreativität der menschlichen Vorstellungskraft – und das Bedürfnis aller Reisenden, die Dinge, die sie sehen, in Kategorien einzusortieren, auch wenn sie dabei oft genug falschliegen. Die gebetsmühlenhafte Darstellung Indiens als exotisches Wunderland ließ die westlichen Besucher jedoch oft die im Alltag des Subkontinents durchaus ablesbare Menschlichkeit der Bewohner übersehen. Das staunende Entdecken und der Exotismus sind als Leitmotive integraler Bestandteil einer touristischen Perspektive, die Ähnlichkeiten *un-sichtbar* werden lässt und die Erkenntnis abwehren hilft, dass die Menschen, denen man begegnet, ganz und gar menschlich sind; und so blieb etwa der Polytheismus des Hinduismus für die meisten westlichen Besucher nichts als ein Skandal. Es gab zwei Auffälligkeiten im sozialen Zusammenleben in Indien, die fast alle westlichen Besucher erwähnten: das Sati-Ritual (die traditionelle hinduistische Praxis, dass sich eine Witwe auf dem für den toten Körper ihres Mannes errichteten Scheiterhaufen selbst verbrennt) und die Sekte der Brahmanen.

»Wenn nämlich« in Malabar, notierte Odorich von Pordenone, »ein Mann stirbt, dann verbrennen sie den Toten, und wenn er eine Frau hat, dann verbrennen sie sie bei lebendigem Leibe; dabei sagen sie, sie gehe, um bei ihrem Mann zu bleiben, in eine andere Welt.« Er beobachtete Ähnliches auch im »Reich Zampa« (heute im Gebiet von Kambodscha und Vietnam) und notierte, dass dort nach dem Tod eines verheirateten Mannes sein Leichnam verbrannt werde, »seine Frau aber bei lebendigem Leibe«. Dies geschehe, so wurde Odorich gesagt, damit sie ihm in einer anderen Welt Gesellschaft leisten könne.

Odorich stellte Sati als eine Kuriosität dar, lieferte aber auch eine kulturelle Begründung für das Ritual, indem er die sozialen und theologischen Hintergründe anführte. Der Missionar Jordanus Catalanus aus Sévérac beschrieb ebenfalls, es sei bei Angehörigen des Hofes üblich, dass die Ehefrauen ihren Männern ins Feuer folgten: »Um des weltlichen Ruhmes willen und aus Liebe zu ihren Männern und für das ewige Leben verbrennen sie mit ihnen, mit so viel Freude, als würden sie heiraten.« Jordanus reagierte keineswegs entsetzt, sondern fand den Brauch »wunderbar«. Er habe sogar gesehen, wie bis zu fünf Frauen auf dem Scheiterhaufen eines Toten Platz genommen hätten, um sich verbrennen zu lassen.

Nicolò di Conti, der venezianische Kaufmann, der Indien in den 1430er Jahren besuchte, beschrieb Sati als einen königlichen Brauch: Der König von Vijayanagar (heute heißt die damalige gleichnamige Hauptstadt des Reiches Hampi) hatte laut di Conti 12 000 Frauen, von denen zwischen 2000 und 3000 unter der Bedingung verheiratet worden waren, dass sie nach dem Tod ihres Mannes mit ihm verbrannt würden. Dies sei eine große Ehre, die diese Ehefrauen über die anderen stelle, die sich nicht mitverbrennen lassen dürften. Er berichtete auch, in Khambhat gebe es eine Sekte monogamer vegetarischer Priester und dort sei »per Gesetz« geregelt, dass deren Frauen »mit dem Körper [ihres] Ehemannes verbrannt« werden.

Nach Mandeville wurde Sati in einem bestimmten Gebiet Indiens praktiziert, in dem die soziale Ordnung auf den Kopf gestellt war. Die Frauen dort waren traurig, wenn ihre Kinder geboren wurden, und glücklich, wenn ihre Kinder starben, denn dann »werfen sie sie in ein großes Feuer und verbrennen sie«. Der Grund dafür sei, dass ihre Kinder in »diese Welt der Arbeit, des Leids und der Lasten« hineingeboren würden. Diese Absage an das Leben sei ein Vorläufer der Sati-Praxis: denn, sich in das Feuer des Scheiterhaufens zu werfen, sei ein Zeichen der wahren Liebe gegenüber einem verstorbenen Ehemann. Mandeville meinte, dass Witwen dies taten, um »von allem Schmutz und allen Lastern gereinigt zu werden, damit sie in der nächsten Welt rein sind«.

Jeronimo di Santo Stefano und Jeronimo Adorno beobachteten

zu ihrem Entsetzen und Erstaunen während ihres siebenmonatigen Aufenthalts an der Koromandelküste mehrere Fälle von Sati. Und sie hörten regelmäßig von einheimischen Frauen, die sich auf den Scheiterhaufen ihrer Ehemänner lebendig verbrannten. Anders als spätere Indienreisende unternahmen die mittelalterlichen Besucher keinen Versuch, die Durchführung des Rituals zu verhindern. Die Witwen, die bereit waren, sich zu verbrennen, übten auf die mittelalterlichen wie auf spätere Besucher eine voyeuristische Faszination aus, in der auch ein Element der Anerkenntnis von unterschiedlichen Glaubens- und Verhaltensweisen (oder, anders ausgedrückt, von kultureller Vielfalt) enthalten war.

Dennoch war Sati nicht so befremdlich, wie es die europäischen Besucher auffassten: Schließlich war die Verbrennung von Ketzern und Kriminellen in Europa durchaus verbreitet, und sie verehrten selbst häufig Bilder und Reliquien von Heiligen, die freiwillig den grausamsten Feuertod erlitten hatten. Der Heilige Laurentius wurde auf einem Rost gebraten; während die Flammen des Feuers über lange Zeit an seinem Körper leckten, scherzte er mit seinen Peinigern »Dreht mich um!«, als wäre er das Hammelfleisch auf dem Grill. Sati war eine weitere dieser seltsamen Parallelen, die Reisende erleben: schockierend, weil die Gewalt, an die man gewöhnt ist, aus dem Zusammenhang gerissen, plötzlich in aller Klarheit und Grausamkeit vor einem steht. Auf das Sati-Ritual sollte sich im Laufe der Zeit das Hauptaugenmerk der kolonialen Sichtweise auf Indien konzentrieren, auf einen Brauch, der großes Entsetzen, aber auch eine bizarre Andacht hervorrief. Nach der portugiesischen Eroberung von Goa durch Afonso de Albuquerque (1453–1515) im Jahr 1510 galt eine der ersten Amtshandlungen des ersten Vizekönigs von Goa dem Versuch, Sati per Verbot zu unterbinden.

Im mittelalterlichen Europa galt Alexander der Große (gestorben 323 v. Chr.) als vorbildlicher König, Soldat, Gelehrter und Entdecker. Das Reich, das er eroberte und regierte, erstreckte sich von

Mazedonien bis Indien. Sein Schicksal war jedoch auch ein Beispiel für die Vergänglichkeit weltlicher Macht, denn nachdem er sein Weltreich aufgebaut hatte, starb er im Alter von 32 Jahren an einem Fieber (nach einigen Berichten wurde er vergiftet). Der englische Dichter Geoffrey Chaucer (gestorben 1400) schrieb, die Geschichte des »würdigen, sanften« Alexander sei so bekannt, dass »jeder Mensch« davon gehört habe. Darstellungen zu Alexanders Leben enthielten oft bunt ausgeschmückte Bilder seiner Abenteuer, wie zum Beispiel seines Tauchgangs in einem gläsernen Unterseeboot während der Belagerung der Stadt Tyros, seines Flugs über Babylon (Bagdad) in einer von Greifen durch die Luft getragenen Kiste oder des bewegenden Todes seines treuen Pferdes Bukephalos während einer Schlacht im Punjab.

Die Geschichten und Romane über Alexanders Reich, von denen viele nicht einmal ansatzweise etwas mit den historischen Fakten oder der geographischen Realität zu tun hatten, wurden zu einem festen Bestandteil der westlichen Phantasien über den Osten. Mandeville etwa erzählt eine Geschichte über die Reaktion der Brahmanen auf eine bevorstehende Invasion durch Alexander. Als Alexander in Indien in das Gebiet der Brahmanen eindringen wollte, schrieben ihm die sanftmütigen Menschen einen Brief. Sie fragten: »Mit welcher Machtfülle kann sich ein Mann zufriedengeben, dem die Welt nicht genug ist? Du wirst hier nichts finden, wofür es lohnen würde, einen Krieg gegen uns zu führen, denn wir haben keinen Reichtum, und alle Güter und Gegenstände in unserem Land sind Gemeinschaftseigentum.« Sie erklärten, dass sie bis zu diesem Zeitpunkt immer in Frieden gelebt hätten und dass dies das Einzige sei, was Alexander ihnen nehmen könne.

Alexander, der Heerführer, las diesen Brief und kam zu dem Entschluss, dass es schrecklich wäre, die Ordnung der Brahmanen zu stören. Und so antwortete er ihnen, sie sollten ihre guten Sitten beibehalten und sich nicht vor ihm fürchten, denn er habe nicht vor, in ihr Land einzudringen oder ihnen Gewalt anzutun.

Mandevilles Geschichte steht stellvertretend für die Art und Weise, wie die Brahmanen dargestellt wurden, um interessierten Europäern eine fesselnde Lektion in Sachen »Naturrecht« zu erteilen, und zeigt die Schlüsselrolle auf, die sie in den primitivistischen Vorstellungen der Europäer von den »edlen Wilden« spielten. Die Brahmanen stammten von der hinduistischen Priesterschaft ab und waren die höchste soziale Schicht in Mittel- und Südindien. Zu ihren Idealen gehörten freiwillige Armut, strenge Askese und intellektuelles Streben – einem christlichen Mönchsorden nicht unähnlich. Im 14. Jahrhundert waren die Brahmanen längst keine Gruppe von Priestern mehr; sie arbeiteten in vielen Berufen und bekleideten wichtige Posten an den Höfen der islamischen Sultanate des Subkontinents. Westliche Reiseschriftsteller wie Mandeville beschrieben sie als »gute, ehrliche Männer, die einen edlen Glauben und Lebensstil praktizieren«. Sie seien zwar keine Christen, notierte Mandeville, aber »von Natur aus [...] reich an ausgezeichneten Eigenschaften«. So hielten sie sich an die Zehn Gebote und legten keinen Wert auf materiellen Reichtum. Mit anderen Worten: Sie lebten wie vorbildliche Mönche, nur ohne den formalen Rahmen einer Religion. »Sie sind nicht eifersüchtig, stolz oder begierig, und sie sind nicht lüstern oder gefräßig, und sie behandeln andere Menschen ausschließlich so, wie sie selbst von ihnen behandelt werden wollen« (Mandeville paraphrasiert hier auffallenderweise die »Goldene Regel« Jesu zugunsten einer Gruppe von Nicht-Christen).

In solcherlei Schriften ging es nicht darum, die Brahmanen adäquat zu porträtieren. Sie wurden eher idealisiert, als tugendhafte Heiden vorgestellt, die in ihrer »natürlichen« Vollkommenheit gleichsam vorbildlich waren. Mandeville siedelte sie innerhalb Indiens auf einer eigenen »Insel« an, die er das »Land des Glaubens« nannte. In ländlicher Abgeschiedenheit hatten die Brahmanen dort eine egalitäre, von Kriminalität freie Gesellschaft geschaffen. In dieser Idylle gab es weder Sturm noch Donner, weder Krieg noch Hunger noch irgendeine Art von Not.

Über Alexanders Taten im Osten verfasste Thomas von Kent im 12. Jahrhundert ein vielzeiliges Gedicht mit dem Titel *Le roman de toute chevalerie* (Der Roman bzw. die Ballade von der vollkommenen Ritterlichkeit), in dem die Brahmanen als Veganer (»Menschen mit einer seltsamen Lehre«) beschrieben werden, die sich »nur von Früchten, Kräutern und Wurzeln« ernährten. Sie lebten von dem, was die Erde für sie bereithalte, und ohne Fleisch, Fisch, Brot oder Mehl. Laut dieses Alexander-Romans waren die Brahmanen am Rande der Welt zu finden. Der Autor beschrieb anerkennend, dass ihre Hingabe an Gott sie dazu bringe, sich selbst zu verbrennen, um schneller ins Paradies und zur göttlichen Herrlichkeit zu gelangen – die Brahmanen firmierten als eine Art positives Gegenstück zu den in die Irre geleiteten Assassinen. Während deren Streben nach dem Paradies auf einer Illusion beruhte, porträtierte die westeuropäische Darstellung die Brahmanen als Repräsentanten der Wahrhaftigkeit und der natürlichen Güte.

Dank des italienischen Franziskanermönchs Giovanni de Marignolli, der Mitte des 14. Jahrhunderts durch Indien reiste, ist eine Geschichte über die Bekehrung und Taufe eines Brahmanen überliefert, die sich ereignete, als de Marignolli sich in dem bedeutenden Seehafen »Columbum« (früher Quilon, heute Kollam) an der Malabarküste aufhielt. Hier trat ein Mann »von majestätischer Statur und schneeweißem Bart, nackt von den Lenden aufwärts«, an de Marignolli heran. Es war ein Brahmane, der große Enthaltsamkeit und Aufrichtigkeit ausstrahlte. Der Mann warf sich vor de Marignolli nieder und wollte seine nackten Füße küssen. Das lehnte der Franziskaner ab. Daraufhin setzte sich der Brahmane auf und begann, mittels eines Dolmetschers über sein Leben zu erzählen. Der Dolmetscher, der Sohn des Brahmanen, war bemerkenswerterweise bereits getauft, da er einige Zeit zuvor von Piraten entführt und an einen genuesischen Händler verkauft worden war.

Der Brahmane war aus der »entlegensten« Grenzregion Indiens gekommen. Er sei Vegetarier, faste regelmäßig vier Monate im Jahr und ernähre sich ansonsten von gekochtem Reis, Obst und Kräutern. Sein Leben habe er dem Priesteramt gewidmet. Der Sohn war sein einziges Kind.

Gott habe den alten Mann als Gläubigen akzeptiert und ihn »mit innerer Weisheit erleuchtet«, schreibt de Marignolli weiter. Dann habe Gott ein Wunder vollbracht, indem er durch ein Götzenbild des Brahmanenpriesters gesprochen habe. Das Götzenbild habe, gegen seinen eigenen Willen, zu dem Brahmanen gesagt: »Du bist jetzt auf dem Weg des Heils!« Danach habe die Stimme den Brahmanen angewiesen, zwei Jahre über das Meer bis nach »Columbum« zu reisen, wo er den Boten Gottes finden werde. So habe sich das Aufeinandertreffen der beiden Männer ergeben, und nach drei Monaten christlicher Unterweisung taufte der Franziskaner den alten Mann und gab ihm den Namen Michael – nach dem Erzengel, der besonders mit den Seefahrern, mit dem Abwägen der Seelen am Jüngsten Tag und mit dem Sieg über den Teil der Menschheit, der noch nicht zum christlichen Glauben bekehrt worden ist, in Verbindung gebracht wurde. Der frisch getaufte »Michael« machte sich auf den Weg in seine Heimat, um die Menschen dort zu bekehren.

In de Marignollis christlicher Auslegung ist diese Geschichte ein »Beispiel dafür, dass Gott [...] ohne Ansehen der Personen agiert«. Vielmehr werde »jeder, der sich an das Gesetz hält [...] angenommen und auf den Weg des Heils geleitet«. Die Geschichte geht nahtlos von der positiven Darstellung des noblen und frommen Brahmanen zu dessen Bekehrung über – eine Art individueller Missionierung aus einer Perspektive der Bewunderung heraus, die auch der »Götzenanbetung« durch den Brahmanen ein Ende setzt. Die Geschichte ist als Begegnung glaubhaft (und nimmt viele spätere koloniale Bekehrungen vorweg), aber sie ist auch sehr allgemein gehalten – der weise alte Mann, das Lossagen von der Götzenverehrung, die Seereise, die eine Wandlung bewirkt. Mit den Brahmanen und anderen ähnlich tugendhaften Heiden wurde für die Reisenden vorstellbar, dass die »Natur« in der Welt jenseits des Christentums nicht immer feindlich war. Über das Potenzial Indiens – oder das Land »Indien«, das sich die Europäer in ihrer Phantasie ausmalten – und über die gleichsam »natürliche« Vollkommenheit dieser fernen Gegend wurde in der europäischen Reiseschriftstellerei viel geschrieben. Indien bot den westlichen Betrachtern eine Spielwiese für Imaginationen, verlockend, luxuriös, mit manch anschlussfähigen Aspekten und von einer fast unendlichen Vielfalt. Mit seiner Geschichte über den bekehrten Brahmanen deutete de Marignolli an, dass in der Welt jenseits der europäischen Grenzen auf die reisenden römisch-katholischen Missionare ein aufnahmebereites Publikum wartete.

TIPPS FÜR GESCHÄFTSREISEN AUF DER ROUTE TANA – KHANBALIQ UM 1340

1. Zuallererst lässt du dir am besten einen Bart wachsen und rasierst ihn auch nicht wieder.
2. In Tana solltest du dir einen sprachkundigen Reiseführer suchen; versuche dabei lieber nicht, Geld zu sparen, indem du dich für einen schlechten anstatt für einen guten Dragoman entscheidest.
3. Du wirst gut daran tun, dir mindestens zwei gute männliche Diener zu nehmen, die mit der tatarischen Sprache vertraut sind.
4. Als Kaufmann kannst du dir, so du das willst, aus Tana eine Frau mit auf die Reise nehmen; so es dir nicht beliebt, besteht dazu keine Verpflichtung. Bedenke nur, wenn ein Kaufmann sich eine Frau nimmt, wird er es auf der Reise viel angenehmer haben, als wenn er keine nimmt. Nimmt er aber eine mit, so ist es besser, wenn sie sich mit zweierlei gut auskennt: mit der kumanischen Sprache und den kumanischen Männern.
5. Wenn du von Tana nach Astrachan reist, ist es ratsam, zuvor für fünfundzwanzig Tage Proviant zu besorgen, vor allem Mehl und gesalzenen Fisch; genug Fleisch wirst du allerorten entlang der Strecke finden.
6. Der Weg von Tana nach Cathay ist – bei Tag und bei Nacht – sehr sicher, wie Kaufleute berichten, die ihn schon benutzt haben. Einzig wenn ein Kaufmann auf dem Weg zu Tode kommt, dann erhebt der Fürst des Landes, in dem der Kaufmann gestorben ist, Anspruch auf dessen gesamten Besitz und die Beamten des Fürsten beschlagnahmen alles. Dasselbe gilt auch, sollte er in Cathay sterben. Ist aber sein Bruder bei ihm oder ein enger Freund und Kamerad, der sich als sein Bruder zu erkennen gibt, dann werden sie einem solchen das Eigentum des Verstorbenen übergeben, und so wird es gerettet sein.
7. Alle Christen aus Ländern westwärts von Rumänien heißen sie in diesen Gegenden »Franken«.

Kapitel 12

ALLE WEGE FÜHREN NACH KHANBALIQ

Karakorum · Khanbaliq · Yangzhou · Cipangu (Japan)

Im kühlen Kreuzgang der St. Mary's Abbey in der englischen Stadt York hatten die Mönche in ihrer Abgeschiedenheit Freude daran, über die Welt außerhalb zu lesen. Vom Kreuzgang und den weiteren Gebäuden der Abtei ist heute nur noch eine Wind und Wetter ausgesetzte Ruine übrig, aber im 14. Jahrhundert lebten dort etwa fünfzig Brüder, die alle der Benediktinerregel folgten. Das Lesen und das Schreiben waren zentrale Bestandteile ihres Lebens, Teil ihrer Arbeit für Gott. Neben den Gottesdiensten, die sie in ihrer hochaufragenden Kirche mit den imposanten Gewölben feierten, füllte das Studium der Bücher beinahe ihre gesamte Zeit aus. Eines der wertvollsten Bücher in ihrer Bibliothek war ein neues Manuskript: die *Kunde von den Mongolen*, geschrieben auf Pergament in dichten schwarzen Buchstaben mit roten und blauen Initialen.

Die Mönche von York lasen mit Freude, Erstaunen und Entsetzen über die Mongolen. Frauen habe jeder tatarische Mann so viele, wie er wolle, »der eine hundert, ein anderer fünfzig, wieder ein anderer zehn«. Sie erfuhren, dass die tatarischen Frauen in Gegenwart von Männern, und um sich von anderen Frauen zu unterscheiden, immer »ein rundes Gebilde aus Weidengeflecht oder Rinde« auf dem Kopf trugen. Es stand dort auch geschrieben, dass unverheiratete Frauen und junge Mädchen in der Tatarei fast nicht von Männern zu unterscheiden seien, da »sie sich gänzlich wie diese kleiden«. Die Mongolen lebten, wie es hieß, in »runden, zeltartigen Behausungen, aus Ruten und dünnen Stäben zusammengefügt; [...] Wände aber und Dächer sind mit Filz bedeckt«. Sie verehrten Götzen, denen sie »die erste Milch allen Viehs und jeder Stute« opferten. Wenn den Yorker Mönchen während ihrer Lektüre eine Passage besonders bemerkenswert oder ungewöhnlich erschien, setzten sie ein kleines Kreuz oder manchmal auch eine Zeigerhand (die »Manicula«, lateinisch für »kleine Hand«) an den Rand der Seiten – als Erinnerungsstütze und um künftige Leser darauf hinzuweisen, dass sie den dort aufgezeichneten Informationen besondere Aufmerksamkeit schenken sollten.

Das Manuskript der Yorker Mönche war neu, aber der Text war ursprünglich von Bruder Johannes de Plano Carpini verfasst worden, einem ehrwürdigen Mann, der etwa hundert Jahre zuvor selbst das Reich der Mongolen besucht und ihren Anführer, den Großkhan Güyük (gestorben 1248), getroffen hatte. Bruder Johannes war vom Papstpalast in Rom über 9000 Kilometer nach Osten bis an den mongolischen Hof in Karakorum gereist. Er war einer der ersten Westeuropäer, der den Hof erreichte, und verfasste die *Kunde von den Mongolen* auf der Grundlage seiner dortigen Erfahrungen.[14] Mit de Plano Carpinis Buch gelangte eine Fülle von Kenntnissen über die Mongolen nach Westeuropa – über ein Volk, das die östlich gelegene Welt von kurz hinter Kiew bis nach Peking beherrschte.

Bruder Johannes reiste mit zwei anderen Franziskanermönchen: Stefan von Böhmen und Benedikt von Polen. Im Jahr 1245 brachen Bruder Johannes und Bruder Stefan vom französischen Lyon aus auf und trafen sich mit Bruder Benedikt in Wratislavia im Herzogtum Schlesien (heute Wrocław in Polen). Gemeinsam reisten sie von dort aus weiter nach Osten und mussten innerhalb weniger Tage Hunger, Durst, extreme Kälte und Hitze aushalten, dazu ka-

14 Bruder Lourenço, ein portugiesischer Mönch, war etwas früher zu einer ähnlichen Mission aufgebrochen, aber sein Schicksal ist unbekannt.

men noch verschiedene kleinere Verletzungen. Die Brüder hatten von Papst Innozenz IV. den Auftrag erhalten, »alles zu durchforschen und [...] sorgfältig zu beobachten« und einen umfassenden Bericht über die Verhältnisse bei den Mongolen vorzulegen. Sie hatten eine päpstliche Bulle bei sich, die sie dem Tatarenherrscher überbringen sollten. Darin forderte der Papst die Mongolen auf, »die Angriffe auf die christlichen Nationen vollständig zu unterlassen« und die Verfolgung von Christen einzustellen. Diesen Auftrag erhielten die Brüder infolge der mongolischen Vorstöße nach Polen und Ungarn; mongolische Heere waren zu Beginn der 1240er Jahre bis ins niederschlesische Liegnitz (heute Legnica) sowie bis nach Trau (heute Trogir) an der dalmatinischen Küste vorgedrungen. Die Franziskanerbrüder reisten also als Botschafter der Christenheit und hatten den Auftrag, zur besseren Einschätzung dieses Feindes beizutragen, der – so wurde allgemein angenommen – einen Feldzug zur Besetzung ganz Europas plante. Die drei kamen jedoch nur bis zu der kleinen Stadt Kaniw am Dnjepr, dann erkrankte Bruder Stefan und konnte die Reise nicht fortsetzen.

Bruder Johannes und Bruder Benedikt bereisten beinahe ein halbes Jahr lang die Ländereien der Tataren. Am Anfang seines Buches resümiert Bruder Johannes ernüchtert: »Das Tartarenland ist groß, aber darüber hinaus – wie wir mit eigenen Augen gesehen haben, als wir fünfeinhalb Monate in ihm umherzogen – ist es noch viel elender, als ich ausdrücken könnte.« Europa zu verlassen, war für diese Männer kein Vergnügen. Aber unterwegs gilt eben: Was die Reisenden nicht »umbringt«, hält eine lehrreiche Lektion für sie bereit – und Bruder Johannes betonte wiederholt, dass das, was er mit eigenen Augen gesehen hatte und nun wahrheitsgemäß wiedergebe, sehr lehrreich sei.

Johannes de Plano Carpini und Benedikt von Polen widmeten sich ihrer Aufgabe mit Sorgfalt, legten trotz aller Mühen weite Strecken zurück und hinterließen beide einen schriftlichen Bericht über ihre Reisen. Bruder Johannes äußert sich ausführlich, meinungsfreudig und politisch, während Bruder Benedikts Bericht (den er nach seiner Rückkehr in Köln diktierte) kurz und in einem eher unpersönlichen Ton verfasst ist und Teile der Reise auslässt. Die beiden Berichte stehen nicht für sich, sondern sind Teil politischer Anstrengungen, in deren Rahmen unzählige Delegationen von franziskanischen und dominikanischen Mönchen mit der Mission ausschwärmten, Kontakt zu den Mongolen herzustellen. Offensichtlich herrschte in Europa in den 1240er Jahren Panik vor der militärischen Stärke der Mongolen. Tatsächlich kämpften diese jedoch an mindestens drei Fronten: gegen die christlichen Fürsten Polens, Mährens und Ungarns, gegen die Seldschuken in Anatolien und gegen die Abbasiden-Sultane in Ägypten und im Nahen Osten. Aus dieser Zeit sind zahlreiche Berichte von Kaufleuten, Missionaren und Botschaftern überliefert, die – auf den Seidenstraßen durch Asien reisend – versuchten, die Machtdynamik einer sich rasch verändernden Welt zu verstehen. Bruder Johannes und Bruder Benedikt waren nicht die typischen »Kundschafter«, aber mit ihrem heiklen Anliegen waren sie nicht allein. Auf ihren Reisen begegneten sie vielen anderen, die in ähnlicher Mission unterwegs waren; sie erwähnen Kaufleute aus Akkon, Konstantinopel, Genua und Venedig sowie Gesandte aus Bagdad, namentlich nennen sie dazu David VI., König von Georgien, (1225–1293), den Chronisten und Konstabler von Kleinarmenien Sempat Sparapeţ (1208–1276) und den Großfürsten des Fürstentums Wladimir-Susdal, Jaroslaw II. (1191–1246). Zum Großfürsten hat Bruder Johannes eine Geschichte in seinen Bericht aufgenommen: Jaroslaw II. sei zur Mutter des Großkhans gerufen worden, »die ihm zu essen und zu trinken gab, ehrenhalber mit ihren eigenen Händen«. Zurück in seiner Unterkunft, sei der Großfürst sofort krank geworden und nach sieben Tagen, »nachdem er am ganzen Körper blau geworden war«, gestorben – woraufhin die Vermutung kursierte, er sei von der Mutter des Khans vergiftet worden.

Ihre Reise führte Bruder Johannes und Bruder Benedikt zunächst zu Batu Khan (gestorben 1255), dem Gründer der Goldenen Horde[15] und Herrscher über das riesige mongolische Khanat der Horde, das sich über einen Großteil der heutigen Ukraine und Südrusslands erstreckte. Nach ihrem Besuch bei Batu reisten sie mit Zwischenhalten am Aralsee und am Ulungur-See weiter nach Osten über das Altai-Gebirge und bis zu Batus Cousin, dem »Großen Kaiser« der Mongolen, dem Großkhan Güyük.

Die beiden Mönche, Bruder Johannes und Bruder Benedikt, planten ihre genaue Reiseroute erst auf dem Weg, bekamen aber von den Fürsten, deren Territorien am Rande des christlichen Europas lagen, Empfehlungsschreiben und schriftliche Dokumente für sicheres Geleit. Außerdem gaben ihnen die Fürsten auch Vorräte und Biberfelle mit, da die beiden mit Tributforderungen rechnen mussten. Als sie in Kiew ihre geplante Route mit den örtlichen Adligen besprachen, rieten diese ihnen aufgrund des tiefen Schnees und der Futterknappheit davon ab, ihre eigenen Pferde mitzunehmen. Daher ließen sie ihre Pferde in Kiew zurück und nahmen stattdessen Packpferde und eine Eskorte mit. Auf ihrem Ritt durch die weiten Steppenlandschaften jenseits des Dnjepr und des Don wechselten sie am Tag mindestens dreimal, manchmal bis zu siebenmal die Pferde. Sie ritten von der Morgendämmerung bis zum Einbruch der Dunkelheit und oftmals auch die Nacht hindurch. Ohne Unterbrechung durchzureiten, war eine derartige Strapaze, dass die Männer ihre Gliedmaßen immer wieder neu bandagieren mussten. In der vorösterlichen Fastenzeit aßen sie nichts weiter als Hirse, die mit Wasser und Salz angerührt war. Trinkwasser gewannen sie aus Schnee, den sie in einem Kessel schmelzen ließen. In den Wüstengebieten der Kasachen sahen sie »Schädel und Knochen toter Menschen«, die ohne jede Grabstätte einfach auf dem Bo-

15 Ihren Namen verdankt die Goldene Horde dem Reichtum und der Pracht des Ordo (mongolisch: »Lager«), sprich des Truppenverbandes des Khans.

den verstreut lagen – die Überreste unglücklicher Reisender, die an Wassermangel gestorben waren oder möglicherweise ein noch schlimmeres Schicksal erlitten hatten. Bruder Benedikt berichtet, dass vierzig Biberfelle und achtzig Dachsfelle von ihnen verlangt wurden, als sie in Sarai an der Wolga angekommen waren. Vor allem Bruder Johannes ärgerte sich darüber, dass sie, wie er meinte, unerhört zur Kasse gebeten wurden.

Am Ende dieser freudlosen Reise erwartete sie die Pracht von Karakorum, mongolische Hauptstadt von 1235 bis 1260 und die erste im Osten errichtete mongolische Stadt. Mehr ein riesiges Heerlager in den üppig bewachsenen Tälern im Schatten der Gipfel des Changai-Gebirges, war Karakorum keine Stadt im westeuropäischen Sinn. Als Bruder Johannes die Stadt besuchte, befand sie sich im Übergang von einer verstreuten Ansammlung von Jurten zu einer dauerhaften städtischen Siedlung, erst kurz zuvor war ein Palast errichtet worden. Die Bevölkerung der Stadt war nicht sehr groß (möglicherweise 20 000 Menschen), die Siedlung erstreckte sich jedoch über ein sehr weit gefasstes Gebiet (insgesamt etwa 1300 Hektar) um einen zentralen ummauerten Bereich und den angrenzenden Palastkomplex. Die Bevölkerung von Karakorum war von anderswo dorthin gebracht worden – die Stadt fungierte als administratives und politisches Zentrum. So befanden sich unter den Einwohnern neben vielen muslimischen Händlern auch Gefangene aus dem gesamten Mongolenreich und aus Orten, die die Mongolen erobert hatten. Es gab Moscheen und eine syrische »nestorianische« Kirche, in der orthodoxe Christen (von Rom als Schismatiker gebrandmarkt) sowohl die menschliche als auch die göttliche Person Christi als eigenständige, getrennte Wesenheiten verehrten.

Zu dieser Zeit schuf ein versklavter französischer Goldschmied namens Guillaume Boucher, der in Belgrad gefangen genommen und in die mongolische Hauptstadt gebracht worden war, in Karakorum einen Brunnen in Form eines metallenen Baumes, an dem silberne Früchte und Blätter hingen. Zur Unterhaltung des

Großkhans war der Baum mit einer mechanischen Engelsfigur samt Trompete bestückt, die auf Befehl der Bediensteten des Khans Trompetentöne erklingen ließ. Der Wunderbaum enthielt Leitungen, aus denen Wein, Honigwein, Reiswein und Kumys (prickelnd vergorene Stutenmilch) flossen, die der zechfreudige Hofstaat des Großkhans in großen Mengen herunterspülte. Bouchers Brunnen imitiert die fein gearbeiteten Automaten, die an den europäischen Höfen in Mode gekommen waren, bringt aber auch die Macht des Großkhans über die Natur zum Ausdruck: Inmitten dieses trockenen, windgepeitschten Landes kann der Großkhan einem Baum gebieten, Getränke im Überfluss zu offerieren.

Auf dem Weg durch die westliche Mongolei versuchte die Reisegruppe, zu der auch Bruder Johannes gehörte, ihr Tempo zu beschleunigen, um Karakorum rechtzeitig für die lange geplante Krönung von Güyük Khan zu erreichen. In Karakorum war der

Abb. 13

zentrale mongolische Hof, und die Feierlichkeiten zur Krönung versprachen ein Spektakel zu werden: Bruder Johannes berichtet, dass ein riesiger Pavillon aus weißem Samt errichtet worden war, in dem »mehr als zweitausend Menschen« Platz fanden. Er war von einer hölzernen Palisade umgeben, die mit gemalten Mustern verziert war. Bruder Johannes bestaunte die Kleidung der Höflinge, die am ersten Tag alle weißen Samt, am zweiten Tag (an dem auch Güyük selbst erschien) roten Samt, am dritten Tag blauen Samt und am vierten Tag feinsten Brokat trugen. Die Palisade hatte zwei Tore: Eines war nur für den Großkhan gedacht, durch das andere ließen bewaffnete Wächter diejenigen gehen, die zur Zeremonie geladen waren. Allen übrigen war es verboten, sich auch nur zu nähern. In dem von Bruder Johannes verfassten Bericht über die verschiedenen Zeremonien am Hof des Khans setzt sich eine lange Tradition der westlichen Reiseberichterstattung über China fort, in der dargestellt wird, wie die Höflinge asiatischer Herrscher in einer Art unterwürfigem Gleichklang agieren, verbunden durch ein unpersönliches Band bedingungslosen Gehorsams.

Am Mittag begann der gesamte Hofstaat, in großen Mengen Kumys zu trinken. Bruder Johannes und seine Begleiter lehnten ab und bekamen stattdessen Honigwein serviert, von dem sie so viel trinken mussten, bis ihnen übel wurde. Wie es Reisenden oft passiert, fanden sich auch diese beiden auf einem Fest wieder, das sie lieber verpasst hätten.

Was für einem Mann begegneten die Reisenden nun, als sie dem Großkhan schließlich gegenübertraten? Die Antwort ist enttäuschend: In keinem der frühen Reiseberichte wird der Mensch Güyük Khan mit individuellen, persönlichen Attributen beschrieben, vielmehr steht er sinnbildlich für die politische und soziale Ordnung des mongolischen Hofes. Bei Bruder Johannes ist Güyük Khan »vierzig oder fünfundvierzig Jahre alt« (tatsächlich war er etwa dreißig) und »von mittlerer Größe«. Im Übrigen konzentriert sich Bruder Johannes darauf, die strenge Persönlichkeit zu beschreiben: »sehr klug und nur allzu schlau, sehr ernsthaft und würdevoll in seinen Sitten. Niemals sieht ein Mensch ihn wegen Kleinigkeiten lachen oder irgendeine Nichtigkeit tun.« Bruder Johannes beschreibt, anders als viele andere Europäer, die fremden Menschen begegneten, die Physiognomie und das Aussehen des Khans ohne moralische Wertung. Vielmehr sah er in Güyüks strengem Auftreten die Ordnung widergespiegelt, die dessen Hof und Reich auszeichneten.

Auch Wilhelm von Rubruk, ein geschwätziger flämischer Missionar, der etwa acht Jahre nach Bruder Johannes am mongolischen Hof eintraf und Güyüks Nachfolger, Möngke Khan, begegnete, der von 1251 bis 1259 regierte, beschrieb den Großkhan als einen »plattnäsige[n] Mann von mittlerer Gestalt, etwa 45 Jahre alt«. Ohne das Äußere des Großkhans selbst weiter zu beurteilen, fiel Rubruks Blick auf dessen »schon herangewachsene Tochter Cirina, die ausgesprochen hässlich« war. Wie es hieß, war sie nach dem Tod ihrer Mutter »die Herrin des gesamten Hauswesens« geworden. Rubruk bewunderte auch die innen mit prächtigen Bahnen aus Goldbrokat dekorierte Jurte. Darin saß der Khan »mit einem gesprenkelten, hell leuchtenden Pelz bekleidet, der wie Seehundsfell aussah«. Doch das Gespräch zwischen Rubruk und Möngke Khan sollte zur Farce werden: Vom vielen Reiswein war der Dolmetscher so betrunken, dass nichts von dem, was er sagte, noch einen Sinn ergab. Als Zeichen seiner hochherrschaftlichen Dominanz ließ Möngke Khan »Falken und andere Vögel« herbeibringen und seine Besucher eine lange Zeit schweigend zusehen, wie er sie inspizierte.

Rubruk bat Möngke Khan um Erlaubnis, bis zum Ende des harschen Winters im tatarischen Lager bleiben zu dürfen, doch der Großkhan schien inzwischen selbst betrunken zu sein. Auch der Dolmetscher war völlig außer Gefecht gesetzt, so dass Rubruk und seine Begleiter sich verabschiedeten, ohne eine Antwort erhalten zu haben. Von den Sekretären des Khans wurden sie über den Westen ausgefragt, was Rubruks Vermutung erhärtete, dass sie Informationen sammelten, um einen Angriff zu planen. Möngke Khan erlaubte Rubruk schließlich, in Karakorum zu bleiben. Dort begegnete er allen möglichen Leuten, die die neuesten Neuigkeiten aus Europa im Gepäck hatten.

Johannes de Plano Carpini beobachtete die prächtige Inthronisierung von Güyük Khan: Das für die Zeremonie vorbereitete Zelt »war auf Säulen gesetzt, die mit goldenen Platten bedeckt und mit goldenen Nägeln an anderen hölzernen befestigt waren; das Zeltdach und die Innenwände waren von Brokat bedeckt«. (Die Fülle an schimmerndem Gold gab diesem Lager den Namen »Sira Orda«, das »Gelbe Lager«.) Dort versammelte sich bis zum Mittag eine große Anzahl Menschen und alle begannen erneut ohne Unterlass bis zum Abend zu trinken. Dann aßen sie ungesalzenes gebratenes Fleisch, manchmal mit einer salzigen Brühe als Soße. Der Großkhan wurde, ganz gleich, wohin er ging, mit einem kleinen, mit Edelsteinen besetzten Sonnenschirm vor Wind und Wetter geschützt.

Nach der Krönung wurden Bruder Johannes und seine Begleiter einen Monat lang im Haushalt der Mutter des Großkhans festgehalten. Bruder Johannes konnte in Erfahrung bringen, dass der Khan »das Banner gegen alles Land im Westen aufrichten« wolle, ohne dass die päpstlichen Besucher etwas über seine Pläne erfahren sollten. Während sie auf ihre Freilassung warteten, litten sie »an so großem Hunger und Durst, dass [sie] kaum überleben konnten, weil die Verpflegung […] für vier […] kaum für einen ausreichte« – sehr zum Kummer von Bruder Johannes (der immer sehr darauf achtete, einen ordentlichen Anteil von den servierten Speisen zu bekommen). Schließlich half den Besuchern ein freundlicher russischer Goldschmied namens Cosmas, einer von mehreren europäischen Handwerkern am Hof des Khans, und versorgte sie mit ein wenig Nahrung.

Schlussendlich wurden sie freigelassen und erhielten eine Ausreisegenehmigung sowie einen Brief mit dem Siegel des Herrschers.

Die Mutter des Großkhans schenkte jedem von ihnen einen Überwurf aus Fuchspelz und einen Ballen Samt. Vom Samt stahlen ihre Höflinge einige Streifen, was Bruder Johannes jedoch nur lakonisch kommentiert: »Das blieb uns zwar nicht verborgen, doch wollten wir kein Aufhebens davon machen.« In fremden Ländern müssen Reisende oft Dinge hinnehmen, die andernfalls ernste Beschwerden nach sich ziehen würden.

Der Bericht Bruder Benedikts enthält eine Kopie des Briefs, den der Großkhan an den Papst geschrieben hat, datiert auf Dschumada II., 644 (November 1246). Darin wies der Großkhan den Papst darauf hin, dass jeglicher Gott eindeutig auf der Seite der Mongolen stehen müsse, da sie diejenigen seien, die »die ganze Erde vom Osten bis zum Westen kraft Gottes zerstört« hätten. Wie, fragte er, könne dies im Widerspruch zu Gott stehen? Er bemerkte weiterhin, dass die christlichen Fürsten sich seinen Vorgängern nicht gefügt hätten, und forderte den Papst ohne Umschweife auf, er solle sich dazu verpflichten, Frieden mit ihm zu schließen – eine Geste, die er großzügig als Unterwerfung verstehen werde. Für den Fall, dass der Papst sich weigern sollte, drohte der Großkhan damit, dass er ihn dann als Feind ansehen werde. »Was dann geschieht, wissen wir nicht, das weiß nur Gott«, warnte er. Die lange Reise der Mönche war in einer Hinsicht ein Erfolg gewesen: Sie hatten eine Kommunikation mit dem mongolischen Hof hergestellt. Doch was daraus folgte, waren weitere Gewaltandrohungen, die die Rivalität und den imperialen Machtanspruch deutlich zum Ausdruck brachten.

Wer sich in den mongolischen Osten aufmachte, hatte meist die seltsamsten Gerüchte gelesen, was abseits der ausgetretenen Pfade liegen mochte. Es sollte dort Kannibalen und Rattenfresser geben, hundeköpfige Völker und axtschwingende Krieger, wolletragende Sträucher und Schneehimbeeren, Millionen von Mäusen, aber unverständlicherweise keine Schweine, lebende Diamanten, die sich im Gestein vermehren konnten, und Bräuche rund um Tod und Begräbnis, die unaussprechlich waren. Viele Menschen gingen davon aus, dass irgendwo in dieser Region ein Jungbrunnen zu finden war, dessen Wasser einigen Berichten nach den Trinkenden ihre Jugend zurückgab, während andernorts zu lesen war, sein Wasser schenke ewiges Leben. Auch besondere Schönheit konnte der Brunnen verleihen. Die Erzählungen hatten jedoch in dieser Hinsicht auch eine diskriminierende Komponente, wenn es hieß, dass der Brunnen dunkle Haut weiß machte. Aber das waren wohl nur Geschichten von Reisenden.

Auf seinem Weg durch die tatarische Steppe bemerkte Benedikt von Polen die großen Mengen an Wermut, dessen gefiederte Blätter sich überall in der frostigen Ebene ausbreiteten. Als er dort entlangritt, erinnerte er sich, wie er lange zuvor in einem kalten Kloster irgendwo in Europa gesessen und Ovids *Epistulae ex Ponto* (»Briefe vom Schwarzen Meer«) gelesen hatte. In den Briefen finden sich die Zeilen: »Traurig starren im leeren Gelände die Stauden des Wermuts, und wie das bittere Gewächs ist auch der Ort, wo es wächst.« Die Worte schienen über Zeit und Raum hinweg direkt zu Bruder Benedikt zu sprechen. Die Wahrheit, die im Reisen verborgen liegt, bricht sich oft in Form solch verschütteter Erinnerungen Bahn, wenn zu unserer Überraschung in einem Moment die eigene Vergangenheit anklopft und am Ende der Welt Gedanken aus der Heimat auftauchen.

Johannes de Plano Carpini und Benedikt von Polen waren ungewöhnlich unerschrocken, doch um 1300 hatte sich tatsächlich eine ganz beträchtliche Anzahl von Europäern in dem Gebiet, das wir heute China nennen, in größeren Städten niedergelassen und Gemeinschaften gegründet. Der päpstliche Gesandte Giovanni de Marignolli, der um 1346 von Italien aus nach China reiste, bemerkte, dass es in Zaytun (heute Quanzhou) drei Franziskanerkirchen sowie eine Handelsniederlassung mit Herberge für europäische Kaufleute gab. Die Europäer waren in China in der Regel zu Handels- oder

Missionszwecken unterwegs. Weit entfernt davon, ein unbekanntes und unerforschtes Reich zu sein, wurde China zum Ziel überraschend vieler europäischer Reisender. Zu den wichtigsten Zeugnissen dieser Zeit gehören die Reiseberichte der Franziskaner-Missionare Wilhelm von Rubruk (1253) und Odorich von Pordenone, des Kaufmanns Marco Polo, der sich in den 1280er und 1290er Jahren lange Zeit in China aufhielt, die Korrespondenzen von Johannes von Montecorvino, der eine Zeitlang Erzbischof von Khanbaliq war, von Peregrinus, der Bischof von Zaytun (1318) war, und die Briefe von Andrea da Perugia (um 1313) sowie die Abhandlung des Missionars Jordanus Catalanus über die Wunder Chinas und Indiens. Wie diese Liste zeigt, wurde das Schreiben über den Fernen Osten zu einem etablierten Genre. Und da das westliche Publikum förmlich nach Lesestoff über die Pracht am Hofe des Großkhans und seine nahezu grenzenlose Macht gierte, wurden diese Schilderungen in lateinischsprachige Enzyklopädien und Weltchroniken übernommen.

China wurde von den Europäern üblicherweise in die Provinzen Cathay und Manji unterteilt: Cathay bezeichnete die »obere«, nördliche Region und Manji die südliche Region (verwirrenderweise wurde Manji von einigen Europäern auch als »Oberindien« bezeichnet, regiert wurde die Region jedoch vor dem Einzug der Mongolen von der chinesischen Song-Dynastie). Ab den 1260er Jahren zersplitterte das Mongolenreich, und verschiedene Dynastien gründeten eigene rivalisierende Khanate. Von 1271 bis 1368 wurde der größte Teil des heutigen Chinas und der Mongolei von der Yuan-Dynastie regiert, einer Mongolendynastie, die nicht-chinesische Ausländer über Chinesen stellte, so dass ein günstiges Umfeld für Europäer entstand, die sich ansiedeln oder das Land bereisen wollten. Die Yuan-Dynastie verlegte die mongolische Hauptstadt von Karakorum zunächst nach Shangdu, das auch als Xanadu bekannt war, und dann nach Khanbaliq (heute Peking). Khanbaliq diente vor allem in den Wintermonaten als Hauptstadt und Verwaltungszentrum der Yuan.[16] De facto war der Buddhismus die vorherrschende Religion, obwohl es einen beträchtlichen religiösen Pluralismus gab. Im Jahr 1368 wurden die Yuan von den Ming, einer Han-chinesischen Dynastie, vertrieben, und die Hauptstadt wurde nach Nanjing (»die südliche Hauptstadt«) verlegt. 1403 wurde Nanjing jedoch zur nachrangigen Hauptstadt degradiert und die Vorrangstellung von Khanbaliq / Dadu wiederhergestellt. Die Ming benannten die Stadt in »Bei-ping« um, was »der befriedete Norden« bedeutet.

Pass dich an die Gebräuche der Einheimischen an! Beim Betreten eines tatarischen Fürstentums oder einer der Provinzen von Cathay wird von dir erwartet, dass du einen Tribut in Form von Speisen und / oder Getränken leistest: Kumiss (Kumys, vergorene Stutenmilch) und luftgetrocknetes geräuchertes Fleisch werden üblicherweise gern genommen. Die Kleidung, die die Menschen in der gesamten Tatarei tragen, besteht aus Pelzen und Ledern verschiedener Tiere. In Cathay kann es im April und Mai extrem kalt sein, daher solltest du dir ein Beispiel an den Höflingen des Großkhans nehmen: Kleide dich in einen Schaffellmantel, Schaffellhosen und Schaffellschuhe.

In der Wahrnehmung der westlichen Reisenden konnte Khanbaliq eher als große Stadt gelten als Karakorum. Ihre Pracht wurde in Superlativen beschrieben. Im Gegensatz zu Karakorum hatte Khanbaliq ein erkennbares Stadtzentrum. Dessen Herzstück war der Gebäudekomplex, der die »Kaiserstadt« bildete (das, was wir heute »Verbotene Stadt« nennen, bezieht sich auf einen Teil dieses Komplexes, der im 15. Jahrhundert erbaut wurde). Die Kaiserstadt war eine kunstvoll angelegte Parklandschaft mit Pavillons, Tür-

16 Der türkisch-mongolische Name »Khanbaliq« bedeutet so viel wie »ständige städtische Siedlung«, aber es wurde auch der Name »Dadu« benutzt, der von Ta-tu, dem Mandarin-Ausdruck für »große Hauptstadt« abgeleitet ist.

men, Hallen, Kasernen, Tempeln, Lagerhäusern, künstlichen Hügeln und Wohnpalästen, umgeben von glitzernden Seen, über die sich elegante Brücken spannten. Den in den Westen geschickten Berichten zufolge gab all dies der Macht und dem Reichtum des Großkhans sowie seiner Affinität zu technischer Raffinesse und seiner Liebe zu kunstvoll geplanter Ästhetik in unvergleichlicher Weise Ausdruck.

Der vielleicht berühmteste Reisende des Mittelalters, mit Sicherheit aber der bekannteste Europäer, der das China der Vor-Ming-Zeit besucht hat, war Marco Polo. Der venezianische Kaufmann schrieb wortgewandt, wenn auch teils pedantisch, prosaisch und wenig verlässlich über seine Reisen. Polo war kein Entdecker (seine berühmten Reisen führten ihn über etablierte Handelsrouten) und er war weniger Reisender als vielmehr jemand, der im Ausland seine Dienste anbot, ein früher »Arbeitsmigrant« mit bester Ausbildung. Als er 1271 vom Haus seiner Familie in Venedig über Akkon nach China aufbrach, war er erst siebzehn Jahre alt. Er reiste in Begleitung seines Vaters Niccolò und seines Onkels Maffeo, beides erfahrene Kaufleute, die bereits in den 1260er Jahren weite Teile Asiens durchquert hatten. Die Familie Polo war repräsentativ für die am Schwarzen Meer handeltreibende venezianische Kaufmannschaft und handelte mit Juwelen und anderen Waren zwischen Venedig und dem aufstrebenden, nach Westen expandierenden Mongolenreich. Die Polos dienten etwa siebzehn Jahre lang in der Verwaltung von Kublai Khan. Marco Polo scheint ein Talent für Sprachen gehabt zu haben, das ihn in die Lage versetzte, mit den verschiedenen Völkerschaften zu verhandeln, die mit den Mongolen Handel trieben. Außerdem kannte er sich in der Salzwirtschaft aus. Mitte der 1290er Jahre kehrte er nach Europa zurück.

Unser Wissen über Marco Polo stammt vor allem aus einem Buch, das Polo selbst mitgeschrieben hat. Es wurde in einem genuesischen Gefängnis in französischer Sprache verfasst und war ein Gemeinschaftswerk von Polo und seinem Mitgefangenen, dem Romanschriftsteller Rustichello da Pisa (gestorben um 1300). Beide Männer wurden während der kriegerischen Auseinandersetzungen zwischen Genua und Venedig als Geiseln genommen. Polo wurde freigelassen und kehrte um 1299 nach Venedig zurück, wo er seinen Lebensabend als wohlhabender Kaufmann und berühmter Reiseschriftsteller verbrachte (er starb 1324 im Alter von etwa siebzig Jahren). Auch wenn das Werk einen großen Leserkreis fand, handelt es sich weniger um eine Reiseerzählung als um eine politisch-geographische Darstellung. Einen Rekurs auf individuelle Erfahrungen oder den typischen Gestus früherer Besucher des Fernen Ostens sucht man hier vergeblich. Über viele Seiten hinweg werden Polos Reisen minutiös dargestellt. Auflistungen von Währungen, Waren und bürokratische Hürden und Regelungen stehen neben Berichten zu allerlei Wundern, die aus zweiter Hand wiedergegeben und mit großer Ernsthaftigkeit vorgebracht werden. Dem großen Interesse, mit dem seine europäischen Leser das Buch auf der Suche nach verlässlichen Informationen über die sich auftuende Welt im Osten aufnahmen, tat das alles jedoch keinen Abbruch.

Als Polo in den 1280er Jahren Khanbaliq besuchte, fand er eine gut ausgebaute Stadt vor, in der Araber, Perser, Nepalesen, Tibeter, Uiguren und viele andere zum Ruhme des Großkhans (oder in dessen Diensten) arbeiteten. Polo stand als hochrangiger Vasall in den Diensten des Khans, war also nicht zum Vergnügen in Peking. Nichtsdestoweniger war die Stadt, die er »Taidu« oder »Cambaluc« nannte, für ihn eine Wunderwelt, die ihn zu bildreichen Beschreibungen anregte.

»Der riesige Palast ist ein Meisterwerk«, schreibt Polo über das Macht- und Verwaltungszentrum des Großkhans. »Kein Potentat der Welt wäre imstande, sich einen schöneren auszudenken und bauen zu lassen.« Für Polo war dieser Palast das beste Beispiel für die Macht, aber auch die Kultiviertheit des Großkhans. In seinen Schilderungen spiegelt sich das ehrfürchtige Staunen eines vom Anblick überwältigten Touristen wider. Die Palastanlage war »von einer quadratischen Mauer umgeben mit Seitenlängen von je einer Meile und gute zehn Schritt hoch«, so Polo, und auf der gesamten Strecke »aus weißem Stein und mit einem Zinnenkranz bekrönt«. An jeder Ecke befanden sich große Gebäude von beeindruckender Schönheit und Opulenz, die dem Großkhan als Waffenlager dienten. Wie in Karakorum gab es ein Tor, das nur für den Khan selbst geöffnet wurde. Die Innenmauern aus zwei Schritt dickem Marmor bildeten eine Art Terrasse, auf der man flanieren und das gesamte Areal überblicken konnte, während man von der Kaiserstadt aus auf diejenigen blickte, die keinen Zutritt hatten. Eine prächtige Säulenbalustrade diente als Treffpunkt für den Hof, und eine große Marmortreppe führte hinauf zum eigentlichen Palast des Großkhans.

Beim Anblick dieses Palastes mochten den Besuchern wohl die Augen übergehen, denn die Wände waren vollständig mit Gold und Silber bedeckt und mit kunstvollen Reliefs verziert, auf denen Drachen, Vögel, Ritter, Schlachten und alle Arten von Bestien zu sehen waren. Ein Blick hoch an die Decke mochte ebenso staunen machen, denn auch dort prangten Bilder aus Gold. Der Palast umschloss zudem einen riesigen Festsaal, »so groß, dass ohne weiteres sechstausend Männer darin speisen« konnten. Polo sieht »viele besondere Zimmer, die alle so außergewöhnlich schön sind, dass es unmöglich scheint, sich noch etwas Herrlicheres vorzustellen«. Schatzkammern bergen »Gold- und Silberbarren, köstliche Edelsteine und Perlen sowie goldene und silberne Gefäße«, für alle seine Frauen und Konkubinen hat der Großkhan ganze Häuser und Säle errichtet. Alles sei auf den Komfort und die Bequemlichkeit des Khans ausgerichtet, so Polo. Außenstehende hätten keinen Zutritt (eine subtile Andeutung, dass Polo selbst bereits in den inneren Kreis des Herrschers vorgedrungen war).

Um den Palast herum befanden sich bewaldete Parklandschaften, in denen auf üppig bewachsenen Wiesen »Hirsche, Moschustiere, Rehe, Eichhörnchen und noch viele andere schöne Tiere gehegt werden«. Wege führten über die Lichtungen, so aufgepflastert, dass »kein Regenwasser darauf stehen [bleibt], sondern alles fließt ab und trägt dazu bei die Vegetation zu fördern«. Gleich hinter dem Palast befand sich ein künstlich angelegter, »hundert Schritt« (rund fünfundsiebzig Meter) hoher Hügel, der, »mit den schönsten immergrünen Bäumen bepflanzt«, das Arboretum des Khans bildete. »Sobald der Großkhan erfährt, dass an irgendeinem Platze ein schöner Baum wächst, lässt er ihn mit allen Wurzeln ausgraben und, wenn er auch noch so groß und schwer ist, durch Elefanten zu diesem Hügel schaffen«, berichtet Polo. »Weil der Hügel immer grünt, hat er den Namen des grünen Berges erhalten.« Manche sagten auch, der Hügel sei mit grünem Lapislazuli bedeckt, damit er immergrün erscheine. Der Großkhan hatte den Hügel »wegen der prachtvollen Sicht« auf die Kaiserstadt dort anlegen lassen – ein beeindruckender Anblick, reserviert für die wenigen, die dort Zugang hatten. Wasserzuleitungen füllten Fischteiche und in die Parklandschaft eingebettete Seen boten Schwänen und anderen Wasservögeln, an denen der Khan seine Freude hatte, Platz zur Rast. Polo selbst war nicht unbedingt ein Naturliebhaber: Sein Bericht über den Hof des Khans stellt die Raffinesse der Parkanlage und die dazu verwendeten ausgeklügelten Techniken in den Vordergrund. Für Polo ging es bei seinen Reisen darum, alles über die Dinge zu erfahren, die es zu Hause nicht gab, und neue Technologien wie wundersame Entdeckungen schriftlich festzuhalten.

Am nördlichen Rand der neuen mongolischen Stadt standen ein Trommelturm und ein Glockenturm, die Kublai Khan 1272 errichten ließ. Bei Tagesanbruch kündigte ein rhythmischer Klang, der von der beeindruckenden Höhe der vielen Stockwerke des Trommelturms herabschallte, den neuen Morgen an. Das Ende des Tages wurde vom Glockenturm aus eingeläutet, mit »dem dritten Glockenton« begann eine allgemein beachtete Ausgangssperre. Die beiden Türme standen mit ihrer imposanten Architektur – nicht nur mit ihrer Höhe, sondern auch mit der raffinierten Stufenkonstruktion und kunstvollen Verzierungen – für die Herrschaft des

Großkhans über Khanbaliq; sie gaben mit den weithin hörbaren musikalischen Signalen dem Leben der Stadtbewohner den Takt vor und verkündeten, indem sie die Zeit angaben und Ordnung herstellten, die Kontrolle des Großkhans in allen Lebensbereichen.

Polos Bericht ist ungewöhnlich und wichtig, weil er auch eine kurze Beschreibung der Stadt außerhalb der kaiserlichen Bezirke enthält. Polo zufolge war Khanbaliq eine neue Planstadt, in die die Bevölkerung aus der alten Residenzstadt umgesiedelt worden war, mit Ausnahme derjenigen, die rebellische Absichten hegten. Sie wurden zurückgelassen. Die neue Stadt, in einem perfekten Quadrat aus zinnenbewehrten Mauern angelegt, hatte einen Umfang von fast vierzig Kilometern; gerade, breite Straßen schufen im Inneren eine wie ein Schachbrett organisierte Gesamtanlage, und Paläste, Gasthäuser und Häuser waren in abgemessenen Parzellen erbaut, jeweils »mit genügend Raum« und Abstand von den sorgfältig angelegten öffentlichen Straßen. (Polo beschrieb hier die Hutongs, die charakteristischen Gassen im alten Peking.) Für den Venezianer wies der ganze Ort »einen Grad von regelmäßiger Schönheit auf, der unbeschreiblich ist«. Polos Bericht über Khanbaliq lässt seine ausgesprochene Bewunderung für die Hauptstadt des Großkhans spüren, die Macht und Ordnung in geradezu idealer Weise zu verkörpern schien und sich ihm als ein Ort darstellte, der nicht in Worte zu fassen war. Trotz seiner Nähe zum Khan schrieb Polo für ein westliches Publikum und wollte als »Experte« sein auf Erfahrung basierendes Wissen vermitteln. Gleichwohl enthält seine Schilderung Khanbaliqs die Ungenauigkeiten, aber auch die lebendigen Eindrücke, die gelebte Erfahrungen im menschlichen Gedächtnis hinterlassen. Polo sah in der Stadt eine wichtige Drehscheibe für den Fernhandel. »In den Herbergen«, so Polo, in denen Kaufleute und Reisende absteigen, »die in der Stadt etwas zu besorgen haben, [...] ist ständig ein lebhafter Betrieb«. Dieser Charakter der Stadt spiegele sich auch in der Verfügbarkeit von Prostituierten wider: Die »käuflichen Weiber« lebten diskret in den Vororten von

Khanbaliq und bedienten Männer gegen Geld, notiert er, offensichtlich nicht abgeneigt zu den dort üblichen Dienstleistungspraktiken. »Es sind sicher zwanzigtausend Freudenmädchen, und alle finden ihre Kunden, denn täglich kommen und gehen unzählige Händler und Fremde.« Außerdem zahlten sie keine Steuern und boten stattdessen den Staatsbeamten sexuelle Dienste an. Polo, der schließlich zugleich Kaufmann, Ausländer und Angestellter des Großkhans war, hatte die Dienste der Sexarbeiterinnen von Khanbaliq möglicherweise selbst in Anspruch genommen.

Einige Generationen später waren die Berichte über Khanbaliq schon zum Stoff von Legenden geworden. John Mandeville präsentierte in seinem Buch, das zu großen Teilen auf Odorich von Pordenones Erzählungen über einen dreijährigen Aufenthalt in Khanbaliq in den 1320er Jahren beruht, eine Synopse der europäischen Vorstellungen über die Stadt. Mandeville nannte die Stadt »Cadom« (eine Abwandlung von »Dadu«, dem aus dem Mandarin abgeleiteten Namen für Khanbaliq). Sie habe Mauern mit einem Umfang von 20 Meilen und zwölf Toren. Der ganze Ort sei geradezu unvergleichlich reich geschmückt. Die Gärten seien elegant und zur Parkanlage gehöre »ein edler Berg« von solcher Schönheit, »wie er nirgends sonst zu finden« sei. Die Wände des Palastes seien bedeckt mit roten Pantherfellen, so wertvoll wie Gold, die einen angenehmen Duft verströmten und in der Sonne so schimmerten, dass »man sie kaum ansehen« könne; niemals gebe es dort üble Gerüche. Für verheiratete Frauen sei es üblich, dass sie auf dem Kopf das Abbild eines Männerfußes tragen; der mit Edelsteinen und Pfauenfedern kunstvoll gestaltete Kopfschmuck sei ein Zeichen der Unterwerfung unter ihren Ehemann. Der Thron und die Halle des Regenten seien mit Juwelen und Edelsteinen geschmückt, wie Mandeville nicht müde wird aufzuzählen. »Überwältigender und prunkvoller, als wir es jemals gehört hatten«, schreibt er, sei der Hof. »Wir hätten es nie geglaubt, wenn wir es nicht gesehen hätten.« Die Berichte über die Hauptstadt waren so erstaunlich, dass sie im Grunde nicht zu glauben waren. Als Mandeville seine Schilderung verfasste, hatte die Darstellung des Herrscherpalastes in eine Form gefunden, die die westlichen Vorstellungen über den Großkhan als Inbegriff perfekter Machtausübung widerspiegeln konnte: als Abbild einer kosmischen Ordnung, in der die Architektur und Organisation des Palastes die Allgewalt des Khans repräsentierten.

Einige Jahre nachdem Johannes de Plano Carpini und Benedikt von Polen nach Khanbaliq gereist waren, hielt sich ein in Süditalien geborener Franziskaner namens Johannes von Montecorvino dort auf. Er beschrieb Khanbaliq in einem auf den 8. Januar 1305 datierten Brief an den Generalminister des Franziskanerordens in Italien. Johannes von Montecorvino, der lange Jahre als Missionar in Armenien und Täbris gewesen war, hatte bis 1305 in Khanbaliq eine christliche Kirche errichtet, etwa 6000 Menschen christlich getauft, Dutzende von Jungen in Latein und Griechisch unterrichtet und – damit die örtliche Gemeinde Gottesdienste abhalten konnte – handschriftlich dreißig Psalter erstellt und dazu zwei Exemplare vom *Breviarium Romanum* mit den Stundengebet-Texten der römisch-katholischen Kirche. Er hatte nicht nur gelernt, mongolisch zu sprechen, sondern sogar das Neue Testament ins Mongolische übersetzt. Als römisch-katholischer Christ scheint er in Khanbaliq allein auf weiter Flur gestanden zu haben, denn er bat in seinem Brief um Verstärkung. Er brauche mehr Bücher und »zwei oder drei Kameraden«, die ihm bei der Missionierung helfen könnten, schrieb er. Und er zeigte sich zuversichtlich, dass er den Großkhan bekehren könnte, bei dem es sich zu diesem Zeitpunkt um den Sohn Kublai Khans und Urenkel Dschingis Khans, Timur Khan (gestorben 1307), handelte.

Mit seiner großen Erfahrung als Missionar machte sich Johannes von Montecorvino daran, die Menschen von Khanbaliq zu bekehren und der Stadt einen christlichen Stempel aufzudrücken. Eine Kirche mit einem Glockenturm – und drei Glocken – hatte er bereits gebaut, als er 1305 voller Energie daranging, eine zweite Kirche zu errichten. Die »Mühen und Strapazen«, die er in der Tatarei durchgestanden hatte, seien dafür verantwortlich, dass sein Haar weiß geworden sei, obwohl er erst achtundfünfzig Jahre alt war. Von seiner Aufgabe war er offensichtlich überzeugt und doch endet sein Brief mit den schon bekannten Ehrfurchtsbezeugungen: »Es gibt keinen König oder Fürsten auf der Welt, der sich mit dem Großkhan in Bezug auf die Ausdehnung seines Landes, die Größe der Bevölkerung oder seinen Reichtum messen könnte.« Immer wieder finden wir in westlichen Berichten ein solches Bild von China als einem wahrhaft gewaltigen Reich, dem Europa und die katholische Kirche nichts entgegenzusetzen hatten. Johannes von Montecorvino war als Missionar durchaus erfolgreich und bekehrte etwa einen mongolischen Prinzen. Georg, offenbar zuvor Nestorianer und Konfuzianer, wurde katholisch (allerdings wohl ohne dem Konfuzianismus abzuschwören) und half Montecorvino dabei, in Tenduc, einer untergegangenen Stadt, eine kreuzförmige Kirche zu bauen. Bei Timur Khan hatte Montecorvino jedoch keinen Erfolg, er hielt am Buddhismus (den Montecorvino als »Götzenglaube« bezeichnete) fest.

Montecorvinos Brief enthielt eine Empfehlung zum sichersten und schnellsten Weg nach China: Ein Mönch, der von einem Kurier begleitet werde, könne die Reise in »fünf oder sechs Monaten« zurücklegen, wenn er durch das Land der »nördlichen Tataren« reise. In Tana beginnend, führe diese Route am Schwarzen Meer entlang, über die an der Wolga gelegene westmongolische Hauptstadt Sarai und dann nur noch durch eine weitere Region, das heutige Kasachstan. Die Alternativroute, warnte Montecorvino, sei »sehr lang und sehr gefährlich«, da sie zwei Seereisen erfordere; bis zur Ankunft dauere es mehr als zwei Jahre. Das sei so, als ob man zuerst von Akkon in die Provence und dann von Akkon nach England segeln würde. Der Seeweg führe über Hormus zur Malabarküste und dann von der Gemeinde des Heiligen Thomas in Mailapur (heute Mylapore, ein Stadtteil von Chennai) an der Ostküste

Indiens nach China. Der von ihm empfohlene Landweg sei jedoch »seit geraumer Zeit« aufgrund kriegerischer Auseinandersetzungen versperrt, so dass Montecorvino offenbar selbst gezwungen gewesen war, den Seeweg zu nehmen. Die in seinem Brief dargelegten Empfehlungen gingen in dem europäischen Wissensfundus zu der prekären Frage auf, wie sich trotz der Strapazen eine erfolgreiche Reise von Europa an den legendären Hof des Großkhans bewältigen ließ.

Einige Jahre später, im Jahr 1338, wurde ein weiterer Franziskanermönch namens Giovanni de Marignolli, Florentiner und hochrangiger Kirchenmann innerhalb der päpstlichen Kurie, vom Papst an den Hof des Großkhans gesandt. Drei Jahre nachdem er Avignon verlassen und die Wüste Gobi durchquert hatte, erreichte de Marignolli im Sommer 1342 »Cambalec«. Khanbaliq sei unbeschreiblich, notiert er: »Über dessen unglaubliche Größe, die Bevölkerung und das militärische Aufgebot werden wir schweigen.« Aus der kurzen Beschreibung, die de Marignolli dann doch gibt, geht jedoch hervor, dass er und seine einunddreißigköpfige Reisegruppe vom Großkhan sehr gut behandelt und reichlich mit Fleisch und Getränken, »Papier für Laternen« und »kostbaren Gewändern« versorgt wurden. Giovanni de Marignolli wurde vom Khan persönlich gebeten, Erzbischof von Khanbaliq zu werden, und zwar in der von Johannes von Montecorvino 1305 erbauten Kirche am Tor des Palastes.

Zu den vielen Orten, die Marco Polo besuchte, gehörte auch die große und prächtige Stadt Yangzhou (bei Polo »Jangtschou« oder »Jangui« genannt). Das in einer Ebene gelegene Yangzhou blühte auf, da es an der Stelle lag, wo der bemerkenswerte Große Kanal, der mit seinen über tausend Kilometern eine Verbindung per Wasserstraße zwischen Peking und Hangzhou herstellte, auf die breiten Gewässer des Jangtsekiang traf. Seichte Seen und schmale Kanäle durchzogen die Stadt. Dschunken und Sampans, angetrieben von menschlichem Schweiß, glitten flussabwärts. Mit prächtigen Schnitzereien verzierte Brücken überspannten die Kanäle.

Die gestaffelten, geschwungenen Dächer buddhistischer Pagoden mit ihren sanft zu den Seiten hin auslaufenden Flanken verliehen der Stadt eine elegante, kunstvoll anmutende Silhouette. Seinen Berichten zufolge kam Polo nicht nur auf der Durchreise nach Yangzhou, sondern verbrachte dort drei Jahre. Die Einwohner zelebrierten »Götzenanbetung«, berichtet er. Dann behauptet er, er sei im Auftrag des Großkhans zum Gouverneur der Stadt ernannt worden. Der Posten sei ihm von einem der »zwölf ranghöchsten Barone« des Khans verliehen worden – in einigen Versionen seiner Reiseschilderungen heißt es sogar, er sei anstelle eines dieser erhabenen zwölf Barone selbst zu einem der mächtigsten Generalgouverneure des Khans ernannt worden.

Diese Prahlerei Polos ist unglaubwürdig. Er wird in den chinesischen Quellen nicht erwähnt. Möglich ist, dass beim Anfertigen der Handschrift beziehungsweise der Abschriften aus dem Wort »sejourna« (Aufenthalt) das Wort »seigneura« (regieren) geworden ist. Zudem kommt es nicht selten vor, dass Reisende sich selbst als Personen betrachten, die das Sagen haben, und nicht als temporäre Besucher. Abgesehen davon, dass Polos Bericht wie die Schilderungen manch anderer Reisender einige Unzulänglichkeiten aufweist und nicht immer als verlässlich angesehen werden kann – alle Reisenden sind subjektiv –, war Yangzhou eines der wichtigsten Ziele für europäische Besucher, und so dürfte Polo nicht der einzige Europäer dort gewesen sein.

Als Odorich von Pordenone Yangzhou von 1322 bis 1323 besuchte, gab es in der Stadt ein Franziskanerkloster und dazu drei Kirchen, in denen der Gottesdienst dem »nestorianischen«, sprich dem ostsyrischen christlich-orthodoxen Ritus folgend abgehalten wurde. In Yangzhou hatte sich schon vor langer Zeit eine persische Handelsgemeinschaft etabliert und mit ihr ein steter Handel zwischen China und Hormus. Zur gleichen Zeit siedelten sich auch andere Auslandsvertretungen an, etwa genuesische und venezianische Handelsgemeinschaften.

Wir wissen, dass eine der Familien, die zu dieser Zeit in Yangzhou lebten, die von Domenico Ilioni war. Die aus Genua stammende Familie Ilioni hatte sich im 13. Jahrhundert in Persien, wahrscheinlich in Täbris, niedergelassen und zog dann nach Yangzhou. Zwei Grabsteine, die in der Stadt gefunden wurden, geben Aufschluss darüber, dass die Familie in Yangzhou gelebt haben muss und Domenicos Kinder, Katerina und Antonio, dort 1342 beziehungsweise 1344 gestorben sind. Katerinas gut erhaltener Grabstein trägt eine lateinische Inschrift in gotischen Buchstaben und zeigt neben Engeln und einer Madonna mit Kind das Martyrium ihrer Namensvetterin, der Heiligen Katharina von Alexandria. Antonios weniger gut erhaltener Stein präsentiert ebenfalls traditionelle christliche Ikonographie: das Jüngste Gericht, seinen Schutzpatron (den Heiligen Antonius der Einsiedler) und dessen Martyrium.

Diese Darstellungen wecken auf den ersten Blick vertraute Erinnerungen an europäische religiöse Kultur und scheinen die aus Italien importierte Bilderwelt zum Ausdruck zu bringen. Ihr Stil ist jedoch nicht europäisch, sondern eher an die chinesische buddhistische Kunst jener Zeit angelehnt. Möglicherweise war der Steinmetz ein vor Ort lebender christlicher Konvertit oder einfach ein kommerziell arbeitender lokaler Künstler. So ist etwa der Henker der Heiligen Katharina gekleidet wie ein mongolischer Krieger, was die Geschichte der Heiligen von einer westeuropäischen in eine fernöstliche Lebenswelt übersetzt. Die Familie Ilioni hatte sich geographisch so weit von Europa entfernt, wie es damals möglich war, gleichzeitig blieben sie fortdauernd mit den Stationen ihrer Familiengeschichte verbunden, indem sie Waren wie Seide und Gewürze von Yangzhou nach Täbris, bis in die genuesische Kolonie in Pera in Konstantinopel und ins heimatliche Genua und weit darüber hinaus handelten. Die Grabsteine offenbaren, in welch einer verwobenen Welt die Menschen in Yangzhou lebten: Durch die Karawansereien der Seidenstraßen und die Dschunken der Kaufleute im Indischen Ozean trafen in dieser verschiedenen Religionen offenstehenden, kosmopolitischen Stadt der Ferne Osten und Westeuropa aufeinander. Indem die Familie Ilioni den Tod von Katerina und Antonio in steinernen Monumenten verewigte, hinterließ sie ein bleibendes Zeugnis dieser vernetzten Welt, in der sich Ost und West vermittels Reisen und diverser Formen der Kontaktaufnahme über enorme Entfernungen hinweg in ständiger Wechselwirkung befanden.

Und was lag jenseits von China? Im Osten befand sich Cipangu (Japan), ein Reich, das europäische Reisende dieser Zeit nur am Rande wahrnahmen. Auf dem Behaim-Globus von 1491 ist Cipangu eine langgestreckte Inselgruppe, die mit einem herrschaftlichen Zelt (dem Zeichen für einen König) und Hinweisen auf Muskatnuss- und Pfefferwälder illustriert ist. Die minimale Beschriftung besagt, dass Cipangu einen König und eine eigene Sprache besitze, die Bewohner Götzen anbeten und es dort reiche Goldvorkommen und Gewürzanpflanzungen gebe. Diese Informationen stammen von Marco Polo, der gewöhnlich als Urheber des ersten in den Westen gelangten Berichts über das japanische Reich gilt. Polos Beschreibung war rund dreihundert Jahre lang die Grundlage für die europäischen Vorstellungen von Japan.

Noch nicht einmal Polo hatte gewagt vorzugeben, er habe Japan selbst bereist. Gehört hatte er von der Region unzweifelhaft, da das mongolische China noch während seiner Zeit dort in den Jahren 1274 und 1281 zwei, wenn auch erfolglose Angriffe gegen Japan lanciert hatte. Laut Polo hatten »die Einwohner der Insel […] eine helle Gesichtsfarbe und gute Sitten«. Japan habe »einen unabhängigen, selbständigen Staat und werde nur von eigenen Königen regiert«. Gold gebe es dort zudem »in größtem Überfluss«. Polo wiederholte auch ein Gerücht, das häufig von Asienreisenden verbreitet wurde: »Der Leser soll aber wissen, dass die Inselbewohner einen gefangenen Feind, der kein Lösegeld aufbringen kann, schlachten und bei einem Gastmahl verzehren, zu dem sie alle ihre Verwandten und Freunde einladen.« Er hatte von noch weit schlimmeren »Zeremonien [gehört], die im Angesicht dieser Götzen vorgenommen werden«, aber diese seien »so grässlich und teuflisch, dass es gottlos wäre, darüber zu berichten«. Viel mehr hat Polo nicht mitzuteilen, sein Wissen über Japan war offensichtlich beschränkt, weshalb er in seine Darstellung nur wenige Details oder kulturelle Besonderheiten des Landes einfließen lässt. Einen riesigen Palast, der vollständig mit feinem Gold bedeckt sein sollte, hielt er noch für berichtenswert – und einen kuriosen japanischen Bestattungsbrauch, nach dem die Toten eingeäschert oder beerdigt wurden, wobei Letzteren eine der wertvollen Perlen, »rot, groß und schön rund«, die dort vielfach zu finden seien, in den Mund gesteckt wurde.

Darüber hinaus erzählt er lediglich nach Art einer Legende die verhängnisvolle mongolische Invasion in Japan nach, die im Jahr 1281 stattfand, während er noch am Hof von Kublai Khan in Diensten stand. Als Berichte über das Scheitern des Kriegszuges nach Khanbaliq gelangten, wird er also vor Ort gewesen sein. Dies ist auch eine der wenigen Gelegenheiten, die Polo zum Anlass nimmt, um in seinem Buch über die praktischen Aspekte und Gefahren des Reisens zu sprechen.

Laut Polo brach die mongolische Flotte von »Zaitum« (Quanzhou) und »Quinsai« (Hangzhou) auf, zwei der wichtigsten Militärhäfen in Ostchina (letzterer wurde 1276 von den Mongolen erobert). Die Flotte wurde von zwei rivalisierenden Generälen angeführt, »Abbakatan« (dem Mongolenanführer Arakhan) und »Vosacin« (dem Song-Überläufer Fan Wenhu), die derart miteinander verfeindet waren, dass die Expedition von Anfang an zum Scheitern verurteilt war. Die Flotte erreichte Japan, doch bevor auch nur eine einzige Stadt eingenommen werden konnte, brach von Norden her ein Sturm los. Für die chinesischen Befehlshaber war schnell klar, dass ihre Flotte Schiffbruch erleiden würde, wenn sie im Hafen blieben, also stachen sie in See. Sobald sie sich in tieferen

Gewässern befanden, verstärkte sich der Sturm jedoch nur noch. Die Schiffe kollidierten und einige von ihnen zerbarsten. Tausende Seeleute ertranken, nur wenige konnten auf Schiffen entkommen, denen es gelang, durch die stürmische See zu navigieren. Ein paar Schiffe, darunter auch diejenigen mit den beiden Kommandanten an Bord, retteten sich in den Schutz einer kleinen, unbewohnten Insel, wo sie anlanden konnten.

Als sich der Sturm gelegt hatte, versammelten die Kommandeure alle Offiziere und Kapitäne – also die in der Flotte dienenden ranghöchsten Adligen – und flohen mit ihnen zurück nach China. Sie ließen 30 000 Schiffbrüchige auf der kleinen, verlassenen Insel ohne Hoffnung auf Rettung zurück. Kurze Zeit später fielen die Japaner auf der Insel ein und planten, die armen, von ihren eigenen Befehlshabern im Stich gelassenen Seeleute gefangen zu nehmen. Doch laut der Geschichte, die Polo erzählt wurde, konnten die »Tataren« die Japaner überlisten, sich um einen Berg herumschleichen und die japanische Flotte entern. Sie stahlen die Boote, segelten davon und »mit Banner und Standarte des Herrschers von Cipangu zogen sie gegen die Kapitale«. Die Stadt (historisch müsste dies Kyoto gewesen sein) konnten sie prompt einnehmen, da die Einwohner sie für die eigenen Leute hielten. Sie jagten »alles Volk fort, ausgenommen einige schöne Frauen«, die »die Tataren zu ihrem eigenen Gebrauch behielten«. Einer Belagerung der Stadt hielten die Eindringlinge beinahe sieben Monate stand und ergaben sich erst, als ihnen garantiert wurde, man werde ihr Leben verschonen. Die chinesischen Befehlshaber, die es in der Zwischenzeit zurück an den Hof des Großkhans geschafft hatten, wurden dagegen hingerichtet.

Polos Japan – ein Ort unendlich reich an Handelswaren, die sich zur Ausbeutung anboten, und voller Schätze von Gold und Perlen, die es zu plündern lohnte – erinnert an die Darstellungen anderer mittelalterlicher Wunderländer des Fernen Ostens: Stets wartete ein vage verortetes Herrschaftsgebiet von grenzenlosem Reichtum auf den unerschrockenen Handelsreisenden, der bereit war, sein

Glück zu suchen. Polos phantasievolle – als neueste Nachricht präsentierte – Schilderung, wie die Mongolen bei ihrem Angriff auf Japan scheitern, greift ein für das Mittelalter typisches Bild für die Wechselhaftigkeit des Glücks auf: das Unwetter beziehungsweise den Sturm. Die Elementargewalt des Sturms war lange Zeit ein beliebtes Motiv, um durch übersteigerte Habgier ausgelöste Gefahren und die für den menschlichen Lebensweg charakteristischen Wechselfälle bildlich darzustellen. Der mächtige Seegang des sturmgepeitschten Meeres, der das Heck steigen und den Bug fallen lässt, der die machtlosen Sterblichen in unbändigen Wellen in die Tiefen stürzt, der mittels eines unkontrollierbaren Willens den geradlinigen Kurs jeden Schiffs ins Chaos zwingt. Ganz gleich, ob sie sich der Gefahr bewusst gewesen waren oder nicht, wurden die Menschen von den Unwetterkapriolen erfasst und konnten nichts anderes tun, als die Macht ihrer Götter zu verfluchen. In Polos Erzählung war es allein der Sturm, der es vermochte, die Chinesen aufzuhalten und ihre Pläne zu verhindern, indem er es ihnen unmöglich machte, von der Stelle zu kommen. Der Sturm als solcher setzte die Obergrenze – und noch dazu eine natürliche – für die Ausdehnung des mächtigen mongolischen Reiches und bewies, dass widerstrebende Winde selbst die größten weltlichen Mächte zum Scheitern bringen konnten.

Polos Version der Ereignisse von 1281 ist historisch nicht korrekt und spiegelt das Bemühen der besiegten Chinesen wider, ihr Gesicht zu wahren. Zeitgenössische chinesische und japanische Quellen widerlegen Aspekte seiner Geschichte eindeutig. Arakhan war tatsächlich gestorben, noch bevor die Flotte Japan erreichte, und durch Ataqai als Oberbefehlshaber ersetzt worden. Eine Besetzung Kyotos hat es nie gegeben; die mongolische Flotte belagerte Takashima, dort schlug der furchtbare Taifun zu. Die Japaner brachten die überlebenden Chinesen nach Hakata (Fukuoka), wo mongolische, koreanische und Han-chinesische Soldaten hingerichtet wurden. Andere wurden eingekerkert oder versklavt. Drei Überlebende schafften es, nach Khanbaliq zurückzukehren, und konnten dort berichten, was der Flotte des Großkhans zugestoßen war. Ihre Aussagen wurden vor dem Kriegsgericht verwendet, dem sich Fan Wenhu in Khanbaliq stellen musste. Er wurde für schuldig befunden, seine Truppen auf den Inseln vor Kyushu im Stich gelassen zu haben.

Kaum ein mittelalterlicher Reisebericht versäumt, darauf hinzuweisen, dass niemand die ganze Welt gesehen haben konnte. Der Wahrheitsgehalt der Angaben zu Japan oder die Frage der Zuverlässigkeit des Berichterstatters Marco Polo spielte für sein europäisches Publikum kaum eine Rolle, denn Japan war nach westlichem Verständnis *terra nullius* – lediglich eine weitere dieser fremdartigen Inseln im Fernen Osten, die Reichtümer in Hülle und Fülle versprach. Was das Erdenrund und dessen tatsächliche Ausmaße betraf, war sich auch Polo nicht sicher, trotz seiner weiten Reisen und der vielen Jahre, die er in Asien verbracht hatte. Sicher war er sich nur, dass es noch weitere Welten gab, die es zu besuchen, zu entdecken und für den Handel zu erschließen galt.

TIPPS ZUM GEMEINSAMEN ESSEN IN EINER MONGOLISCHEN JURTE

Marco Polo wird oft zugeschrieben, dass er eine Reihe an Speisen in Italien einführte, die er in China kennengelernt hatte. Belege dafür, dass er bei seiner Rückkehr tatsächlich Rezepte im Gepäck hatte, gibt es allerdings nicht. Doch die Ernährung im Fernen Osten und die Rituale rund ums Essen hatte er durchaus im Blick und nahm allerlei Besonderheiten in seine Schilderungen auf. So lobte er beispielsweise den ausgezeichnet gewürzten Dattelwein in Hormus, bemerkte, dass in Kaschmir die Ernährung ausschließlich aus Fleisch und Reis bestand, und verschwieg auch nicht die Gewohnheit der Tataren, Pferd, Hund und Mangusten zu essen. Er erwähnt, dass es in Zentralasien üblich ist, den Göttern Fett und Brühe als Opfergaben darzubringen, aber auch Nudeln, die aus Reis oder Hirse gefertigt sind und in ganz China auf den Tisch kommen, oder die wunderbaren Birnen und Pfirsiche, die es auf dem Markt von Hangzhou gibt. Mit anderen Ernährungsgewohnheiten, Essenskonventionen und gesellschaftlichen Tabus rund um das Essen konfrontiert zu werden, gehört seit jeher zum Reisen. Die Reisenden, die im mittelalterlichen China unterwegs waren, zeigten sich vor allem vom Überfluss an Essen beeindruckt und konzentrierten sich meist eher darauf, kuriose Essensregeln zu schildern, als die Zubereitung von Speisen zu skizzieren.

Die folgenden mittelalterlichen Tipps empfehlen Reisenden, was sie besser tun oder lassen sollten, wenn sie in einem mongolischen Ger (bei uns eher als Jurte bekannt) zum Essen eingeladen sind.

– Wenn für eine Mahlzeit ein Tier geschlachtet werden soll, solltest du seine Beine zusammenbinden, den Bauch aufschneiden, das Herz in die Hand nehmen und fest zusammendrücken, bis das Tier stirbt. Danach kann das Fleisch zubereitet und gegessen werden. Wer ein Tier auf muslimische Art und Weise schlachtet, wird selbst geschächtet.

- Dschingis Khan verbietet es, dass du mit bloßen Händen Wasser schöpfst; Wasser soll stattdessen mit Gefäßen geschöpft werden.
- Dschingis Khan verbietet seinen Untertanen, von Speisen zu essen, bevor derjenige, der die Speisen anbietet, sie nicht selbst gekostet hat. Und das gilt selbst dann, wenn du ein Emir bist und der andere ein Gefangener. Niemand darf in Gegenwart eines anderen essen, ohne anzubieten, das Essen mit dem anderen zu teilen. Und niemand darf mehr essen als die eigenen Kameraden. Beachte auch: Über ein Feuer, auf dem Essen gekocht wird, oder eine Schüssel, aus der Menschen essen, darf niemand hinwegsteigen.
- Kommt ein Reisender an einer Gruppe von Menschen vorbei, die gerade gemeinsam eine Mahlzeit verspeisen, kann er, ohne um Erlaubnis zu fragen, von seinem Pferd steigen und mit ihnen essen, und es ist ihnen verboten, ihn daran zu hindern.
- Wenn du einem Durstigen kein Kumys anbietest, beträgt die Strafe, die du zahlen musst, ein Schaf.
- Wenn du dich weigerst, einem Reisenden Obdach für die Nacht zu gewähren, kann zur Strafe eine dreijährigen Stute von dir verlangt werden.
- Du darfst kein Messer benutzen, wenn du Fleisch aus einem Kochtopf angeln willst, denn dadurch wird der Flamme der Kopf genommen.
- In der Jurte ist urinieren verboten. Wenn du es doch tust und es war Absicht, wirst du mit dem Tod bestraft. Wenn es ein Versehen war, musst du einen Geistbeschwörer bezahlen, dich und die Jurte und alles, was sich darin befindet, zu reinigen, indem er über zwei Feuer läuft; und bevor die Jurte nicht gereinigt ist, darf es niemand wagen, sie zu betreten oder etwas aus ihr zu entfernen.
- Für den Diebstahl von Stutenmilch, Wein oder Tee sind zur Strafe fünf Stück Rindvieh abzugeben. Für den Diebstahl von Getreide wird zur Strafe ein Pferd von dir verlangt.
- Es ist verboten, Milch oder andere Speisen und Getränke auf den Boden zu schütten.
- Wer sich am Essen verschluckt, muss aus der Jurte getrieben und sofort getötet werden.
- Wird jemandem ein Stück Essen gegeben und er nimmt es in den

Mund, aber isst es nicht, sondern spuckt es aus, wird neben der Jurte eine Grube gegraben, und er wird nach draußen in die Grube gezerrt und ohne Gnade getötet.

- Wenn du nicht weißt, wann du beim Alkoholtrinken aufhören musst, dann betrinke dich nur dreimal im Monat. Denn wenn du das Maß überschreitest, wirst du bestraft. Zweimal im Monat betrunken zu sein, ist gut, einmal im Monat ist sogar noch besser. Was kann besser sein, als gar nicht zu trinken? Aber wer in aller Welt schafft das? Wenn sich herausstellt, dass es einen solchen Menschen gibt, hätte er das höchste Lob verdient.

Kapitel 13

REISEZIEL: DER WESTEN

Istanbul 1470 · Hormus und Dschidda 1413 bis 1415 · Peterborough 1393 · Jerusalem 1325 bis 1327 · Poitiers 1307 · Bordeaux und Paris 1288

Viele Menschen außerhalb Europas verbanden mit »Europa«, wenn sie überhaupt etwas mit dem Begriff verbinden konnten, »das Land der Römer«, »das Land der Franken« oder »das Lateinische Kaiserreich« (mit seiner Hauptstadt Konstantinopel), eine Region, die weit entfernt von den wichtigsten Zentren der Weltbevölkerung lag. In der Zeit von 1300 bis 1400 waren die größten Städte der Welt mutmaßlich Peking und Nanjing mit jeweils etwa einer halben Million Menschen; im Vergleich dazu lebten in Rom 33 000, in London 50 000 und in Paris 200 000 Einwohner (alle diese Zahlen sind Näherungswerte). Bisher lag der Fokus dieses Buchs meistenteils auf der touristischen Perspektive und den europäisch geprägten Persönlichkeiten der Reisenden, die sich in den Osten aufgemacht haben. Ihre Neugier, ihre Vorurteile, ihre Sehnsüchte, ihre Andersartigkeit und die Art und Weise, wie ihre Berichte und Meinungen die europäische Weltsicht geprägt haben, waren Thema. Nun drehen wir den Globus einmal in umgekehrter Richtung und nehmen in den Blick, wie der Westen auf Reisende und Besucher aus dem Osten wirkte. Selbst mehrere Bücher könnten diesem Thema nicht gerecht werden, geschweige denn ein Kapitel, doch ich möchte hier einige Perspektiven als Korrektiv zum dominanten Blick des Westens anbieten – dem

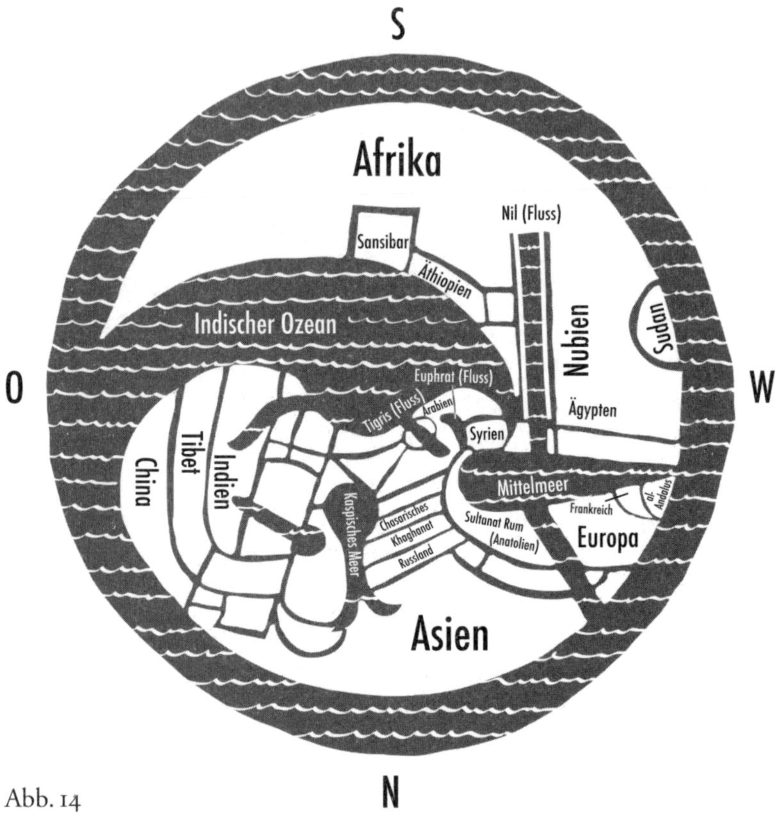

Abb. 14

Blick, der so viel dazu beigetragen hat, dass die Idee des Reisens, die heute für uns selbstverständlich ist, Gestalt angenommen hat.

Unsere Reise begann mit dem Behaim-Globus, der den Blick auf die Welt von Nürnberg aus zeigte. Jetzt nehmen wir einen anderen Blickwinkel ein, nämlich den Istanbuls in den 1470er Jahren, fünfzig Jahre nachdem Bertrandon de la Broquière dorthin reiste: Konstantinopel beziehungsweise Byzanz war seit 1453 unter der Herrschaft des osmanischen Sultans Mehmed II. (des Eroberers). Die Zusammensetzung der Bevölkerung, das Erscheinungsbild der Stadt und ihre globale Ausrichtung hatten sich grundlegend geändert.

Als Mehmed II. im Mai 1453 Konstantinopel eroberte, war er gerade einmal einundzwanzig Jahre alt. Seine Truppen töteten den byzantinischen Kaiser Konstantin XI. Dragasis Palaiologos (1405–1453) und setzten damit einem christlichen Reich ein Ende, dessen Ursprünge bis ins antike Rom reichten. Herrscher und Kirchenvertreter in ganz Europa reagierten schockiert und entsetzt auf das Ereignis, das sie als Sieg des Islams über die Christenheit wahrnahmen. Nachdem Mehmed II. den osmanischen Truppen zur Belohnung gewährt hatte, die Stadt drei Tage lang zu plündern, hielt er eine Siegesfeier ab, garantierte den verbliebenen Christen ihre Sicherheit und machte sich daran, die Stadt umzugestalten. Die Hagia-Sophia-Basilika wurde zur Moschee, und Mehmed II. beeilte sich, seine Hauptstadt von Edirne nach Konstantinopel zu verlegen (das fortan Istanbul genannt wurde, der gebräuchliche türkische Name leitet sich vom griechischen »eis ten polin« ab, »zur [oder in] der Stadt«).

Im Jahr 1459 veranlasste Mehmed, dass ein prächtiger Palast für ihn errichtet werde, der Topkapi-Palast. Von seinem Privatquartier in den schattigen Hügeln des Topkapi-Serails konnte der Sultan über das Goldene Horn blicken und die Seewege nach Osten zum Schwarzen Meer und nach Westen zur Ägäis und zum Mittelmeer überblicken. Mehmed machte keinen Hehl daraus, dass er Rom erobern wollte, so wie er das »Neue Rom«, sprich Konstantinopel, erobert hatte; vom prächtigen Topkapi-Palast aus erklärte er sich selbst zum Ḳayṣer-i Rūm, wörtlich zu einem neuen »Cäsar der Römer«.

Sultan Mehmed II. hatte kosmopolitische Aspirationen. Als Brückenbauer zwischen Ost und West war er halb islamischer Fatih (Eroberer), halb Renaissancefürst. Er sammelte Bücher und Kunstwerke aus den von ihm eroberten Gebieten und wollte die Welt mit den Augen derjenigen sehen, die zuvor den Mittelmeerraum beherrscht hatten: die von ihm besiegten venezianischen Seefahrer und Kaufleute. Er gab eine breite Palette an Karten mit unterschiedlichen Perspektiven und geographischen Ansätzen in Auftrag.

Insbesondere türkische Kartographen scheinen für Mehmed II. eine große Anzahl islamischer Karten angefertigt zu haben, darunter mehrere Karten, die in Kopien des Kitāb al-Masālik wa-l-mamālik (des »Buchs der Wege und Provinzen«) von Abu Ishaq al-Istakhri eingefügt wurden. (Das äußerst einflussreiche geographische Werk war im 10. Jahrhundert verfasst worden.) Mehmed II. hatte Ausgaben dieser Karten in seinem persönlichen Besitz, hatte aber auch einige für die Moscheebibliotheken in Istanbul angeschafft. Alle diese Karten zeigen Süden oben und Norden unten. In der Kartenmitte befindet sich der Irak. Zwei Hauptkontinente dominieren das Gesamtbild: Afrika in der südlichen (oberen) Hälfte, Asien in der nördlichen (unteren). Der Persische Golf und der Indische Ozean zonieren die Landmassen auf den Karten in zwei Segmente.

Das osmanische Territorium, sprich das muslimische Reich in Anatolien, ist auf den Karten als Sultanat Rum eingezeichnet, und der europäische Kontinent trägt optimistischerweise die Aufschrift »Land von Groß-Byzanz« – eine Art Groß-Türkei. Dagegen zeigt nur ein winziger Teil der Karte, die Ecke unten rechts, das christliche Europa, dort (im Nordwesten) ist ein randständiges Gebiet mit »Franken« (Westeuropa) gekennzeichnet. Rechts davon (im Westen) liegt al-Andalus (die islamischen Emirate auf der iberischen Halbinsel, bis zur Eroberung des südlichsten Emirats, des Emirats Granada, durch Kastilien im Jahr 1492). Das christliche Europa ist in dieser Weltanschauung ein unbedeutender Winkel, dem es an Details oder besonderen Merkmalen fehlt. Von Istanbul aus gesehen war Westeuropa der Rand der Welt. Mit anderen Worten: In einigen Istanbuler Karten aus der Zeit Mehmed II. verschieben sich die für die Darstellung Europas maßgeblichen Werte und Perspektiven und das macht einen kolossalen Unterschied: abgebildet ist eine andere Welt.

Im Sommer 1480 belagerten osmanische Truppen die süditalienische Stadt Otranto, die damals zum Königreich Neapel gehörte. Die Osmanen unternahmen nie dagewesene Vorstöße in den Westen, darunter die Belagerung von Rhodos (im selben Jahr) und Überfälle und Anlandungen im gesamten Mittelmeerraum. Zur gleichen Zeit fertigte Francesco Berlinghieri (1440–1501) aus Florenz, einer der berühmtesten Kartographen Westeuropas, Karten im europäischen Stil für den osmanischen Hof an. Berlinghieri verwendete die antike, circa um 150 nach Christus entstandene *Geographike Hyphegesis* des Ptolemäus, die kartographische Abhandlung des griechischen Astronomen und Geographen über die bekannte Welt, die um 1400 vielfach ins Lateinische übersetzt wurde. Die Geographike erfasste und beschrieb die Welt von den Inseln des Atlantiks bis zur Ostküste Chinas. Berlinghieri »aktualisierte« Ptolemäus, indem er das Werk in italienische Poesie übersetzte und kartographische Details ergänzte. Seine reichverzierten und mit Lapislazuli und Blattgold belegten Karten zeigen ganz Europa und nicht nur die Küstenlinien, sondern auch Flüsse und Städte. So lassen sich »Canterborges« (Canterbury), »Londra« (London) und »Excestria« (Exeter) in England, »Rocelle« (La Rochelle), »Bordeos« (Bordeaux) und »Baiona« (Bayonne) an der Atlantikküste ausmachen. Die Ortsnamen auf der Karte bezeichnen meist Häfen oder kirchliche Zentren. Skandinavien fehlt weitgehend, und auch das Baltikum ist nur grob skizziert. Dafür sind die Atlantikküste und die Küstenregionen rund um das Mittelmeer sehr detailliert und mit verblüffender Genauigkeit dargestellt.

Berlinghieris Buch war für Mehmed II. bestimmt, der jedoch noch vor der Fertigstellung starb. 1482 bekam Mehmeds Sohn Bayezid II. (von 1481 bis 1512 Sultan des Osmanischen Reiches) ein prächtig ausgestattetes Exemplar des Buches mitsamt den gemalten Karten als Geschenk überreicht. Dort, wo andere Exemplare wiederkehrend ein christliches Kreuz zeigen, tragen die schmalen Seitenränder dieser Ausgabe islamische Halbmonde. Der Atlas stellt innerhalb der osmanischen Sammlung ein bemerkenswertes Gegenstück zu anderen Karten dar, von denen die meisten die Welt des Persischen und Indischen Ozeans in den Vordergrund stellten. Berlinghieris Karte erweiterte das türkische Wissen über den Westen und ermöglichte es dem neuen Sultan unter Rückgriff auf die neuesten in Italien verfügbaren geographischen Kenntnisse, die in italienischer Sprache und Versform präsentiert wurden, aus »westlicher« Perspektive auf Westeuropa zu blicken. So wie sich das christliche Europa allmählich für die weite Welt interessierte, entwickelte auch die Welt außerhalb Europas ein Interesse für den Westen.

Kleine Reittier-Kunde: In vielen Teilen der Welt werden fürs Reisen Kamele genutzt. Leute, die sich damit auskennen, unterscheiden zwei Arten von Kamelen: das Trampeltier und das Dromedar. Das Dromedar oder arabische Kamel hat einen Höcker auf dem Rücken, das Trampeltier zwei (obwohl manche sagen, es sei umgekehrt). Üblicherweise dienen Kamele als Reit- und Lasttiere; ihr Fleisch kann gegessen werden, und aus Kamelleder lassen sich Kleidungsstücke oder Zelte fertigen. »Kämmelgarn« ist eine weiche Wolle, die aus asiatischem Kamelhaar hergestellt wird, »Kamelott« heißt der daraus gefertigte Stoff. Der Kamelhirte wird »Dromedarius« oder Kameltreiber genannt. Kamele und Dromedare können schnell laufen. Sie haben heißes, gallebitteres, dünnes Blut, weshalb auch ihre Milch dünner ist als die anderer Tiere.

Zwischen China und dem Westen hat trotz der großen Entfernung seit undenklichen Zeiten eine Verbindung bestanden, das ist inzwischen erwiesen, und zwar sowohl über die Seidenstraßen als auch über die Seehandelsrouten zur Ostküste Afrikas, zum Horn von Afrika und zur arabischen Halbinsel. Das Gebiet, in dem mittelalterliche chinesische Münzen gefunden worden sind, umfasst so entfernt liegende Regionen wie England und Äthiopien. In den 1470er Jahren war wohlbekannt, dass »Männer aus Cathay ostwärts gereist sind«, und es gab sogar Berichte, zwei »sonderbare und wunderliche« Chinesen seien in Galway in Irland aufgetaucht – eine direkte Seepassage zwischen Ostchina und Westeuropa wurde, wie solche Aussagen zeigen, für möglich gehalten. Anekdoten wie diese lassen sich leicht als obskure Gerüchte und Missverständnisse abtun: Stammten die in Irland »Gestrandeten« möglicherweise aus Island, Grönland oder Nordamerika? Andererseits sind noch um einiges detailliertere und besser belegte Aufzeichnungen überliefert, die von Chinesen erzählen, die den fernen Westen bereisten. Diese Berichte stammen schon vom Anfang des 15. Jahrhunderts – und damit aus genau der Zeit, in der auch die Europäer vermehrt zu reisen begannen.

Zheng He (oder Cheng Ho, 1371 bis 1435) war ein hochrangiger Eunuch (ein kastrierter Hofbeamter) am kaiserlichen Hof der Ming-Dynastie. Zwischen 1405 und 1433 durchsegelte er mit Auftrag, reiche Schätze aufzutreiben, in sieben großen Seeexpeditionen die Weltmeere. Er brachte Tributzahlungen und Beutegut, aber auch Botschafter, neue Waren und Frauen für den kaiserlichen Hof mit zurück. Bei jeder seiner Expeditionen befehligte Zheng He Tausende Seeleute und durchquerte die von China aus bekannte Welt bis in den letzten Winkel: von Südostasien bis Ostafrika. Seine Flotte, die in den riesigen kaiserlichen Werften in Nanjing gebaut und gewartet wurde, bestand aus Kriegsschiffen von gewaltigen Ausmaßen, mindestens neunzig Meter lang und mit neun Masten bestückt. Hinzu kamen Schiffe, um die Pferde für die Kavallerie zu transportieren, Versorgungsschiffe, die ausschließlich Trinkwasser an Bord hatten oder mit Lebensmitteln beladen waren, und Dutzende von weiteren, kleineren Schiffen.

Auf drei seiner Reisen wurde Zheng He von einem wortgewandten Übersetzer und Reiseschriftsteller namens Ma Huan (Künstlername: »der Holzschnitt-Macher vom Berge«) begleitet. Sowohl Zheng He als auch Ma Huan waren Muslime, und ihre Reisen waren zum Teil als Pilgerfahrten nach Mekka konzipiert: zum »Land des Heiligen Kubus«. Ma Huan war als Reiseschriftsteller aufmerksam und neugierig. Seine erste Reise mit Admiral Zheng He führte ihn in den Jahren 1413 bis 1415 von Nanjing aus nach Java, Sri Lanka und zur Malabarküste (einschließlich Cochin und Kalikut) bis nach Hormus und Aden – mit einer Flotte von dreiundsechzig Schiffen und mehr als 28 500 Mann. In dem Vorwort, das Ma Huan im Jahr 1416 zu seinem Reisebericht verfasste, beschrieb er, wie seine Neugier durch die Lektüre eines geographischen Textes aus dem 14. Jahrhundert mit dem Titel *Bericht von den Inseln und den dortigen Barbaren* geweckt worden war. Er habe sich nach der Lektüre über die verschiedenen Völker, Topographien und Klimazonen der Erde gefragt: »Wie kann es auf der Welt so große Unterschiede geben?«

Wie viele westliche Reiseschriftsteller, die sich aufmachten, um per Recherche und mit eigenen Augen die Informationen zu verifizieren, auf die sie in den Berichten anderer über die Welt gestoßen waren, nutzte Ma Huan seine Weltreisen, um die Orte, über die er gelesen hatte, selbst in Augenschein zu nehmen und sie »persönlich Schritt für Schritt zu erkunden«. Und so wusste er aus eigener Erfahrung, dass die schriftlich überlieferten Beschreibungen der Welt »keine Lügenmärchen waren und dass es sogar noch größere Wunder gab«. Über praktische Aspekte des Reisens verlor er kaum ein Wort. Seine Methode bestand vielmehr darin, sich über die Menschen, denen er in jedem Land begegnete, Notizen zu machen, über ihre »Widerwärtigkeit und Schönheit«, die örtlichen Bräuche, die Produkte und Waren oder Grenzen und Zuständigkeiten. In seinem Vorwort bezeichnete er sich selbst als »schlichten Einfaltspinsel«, der das Privileg hatte, den kaiserlichen Gesandten auf einer solchen Reise zu begleiten, und sprach von der Reise als »einer wunderbaren Gelegenheit«, wie sie sich nur einmal in tausend Jahren biete. Zum Abschluss seines Vorworts entschuldigte er sich bei seinen Lesern, er »sei zu literarischer Eleganz nicht fähig«, daher könnten sie aber seiner »ehrlichen Feder« voll und ganz vertrauen. Ma Huan lässt in seinem Bericht erkennen, dass er präzise vorging und den Dingen auf den Grund gehen wollte, sein Anliegen, die Welt im Detail festhalten, scheint in seinen Zeilen auf, aber auch seine Sehnsucht nach neuen Wundern – das typische Oszillieren zwischen dem Bestreben aller Reiseschriftsteller, in der

Beschreibung dessen, was sie gesehen haben, genau zu sein, und dem Wunsch, einen Eindruck von den Wundern der Welt zu vermitteln.

Einer der Aufträge der Reisenden bestand darin, einen illegitimen Herrscher gefangen zu nehmen, der in einem Sultanat an der Nordspitze Sumatras den Thron von Samudera an sich gerissen hatte. Ma Huan erzählt wenig über die militärische Durchführung des Unternehmens. Sein wissbegieriger Blick und seine Aufmerksamkeit für die Besonderheiten der lokalen Kulturen stehen in krassem Widerspruch zu dem dezidiert kriegerischen Auftreten der Flotte, mit der er unterwegs war, und dem sich hinter den internationalen Reisen verbergenden selbstbewussten Expansionsstreben der Ming-Dynastie.

Ma Huans außergewöhnlicher, viele Seiten langer Bericht über die Welt enthält nicht nur viele faszinierende Details, sondern umfasst Lyrik (ein Gedicht über die Fahrt seines großen Schiffes »auf den tosenden Wellen des grenzenlosen Ozeans«) genauso wie Schilderungen der in Malakka beheimateten Als-ob-Tiger (Gestaltwandler, die sich von Tigern in Menschen verwandeln können) oder Auflistungen der Weine Sri Lankas und der zehn Verwendungsmöglichkeiten der indischen Kokosnüsse.[17]

---

17 Und zwar sind dies nach Ma Huan folgende:

1. süßer Saft als Erfrischungsgetränk
2. aus dem Saft vergorener Wein
3. aus dem Fruchtfleisch der Kokosnuss gewonnenes Kokosnussöl
4. Zucker der Kokosnuss
5. Fruchtfleisch als Speisezutat
6. Kokosfasern zur Herstellung von Seilen für den Schiffsbau
7. Kokosnussschalen zur Herstellung von Schalen und Bechern
8. Kokosnussasche für Einlegearbeiten mit Gold oder Silber
9. Kokosnussbaumholz als Bauholz
10. Kokosnussblätter, um Dächer zu decken

Der nordwestlichste Punkt auf Ma Huans Reisen war Dschidda, die in der Nähe von Mekka gelegene Hafenstadt auf der westlichen Seite der arabischen Halbinsel. (Er besuchte auch mehrere Häfen in Ostafrika.) Dschidda war ein wichtiger Handelshafen und westlicher Endpunkt für die meisten Fahrten indischer und chinesischer Schiffe. Ma Huan gab nur eine kurze Beschreibung der Stadt, ihrer »robust wirkenden und gut aussehenden« Menschen mit ihrer »tief dunkelvioletten« Haut und der friedlichen und vorbildlichen Sitten dort: »Es gibt keine verarmten Familien«, notierte er, und »alle halten sich an die Gebote ihrer Religion, und es gibt nur wenige Gesetzesbrecher«. Bewundernd schrieb er: »Es ist wahrhaftig ein sehr glückliches Land«, bevor er seine Reise nach Mekka und zum »Heiligen Haus« fortsetzte. Er bestaunt die wunderschöne Architektur der dortigen Moschee, deren Wände »aus Lehm, vermischt mit Rosenwasser und Ambra« waren und unablässig ihren Duft verbreiteten. Den Ort um den »Heiligen Kubus« von Mekka beschreibt er mit den bekannten Begrifflichkeiten, die ein irdisches Paradies charakterisieren und architektonische Genialität, sozialen Frieden und natürlichen Genuss illustrieren.

Ma Huans Bericht über Hormus spiegelt seine Erfahrungen mit einem der wichtigsten Knotenpunkte wider, an dem Osten und Westen aufeinandertrafen. Nach seinen Berechnungen war Hormus bei günstigem Wind von der indischen Malabarküste aus über das Arabische Meer in fünfundzwanzig Tagen zu erreichen, was einer Reisegeschwindigkeit von 61 Seemeilen (113 km) pro Tag entspricht. Wie westliche Reisende auch charakterisierte Ma Huan Hormus als globalen Umschlagplatz: »Ausländische Schiffe von überallher und auf dem Landweg reisende ausländische Kaufleute kommen alle in dieses Land, um den Markt zu besuchen und Handel zu treiben; daher sind die Menschen in diesem Land alle reich.« Im Gegensatz zu westlichen Reiseschriftstellern, die sich über die Hitze in Hormus beklagten und Bemerkungen zu den »hängenden Hoden« der Bewohner machten, bewunderte er den Reichtum der

Stadt und das »ehrfürchtige, gewissenhafte und aufrichtige« religiöse und persönliche Verhalten ihrer Bewohner. Sie seien gläubige Muslime mit »feinem und heiterem Auftreten«, »kräftig gebaut und gut aussehend« und ihre Kleidung sei »hübsch, markant und elegant«. Außerdem seien die zivilen und militärischen Beamten der Stadt sowie ihre Ärzte und Wahrsager »denen anderer Orte deutlich überlegen«. Anerkennend hob er hervor, es gebe zu jeder erdenklichen Art von Handwerk oder Kunst Fachleute. Ma Huan stellt Hormus als eine hervorragend regierte Weltstadt mit glücklichen Einwohnern dar, die sich durch Anständigkeit und Ehrlichkeit auszeichneten. Wenn nämlich eine Familie in Armut gerate, so Ma Huan, gebe »jeder Kleidung, Nahrung und Geldmittel und linder[e] ihre Not«. Viel weiter als Hormus sollte sich Ma Huan nicht von China entfernen, nichtsdestoweniger hatte er an diesem für ihn so entlegenen Ort eine von internationalem Handel und vielfältigsten kulturellen Einflüssen geprägte Hafenstadt vorgefunden, die seinem Bild einer anstrebenswerten harmonischen städtischen Gesellschaft entsprach.

Mit großem Vergnügen berichtet Ma Huan zudem von einer Dressurvorführung in Hormus, bei der ein Mann nach lokalem Brauch abwechselnd auf eine Trommel und in die Hände schlug und ein Lied sang, zu dem ein kleiner weißer Ziegenbock herumhüpfte. Das Tier kletterte dann auf eine Konstruktion aus zwei Holzstangen, die im Durchmesser gerade groß genug waren, dass er je zwei Hufe oben auf einer Stange unterbringen konnte, dort blieb der Ziegenbock stehen und »vollführte Posen, als ob er tanze«. Der Mann fügte weitere Stangen hinzu, so dass der kleine Ziegenbock immer weiter in die Höhe kletterte. Zum Schluss stieß der Mann die Stangen weg und fing das Böckchen in seinen Armen auf.

Ma Huan war in Hormus auch Zeuge eine Reihe von Vorführungen, an denen ein großer schwarzer Affe beteiligt war. Nachdem dem Affen die Augen verbunden worden waren, trat, wer wollte, von den umstehenden Zuschauern vor und schlug dem Affen auf den Kopf. Nachdem dem Affen die Augenbinde abgenommen worden war, konnte er dennoch zielsicher zu demjenigen gehen, der ihn geschlagen hatte. Das sei »sehr mysteriös«, betonte Ma Huan.

Ein weiteres Wunder von Hormus war eine einheimische Katze, die »Schnell-wie-der-Wind-über-der-Steppe« genannt wurde, offenbar ein Luchs oder Karakal, mit spitzen schwarzen Ohren und einem mehrfarbigen Fell. Ma Huan erfuhr, dass diese Katze »sanftmütig und nicht bösartig« war und die Fähigkeit besaß, wilde Tiere wie Löwen oder Leoparden dazu zu bringen, »sich auf dem Boden niederzuwerfen«. Die »Schnell-wie-der-Wind-über-der-Steppe«-Katze war laut Ma Huan die »Königin unter den Tieren«. Ma Huans Luchs hat ein interessantes Gegenstück im Panthertier der christlichen Reiseberichte, einem »sanften Tier« mit süßem Atem und friedfertigem Wesen, das im mittelalterlichen Bestiarium Christus symbolisierte – wohl eine Zuschreibung, die als »christliches Allgemeinwissen« angesehen werden darf, da die Bestiarien, »enzyklopädische« Dichtungen, die Tieren allegorische Bedeutungen zuschrieben und sie mit der christlichen Heilslehre verbanden, im Mittelalter sehr populär waren.

Die Geschichten über den Ziegenbock, den Affen und den Luchs offenbaren, dass Ma Huan sich jenseits der Ausrichtung seiner Mission an Gewinnmaximierungs- und Eroberungsambitionen einen Blick für das Kuriose bewahrt hatte. Seine Bewunderung für diese Tiere steht im Einklang mit seinem Loblied auf Hormus, einen Ort allgemeinen Überflusses: »all die kostbaren Waren aus allen fernen Landen«, reichlich Karotten und sehr große Melonen, Granatäpfel so groß wie Teetassen und faustgroße, duftende Äpfel. Ma Huan sieht in Hormus ein harmonisches Zusammenspiel von Mensch und Natur am Werk, in dem der Reichtum des Handels auf natürlich vorhandene glückliche Umstände zurückgeht.

Ma Huans ernsthaftes Interesse und seine Aufgeschlossenheit stehen in krassem Gegensatz zu den Zielen seiner Mission, die darin bestanden, die Handelswelt im gesamten asiatischen Raum einzuschüchtern, den Herrschaftsanspruch deutlich zu machen und von jedem Ort Tribut zu verlangen. Als die chinesischen Schiffe Hormus wieder verließen, führten sie ein Schiff mit, auf das der König von Hormus Löwen, Giraffen, Pferde, Perlen, Edelsteine und andere Geschenke hatte laden lassen. Er schickte auch ein goldbelegtes Blatt mit Inschriften, die wohl die Insignien und die Abstammungslinie des Throns von Hormus zeigten. Zur kostbaren Fracht gehörten darüber hinaus bedeutende Personen: Diverse Prinzipale und Botschafter reisten mit, von denen viele jahrelang in China bleiben sollten. Manche, die 1415 von Hormus nach Khanbaliq segelten, erhielten erst 1421 die Erlaubnis, nach Hause zurückkehren zu dürfen.

Admiral Zheng He war sich offensichtlich der Tatsache bewusst, dass die von ihm befohlenen Fahrten außergewöhnlich waren, denn er hinterließ mehrere monumentale Steinstelen. Zwei davon stehen bis heute in Nanjing beziehungsweise Nanshan und sind der Himmelskönigin Mazu gewidmet, einer daoistischen Göttin und Beschützerin der Fischer und Seeleute. Sie sind ein bleibendes Denkmal nicht nur für die Reisen von Zheng He, sondern auch dafür, dass die Ming-Dynastie die Seefahrt nutzte, um der Welt ihren Reichtum und ihre Macht zu präsentieren.

Wir haben Henry Bolingbroke, Earl of Derby, bereits kennengelernt, als er sich Anfang der 1390er Jahre auf seine Kreuzzugs- und Pilgerreise durch Preußen, Europa und das Heilige Land vorbereitete. Seine Rückreise in Richtung England führte ihn von Jerusalem aus über Famagusta, Rhodos und Venedig. Im Gepäck hatte er einige auf seinen Reisen erworbene Souvenirs. Dazu gehörte ein Leopard (wahrscheinlich ein Geschenk des Königs von Zypern), für den er auf der Galeere nach Venedig eine Kabine hatte reservieren lassen. Der Leopard und der aus dessen Heimat mitgereiste Tierpfleger verbrachten ihren Lebensabend offenbar fröstelnd in der königlichen Menagerie des Londoner Towers. Des Weiteren hatte

Earl Henry vier aus Straußeneiern gefertigte Becher mitgebracht, mehrere Fässer Wein, feine venezianische Seiden- und Leinenstoffe, mehrere Falken (mitsamt einem Kettenhandschuh aus Mailänder Geflecht) sowie einen Papagei in einem an einer Schnur hängenden Käfig.

Sein wertvollstes Souvenir war jedoch ein auf Rhodos aufgegriffener Türke, der zum Christentum konvertierte und – nach seinem Herrn und Meister – den Namen Henry erhielt. Auf dem Weg nach England waren für »Henry Turk« ein Bett, ein Pilgerumhang, eine Toga (eine Art Übermantel) und mehrere Paar Schuhe gekauft worden. In Troyes teilte sich die Reisegruppe auf und der Türke wurde zusammen mit dem Kaplan Hugh, zwei weiteren Priestern und einem Falken auf ein Boot gebracht, das die Seine hinab bis nach England fahren sollte. Das letzte Mal ist von »Henry Turk« in der englischen Stadt Peterborough mit ihrer imposant sich aus dem umliegenden Moorland erhebenden gotischen Benediktinerabtei zu hören. Es gibt jedoch keine Aufzeichnungen, die seine Perspektive oder seine Einstellung erhellen, noch nicht einmal sein ursprünglicher Name ist überliefert.

»Henry Turk« hatte ein ungewöhnliches, aber nicht einzigartiges Schicksal. So war in den 1250er Jahren beispielsweise ein »Äthiopier« namens »Bartholomew«, der möglicherweise in Sizilien seiner Versklavung entkommen war, in England auf der Flucht. Später, im Jahr 1470, schrieb der wohlhabende Engländer John Paston einen Brief, in dem er sich mit einem »neuen kleinen Türken« brüstete, einem türkischen »Zwerg«, dem der Penis angeblich bis zu den Fußgelenken reichte. Dieser Türke scheint in Pastons Londoner Haus Diener gewesen zu sein; möglicherweise handelte es sich um einen vormaligen türkischen Soldaten oder einen freigekauften Gefangenen, der über Venedig oder Genua nach England gekommen war. Dass solche Figuren, wenn auch nur am Rande, in den historischen Aufzeichnungen vorkommen, erinnert uns daran, dass für manche Menschen die westeuropäische Wissbegierde kein abstraktes Gedankenexperiment war. Diese Menschen wurden gekauft, gefangen genommen und bekehrt und dann an abgelegene Küsten gebracht, wo man sie ihrem Glück – oder ihrem Scheitern – überließ.

Hethum von Korykos (oder Hethum der Historiker, circa 1245 bis circa 1315), ein Adliger und Mönch, lebte ein Leben, an dem beispielhaft deutlich wird, welche Wirkmacht sich an der Schnittstelle von Ort und Identität entfalten kann. Er wurde in die königliche Familie der Hethumiden hineingeboren, die Kilikien oder Kleinarmenien in der heutigen Südosttürkei beherrschten. Sein Vater war Herr von Korykos (Kızkalesi), einer nördlich von Zypern an der kilikischen Küste gelegenen Stadt, sprich in der Region der sagenumwobenen Sperberburg. Hethum wurde als Jugendlicher zum Gouverneur von Korykos ernannt und heiratete eine Cousine, Zabel, aus der zyprischen Herrscherfamilie Ibelin. Sein Onkel war König Hethum I. von Kleinarmenien; er hatte in der sich wandelnden politischen Welt des Nahen Ostens im 13. Jahrhundert erfolgreich einen Platz für das Königreich ausgehandelt. Um die Sicherheit seines Landes zu gewährleisten, hatte König Hethum I. als geschickter Diplomat ein Bündnis mit den Mongolen geschlossen. Doch ab den 1260er Jahren gewannen die Mamluken gegenüber dem armenisch-mongolischen Pakt mehr und mehr die Oberhand, und in den folgenden hundert Jahren wurde das Königreich Kleinarmenien verwüstet und schließlich aufgelöst. Hethum von Korykos scheint an Vermittlungsmissionen zwischen England und Frankreich beteiligt gewesen zu sein. Um 1299 hat er möglicherweise eine Pilgerreise nach Paris unternommen. Jedenfalls verließ er 1305 Kleinarmenien, um sich dem Prämonstratenserorden in dessen wunderschönem Felsenkloster Bellapais auf Zypern anzuschließen. Auf diese Weise wollte er sich von den inzwischen in Kleinarmenien ausgebrochenen heftigen Kämpfen um die dynastische Nachfolge fernhalten, die im Dezember 1307 in der Ermordung der beiden Könige Hethum II. und Leon III. gipfelten. Zu diesem Zeitpunkt hatte sich Hethum von Korykos, inzwischen Bruder Hethum, in der französischen Stadt Poitiers niedergelassen, wo er etwa achtzehn Monate lang blieb. Er freundete sich mit Papst Clemens V. (1264–1314) an, der sich häufig in Poitiers aufhielt, und bemühte sich um westliche Allianzen für die kleinarmenische Krone und für seinen Verwandten Amalrich Lusignan von Tyrus (gestorben 1310), der Anspruch auf Zypern erhob. Zur gleichen Zeit und offenbar auf Wunsch des Papstes verfasste Bruder Hethum eine Geographie Asiens, eine der ersten des Mittelalters; er diktierte den Text in französischer Sprache einem Schreiber, einem gewissen Nicholas Falcon, der ihn dann ins Lateinische übersetzte. Das Werk trug den Titel *La Flor des Estoires d'Orient* beziehungsweise *Flos Historiarum Terrae Orientis* (Die Blume der Geschichten des Orients) und wurde zu einer einflussreichen Darstellung der Welt – aus der Sicht eines exilierten Kleinarmeniers – und zu einem grundlegenden Text, der dem westlichen Europa Wissen über Kleinarmenien und die mongolische Welt vermittelte.

Ein großer Teil von Bruder Hethums Darstellung dreht sich um den Aufstieg der Mongolen, gibt Geschichten über Dschingis Khan wieder und schildert die Konflikte zwischen den mongolischen Herrschern des persischen Großraums und den Sultanen in Ägypten. Über seine eigenen Reisen berichtet Bruder Hethum nur wenig, obwohl er eindeutig Augenzeuge vieler der von ihm beschriebenen Ereignisse war und sich mehrfach zwischen Armenien, Zypern und Frankreich hin und her bewegte und möglicherweise noch viel weiter reiste (Mitglieder des armenischen Hofes hielten sich in dieser Zeit sicherlich sowohl im Westen als auch im Osten auf: in Rom und in Karakorum). Er benennt drei Quellen, aus denen er Material für sein Buch schöpfte: erstens aus den »geschichtlichen Überlieferungen der Tataren«, zweitens aus den mündlichen Augenzeugenberichten seines Onkels König Hethum I., die er dann schriftlich festhielt, und drittens aus seinen eigenen Erinnerungen als Augenzeuge. »Ich äußere mich als jemand, der persönlich anwesend war, und was ich gesehen habe, habe ich wahrheitsgemäß aufgezeichnet.« Damit fasst er die mittelalterliche Herangehensweise an das Schreiben über Reisen und Geographie treffend zusammen: Die Autoren verschmelzen im kollektiven Gedächtnis Abgespeichertes mit persönlichen Erfahrungen und jeweils aktuellen zeitgeschichtlichen Perspektiven.

Bruder Hethums Abhandlung beginnt mit einer Beschreibung der Reiche des Ostens: von Cathay über Turkestan, Indien, Persien, Armenien und Georgien bis Syrien. Wie in westeuropäischen geographischen Darstellungen gilt ihm Jerusalem samt seiner Umgebung als Kulminationspunkt der Welt. Nichtsdestoweniger sah er es als notwendig an, seine Ausführungen in Cathay, »dem edelsten und prachtvollsten Reich der Welt«, beginnen zu lassen. Das lag nicht nur an dessen Lage im äußersten Osten, sondern auch daran, dass sich die Menschen in Cathay laut Bruder Hethum durch »subtile Arbeit und geniale Künste«, sprich ihre Erfindungsgabe in den Künsten wie im Handwerk, auszeichneten. In seiner Vorstellung hatte sich das Gravitationszentrum der Welt entscheidend verlagert: in den Fernen Osten. Mit seinem Buch wollte er die europäischen Herrscher schlussendlich ermutigen, nicht länger zu zögern und sich mit den Mongolen zu verbünden, wenn sie Jerusalem und das Heilige Land jemals zurückerobern wollten.

Es überrascht nicht, dass Bruder Hethum mit einer Aufforderung an seine westeuropäischen Leser schließt, einen »von allen gemeinsam getragenen Zug« zu unternehmen, eine internationale Kreuzzugsexpedition von »Pilgern«, um das Heilige Land zurückzugewinnen. Der Grund, warum es ihm ein Anliegen war, sein Wissen über den Osten zu teilen, war demnach sein Wunsch, dass das Heilige Land zurückerobert werden solle. Er rief die Menschen dazu auf, in Massen und auf drei Wegen nach Jerusalem aufzubrechen: erstens über Barbaria (die Berberküsten, was er angesichts des mageren Wissensstandes über »den Zustand dieses Landes« allerdings nicht empfahl); zweitens über Konstantinopel, eine der traditionellen Kreuzfahrer-Routen, die aber wegen der dort herrschenden Türken gefährlich sei (für den Fall, dass diese Route gewählt werde, fügte er hinzu, müssten die Mongolen gewonnen werden, um »den Weg zu sichern« und die Pilger mit Nahrung und Pferden zu vernünftigen Preisen zu versorgen). Als dritte und von Bruder Hethum bevorzugte Variante stehe »der andere Weg, den jeder kennt«, offen – der Seeweg. Dafür müsse jeder Hafen auf dieser Route ausreichend mit Proviant für die Pilger ausgestattet werden. Außerdem empfahl er allen, Zypern anzusteuern, »um sich und ihren Pferden etwas Ruhe zu gönnen«, nachdem sie die anstrengende Überfahrt hinter sich gebracht hatten. Den Pilgern, die eine Alternative zu Zypern suchten, empfahl er den Weg über Armenien, wo sie in der Hafenstadt »Tersot« (Tarsus), der vormaligen Hauptstadt Kleinarmeniens, anlanden, rasten oder möglicherweise sogar überwintern konnten. Dort gebe es »reichlich Wasser und Weideland für ihre Pferde«. Zudem wies er darauf hin, dass es von dort aus ein Leichtes wäre, die Stadt Antiochia einzunehmen.

Worum es Bruder Hethum ging, war klar: Er wollte Zypern und Armenien im Mittelpunkt der sich verändernden europäischen Welt verorten – der Weg, »mit Gottes Hilfe die Stadt Jerusalem zu erobern«, führte seiner Ansicht nach über Zypern und Armenien – und er trat für ein Bündnis mit den Mongolen ein, das die Integrität Zyperns und Armeniens sowohl gegenüber den Türken als auch gegenüber den Mamluken gewährleisten würde. Er setzte seine Hoffnung in »die Stärke der Feinde« und war der Ansicht, dass sich die Mamluken »eher durch zwei als durch einen [weiteren Feind] beeindrucken« lassen würden – eine frühe Aussage über die Notwendigkeit von Bündnissen.

Das im ersten Jahrzehnt des 14. Jahrhunderts von Bruder Hethum in Poitiers verfasste Manifest erweist sich damit als ebenso nostalgisch wie naiv. Zu einer Rückeroberung Jerusalems durch Christen sollte es nicht kommen. Bruder Hethums Text fand jedoch weite Verbreitung und wurde vielfach kopiert, denn Kreuzzüge tatsächlich in die Tat umzusetzen, hatten die Westeuropäer zugunsten schwärmerischer romantischer Phantasien von Ritterlichkeit aufgegeben. Herr von Korykos war inzwischen Hethums Sohn Oschin (gestorben 1329), der auch als Regent für den noch minderjährigen König eine aktive Rolle in der armenischen Politik spielte. Doch Kleinarmenien, verstrickt in endlose Machtkämpfe und Territorialkriege zwischen Zypern, der Türkei, den Tataren und den Mamluken, steuerte auf den endgültigen Zusammenbruch im Jahr 1375 zu. Der letzte König von Kleinarmenien, Leon V. (1342–1393), gilt als eine der wichtigsten Stimmen auf einer Konferenz in Amiens, da er sich für einen Friedensschluss zwischen Engländern und Franzosen einsetzte – in der Hoffnung, die verfeindeten Parteien gegen die Türken zu vereinen, die sein Königreich verwüstet und ihn ins Exil getrieben hatten. Leon V. rief, wie Bruder Hethum, vergeblich zu einem weiteren Kreuzzug auf und starb 1393 im Exil in Paris.

Der mongolische Hof, an dem vielfältigste internationale Gäste verkehrten, war schon in Karakorum, aber, wie wir gesehen haben, auch später in Khanbaliq kosmopolitisch ausgerichtet und entfaltete eine große Anziehungskraft. Menschen aus der ganzen Welt machten sich auf den Weg in dieses Zentrum der Macht und des Reichtums. Aber auch in entgegengesetzter Richtung ging von diesem Hof ein starker Impuls aus, denn die mongolischen Machthaber entsandten von dort Botschafter, Diplomaten, Boten und Pilger in alle Welt.

Einer dieser mongolischen Abgesandten war Rabban Bar Sauma, ein mongolischer Christ, der in der Nähe von Khanbaliq geboren war und über seine außergewöhnlichen Reisen berichtete. In den 1260er Jahren machte sich Bar Sauma mit einem seiner Schüler namens Markus zu einer Pilgerreise nach Jerusalem auf. Sie reisten durch Zentralasien und erreichten die armenische Stadt Ani an der Seidenstraße: damals eine blühende Stadt, heute eine trostlose Landschaft mit in Ruinen liegenden Kirchen und zerstörten

Brücken. Die mongolischen Reisenden waren gewarnt worden, es sei zu gefährlich, Syrien zu durchqueren. Daher reisten sie nach Persien weiter, wo sie den mongolischen Hof von Abaqa Khan in Hamadan besuchten. Während dieser Reise wurde Markus zum Bischof und dann zum Patriarchen ernannt und nahm den Namen Yahballaha III. an. Als sich herauskristallisierte, dass Franken und Mongolen einen gemeinsamen Feind hatten – die Mamluken-Sultane von Kairo – und gegen die Mamluken, die damals Jerusalem besetzt hielten, ein Bündnis geschmiedet werden sollte, war er es, der Arghun Khan, dem Nachfolger Abaqa Khans, vorschlug, sein weiser und ehrwürdiger Lehrer und Gefährte Bar Sauma solle diese Mission in den Westen übernehmen.

Bar Sauma, der inzwischen als hochbetagt galt (Mitte sechzig muss er mindestens gewesen sein), machte sich im Jahr 1287 von Bagdad aus nach Europa auf. Arghun Khan stattet ihn mit 2000 Goldstücken, einer »Païza« (dem gesiegelten mongolischen Pass) und dreißig Reit- und Lasttieren aus. Der Patriarch befürwortete seine Abreise und gab ihm ein Empfehlungsschreiben mit. Als der einzige Bericht seiner Art enthält Bar Saumas Schilderung seiner Mission einige äußerts bemerkenswerte Details, daher wollen wir hier kurz auf seine Reise nach Westen und seine Eindrücke von Europa eingehen.

Seine Reise führte ihn zunächst nach Konstantinopel, wo er sich nach Italien einschiffte. Auf der Fahrt über das Mittelmeer wurde er (am 18. Juni 1287) Zeuge, wie der Ätna, ein »Berg, aus dem den ganzen Tag Rauch aufstieg«, in der Nacht ausbrach, Flammen gen Himmel schickte und die Luft mit Schwefelgestank erfüllte. Wie viele andere, die das Mittelmeer bereist hatten, urteilte auch Bar Sauma: »Jenes Meer wird das italienische genannt, es ist ein furchterregendes Meer; viele tausend Menschen sind in ihm umgekommen«. Nach zwei Monaten erreichte er unter »vielen Mühen, Anstrengungen und Strapazen« Neapel, was die widrigen Bedingungen widerspiegelt, unter denen im Mittelalter Reisen zur See stattfanden. Für einen Mongolen, der nicht daran gewöhnt war, zur See zu fahren, muss das besonders anstrengend gewesen sein.

In Neapel sprach er beim Monarchen vor – »Schardalo« (»Charles le deux«, Karl II. von Anjou, König von Neapel, gestorben 1309) – und wurde von ihm freundlich empfangen. In einer Villa mit Blick auf den Golf von Neapel untergebracht, beschreibt Bar Sauma dann, welches Vergnügen es ihm gemacht habe, auf dem Dach zu sitzen und auf das azurblaue Meer zu schauen. Was ihm am 24. Juni 1287 Vergnügen bereitete, war jedoch nicht, bei heiterem Wetter die schöne Aussicht zu genießen, sondern zu beobachten, wie die Truppen von König Karl II. einen Angriff gegen das Heer seines Feindes, Jakob II., König von Aragón, Valencia und Sizilien (1267–1327), führten. Bar Sauma bewunderte, wie präzise und zielgerichtet die Schlacht ablief und dass die gegnerischen Parteien »keinen niedermachten, außer den Soldaten«.

Anschließend reiste Bar Sauma nach Rom und von dort weiter nach »Ginoh« (Genua), wo er den Winter verbrachte. In der Kirche »Sinalornia« (der Kathedrale San Lorenzo) bewunderte er den silbernen Sarg, in dem der Leichnam von Johannes dem Täufer lag, und eine »sechseckige Patene, ganz aus Smaragd«, von der es hieß, Christus habe mit seinen Jüngern davon das Passahmahl eingenommen.

Über »Onbar« (die Lombardei) nach Norden reisend, erreichte der mongolische Gesandte schließlich »Pariz« (Paris). In der französischen Hauptstadt traf er König Philipp IV., genannt der Schöne (1268–1314). Bar Saumas einmonatiger Besuch in Paris hatte durchaus eine touristische Seite. Er habe mit seiner Gruppe »die Kirchen, Sehenswürdigkeiten und […] alles, was man nur [dort] und an keinem anderen Ort findet« gesehen, notierte er. Besonders beeindruckt war er von der Zahl der Studenten – 30 000 –, denen zudem alle möglichen Bücher für ihr Studium zur Verfügung standen: Bibelkommentare und Exegesen, philosophische, rhetorische, medizinische, geometrische, arithmetische und astronomische Abhandlungen – eine Fülle an Wissen, das sie »fortwährend aufschreiben« müssen. Und alle diese Studenten erhielten vom König Geld für ihren Lebensunterhalt. Bar Sauma besuchte auch die Grablege der französischen Monarchen in Saint-Denis und sah dort fünfhundert Mönche, die an den Grabstätten der vormaligen Könige, jede mit einer goldenen oder silbernen Herrscherstatue geschmückt, für die Seelen der Verstorbenen sangen. Am Ende ihres Besuchs hatten Bar Sauma und seine Gefährten den Eindruck, »alles Großartige und Berühmte« gesehen zu haben.

Seine Reise führte ihn weiter nach Südwesten, nach »Laksonia« (die Gascogne), seinerzeit in englischem Besitz. Dort traf er – wahrscheinlich in Bordeaux, von wo aus die Engländer regierten – den englischen König Edward I. Im Anschluss kehrte Bar Sauma nach Genua zurück und entdeckte dort »einen Garten, der dem Paradies glich«, mit gemäßigten Temperaturen das ganze Jahr über und jeder Menge fruchttragender Bäume, deren Blätter zu jeder Jahreszeit grün waren. Von den Weinreben, die dort wuchsen, konnte siebenmal im Jahr geerntet werden, allerdings stellten die Einheimischen keinen Wein aus den Trauben her.

Den Höhepunkt von Bar Saumas Europareise bildete sein Aufenthalt in Rom, wo er eine folgenreiche Begegnung mit dem neu gewählten Papst Nikolaus IV. hatte. Bar Sauma berichtet, er habe sich direkt mit folgenden Worten an den Papst gewandt: »Nun, da ich dein Angesicht gesehen habe, wurden meine Augen hell, denn ich werde nicht gebrochenen Herzens in unsere Gegenden zurückkehren.« Der Papst gewährte ihm als Unterkunft eine »Villa« mitsamt Dienern, die ihn gut versorgten. Bar Sauma war Zeuge der Osterprozessionen in Rom, unter anderem am Palmsonntag, an dem sich »unzählige Tausende und Zehntausende« von Menschen mit Olivenzweigen versammelten. Er sah, wie der Papst den Gottesdienst abhielt – in luxuriöse Gewänder gekleidet, darunter »ein rotes Messgewand, das bis zu den Schuhen mit Gold, Edelsteinen, Hyazinthen und Perlen durchwirkt war«. Bar Saumas diplomatische Mission verlief im Wesentlichen erfolglos, es gelang ihm nicht, die Westeuropäer für die Idee zu gewinnen, eine gemeinsame Armee gegen die Mamluken aufzustellen. Aber der Papst schenkte ihm Reliquien von Christi Gewand, Marias Kopftuch und einige kleine Fragmente nicht näher benannter (möglicherweise nicht eindeutig identifizierbarer) Heiliger. Darüber hinaus erhielt er für seine Heimreise vom Papst 1500 Goldmünzen.

Von Rom aus nahm Bar Sauma den gleichen Weg über das Meer zurück nach Bagdad, wo er seine Reiseerfahrungen niederschrieb. Seine Schilderung des Westens ist einerseits einzigartig, ähnelt aber in mancher Hinsicht auch den westlichen Berichten über den Osten. Es ist eine Erzählung, die von den Gefahren der Seefahrt und des Krieges, von paradiesischen Gärten und ungewöhnlichen Reliquien, von mächtigen Herrschern und ihren unermesslichen Reichtümern handelt – und von Bar Saumas Beobachtungen einer breiten Skala von Bräuchen, von denen er manche erfassen konnte, andere als fremd empfand. Die mittelalterlichen Reiseschriftsteller – Bar Sauma wie auch seine »westlichen Kollegen« – machten die für sie überraschende Erfahrung, dass sie bei dem Versuch, die Welt zu verstehen, erkennen mussten, dass die Welt nicht so war, wie sie zuvor gedacht hatten. Doch sie erschlossen sich diese Welt, die sie schon in ihren Gedanken und Träumen und beim Lesen der Schriften anderer besucht hatten – wenn auch aus ihrer je eigenen Perspektive.

WEGWEISER ZUM JUNGBRUNNEN

Viele der mittelalterlichen Reisenden suchten, inspiriert von den biblischen Beschreibungen des Quells im Paradies – »ein Born lebendiger Wasser, die vom Libanon fließen« (das Hohelied Salomos 4,15) –, den Jungbrunnen. Der bekannteste unter ihnen ist der Konquistador Juan Ponce de León, der für die spanische Krone die bei Hispaniola (Große Antillen) gelegene Insel Bimini (Bahamas) erobern sollte, da es hieß, es gebe dort eine Quelle mit gesundheitsförderndem Wasser. Hier sind einige der vielen mittelalterlichen Beschreibungen des Brunnens:

In dem Epos *Huon de Bordeaux* aus dem 13. Jahrhundert findet der Held namens Huon am Nil in den Gärten des Emirs von Babylon einen Jungbrunnen:

In der Mitte dieses Gartens gab es einen hübschen Brunnen, gespeist aus dem Nil, der aus dem Paradies fließt. Dieser Brunnen war von solcher Kraft, dass, wenn ein Kranker davon trank oder sich Hände und Gesicht wusch, die Unkeuschen keusch wurden, und auch wenn ein Mann von hohem Alter war, wurde er wieder in das Alter von dreißig Jahren zurückversetzt und eine Frau so gesund und munter und voller Leben wie ein junges Mädchen von fünfzehn Jahren. (Vierzig Jahre lang hatte diese Quelle diese Eigenschaft, aber zehn Jahre nachdem Huon dorthin gekommen war, haben die Ägypter, die damals Krieg gegen den Admiral in Babylon führten, den Brunnen zerstört und abgebrochen.)
Als aber Huon in der Quelle seine Hände und sein Gesicht gewaschen und ihr Wasser getrunken hatte, erblickte er den Palast und meinte, er sei unfassbar schön. Und als er ihn lange so betrachtet hatte, entdeckte er neben dem Brunnen eine große Schlange, die den Brunnen bewachte, damit niemand die Kühnheit besäße, vom Brunnen zu trinken oder ihn zu berühren, denn wenn ein Verräter oder Ketzer ihn berührte, konnte er nicht entkommen, sondern würde den Tod finden. Aber als die Schlange Huon sah, ringelte sie sich ein, ohne Anstalten zu machen, ihm etwas Böses zu tun.

Sir John Mandeville meinte, der Brunnen der Jugend sei bei Polombe (Colombo) auf der Insel Serendip (Sri Lanka) zu finden:

Südlich der Stadt Polombe befindet sich ein Hügel, den die Menschen Polombe nennen und von dem auch die Stadt ihren Namen hat. Und am Fuße dieses Hügels gibt es einen hübschen Brunnen, der einen süßen Geschmack von allerlei Gewürzen hat, und dazu ändert er seinen Geschmack, so dass er zu jeder Stunde des Tages unterschiedlich schmeckt. Und wer dreimal am Tag aus diesem Brunnen trinkt, der wird, was er auch für eine Krankheit hat, davon geheilt. Tatsächlich habe ich von diesem Brunnen getrunken, und ich glaube, aus diesem Grund fühle ich mich schon besser. Manche nennen ihn den Brunnen der Jugend, denn diejenigen, die aus ihm trinken, scheinen ewig jung zu bleiben und führen ein Leben ohne schwere Krankheiten. Und man sagt, der Brunnen stamme aus dem Paradies, da er nur gute Eigenschaften besitzt.

Der Dichter und Historiker Jean Froissart (gestorben um 1405) macht in seinem Roman *Le joli buisson de jonece* (Der heitere Busch der Jugend) deutlich, dass nicht jeder an den Jungbrunnen glaubte:

Ich habe vom Jungbrunnen und auch von unsichtbaren Steinen reden hören. Aber diese Dinge sind nicht möglich und ich habe, beim Heiligen Marcellus, auch noch nicht ein einziges Mal jemanden sagen hören: »Ich bin tatsächlich dort gewesen.«

Kapitel 14

AUF DER SUCHE NACH DEN ANTIPODEN UND DEM ENDE DER WELT

Die Antipoden · Sumatra · Java · Paten · Das Meer des Todes · Das finale Ufer

Die Reisenden, Astronomen und Kaufleute des Mittelalters konnte die Vorstellung, dass es überall auf dem Globus noch weitere Landmassen, Kontinente und Zivilisationen gab, nicht weiter überraschen. Als *neu* wurden sie in dem Sinne eingestuft, dass sie unbekannt waren, aber als *alt* in dem Sinne, dass sie, ohne in Europa bekannt gewesen zu sein, schon lange existierten. Es wird oft gesagt, Reisen erweitere den geistigen Horizont und ermögliche neue Erfahrungen. Doch im mittelalterlichen Europa stellte die Entdeckung »neuer« Orte nicht notwendigerweise altbekannte Wissenskategorien in Frage, denn die Reiseschriftstellerei hatte die Reisenden bereits darauf vorbereitet, dass auf sie eine Welt voller faszinierender und unglaublicher Wunder wartete.

Im 14. Jahrhundert erlangte eine Erzählung über einen jungen Mann aus Europa, der von zu Hause aufbrach, weil er die Welt sehen wollte, eine solche Popularität, dass sie in Reiseführern, Chroniken, Predigten, geographischen Abhandlungen und Gedichten erschien. Der junge Mann in dieser Geschichte war der kluge und neugierige Sohn von Bauern, die sich noch nie weit von ihrer kleinen Viehherde entfernt hatten. Er kam bis nach Indien – und reiste von dort aus sogar noch weiter. Per Boot, auf Eseln und Pferden sowie zu Fuß legte er 5000 Meilen gen Osten, in den letzten Winkel der Welt zurück. Er war so weit von zu Hause entfernt und sah so viele Wunder, dass er kaum noch wusste, wo er war.

Das größte Wunder war jedoch, dass er ein Land fand, dessen Bewohner seine Muttersprache sprachen und so lebten wie die Menschen in seinem Heimatdorf. Auch sie hüteten Kühe und riefen dabei genau die gleichen Kommandos, die sein Vater und seine Mutter auch benutzt hatten. Noch weiterzureisen, schien ihm sinnlos, also drehte er um und wollte den ganzen Weg zurück bis nach Hause gehen. Doch nach kurzer Zeit stieß er auf das Haus, in dem er aufgewachsen war: seine Mutter, sein Vater, die Kühe, die Weiden der Familie, alles da – ganz am anderen Ende der Welt. Er hatte sich so weit von seiner Heimat entfernt, wie er nur konnte, und doch war er irgendwie wieder zu Hause gelandet.

Zunächst dachte der junge Mann, er sei auf den Antipoden angekommen, der genau entgegengesetzten Seite der Welt: in der südlichen Region, von der man annahm, die Menschen dort setzten ihre Füße so auf die Erde, dass ihr Auftritt dem der Menschen im Norden genau gegenüberliege. Die entscheidende Voraussetzung für die Theorie der Antipoden – Fußsohle an Fußsohle, Gegenüber an Gegenüber, Pol an Pol – war, dass die beiden Seiten der Welt einander potenziell entsprachen, dass sie zwar direkt entgegengesetzt lagen, aber grundsätzlich vergleichbar und nicht ungleichartig waren.

Der junge Reisende war nicht ungebildet; er hatte einige Bücher über die Planeten und das Firmament gelesen und wusste, dass der Gesamtumfang der Welt genau 20 425 Meilen betrug (auch wenn manche behaupteten, es seien 31 500 römische Meilen). Ihm dämmerte langsam, dass er tatsächlich so weit gereist war, dass er die ganze Welt umrundet hatte, in ihrer ganzen Breite oder vielleicht auch der Länge nach von ganz oben bis ganz unten und wieder hinauf. So oder so: Er hatte den Globus umrundet. Seine Reise hatte ihn auf dem Land- und Seeweg um die Welt geführt und ihn in sein Heimatland zurückgebracht.

Die Eltern des jungen Mannes, die vor allem im Hüten von Kühen bewandert waren, glaubten, die Welt habe keine Unterseite, keinen Boden. Wenn sie überhaupt darüber nachdachten, stellten sie sich die Welt als eine Art nach Jerusalem hinaufführende Linie vor; ging man jedoch nach unten, konnte man das Gleichgewicht verlieren und in die ungewissen Weiten des Himmels und der Sterne fallen. Wenn sie eine Weltkarte gesehen hatten, hatten sie angenommen, auf der »Rückseite« befinde sich ausschließlich Meer, auch bei einem Globus stellte sich die Frage nicht, was die »Rückseite« zeigen könnte, da sie glaubten, der einzige bewohnbare Teil der Welt liege in der nördlichen Zone, in der sie zu Hause waren. Auch manche kirchlichen Prediger waren dieser Ansicht, hatten sie doch in ihren Büchern gelesen, es sei töricht zu meinen, auf der anderen Seite der Welt könnten Menschen leben. Wer glaubte, die Welt habe ein Oben (die Arktis), ein Zentrum (Jerusalem) und ein Unten (die Antarktis, das Gegenstück zur Arktis) und die Antipoden lägen Europa direkt gegenüber, musste der dann nicht auch glauben, dass Getreide und Bäume nach unten wachsen oder Regen und Schnee nach oben fallen konnten? Für Menschen wie die Eltern des jungen Mannes war so etwas unvorstellbar.

Aber der junge Mann wusste es besser, seine Erlebnisse hatten es ihm bewiesen: Man konnte um die ganze Welt reisen, ohne ins Firmament zu stürzen. So wusste er nun, dass es auf der anderen Seite der Erde Menschen gab: Ganz so wie er sich vorstellte, sie unter sich zu sehen, stellten sie sich vor, ihn unter sich zu sehen.

Und er erinnerte sich daran, dass Gott die Menschen in der Bibel aufgefordert hatte, sie sollten sich nicht fürchten und Hiob gesagt hatte: »Er [Gott] spannt den Norden aus über der Leere und hängt die Erde auf über dem Nichts.« (Hiob 26,7) Der junge Mann stellte sich die runde Kugel des Planeten Erde vor, die Menschen und die Meere, die Städte und die Berge darauf, und wie alles zusammen in der Luft schwebte und von Gottes alles durchdringender Macht und unvorstellbarer Kontrolle an seinem Platz gehalten wurde.

Die Geschichte des jungen Mannes, der die Welt umrundet und der Länge und Breite nach durchquert hatte, lieferte ein Exempel für die umstrittene Behauptung, dass das heiße Gebiet um den Äquator – die von glühend heißen Meeren umspülte Trockenzone – offensichtlich doch passierbar war. Die traditionellen geographischen Schriften hatten lange Zeit die These vertreten, diese heiße Zone stelle eine unüberwindliche Barriere für menschliche Reisen dar. Spätere wissenschaftliche Erkenntnisse zur kugelförmigen Beschaffenheit der Erde bestätigten noch im Mittelalter, dass weder die Gesamtheit der Welt, wie sie in der Bibel Erwähnung findet, noch die bekannte Welt der drei Kontinente (Afrika, Asien und Europa) die gesamte Erdoberfläche ausfüllen konnte: Ob bewohnt oder unbewohnt, es musste noch mehr geben.

Besonderer Tipp: Halte auf der Insel Caldihe Ausschau nach Gemüselämmern, die auf Bäumen wachsen. Dann entdeckst du vielleicht eine Art Gurke oder einen Kürbis, den du, wenn er reif ist, aufschneiden kannst. Darin befindet sich ein kleines lebendiges Wesen aus Haut und Knochen wie ein kleines Lamm, nur ohne Wolle.[18]

Im späteren Mittelalter war es keine Seltenheit mehr, dass Männer wie Frauen die Erde von einer Seite zur anderen per Schiff überquerten. Die im 15. Jahrhundert verfassten malaiischen Annalen, die die Historie der malaiischen Monarchie von ihrer Entstehung im 11. Jahrhundert an schildern, beginnen mit der Legende von »Raja Iskander«, einer muslimischen Version von Alexander dem

18 Es handelt sich bei »Caldihe« um eine ferne Insel, jenseits des Tatarenreiches, weiter entfernt als Cathay, irgendwo auf dem Weg nach Indien und zum Kaspischen Meer. Diese Gemüselämmer sind eigentlich genau wie die Entenvögel, die in Irland auf Baumstämmen wachsen sollen. Diese Muschelenten oder Entenmuscheln haben zunächst eine weiche Schale, dann wachsen und reifen sie heran und bleiben mit dem Schnabel am Baumstamm hängen. Sobald sie mit Federn bedeckt sind, fliegen sie weg. Zumindest sagt man das.

Großen, »einem Römer aus dem Land Mazedonien«, der »auszog, um den Osten in Augenschein zu nehmen« und »die Herrschaft über die ganze Erde von Osten bis Westen, von Norden bis Süden« erlangte. Schließlich wurde Iskander als Begründer der in Palembang (Indonesien) residierenden Dynastie gefeiert, die Singapur begründete und das Sultanat von Melaka (Malakka) errichtete. Die mittelalterlichen Machthaber in Java, Sumatra und auf der malaiischen Halbinsel kontrollierten den Seeweg über ein riesiges Gebiet und waren stets eng mit dem globalen Handel verbunden, auch wenn es noch dauern sollte, bis diese Regionen von den Europäern tatsächlich wahrgenommen wurden.

Zwei Inseln – Lamori (der Name wurde sowohl für das Sultanat von Aceh als auch für ganz Sumatra verwendet) und Java – waren die von Europäern im Mittelalter besuchten Orte, die am ehesten als die Antipoden gelten mochten. Diese Inseln spielten eine zentrale Rolle im Gewürzhandel und waren eng mit der Handels- und Personenschifffahrt auf dem Indischen Ozean verbunden. Der Begriff »Java« umfasste oft eine ganze Reihe von Inseln in der Javasee. Ibn Battuta legte im frühen 14. Jahrhundert fest, mit »Java Minor« sei Sumatra gemeint, während sich »Java Major« (oder »Djaouah«) auf das heutige Java, Indonesien und/oder Borneo und eine noch weiter gefasste Region beziehe. Die Beschreibungen des als »Java Major« bezeichneten Gebiets könnten auch die Nordküste Australiens umfasst haben. Marco Polo beschreibt Java Major als »die größte Insel der Welt« und ist sich mit dem Franziskanermissionar Odorich von Pordenone einig, dass sie »einen Umfang von gut 3000 Meilen hat« – Beschreibungen, die eher an Australien denken lassen. Doch unbenommen, ob sich hier größere Abweichungen zwischen den mittelalterlichen Vorstellungen und der modernen Geographie ergeben, wichtig ist, dass die Antipoden lange vor der ersten dokumentierten Ankunft von Europäern in Australien (der niederländische Händler Willem Janszoon landete dort 1606) Anlass zu Spekulationen gaben und erkundet werden sollten, da sie ein Ort waren, der eine Welt voller Wunder und verlockender Ähnlichkeiten versprach.

Auch wenn nur wenig Genaues über die Länder der Antipoden bekannt war, fehlen sie auf kaum einer mittelalterlichen Karte, auch wenn sie meist nur am Rande eingezeichnet sind. Wie für den Behaim-Globus galt auch für andere kartographische Darstellungen: Überliefertes Wissen befand sich in einem dynamischen Wechselspiel mit den fortschreitenden tatsächlichen Entdeckungen – und Sirenen, mythische Inseln, und biblische Schauplätze konkurrierten mit neuerlich besuchten Küsten und kürzlich erforschten Gebieten im Landesinneren ferner Regionen um (Darstellungs-)Raum. Die lebendige Kartentradition des Mittelalters umfasste so heterogene Darstellungsformen wie Schaubilder, Seekarten und prächtige *Mappae mundi*. Auf vielen Karten erscheinen die Antipoden am unteren Rand oder dort, wo auf der Karte Süden lag, als »Spiegelbild« oder Gegenstück zur bekannten Welt, die oben beziehungsweise im Norden verortet war. Auf dem Behaim-Globus wird Java und den anderen Inseln in der Region (wie etwa Pentan und Candyn) ein kurzer Text zu den Antipoden zur Seite gestellt, der besagt, diese lägen so weit im Süden, dass dort der Polarstern nicht zu sehen sei, stattdessen aber die Sterne der Antarktis. Des Weiteren liege das Land in Bezug zu Europa »Fuß gegen Fuß«. »Und wenn es bei uns Tag ist, haben sie Nacht, und wenn die Sonne bei uns untergeht, haben sie ihren Tag.« Außerdem sei »die Hälfte der Sterne, die unter uns liegen und für uns nicht sichtbar sind, für sie sichtbar«. Der Globenmaler des Behaim'schen Erdapfels nennt auch die Quelle, der er diese Informationen verdankt: »All das kommt daher, dass Gott die Welt zusammen mit dem Wasser in einer runden Form erschaffen hat, wie von John Mandeville beschrieben.« Östlich von Java zeigt der Behaim-Globus eine riesige Wasserfläche, die mit mehrfarbigen Inseln übersät ist, überlagert von einem Text über den Rest der Welt. Das Erdenrund wurde so auf dem Globus mit einem vierten, vor allem aus Wasserweiten bestehenden Teil der Welt vervollständigt (noch bevor Amerika als solcher bekannt wurde) und Java über dieses Meer mit Afrika verbunden.

Andere mittelalterliche Karten variieren stark in der Darstellung dessen, was jenseits von Indien und Java liegen sollte. Einige Karten platzierten die Antipoden ganz am Rand des Dargestellten, meist in dem Teil der Karte, der den äußersten Südwesten oder Südosten illustrierte. In einigen Fällen könnte dies darauf hindeuteten, dass sich ein »vierter Kontinent« auf der »Rückseite« oder »unterhalb« der auf der »Vorderseite« der Karte dargestellten bekannten Welt befinden sollte. Andere Karten lassen einfach eine Leerstelle, um bildlich zu fassen, dass die Antipoden unerforscht und möglicherweise auch leer und unbewohnt waren. So entstand das Phänomen, dass die Antipoden im Mittelalter als ein zwar bisher kaum besuchter, aber existenter Ort galten.

Der *Mirror of the World* (Weltspiegel), der auf einer Enzyklopädie aus dem 12. Jahrhundert beruht, enthält ein anschauliches Bild von zwei Männern auf einer Kugel, die in entgegengesetzter Richtung um die Weltkugel gehen und sich »unterhalb« ihres Ausgangspunkts treffen; sie sind »Fuß gegen Fuß« unterwegs bis sie Angesicht vor Angesicht wieder voreinander stehen. Der Begleittext erklärt, dass, »wie eine Fliege um einen runden Apfel kreist«, ein

Abb. 15

Mensch (oder auch ein Tier) die gesamte Erde umrunden kann, »so dass er unter uns ankommt und es ihm [dort] so erscheint, dass wir unter ihm sind«. Und wenn er weiterginge, käme er »so weit, dass er wieder an den Ort zurückgelangen würde, von dem er zuvor aufgebrochen war«. Damit war klar, dass eine Weltumsegelung in alle Richtungen – nach »oben« wie »unten«, gen Osten wie Westen – theoretisch möglich war, auch wenn Gefahren und menschliche Fehlbarkeit dem immer noch im Wege standen.

Im Jahr 1325 segelte Odorich von Pordenone, bevor er China erreichte, in einer Dschunke von Indien nach Sumatra. Er machte in verschiedenen Häfen an der Nordküste der Insel Station und reiste durch den malaiischen Archipel. Er besuchte Java, Borneo (und wahrscheinlich Brunei) und mit einem Zwischenstopp auf den Nikobaren auch die Region Südostasien.

Als er nach Lamori segelte, das auf der nordwestlichen Spitze der Insel Sumatra lag, die ihrerseits zum damals im Ost-West-Handel reich gewordenen Sultanat Pasai gehörte, wurde sich von Pordenone bewusst, dass er sich den Antipoden näherte. Es war für ihn verblüffend zu beobachten, wie er den Polarstern (Stella Polaris, den Nordstern) langsam aus den Augen verlor, »da ihn die Erde verdeckte«. Odorich von Pordenone hatte nicht nur seinen geistigen Horizont durch Reisen erweitert, sondern auch den Horizont überschritten: Die Himmelskarte wurde ihm immer fremder, denn der Polarstern, den die Seefahrer der nördlichen Hemisphäre zur Navigation benutzten, war in einer anderen, weit entfernten Sphäre verankert.

Für von Pordenone war jedoch auch Lamori selbst in zweierlei Hinsicht absonderlich. Erstens liefen die Menschen, Männer wie Frauen, völlig nackt umher. Sie sagten ihm, Gott habe Adam nackt erschaffen, warum also gegen den göttlichen Willen Kleidung tragen, vor allem bei dieser furchtbaren Hitze? Zweitens aßen die Menschen dort Menschenfleisch, »in der gleichen Weise«, so Odorich, »wie hier bei uns das Fleisch von Rindern«. Händler kamen von weit her, um Kinder an die Heiden zu verkaufen, und

»wenn diese sie erstanden haben, töten und verspeisen sie sie«. Die Einwohner von Lamori hatten Getreide, Reis, Kampfer, Aloe und Kochbananen im Überfluss und liebten dennoch den Geschmack von Menschenfleisch.

Die Faszination, die der Kannibalismus auf Europäer ausübte, ist fast so alt wie die europäischen Fernreisen selbst; bei Verhaltensweisen, die sie nicht selbst erlebt hatten, von denen die Reiseschriftsteller aber glauben, dass sie weit verbreitet waren, ging manches Mal die Phantasie mit ihnen durch. So wurde es zu einer selbstreferenziellen Beobachtung, dass der Kannibalismus jenseits von Europa weit verbreitet war und nicht-christliche Menschen dementsprechend nicht als vollständig »zivilisiert« gelten konnten. Der Vorwurf des Kannibalismus taucht in der Regel in noch undefinierten Kontaktzonen auf, jenseits der äußersten Grenzen der bekannten und begrifflich bereits erfassten Welt. Ähnlich wie Sodomie und Polygamie galt Kannibalismus als zutiefst schändlich und war dennoch in Übersee weit verbreitet – die Reiseschriftstellerei bot einen Raum, in dem das Phänomen thematisiert (und mit schrecklich-schönem Schaudern genossen) werden konnte. Der mittelalterliche Kannibalismus umfasste ein faszinierend breit gefächertes Spektrum an Verhaltensweisen, die genannten Gründe für Anthropophagie waren vielfältig: Menschen wurden aus religiösen Gründen, aus Grausamkeit, aus Hunger oder als Geste ausgleichender Gerechtigkeit gegessen. Odorich von Pordenone mag von Kannibalen in Sumatra gehört haben, aber selbst wenn das nicht der Fall war, hätte er erwartet, Kannibalismus an den östlichen Rändern der Welt zu finden. In jedem Fall hätte seine Beschreibung einer Reise zu den noch unbekannten Grenzregionen für sein Publikum an Glaubwürdigkeit gewonnen, wenn es dort Kannibalen gab. Auch Sindbad der Seefahrer von Bagdad – der personifizierte ideale islamische Reisende – soll auf seiner dritten und seiner vierten Reise in den Osten auf Kannibalen gestoßen sein. Sindbad und seine Mitreisenden werden an den »Berg der Haarigen verschlagen[, ...] Wesen, die den Affen gleichen« (möglicherweise ein indirekter Hinweis auf Sumatra, da die dortigen Waldbewohner Orang-Utan-ähnlich beschrieben werden), wo ein furchterregender Riese die anderen Männer allesamt verschlingt, nachdem er sie auf heißen Kohlen geröstet hat. Auf der nächsten Reise erlitt der rastlose Sindbad Schiffbruch auf einer im Fernen Osten gelegenen Insel, wo gruselige Magier ankommende Fremde mit einem besonderen Öl einrieben, das ihnen das Hirn vernebelte und sie enorm gefräßig werden ließ. »Dick und feist« geworden, wurden sie »geschlachtet und für den König zubereitet.« Auch andere Geschichten von Sindbad, die im 9. Jahrhundert spielen und während des gesamten Mittelalters sehr populär waren, rekurrieren auf den Kannibalismus als das prägnante Charakteristikum, um den Unterschied zwischen den zivilisierten Reisenden und den Bewohnern der von ihnen besuchten Inselkönigreiche – den »Wilden« – zu markieren.

Von Sumatra aus fuhr von Pordenone nach Java weiter. Er beschrieb die Insel als großes Land, in dem der oberste royale Herrscher sogar noch sieben Könige unter sich hatte. Die Insel sei dicht besiedelt und biete eine Fülle von Gewürzen und Lebensmitteln, es gebe nur keinen Wein.

Von Pordenones weitere Ausführungen über Java klingen vertraut, wenig außergewöhnlich, ja sogar vorhersehbar. Der Palast, in dem der König lebe, sei »reicher und prächtiger als jeder andere in der Welt«. Dort bildeten Goldplatten die Palastwände und zeigten auf einem Relief neben dem anderen Geschichten von Rittern im Kampf. Es hätte fast ein Königshof in Frankreich oder Italien sein können.

Jenseits von Java lag Odorich von Pordenone zufolge die Insel Paten. Damit ist möglicherweise die Insel Bintan zwischen Sumatra und Singapur gemeint oder das auf der Westseite von Java gelegene Banten, seinerzeit Teil des hinduistisch-buddhistischen Königreichs Sunda. Die Bäume dort lieferten ein hervorragendes Mehl für die

Herstellung von feinem Weißbrot, das er dort selbst gegessen habe, berichtet von Pordenone. »Dies alles habe ich mit eigenen Augen gesehen«, versichert er. Möglicherweise auf den Sagobaum anspielend, betonte er, dass auch hier Gott der Allmächtige die Natur in den Dienst des Menschen zu stellen und im Alltag Wunder zu wirken vermochte, indem sich das Brot für die heilige Kommunion als aus der Natur gewonnenes Nahrungsmittel manifestierte.

Patens Natur barg jedoch auch schreckliche Gefahren. Von Pordenone berichtet von einem Baum, der das tödlichste Gift der Welt produziere. Es sei kein Heilmittel bekannt, so von Pordenone, »außer einem: [...] von den Exkrementen eines Mannes nehmen, diese mit Wasser anrühren und trinken«. Es handelt sich hier um ein oft wiederholtes Narrativ über einen sagenhaften javanischen Giftbaum. Die Rezeptur des Gegenmittels hätte von Pordenone eigentlich gar nicht so absonderlich vorkommen müssen, schließlich war Tierkot eine in der westlichen Medizin weit verbreite Zutat: In europäischen Heiltränken und -salben wurde häufig der Kot von Kühen, Ochsen, Gänsen oder Tauben verwendet.

Die Menschen in Paten verdankten ihren Reichtum zu guten Teilen einem Meeresufer, an dem sie »baumhohes Schilfrohr« ernten und besondere Steine finden konnten. Die Steine am Körper zu tragen, machte es »unmöglich, mit einem Eisen geschnitten oder verletzt zu werden«. Die Patener ritzten sich sogar Wunden in die Arme, in die sie »einen dieser Steine einsetzten, damit sie nicht durch ein[e] Eisen[klinge] sterben«. Mit diesem Talisman beschworen die an einem gefährlichen Ort lebenden Menschen den Schutz der Natur herauf.

Jenseits von Paten beherrschte eine starke Strömung gen Süden den weiten Ozean – ein »totes Meer«, wie von Pordenone schreibt, ein Meer des Todes. Er warnte, wer das Pech habe, in dieses Meer zu stürzen, sei »nie mehr aufzufinden«. Und wenn sich die Seeleute mit ihren Booten zu weit von den Ufern entfernten, würden sie von den Wassern dieses schrecklichen Ozeanes auf Nimmerwiedersehen hinuntergetragen. Möglicherweise gab der Franziskanermönch hier lediglich wieder, was ihm die Einheimischen über die Javasee oder die Sundastraße oder den Indischen Ozean zwischen Java und Australien erzählt hatten. Jedenfalls war dies der südlichste Punkt, den von Pordenone auf seinen weiten Reisen erreichte, weiter konnte oder wollte er sich nicht in die Antipoden hineinwagen. Das äußerste Limit des geographischen Wissens seiner Zeit ausreizend, war er bis an die Schwelle des Todes vorgedrungen.

Auch viele der im Mittelalter in Europa entstandenen Landkarten weisen auf die Gefahren hin, die drohen, wenn man sich zu weit an den Rand der Welt begibt. Auf der *Mappa mundi* von Hereford (um 1300) umrahmen die Buchstaben M O R S (Tod) die Welt, vier finale Punkte, die niemand aus dem Blick verlieren sollte, und eine mahnende Erinnerung an die Sterblichkeit der irdischen Reisenden. Die ca. 1450 in Venedig von Fra Mauro angefertigte Weltkarte trägt südöstlich von Indien eine Inschrift, die besagt, dass Schiffe, die nach Süden segeln, von den Strömungen »in die Dunkelheit« getragen werden, wo sie »aufgrund der Dichte der Luft und des unnachgiebigen Wassers untergehen müssen«. In ähnlicher Weise berichteten Mandeville und andere von »Adamant-Felsen« in den Ozeanen des Fernen Ostens, die auf heftige Weise Eisen anzogen (so dass die dortigen Schiffe daher ohne Nägel oder andere eiserne Teile gebaut wurden). Es wurde sogar von einer langgestreckten Insel erzählt, von der die Seeleute behaupteten, es handele sich dabei um die aufgetürmten Überreste aller durch die Wirkung des Adamants zerstörten Schiffe. Von großen Schiffen war nichts weiter übrig geblieben als eine unheilverkündende Masse an Holz, ein Trümmerhaufen, aus dem bereits Bäume und Zweige emporwuchsen. Wenn wir sagen, Reisen bietet die Gelegenheit, sich lebendig zu fühlen, dann liegt das möglicherweise daran, dass wir auf Reisen mit existenziellen Gefahren flirten – bevor der Ozean des Vergessens seine Wellen über uns schließt.

Das unbelebte Meer jenseits von Paten markierte für Odorich

von Pordenone die Grenze seines Wissens, denn er räumt ein, dass niemand ahnen könne, wohin die von den Wassermassen mitgerissenen Menschen gelangten und was aus ihnen wurde. Jenseits von Paten umgab der Tod die Welt, egal wie weit man ging. Alles, was sich in der Ökumene der besiedelten Welt an Gold, Gewürzen, prächtigen Palästen, hehren Tempeln fand, würde weggeschwemmt werden. Das an die Antipoden anschließende Meer wurde zu einem Fluss Styx, auf dem nur Todgeweihte und Tote unterwegs waren, oder auch zu einem Fluss Lethe, der die Wasser des Vergessens mit sich führte. Dort wartete nichts weiter als ein verhängnisvoller Strudel, ein Labyrinth in Wasserform, eine See der Irrungen und Wirrungen, des Teufels Ozean.

Die Vorstellung eines Todesmeers, wie wir sie bei Odorich von Pordenone kennengelernt haben, steht ganz im Einklang mit dem mittelalterlichen christlichen Verständnis, Gottes Schöpfung sei für den Einzelnen zu unermesslich, um sie zu begreifen. Das Todesmeer markiert den Punkt, an dem nichts weiter bleibt, als umzukehren. An Patens Stränden akzeptierte von Pordenone, dass seine Erkundungsreise Grenzen hatte, und beugte sich den Kräften der Natur, die größer waren als er. Er nahm ein Schiff nach Norden, von Paten nach Zampa (heute Vietnam) und von dort nach Khanbaliq, um Orte zu besuchen, die besser zugänglich waren als Patens gefährliche Küsten.

Interessanterweise kreisten die Gedanken vieler mittelalterlicher Reisender mehr um das Ende der Welt als um eine mögliche Heimkehr. Marco Polo schreibt ebenso wie von Pordenone, dass an den Rändern der bekannten Welt verhängnisvolle Meere lauerten: Er warnte davor, das Meer zwischen Java und den Andamanen mit dem Schiff zu befahren, da es so tief und unruhig sei, dass Schiffe dort weder ankern noch weitersegeln konnten und für immer in den Golf gespült wurden. Und südlich von Madagaskar gebe es ein Meer mit einer ständigen südlichen Strömung, die jedem Seemann eine Rückkehr unmöglich mache. Reisen kann den Horizont erweitern, nicht durch grenzenlose Entdeckungen, sondern indem es uns hilft, unsere eigenen Grenzen zu sehen und die Grenzen der Welt zu begreifen.

So gibt es überall auf dem Globus Orte, die als das Ende der Welt bezeichnet werden und die die Grenzen der für Menschen zugänglichen Welt darstellen. Andere Orte, wie die Säulen des Herkules in Gibraltar, galten als die Grenzen des schiffbaren Ozeans. Zu den Endpunkten der Welt des Mittelalters gehörten das galizische Fisterra (Finis terrae, »Ende des Landes«), Finistère in der Bretagne, Land's End (auch bekannt als Inglendesende oder »England's End« – der südwestlichste Punkt auf der britischen Insel), Pembroke (Pen Bro, »Ende des Landes«) in Wales und Ultima Thule (»das weitentfernteste Thule«), das mit Island, Grönland, den Shetland-Inseln oder noch ferneren Orten im Norden in Verbindung gebracht wurde. Johore an der Spitze der malaiischen Halbinsel war im Mittelalter als Ujong Medini (»Ende des Landes«) bekannt, die Hauptinsel von Singapur wurde als Pulau Ujong (»Insel am Ende«) bezeichnet und der Hafen von Makassar auf Sulawesi war als Ujong Pandang (»Ende des Horizonts«) bekannt. Für die Maori war einer der spirituell bedeutendsten Orte Cape Reinga (das »Kap der Unterwelt«) an der Nordspitze Neuseelands, von dem es hieß, dass dort die Seelen der Verstorbenen diese Welt verlassen, um in die Unterwelt hinabzusteigen. Dies waren die Endpunkte der Welt, die sich an einem realen Ort befanden.

Thule war eine Art nördliches Gegenstück zu den Antipoden. Der Historiker und Ethnograph Adam von Bremen war um 1070 der erste bekannte Europäer, der über Nordamerika schrieb, und zwar in seinem Bericht über die nordische Siedlung Vinland (die von Leif Erikson um das Jahr 1000 gegründet worden war). Auch Thule, das seiner Ansicht nach »durch das unbegrenzte Meer von allen übrigen [Inseln] getrennt, fernhin inmitten des Ozeans lieg[e]« und »kaum bekannt« sei, erwähnt er in seiner Abhandlung. Die Insel werde deswegen Ultima Thule genannt, weil sie die letzte aller Inseln im Ozean sei. Dort werde es »um die Sommersonnenwende«, so Adam von Bremen, »gar nicht Nacht, und um die Wintersonnenwende durchaus nicht Tag«. Thule sei, so der Chronist, mit dem Segelschiff sechs Tagesreisen von Großbritannien entfernt.

Er meinte zudem, bei Thule müsse es sich um die vulkanische Insel Island handeln. Das Eis von Thule lasse selbst das Meer gefrieren und fest werden. Einmal in Brand gesetzt, würde dieses Eis, schwarz und trocken vor Alter, in Flammen aufgehen. Die in Tierfelle gekleideten Bewohner von Thule charakterisiert er als genügsam, »in Einfachheit ein heiliges Leben führend«. Gemeinsam mit ihrem Vieh fänden sie Zuflucht in unterirdischen Höhlen. »Denn sie haben ihre Berge als Städte und erfreuen sich an ihren Quellen«, besang der Bremer Kleriker den vorbildlichen Lebenswandel der Menschen in Thule. Sie teilten alles, was sie besäßen, sowohl untereinander als auch mit Fremden – und dies sei nur einer von vielen ehrbaren Bräuchen in ihrer Kultur. Jenseits von Thule gebe es weiter nichts.

Gabriel Tetzel, ein deutscher Patrizier, der in den 1460er Jahren von Nürnberg nach Santiago de Compostela reiste, ritt im Anschluss »gen ›Finstern Stern‹ als es denn die Bauern nennen, es heißt aber ›Finis Terrae‹«. Das lateinische »Ende der Welt« erschien ihm dabei genauso passend wie der scheinbar deutsche Name (das galicische »Fisterra«) für diesen Ort. »Doch sieht man nichts anders dann Himmel und Wasser, und manche sagen, dass das Meer dort so ungestüm sei, dass niemand mag hinüberfahren.« Man erzählte ihm, Galeeren und Schiffe hätten sich auf den Weg gemacht, um zu erkunden, was jenseits dieser Meere lag. »Es wär aber niemand herwieder kummen.«

Auch weiter im Südwesten gab es einen Punkt an dem die Welt endete: Kap Nun (portugiesisch Cabo de Não), ein westafrikanischer Felsvorsprung, der in den Atlantischen Ozean ragt. Nach Alvise Cadamostos Bericht über die Reise des Seefahrers und Sklavenhändlers Nuno Tristão nach Mauretanien im Jahr 1443 hatte das Kap diesen Namen erhalten, weil niemand, der es umrundete, je zurückgekehrt war. Damit wollte sich Heinrich der Seefahrer (1394–1460), Infant der portugiesischen Krone, nicht abfinden und schickte ganze Flotten seiner besten Karavellen aus, »um überall erfolgreich zu segeln«, »neue Dinge zu lernen« und »den in der Region lebenden Mauren Schaden zuzufügen«. Er war fasziniert von den Geschichten über Priesterkönig Johannes, aber auch von der Möglichkeit, den portugiesischen Handel in die Sahara und darüber hinaus zu intensivieren. Die erste von ihm ausgesandte Flotte, die das Kap Nun bis auf hundert Meilen passierte, fand nur »sandiges und trockenes Land« vor, »weder Behausungen noch Menschen«, und kehrte um. Eine zweite Flotte passierte das Kap bis auf hundertfünfzig Meilen, konnte aber ebenfalls nichts entdecken. Er schickte seine mit Proviant, Waffen und Munition beladenen Karavellen so lange aus, bis sie schließlich etwas fanden: Die portugiesischen Seefahrer trafen auf »bräunliche Männer« von Berberstämmen, und dann »entdeckten« sie »endlich [...] das Land der ersten Schwarzen« und danach »andere Völker dieser Schwarzen mit verschiedenen Sprachen, Sitten und Glaubensrichtungen«.

Die Neugierde und die Gier nach Land und Profit hatten diese Reisenden übermannt. Die Entwicklung von Karavellen mit Lateinersegeln, die die offene See befahren konnten, die systematische Kartierung der atlantischen und afrikanischen Küsten und die Anwendung genauerer astronomischer Navigationsmethoden trugen alle zu der Erwartung bei, dass die Welt nicht mehr nur von einzelnen Reisenden durchquert, sondern von den Nationen, die sie repräsentierten, erobert werden konnte. Die portugiesischen Karavellen, die am Kap Nun vorbeifuhren, stehen für eine neue Ära des Reisens, die zwar unter dem positiv aufgeladenen Begriff »Zeitalter der Entdeckungen« firmiert, aber vielleicht treffender als Zeitalter der Eroberungen und Enteignungen zu bezeichnen wäre – in dem sich die Reisenden über die seit langem geltenden Grenzen, wohin sie reisen konnten oder sollten, hinwegsetzten.

Kapitel 15

SCHLUSSWORT: DAS ENDE EINER REISE

Die meisten Menschen haben auf Reisen irgendwann das Gefühl, dass sie genug haben. Sie sehnen sich nach dem Vertrauten und danach, dass die Zeit des Reisens zu Ende ist. Doch während viele mittelalterliche Reisende über den Moment der Abreise und den der Ankunft schreiben, berichten nicht alle von ihrer Heimreise. Für viele Reisende gehörte es zu den ersten Dingen, die sie nach ihrer Rückkehr zu Hause in Angriff nahmen, einen Bericht über ihre Reise zu verfassen. Diejenigen, die ihre Rückkehr beschreiben, vermitteln uns einen Eindruck von den zwiespältigen Gefühlen, die die Rückkehr nach Hause und das Ende einer Reise auslösen.

Ibn Battuta zum Beispiel kehrte in den Jahren 1348 und 1349 durch Asien und Nordafrika nach Hause zurück, als die Pest in den Städten auf seiner Route wütete. In Damaskus sah er, wie Tausende von Menschen starben, christliche, jüdische und muslimische Opfer, die auf den Straßen weinten, sich an ihre heiligen Bücher klammerten und Gott anflehten, ihr Leiden zu beenden. Im November 1349 erreichte Ibn Battuta seine Heimat, das »glorreiche Land« Marokko, wo er den »Reisestab« vorübergehend beiseitelegte. Nach seinen Reisen um die Welt stellte er fest, dass Marokko das beste aller Länder war, mit reichlich Früchten, frischem Wasser und Nahrung. Der Sultan von Marokko verkörperte den idealen tugendhaften Monarchen und übertraf alle Herrscher, denen Ibn Battuta von Java bis Konstantinopel begegnet war. In seiner Heimatstadt Tanger besuchte Ibn Battuta das Grab seiner Mutter. Dann wurde er selbst krank und war drei Monate lang ans Bett gefesselt. Schließlich machte er sich doch wieder auf und reiste über Gibraltar nach Andalusien, um an den Kriegen gegen die Christen teilzunehmen.

Unser alter Freund John Mandeville schrieb, dass er über Rom nach Hause reiste, um sich sein Reisebuch vom Papst und allen Weisen in Rom bestätigen und als wahr anerkennen zu lassen. Das ist mit Sicherheit nicht geschehen (zuallererst, weil der Papst in Avignon war), und ein Großteil des Materials in Mandevilles Buch ist offensichtlich unwahr. Wahrscheinlich handelt es sich bei der Geschichte von der Heimkehr Mandevilles über Rom um einen klerikalen Scherz des Autors, der sich über die Idee lustig machen wollte, dass physisches Reisen dem Reisenden eine Art Erfahrungsvorteil verschafft, und für die Vorstellung, dass das Umherwandern in der Welt wahres oder wertvolles Wissen hervorbringen könnte, nur Spott übrighatte. Wie im Mittelalter jeder klösterlich abgeschieden lebende Mönch nur zu gut wusste, war es nicht immer notwendig, Dinge mit eigenen Augen zu sehen, um sie zu verstehen – und hatte nicht jeder schon einmal Dinge gesehen, die er nicht begreifen konnte? Allein, der wahre Wert des Reisens lag doch darin, dass es Anlass gab, über Gottes Schöpfung und die von ihm auf Erden bewirkten Mysterien und Wunder nachzudenken. Dazu brauchte man das Kloster nicht zu verlassen.

Einer von Mandevilles Lesern, der erfahrene Pilger William Wey, ging mit seiner Heimkehr auf eine ganz andere Weise um. Nach seinem zweiten Besuch in Jerusalem im Jahr 1462 kehrte Wey in sein Kloster im englischen Edington zurück. In dem kleinen, am Rande der weiten Hochebene von Salisbury liegenden Ort errichtete er eine Jerusalem-Kapelle, in der er von seinen Reisen mitgebrachte Bücher, Karten, Gewänder, Bilder, Andenken und Reliquien zu einer bemerkenswerten Gesamtkomposition zusammenstellte. Das an den Hauptchor der Konventskirche angebaute Gebäude präsentierte ein bemaltes Tuch, das Szenen von Jerusalem, vom Ölberg und aus Bethlehem zeigte, ein papierenes Kruzifix, das Wey in Jerusalem erstanden hatte, einige in Jerusalem und Bethlehem von ihm am Wegesrand eingesammelte Steine und eine aus Brettern oder Bohlen gefertigte Nachbildung des Heiligen Grabes. Weys Installation vermittelt einen starken Eindruck davon, dass Orte (über-)tragbar sein können – der Pilger konnte Jerusalem mit nach Hause nehmen – und zwar über alle Beschränkungen von Raum und Zeit hinweg. Weys schriftliches Testament, mit dem er den Bau der Kapelle finanzierte, sah vor, dass nichts je aus der Kapelle entfernt werden sollte. Trotzdem scheint die Kapelle ein Opfer der englischen Reformation geworden zu sein: Die protestantischen Reformatoren des 16. Jahrhunderts glaubten nicht an die Heiligkeit des Pilgerns, den Wert der Reliquien oder die Ablässe, die den Reisenden gewährt wurden, und haben wohl alles abgerissen.

Der stets geschwätzige Felix Fabri setzte mit der Schilderung seiner Rückkehr nach Ulm im Januar 1484 einen poetischen Schlusspunkt unter seinen Reisebericht: Als er das Illertal hinab auf Ulm zuritt, ging ein sintflutartiger Regenguss nieder, der ihn völlig durchnässte. Am Tiefpunkt seiner gesamten Reise angekommen, fühlte er sich traurig und kraftlos; vor Kälte ganz steif, war ihm angst und bange. Sämtliche mit der Heimkehr verbundenen trüben Gedanken manifestierten sich in diesem einen Wolkenbruch. Aber als die Silhouette von Ulm vor ihm auftauchte, tröstete ihn das sofort, und in ihm breiteten sich Freude und Zufriedenheit aus, zurück zu sein. Nach dem heftigen Heimweh, das er in der Ferne empfunden hatte, war seine Freude entsprechend groß, doch erkannte er seine Heimatstadt kaum wieder, denn während seiner neunmonatigen Abwesenheit waren ihre prächtigen neuen Mauern fertiggestellt worden.

Als Fabri die Donau überquerte und in das Herdbrucker Tor einritt, erkannten ihn die Einheimischen, und einige liefen zum Kloster, um die gute Nachricht seiner Rückkehr zu überbringen und dafür eine Belohnung zu erhalten. Fabri erreichte die Pforte seines Klosters, musste aber feststellen, dass die Brüder gerade die Vesper hielten und laut ihr Abendgebet sangen. Er schlug kräftig, wenn auch vergeblich, an die Tür, um sich Gehör zu verschaffen. Wenn Reisende zurückkehren, ist es für sie immer wieder eine Überraschung festzustellen, dass das Leben ohne sie weitergegangen ist und die Daheimgebliebenen wie eh und je ihren Routinen folgen. Das Stadtbild von Ulm hatte sich verändert, aber die Rhythmen und Gewohnheiten des täglichen Lebens waren in all ihrer Verlässlichkeit noch dieselben.

Schließlich bemerkte der Hund des Klosters, ein Wachhund, der normalerweise das Eingangstor hütete und im Zweifelsfall ein wütendes Gebell hören ließ, dass Fabri davorstand. Der Hund ließ ein »merkwürdiges Gejaule und freudiges Schnüffeln« hören und machte sich von innen mit seinen Pfoten und Zähnen an der Pforte zu schaffen, als wolle er sie aufbrechen. Fabri öffnete das Tor und der Hund sprang ihm ungeduldig in die Arme, sprang an ihm hoch, schnüffelte und wedelte mit dem Schwanz; dann hetzte er in vollem Lauf und die ganze Zeit fröhlich jaulend durch das Kloster, um die Ankunft eines Freundes anzukündigen. Wie schon der Hund, rannte dann auch Fabris Prior, Ludwig Fuchs, ohne an seinen Rang oder sein hohes Alter zu denken, eilig auf Fabri zu, als wolle er ein Feuer löschen, und legte ihm voller Freundschaft die Arme um den Hals. Die übrigen Brüder versammelten sich um Fabri und führten ihn in einer Prozession zum Hauptaltar, wobei alle zu Ehren des Sakraments zu Boden fielen und den Segen empfingen. Den Rest des Abends verbrachten die Brüder dann damit, sich angeregt über Fabris Erlebnisse zu unterhalten: Wie sich herausstellte, hatten sie Nachrichten erhalten, in denen fälschlicherweise davon die Rede gewesen war, er sei auf dem Meer umgekommen oder bei den Türken in Gefangenschaft geraten.

Wie Fabri seine Heimkehr schildert, entspricht dem idealen freudigen Wiedersehen – das in seinem Fall noch dadurch abgerundet wird, dass er sich schlussendlich widerwillig seinen elf Monate alten Bart abrasiert. Der Bart, so Fabri, »ist ein natürlicher

Schmuck, der das Gesicht eines Mannes verschönert«, aber nach seiner Rückkehr in seinen Beruf als Mönch hatte er das Gefühl, er müsse sich den Erwartungen seines Ordens anpassen und anstatt »stark und furchtlos« wieder »ehrwürdig« aussehen. Der Bart war ein Merkmal seiner zeitlich befristeten Identität als reisender Pilger gewesen, ihn zu entfernen, markierte Fabris Wiedereintritt in seinen unveränderlichen Alltag. Dennoch deutet Fabri an, dass er sich innerlich verändert fühlte und durch die Reise ein besserer Mönch und ein besserer Prediger geworden war.

Ganz anders der formidable Odorich von Pordenone, der seinen Bericht nicht mit seiner Heimreise ausklingen, sondern in einem schrecklichen Tal, irgendwo tief in Asien enden lässt. In diesem Tal, das sich etwa über sieben oder acht Meilen erstreckte und vom »Fluss der Freuden« durchzogen wurde, war der ohrenbetäubende Klang von Trommeln und anderen Musikinstrumenten zu hören. Auf dem Boden des Tals lagen Hunderte von Leichen, die Körper von Männern, Nichtchristen, die unmittelbar beim Betreten dieses furchterregenden Tals umgekommen waren. Auf der einen Talseite war in den Felsen »ein furchtbares menschliches Gesicht« eingelassen, bei dessen Anblick von Pordenone »glaubte, aus übergroßer Angst das Bewusstsein zu verlieren oder zu sterben«. Alles, was er herausbrachte, waren die Worte: »Verbum caro factum est« (Das Wort ist Fleisch geworden, Johannes 1,14). Mit dem Bibelrezitat wollte er sich daran erinnern, dass er mit dem Geist und der Gnade Gottes reiste und dass alles Geschaffene in dieser Welt Teil eines göttlichen Plans war. Das Übernatürliche war das Gegenstück zum Wunderbaren, in einer Welt, die gleichzeitig von allgegenwärtiger Heiligkeit und extremer Gottlosigkeit geprägt war.

Als er schließlich nach Europa und in das ihm vertraute Klosterleben in Padua zurückkehrte, wurde von Pordenone von seinem Vorgesetzten, dem ehrwürdigen Vater Giudotto, gebeten, seinem Mitbruder Wilhelm von Solagna einen Bericht über seine Reisen zu diktieren. So kam es, dass im Mai 1330 nach mündlichem Bericht festgehalten wurde, wo er gewesen war und was er erlebt hatte. Von Pordenone beteuert, er habe nur das in den Bericht aufgenommen, was er mit eigenen Augen gesehen hatte oder was ihm von treuen Menschen berichtet worden war. Auf diese Weise verwandelten sich die auf Reisen erfahrenen Wunder in die wunderbaren Erzählungen, die in die Reiseberichte eingingen. Von Pordenone vermied eine verschnörkelte Ausdrucksweise und wählte stattdessen eine einfache Sprache, so dass sein Bericht gleichermaßen von Gebildeten wie von weniger Gebildeten verstanden werden konnte.

Einige Monate später brach von Pordenone nach Avignon auf, um den Papst zu besuchen. Doch er erreichte sein Ziel nicht: Er erkrankte und wurde von einem weisen alten Mann, der als Pilger verkleidet war, gewarnt, umzukehren und in seine Heimatprovinz Friaul zurückzukehren. Der alte Mann riet von Pordenone, sich zu beeilen, da er nur noch zehn Tage zu leben habe. Später hieß es, der Heilige Franz von Assisi selbst sei von Pordenone in der Gestalt des alten Pilgers erschienen.

Zehn Tage später, im Januar 1331, starb Odorich von Pordenone in Udine, einer der bedeutendsten Städte im Friaul. Er war bis an den Rand der Welt, bis an die äußersten Grenzen des Bekannten gelangt, aber sein Tod ereilte ihn zu Hause, in der Nähe seines Geburtsortes. In den Monaten nach seinem Tod wurde von wundersamen Heilungen berichtet, die sich an seinem Grab ereigneten. Eine Besucherin soll versucht haben, einen seiner Finger abzuschneiden und als frommes Souvenir mitzunehmen, in der Hoffnung, dass der Segen der Reise mit ihr weiterreisen möge.

Odorich von Pordenones Geschichte unterstreicht den Gedanken, dass wir am Ende unserer Entdeckungsreise dort ankommen, wo wir begonnen haben, diesem Ausgangspunkt aber neu begegnen. Nach der Rückkehr sind Reisende in gewisser Weise verändert, sie haben dazugelernt, grundsätzliche Verschiedenheit und wunderbare Ähnlichkeit kennengelernt, das Leben zu Hause und das eigene Vorwissen werden in ein neues Licht gerückt. Das Reisen zwingt uns dazu, über die Bedeutung unseres Lebens nachzudenken und zu erkennen, wie winzig wir einzelnen Menschen inmitten der Vielfalt und der unbekannten Weiten des Planeten sind.

Dem Tode nahe, mag von Pordenone auf seinem Weg nach Hause gespürt haben, dass die Erde, die er durchquert hatte, selbst winzig geworden war, die Stationen seiner Reise nicht mehr als eine Reihe von Punkten auf einer kleinen Fläche, und dass die Zeit gekommen war, sich von den irdischen Dingen zu verabschieden und den himmlischen zuzuwenden. Dies bedeutete nicht, dass seine Reise zu Ende war, sondern dass er anstatt auf der Erde nun nach jenseitigen Welten suchen sollte. Als die Sonne unterging und das Blau sich zur Nacht vertiefte, war Odorichs Zeit für den Übergang in den Himmel gekommen, um sich denen anzuschließen, die bereits von ihren irdischen Körpern und weltlichen Reisen befreit waren, und in die leuchtenden Kreise inmitten der flammenden Sterne einzugehen, wo die Seele ihre geheimnisvolle, körperlose Reise zum Horizont der Unendlichkeit beginnen würde.

QUELLEN

Über das Reisen im Mittelalter lässt sich Näheres am besten aus den Berichten der Reisenden selbst erfahren. In der folgenden Liste finden Sie die Reisenden mit ihrem gebräuchlichen Namen, einer kurzen Biographie und den konsultierten Quellen verzeichnet.

Adam von Bremen (Wirkenszeitraum circa um 1070): Chronist von Bremen, verbrachte auch einige Zeit am dänischen Hof; schrieb einen frühen Bericht über die Inseln des Nordens, einschließlich Island, ›Thule‹ und Vinland (Nordosten des nordamerikanischen Kontinents). Adam von Bremen, Gesta Hammaburgensis ecclesiae Pontificum, in: Werner Trillmich, Rudolf Buchner (Hrsg.): Quellen des 9. und 11. Jahrhunderts zur Geschichte der Hamburgischen Kirche und des Reiches (Ausgewählte Quellen zur deutschen Geschichte des Mittelalters, Freiherr-vom-Stein-Gedächtnisausgabe, Band 11), 7. Auflage, Darmstadt 2000, S. 137–499.

Al-Istachrii, Abū Isḥāq (gestorben 957): arabisch-persischer Geograph; Autor von Kitāb al-Masālik wa-l-mamālik (»Buch der Wege und Provinzen«), eines illustrierten geographischen Werks der Region Persien. ›Schech Ebu Ishak el Farsi el Isztachri‹, Das Buch der Länder, übersetzt und herausgegeben von Andreas David Mordtmann, Hamburg 1845.

Anonymus [spanischer Franziskaner] (Wirkenszeitraum in den 1340er Jahren): kastilischer Franziskanermönch, der ein geographisches Kompendium mit ungewöhnlichen Beschreibungen insbesondere von Europa, Afrika und dem Atlantik verfasste. The Book of the Knowledge of All the Kingdoms, written by a Spanish Franciscan (»Das Buch der Erkenntnisse über alle Königreiche, geschrieben von einem spanischen Franziskaner«), herausgegeben und übersetzt von Clements Markham, London, 1912.

Anonymus [Anonymer Engländer] (Wirkenszeitraum circa um 1344–1345): Engländer, Verfasser eines Berichts über seine Reise durch die Mittelmeerregion bis ins Heilige Land. Anonymous Englishman, Pilgrimage to the Holy Land (»Anonymer Engländer, Pilgerreise ins Heilige Land«), aus dem Lateinischen (Historia Alexandri Magni, Epistolae Alexandri, Gesta Edwardi III, Manuskript 370 des Corpus Christi College, Cambridge, F. 85v–95v) übersetzt von Rosalind Lintott, https://rememberedplaces.wordpress.com/anonymous-englishman/

Antonius de Cremona (Wirkenszeitraum circa um 1330): Franziskanermönch, besuchte das Heilige Land 1327–1330. Antonius de Cremona, Itinerarium ad Sepulcrum Domini, herausgegeben von Reinhold Röhricht, Zeitschrift des Deutschen Palästina-Vereins 13 (1890), S. 153–174.

Battista von Imola (Wirkenszeitraum circa um 1480–1484): in Italien geborener Franziskanermönch und Bote, gehörte später dem Kloster am Berg Zion in Jerusalem an. Er war einer von zwei Männern, die in den frühen 1480er Jahren eine Missionsreise von Jerusalem nach Äthiopien unternahmen. Er beschrieb seine Reise später Francesco Suriano. Diese Beschreibung ist enthalten in: Francesco Suriano, Il trattato di Terra Santa e dell'Oriente (»Traktat über das Heilige Land und den Orient«), herausgegeben von Girolamo Golubovich, Mailand 1900.

Barbaro, Giosafat (1413–1494): aus einer wohlhabenden venezianischen Familie stammender Kaufmann, Diplomat und Pilger. Er hinterließ einen Reisebericht (Viaggi fatti de Venetia, »Reisen von Venedig aus«) über seine ausgedehnten Reisen in das Khanat der Goldenen Horde, in die Tatarei, nach Persien und in weitere Länder. Kämpfte später gegen die Türken und wurde 1472 als Botschafter nach Persien entsandt. Giosafat Barbaro, Travels to Tana and Persia (»Reisen nach Tana und Persien«), herausgegeben von Lord Stanley, London 1873, S. 1–103.

Benedictus Polonus (Wirkenszeitraum circa um 1245–1247): polnischer Franziskanermönch, begleitete Giovanni da Pian del Carpine in den 1240er Jahren bei dessen Mission zum mongolischen Khan Göjük. Nach seiner Rückkehr schrieb er über seine Reise die Chronik *De Itinere Fratrum Minorum ad Tartaros* (Über die Reise der Franziskanerbrüder zu den Tataren). ›Bededict the Pole‹, Mission to Asia, übersetzt von einer Nonne der Abtei Stanbrook, herausgegeben von Christopher Dawson (New York 1966), revidierte Ausgabe, Toronto 1980, S. 79–84.

Benjamin von Tudela (1130–1173): jüdischer Pilger und Kaufmann, der um 1165 in das Heilige Land reiste. Jüdische Reisen im Mittelalter: Benjamin von Tudela; Petachja von Regensburg, aus dem Hebräischen übersetzt, mit Anmerkungen und einem Nachwort von Stefan Schreiner, Leipzig 1991.

Bertrandon de la Broquière (gestorben 1459): Diplomat des Herzogtums Burgund und Pilger, der in den frühen 1430er Jahren in die Türkei und in das Heilige Land reiste. Bertrandon de la Broquière, Le Voyage d'Outremer de Bertrandon de la Broquière premier écuyer tranchant et conseiller de Philippe le Bon, duc de Bourgogne, 1432–1433 (»Die Reise nach Übersee des Bertrandon de la Broquière, des ersten Junkers und Beraters von Philippe le Bon, Herzog von Burgund, 1432–1433«), herausgegeben von Charles Schefer, Paris 1892.

Brewyn, William (Wirkenszeitraum circa um 1469): Mönch aus Canterbury, der 1469 nach Rom reiste. William Brewyn, A XVth. Century Guide Book to the Principal Churches of Rome Compiled ca. 1470, übersetzt und herausgegeben von Charles Eveleigh Woodruff, London 1933.

Breydenbach, Bernhard von (gestorben 1497): Jurist und Kirchenmann aus Mainz; später ein berühmter Pilger. Im Jahr 1483 reiste Breydenbach als Begleitung des Grafen Johann zu Solms (der auf der Rückreise in Alexandria starb) nach Jerusalem und Ägypten. Breydenbachs 1486 gedruckter Bericht über seine Reise mit von Erhard Reuwich angefertigten Holzschnitten wurde ein Bestseller. Bernhard von Breydenbach, Peregrinatio in terram sanctam, erste deutsche Ausgabe von Peter Schöffer, Mainz 1486, Faksimile, 159 Blätter, zahlreiche Illustrationen und Faltpanoramen, herausgegeben von Andreas Klußmann, Saarbrücken 2008; Bernhard von Breydenbach, Peregrinatio in Terram Sanctam: Eine Pilgerreise ins Heilige Land, frühneuhochdeutscher und hochdeutscher Text, übersetzt und herausgegeben von Isolde Mozer, Berlin 2010.

Brygg, Thomas (Wirkenszeitraum circa um 1392): englischer Pilger und Thomas Swynburnes Stallmeister, reiste 1392 durch das Heilige Land. Eugene Hoade, Western Pilgrims (1322–1392), The Itineraries of Fr. Simon Fitzsimons (1322/23), a Certain Englishman (1344/45), Thomas Brygg (1392), and Notes on Other Authors and Pilgrims, übersetzt von Eugene Hoade, Jerusalem 1952.

Buondelmonti, Cristoforo (circa 1385 bis circa 1430): Franziskanerpater aus Florenz, Reisender und Autor einer einflussreichen illustrierten Beschreibung des östlichen Mittelmeers und einer viel kopierten Zeichnung von Konstantinopel. Cristoforo Buondelmonti, Liber insularum archipelagi. Transkription des Exemplars der Universitäts- und Landesbibliothek Düsseldorf, Ms. G 13, übersetzt und herausgegeben von Karl Bayer, Wiesbaden 2007.

Burchardus de Monte Sion (Wirkenszeitraum circa um 1274–1283): Dominikanermönch, wahrscheinlich aus Magdeburg, verbrachte viele Jahre in Palästina und bereiste das Mittelmeer und Kleinasien. Autor eines Reiseführers über das Heilige Land, der für das 13. Jahrhundert als der detaillierteste und meistgelesene dieses Genres angesehen werden kann. Burchard of Mount Sion, Descriptio Terrae Sanctae, herausgegeben von John R. Bartlett, Oxford 2019.

Cadamosto, Alvise (gestorben 1488): venezianischer Entdecker und Sklavenhändler, unternahm für die portugiesische Krone Expeditionen nach Westafrika. The Voyages of Cadamosto, übersetzt und herausgegeben von Gerald Roe Crone, London 1937.

Caldwell, Geoffrey: siehe Reiseführer für den Osten.

Capgrave, John (1393–1464): Augustinermönch aus Lynn in Ostengland, schrieb neben populären Heiligengeschichten auch einen Reiseführer für das römisch-katholische Jubiläumsjahr 1450. John Capgrave, The Solace of Pilgrimes: Rome 1450: Capgrave's Jubilee Guide, übersetzt und herausgegeben von Peter J. Lucas, Turnhout 2021.

Capodilista, Gabriele (gestorben 1477): Adliger und Jurist aus Padua, schrieb einen Bericht über die von ihm im Jahr 1458 unternommene Reise von Venedig ins Heilige Land. Gabriele Capodilista, Viaggio in Terrasanta di Santo Brasca 1480 con l'itinerario di Gabriele Capodilista 1458, herausgegeben von Anna Lepschy, Mailand 1966.

Casola, Pietro (1427–1507): Adliger aus Mailand und Gesandter am päpstlichen Hof in Rom, reiste 1494 über Venedig in das Heilige Land. Canon Pietro Casola's Pilgrimage to Jerusalem in the Year 1494, übersetzt und herausgegeben von Margaret M. Newett, Manchester 1907.

Clavijo, Ruy González de (gestorben 1412): Botschafter des Königs Enrique (Heinrich) III. von Kastilien am Hof von Timur in Samarkand. Ruy González de Clavijo, Embassy to Tamerlane, 1403–1406, übersetzt und herausgegeben von Guy Le Strange, London 1928.

Commynes, Philippe de (gestorben 1511): französisch-burgundischer Diplomat und Memoirenschreiber. The Memoirs of Philip de Commines, Lord of Argenton, übersetzt und herausgegeben von Andrew Richard Scoble, 2 Bände, London 1855.

Contarini, Ambrogio (1429–1499): venezianischer Adliger und Diplomat, der von der Republik Venedig entsandt wurde, um ein anti-osmanisches Bündnis mit dem Khanat Aq Qoyunlu in Persien zu schließen. Ambrogio Contarini, Travels to Tana and Persia, übersetzt und herausgegeben von Lord Stanley, London 1873, S. 105–173.

Conti, Niccolò di (circa 1385–1469): venezianischer Kaufmann, dessen Familie in Ägypten und Syrien ansässig war, verbrachte fünfunddreißig Jahre auf Reisen in Asien. »The travels of Nicolò Conti in the East«, in: India in the Fifteenth Century, übersetzt und herausgegeben von Richard Henry Major, Cambridge (1857) 2010, S. 1–39.

Cucharmois, Jean de (circa 1465 bis circa 1531): in Lyon geborener Reisender und Schriftsteller; unternahm 1490 eine Pilgerreise nach Jerusalem. »S'ensuyt le sainct voyage de Hierusalem«, in: Jean de Cucharmois, Le premier livre de Guerin Mesquin, Lyon 1530.

Daniil von Kiew (Wirkenszeitraum circa um 1107): Pilger, erster bekannter Reiseschriftsteller aus der Kiewer Rus, reiste kurz nach dem Ersten Kreuzzug durch das Heilige Land. John Wilkinson, Joyce Hill und William F. Ryan (Hrsg.), Jerusalem Pilgrimage, 1099–1185, London 1988, S. 126–139.

Dorothea von Montau (1347–1394): Mystikerin und Visionärin, geboren in Montau (Mątowy Wielkie) in der Nähe von Danzig; zunächst führte sie eine kinderreiche Ehe, dann zog sie sich im Jahr 1391 in eine an die Kathedrale von Marienwerder (Kwidzyn) angebaute Zelle zurück, in der sie den Rest ihres Lebens verbrachte. Sie wurde 1976 heiliggesprochen. Johannes Marienwerder, Liber de festis. Offenbarungen der Dorothea von Montau, herausgegeben von Anneliese Triller, Forschungen und Quellen zur Kirchen- und Kulturgeschichte Ostdeutschlands, Band 25, Köln 1992.

Dürer, Albrecht (1471–1528): Berühmter Maler und Grafiker. Hans Rupprich (Hrsg.), Dürer. Schriftlicher Nachlass, 3 Bände, Berlin 1956/1966/1969.

Eptingen, Hans Bernhard von (gestorben 1484): Adeliger aus Pratteln bei Basel. Im Jahr 1460 unternahm er im Gefolge von Otto II. von Pfalz-Mosbach eine Pilgerreise ins Heilige Land. August Bernoulli, Die Pilgerfahrt Hans Bernhards von Eptingen, Beiträge zur vaterländischen Geschichte 112, Basel 1888, S. 13–75.

Fabri, Felix (1438–1502): in der Schweiz geborener Mönch, der die meiste Zeit seines Lebens im Dominikanerpriorat in Ulm verbrachte. Er reiste 1483–1484 ins Heilige Land. Felix Fabri, The Book of Wanderings in the Holy Land, übersetzt und herausgegeben von Aubrey Stewart, 2 Bände, London 1892; Fratris Felicis Fabri evagatorium in Terræ Sanctæ, Arabiæ et Egypti peregrinationem, herausgegeben von Conrad Hassler, 3 Bände, Stuttgart 1843.

Gama, Vasco da (gestorben 1524): portugiesischer Entdecker, der als erster Europäer Indien auf dem Seeweg erreicht hat, indem er das Kap der Guten Hoffnung umfuhr. In verschiedenen nach da Gamas Rückkehr nach Portugal geschriebenen Briefen werden seine Expeditionen detailliert beschrieben. A Journal of the First Voyage of Vasco da Gama, 1497–1499, herausgegeben von Ernest George Ravenstein, London 1898; Gaspar Correia, The Three Voyages of Vasco da Gama, übersetzt und herausgegeben von Henry E. J. Stanley, London 1869.

Ghistele, Joos van (circa 1446 bis circa 1525): in Gent geborener Adliger, der mehrere Jahre das Heilige Land, den östlichen Mittelmeerraum, die Region um Aden und Syrien bereiste. Ambrosius Zeebout (Hrsg.), Tvoyage van Mher Joos van Ghistele, editiert von R. J. G. A. A. Gaspar, Hilversum 1998.

Grünemberg, Konrad (auch Grünenberg, Conrad, gestorben 1494): Sohn eines Konstanzer Bürgermeisters, Verfasser eines Wappenbuchs, das als eine der wichtigsten mittelalterlichen Wappensammlungen gilt, später Statthalter der Münze in Konstanz, unternahm 1486 eine Pilgerreise ins Heilige Land. Andrea Denke, Konrad Grünembergs Pilgerreise ins Heilige Land 1486, Untersuchung, Edition und Kommentar, Köln 2011.

Gucci, Giorgio (gestorben 1392): florentinischer Wollhändler, der 1384–1385 mit anderen Vertretern der Stadt Florenz eine Wallfahrt ins Heilige Land unternahm, bei der gleichzeitig auch Geschäftsbeziehungen geknüpft werden sollten. Leonardo Frescobaldi, Giorgio Gucci, Simone Sigoli, Visit to the Holy Places of Egypt, Sinai, Palestine, and Syria in 1384, übersetzt und herausgegeben von Theophilus Bellorini und Eugene Hoade, Jerusalem 1948, S. 92–156.

Gumppenberg, Georg von (gestorben 1515): bayerischer Adliger, schrieb einen sehr kurz gehaltenen Bericht über seine Pilgerreise ins Heilige Land 1483–1484, in: Reinhold Röhricht und Heinrich Meisner (Hrsg.), Deutsche Pilgerreisen nach dem heiligen Lande, Berlin 1880, S. 115–119.

Guylforde, Richard (1430–1506): englischer Adliger mit Einfluss am Hof von Heinrich VII., reiste 1506 von der englischen Hafenstadt Rye aus durch Europa ins Heilige Land, starb kurz nach seiner Ankunft in Jerusalem und wurde dort begraben. Ein Bericht über seine Reisen wurde von seinem Kaplan Thomas Larke verfasst. Thomas Larke, The Pylgrymage of Sir Richard Guylforde to the Holy Land, herausgegeben von Henry Ellis, London 1851.

Hethum von Korykos (Wirkenszeitraum circa um 1300): Staatsmann, General und Mitglied der Königsfamilie im Königreich Kleinarmenien (auch Armenisches Königreich von Kilikien), später Prämonstratenser-Kanoniker in Frankreich. A Lytell Cronycle: Richard Pynsons Übersetzung (um

1520) von *La Fleur des histoires de la terre d'Orient* (um 1307), herausgegeben von Glenn Burger, Toronto 1988.

Hieronimo di Santo Stefano (Wirkenszeitraum circa um 1495–1496): Genueser Kaufmann, der in den 1490er Jahren nach Asien reiste. The Journey of Hieronimo di Santo Stefano, übersetzt von Richard Henry Major, in Ders. (Hrsg.), India in the Fifteenth Century, London 1857.

Ibn Battūta, Abū ʿAbdallāh Muhammad (1304–1368 / 9): marokkanischer Berber, Gelehrter und Reisender; reiste etwa dreißig Jahre lang durch die Mittelmeerregion und Eurasien, einschließlich Pilgerreisen nach Mekka und Aufenthalten als Botschafter des Sultanats Delhi am Yuan-Hof in Peking. The Travels of Ibn Battuta, AD 1325–1354, übersetzt, editiert und herausgegeben von Hamilton Alexander Rosskeen Gibb, London 1929; Die Reisen des Ibn Battuta, übersetzt und herausgegeben von Horst Jürgen Grün, 2 Bände, München 2007.

Ibn Dschubair (auch Ibn Jubayr (1145–1217): geboren in Valencia, Andalusien. Reisender und Geograph. Er schrieb in den 1180er Jahren eine Chronik über seine Reisen durch das Heilige Land bis nach Mekka. Ibn Dschubair, Tagebuch eines Mekkapilgers, übersetzt von Regina Günther, Stuttgart 1985.

Jacopo von Verona (Wirkenszeitraum circa um 1335): aus Verona stammender Augustinermönch, der im Jahr 1335 eine Pilgerreise ins Heilige Land unternahm. Liber peregrinationis di Jacopo da Verona, herausgegeben von Ugo Monneret de Villard, Rom 1950.

Jean de Tournai (gestorben 1499): Kaufmann aus Valenciennes, der 1488–1489 eine lange Reise ins Heilige Land über Rom und Loreto unternahm. Lucie Polak, »Un récit de pèlerinage de 1488–1489: Jean de Tournai«, in: Le Moyen Age 87 (1981), S. 74–80.

Johannes von Montecorvino (gestorben 1328): Geboren in Kampanien, franziskanischer Missionar in Armenien, Persien, Indien und China und erster Bischof von Khanbaliq (Peking unter mongolischer Herrschaft). Johannes von Montecorvino, Mission to Asia, übersetzt und herausgegeben von Christopher Dawson, New York 1966, revidierte Ausgabe, Toronto 1980, S. 224–231.

Johannes de Plano Carpini (auch Giovanni Piano Carpini oder Giovanni da Pian del Carpine, gestorben 1252): geboren in oder bei Perugia; Gefährte und früher Anhänger des Heiligen Franz von Assisi. Papst Innozenz IV. betraute ihn mit einer Mission zum mongolischen Khan Göjük und ließ ihn eine Einladung des Papstes überbringen, zum Christentum überzutreten, die der Großkhan ablehnte. Der Bericht de Plano Carpini über seine Missionsreise ist die älteste westeuropäische Darstellung einer Reise zu den Mongolen. Johannes de Plano Carpini, Kunde von den Mongolen (1245–1247), übersetzt und herausgegeben von Felicitas Schmieder, Sigmaringen 1997.

Jordanus Catalanus (auch Jordanus Catalani, aus Sévérac, Wirkenszeitraum circa um 1280–1330): Dominikanerpater, der als Missionar nach Indien ging. Er wurde zum ersten Bischof von Quilon (heute Kollam, im südindischen Bundesstaat Kerala) ernannt und verfasste eine Schrift über die Wunder Indiens. Jordanus Catalanus, Mirabilia Descripta: The Wonders of the East, übersetzt und herausgegeben von Henry Yule, London 1863.

Jaroslav Lev von Rosental und Blatna (Jaroslav Lev von Rožmitála und von Blatné, gestorben 1486): böhmischer Adliger und reisender Diplomat. The Travels of Leo of Rozmital, übersetzt und herausgegeben von Malcolm Letts, Cambridge 1957; Gabriel Tetzel von Nürnberg, Václav Šašek z Bířkova: Des böhmischen Herrn Leo's von Rožmital Ritter-, Hof- und Pilger-Reise durch die Abendlande 1465–1467; Itineris a Leone de Rosmital nobili bohemo annis 1465–1467 per Germaniam, Angliam, Franciam, Hispaniam, Portugalliam atque Italiam confecti, Stuttgart 1843.

Kempe, Margery (circa 1373 bis circa 1439): englische Geschäftsfrau, Mystikerin und Pilgerin. Nachdem sie vierzehn Kinder bekommen hatte, begab sich Kempe 1413 auf eine Reise nach Jerusalem und Rom und unternahm später noch viele weitere Pilgerreisen. Sie war dafür bekannt, dass ihr Beten oft von lautem Weinen begleitet war. In den 1430er Jahren ließ sie ihre Lebensgeschichte niederschreiben. The Book of Margery Kempe, übersetzt und herausgegeben von Anthony Bale, Oxford 2015.

Lannoy, Ghillebert de (1386–1462): flämischer Adliger, unter anderem nach England, Litauen und in das Großfürstentum Moskau entsandter burgundischer Diplomat. Er wurde von Heinrich V. von England 1421–1422 ins Heilige Land gesandt, um eine mögliche Wiederbelebung des Kreuzfahrerkönigreichs Jerusalem zu prüfen. Charles Potvin, Œuvres de Ghillebert de Lannoy, voyageur, diplomate et moraliste, Louvain 1878; Auszüge aus den Voyaiges de Guillbert de Lannoy, herausgegeben von Ernst Strehlke, in: Scriptores rerum Prussicarum 3, Leipzig 1866, S. 443–452.

Lesaige, Jacques (auch Le Saige und Lesage, Wirkenszeitraum circa um 1518): Seidentuchhändler aus dem nordfranzösischen Douai, reiste 1518 über Venedig und Loreto (Wallfahrtsort bei Ancona) nach Jerusalem. Voyage de Jacques Lesaige, de Douai à Rome, Notre-Dame de Lorette, Venise,

Jérusalem et autres lieux saints avec deux plans de Jérusalem, herausgegeben von Hippolyte-Romain-Joseph Duthillœul, Douai 1852.

Ludolf von Sudheim (früher auch Suchem; Wirkenszeitraum circa um 1336–1341): ein wahrscheinlich aus Niedersachsen stammender Priester, der einige Jahre im Heiligen Land verbrachte. Sein Reisebericht und seine Schilderungen der Region in der Zeit nach den Kreuzzügen wurden in Europa viel gelesen und häufig kopiert. Ludolf von Sudheims Reise ins Heilige Land nach der Hamburger Handschrift, herausgegeben von Ivar von Stapelmohr (Lunder germanistische Forschungen 6), Lund / Kopenhagen 1937, S. 91–158; Ludolf von Sudheim, De itinere Terrae Sanctae (Ludolphi rectoris ecclesiae parochialis in Suchem, de itinere terre sanctae liber), herausgegeben von Ferdinand Deycks, Tübingen 1851.

Ma Huan (gestorben 1460): Reisender und Übersetzer, der die frühen Seeexpeditionen der Ming-Dynastie begleitete. Im Jahr 1416 verfasste er einen Reisebericht über die Expedition nach Java und Hormuz im Jahr 1413; später überarbeitete und erweiterte er seinen Bericht und fügte Berichte über die Expedition nach Sumatra und Hormuz des Jahres 1421 und die Reise nach Kalikut und Mekka im Jahr 1431 hinzu. Ma Huan, Ying-yai sheng-lan: The Overall Survey of the Ocean's Shores 1433, übersetzt und herausgegeben von John Vivian Gottlieb Mills und Feng Ch'eng-Chün, London 1970.

Mandeville, John (Wirkenszeitraum circa um 1356): Pseudonym, unter dem der Verfasser einer sehr weit verbreiteten Darstellung über eine Reise von England über Jerusalem bis nach Asien bekannt war. Mandeville behauptete, ein Ritter aus dem englischen St. Albans zu sein, aber es ist wahrscheinlicher, dass er ein flämischer oder französischer Mönch war; seine wahre Identität ist ungeklärt. John Mandeville, The Book of Marvels and Travels, übersetzt und herausgegeben von Anthony Bale, Oxford 2012.

Polo, Marco (gestorben 1324): berühmter venezianischer Kaufmann und Reisender. Mit seinen Reisen stellte er sich in die Nachfolge seines Vaters und seines Onkels, die in den 1260er Jahren an den Hof Kublai Khans gereist waren. Polo hinterließ einen detaillierten Bericht über seine Zeit in Asien, den er in den 1290er Jahren während eines Gefängnisaufenthalts seinem Mitgefangenen Rustichello da Pisa diktierte. Marco Polo, Von Venedig nach China, Die größte Reise des 13. Jahrhunderts, übersetzt von Hans Eckart Rübesamen, herausgegeben von Theodor Knust, Tübingen 1972 sowie Marco Polo, Il Milione. Die Wunder der Welt, übersetzt aus altfranzösischen Quellen und herausgegeben von Elise Guignard, Zürich 1983.

Marignolli, Giovanni de (Wirkenszeitraum circa um 1338–1353): aus Florenz stammender Mönch, verließ Avignon im Jahr 1338 in Richtung Indien und China, verbrachte drei oder vier Jahre in Khanbaliq (Peking). Giovanni de Marignolli, Cathay and the Way Thither, übersetzt und herausgegeben von Henry Yule, 2 Bände, London 1913–1916.

Martoni, Nicola de (Wirkenszeitraum circa um 1394–1395): Notar im kampanischen Carinola nahe Neapel, unternahm Mitte der 1390er Jahre eine Pilgerreise ins Heilige Land. »Relation du pèlerinage a Jérusalem de Nicolas de Martoni, notaire italien (1394–1395)«, übersetzt von Léon Legrand, in: Revue de l'Orient Latin 3 (1895), S. 566–669.

Mauro, Fra (gestorben 1464): reiste als Jugendlicher durch Asien, wurde auf Murano Kamaldulensermönch und führender venezianischer Kartograph. Seine Weltkarte, die von der portugiesischen Krone in Auftrag gegeben worden war, ist eine der wenigen erhaltenen Karten dieser Art und stellt das gesamte europäische topographische Wissen jener Zeit dar. Bruder Mauros Weltkarte, Museo Galileo, Florenz, https://mostre.museogalileo.it/framauro/it/introduzione.html

Mergenthal, Hans von (Wirkenszeitraum circa um 1469–1478): adeliger Pilger aus Sachsen, der Albrecht, Herzog von Sachsen, 1476 ins Heilige Land begleitete. Hans von Mergenthal, »De peregrinatione in Palestinam Illustrissimi«, in: Balthasar Menz der Jüngere, Itinera Sex A Diversis Saxoniae Ducibus Et Electoribus, diversis temporibus in Italiam omnia, tria etiam in Palaestinam et terram sanctam facta, Wittenberg 1612.

Meshullam da Volterra (gestorben 1507/8): in der Toskana geborener Edelsteinhändler und Reisender; bei seiner Reise durch das Heilige Land und das östliche Mittelmeer im Jahr 1481 besuchte er zahlreiche jüdische Gemeinden. Meshullam da Volterra, Von der Toskana in den Orient – Ein Renaissance-Kaufmann auf Reisen, übersetzt von Daniel Jütte, Göttingen 2012.

Niccolò da Poggibonsi (Wirkenszeitraum circa um 1345–1350): toskanischer Franziskanermönch, reiste Ende der 1340er Jahre mit einer Gruppe von Gefährten fünf Jahre lang durch das Heilige Land. Nach seiner Rückkehr schrieb er einen anschaulichen und detaillierten Bericht über seine Reisen. Niccolò da Poggibonsi, Libro d'oltramare, herausgegeben von Alberto Bacchi della Lega, 2 Bände, Bologna 1881.

Nikitin, [Afanassi] Athanasius (gestorben 1472): Kaufmann und Reisender aus Twer in Westrussland, brach 1466 zu einer Handelsreise auf und verbrachte nach verschiedenen unglücklichen Ereignissen drei Jahre im Sultanat Bahmani in Zentralindien. Er scheint zumindest zeitweise während seiner Reisen zum Islam konvertiert zu sein. »The Travels of Athanasius Nikitin«, übersetzt von Michael Wielhorsky, in: Richard Henry Major (Hrsg.), India in the Fifteenth Century, London 1857, S. 198–230.

Odorich von Pordenone (auch Odorich von Portenau, italienisch Odorico da Pordenone bzw. Odorico Mattiuzzi; 1286–1331): aus dem Friaul stammender Franziskanermönch, wurde 1318 als Missionar über Konstantinopel nach Armenien und Persien gesandt, verbrachte anschließend viele Jahre in Indien, China und ganz Asien. Erst um 1329 kehrte er nach Europa zurück und starb, kurz nachdem er einen Bericht über seine Reisen diktiert hatte. Sein Text war im mittelalterlichen Europa äußerst beliebt und einflussreich. Die Reise des seligen Odorich von Pordenone nach Indien und China (1314/18–1330), übersetzt und herausgegeben von Folker Reichert, Heidelberg 1987.

Ogier d'Anglure (gestorben 1412): französischer Ritter und Höfling, unternahm 1395 eine Pilgerreise ins Heilige Land und schrieb nach seiner Rückkehr einen detaillierten Bericht über die Reise. Ogier d'Anglure, Le sainct voyaige de Jherusalem, herausgegeben von François Bonnardot und Auguste Longnon, Paris 1878; The Holy Jerusalem Voyage of Ogier VIII, Seigneur d'Anglure, übersetzt und herausgegeben von Roland A. Browne, Gainesville, Florida, 1975.

Pegolotti, Francesco (gestorben 1347): Kaufmann aus Florenz, Vertreter der Firma Bardi, verfasste ein Standardglossar und einen Führer zu den Handelsrouten durch Europa und Asien. Francesco Pegolotti, La Pratica della Mercatura, herausgegeben von Allen Evans, Cambridge, Massachusetts, 1936.

Poloner, Johannes (Wirkenszeitraum circa um 1421): Pilger, wahrscheinlich aus Preußen oder Polen, besuchte das Heilige Land um 1421. John Poloner's Description of the Holy Land, übersetzt und herausgegeben von Aubrey Stewart, London 1894 und Johannes Poloner, Descriptiones Terrae Sanctae, herausgegeben von Titus Tobler, Hildesheim 1974.

Richard of Lincoln (Wirkenszeitraum circa um 1454): Mediziner und Pilger aus Lincoln oder möglicherweise London, verfasste über seine Pilgerreise ins Heilige Land einen Bericht in Mittelenglisch. Richard of Lincoln: A Medieval Doctor Travels to Jerusalem, übersetzt und herausgegeben von Francis Davey, Exeter 2013.

Robert de Clari (auch Robert de Cléry, Wirkenszeitraum circa um 1202–1204):

Ritter und Kreuzfahrer aus der Picardie, schrieb eine Chronik der Ereignisse zum Vierten Kreuzzug (einschließlich der Eroberung und Plünderung von Konstantinopel). Robert de Cléry, La Conquête de Constantinople, übersetzt und herausgegeben von Peter Noble, Edinburgh 2005.

Rot, Peter (gestorben 1487): Bürger von Basel, nahm mit seinem Vater Hans (gestorben 1452) an zwei Pilgerreisen ins Heilige Land teil, die sie in einem kleinen Buch handschriftlich festhielten. »Hans und Peter Rots Pilgerreisen«, Beiträge zur vaterländischen Geschichte 11 (1882), S. 393–408.

Rubruk, Wilhelm von (Wirkenszeitraum circa um 1248–1255): flämischer Kreuzfahrer und Missionar, wurde von Ludwig IX. von Frankreich zur Bekehrung der Tataren ausgesandt und unternahm im Auftrag von Kaiser Balduin II. eine Mission zu den Mongolen. Wilhelm von Rubruk, Reisen zum Großkhan der Mongolen: von Konstantinopel nach Karakorum 1253–1255, bearbeitet und herausgegeben von Hans Dieter Leicht, Wiesbaden 2012.

Sanseverino, Roberto da (1418–1487): Waffenmeister und Edelmann, Neffe des Herzogs von Mailand Francesco Sforza, schrieb ein detailliertes Tagebuch über seine Pilgerreise ins Heilige Land im Jahr 1458. Roberto da Sanseverino, Felice et divoto ad Terrasancta viagio facto per Roberto de Sancto Severino, herausgegeben von Mario Cavaglià und Alda Rossebastiano, Alessandria 1999.

Sauma, Rabban Bar (gestorben 1294): Mönch und Gesandter. In den 1280er und frühen 1290er Jahren unternahm er eine bemerkenswerte Pilgerreise von Yuan-China aus und besuchte Paris, Rom und Konstantinopel. Die Mönche des Kublai Khan. Die Reise der Pilger Mar Yahballaha und Rabban Sauma nach Europa, übersetzt und herausgegeben von Alexander Toepel, Darmstadt 2008.

Schiltberger, Johannes (circa 1380 bis circa 1440): Adliger, auf Gut Hollern bei München geboren. Schiltberger wurde 1394 gefangen genommen und verbrachte viele Jahre als Gefangener und Söldner im Timuridenreich. Der von ihm verfasste anschauliche Bericht über seine Reise und seine letztendliche Flucht wurde im mittelalterlichen Deutschland viel gelesen. Reisen des Johannes Schiltberger aus München in Europa, Asia und Afrika von 1394 bis 1427, nach der Heidelberger Handschrift, herausgegeben von Karl Friedrich Neumann, München 1859.

Sigoli, Simone (Wirkenszeitraum circa um 1384–1389): Kaufmann und Pilger aus Florenz, der 1384 ins Heilige Land reiste. Visit to the Holy Places of Egypt, Sinai, Palestine, and Syria in 1384, by Frescobaldi, Gucci und Sigoli, herausgegeben von Theophilius Bellorini und Eugene Hoade, Jerusalem 1948.

Spanischer Franziskanermönch, siehe Anonym

Suriano, Francesco (gestorben circa 1529): in Venedig geborener Franziskanermönch und Schreiber, der einige Zeit in den Klöstern von Alexandria, Beirut und Jerusalem verbrachte. In seiner detaillierten und passionierten Beschreibung des Heiligen Landes »Traktat über das Heilige Land und den Orient« schlägt er oft aggressive Töne gegenüber Nicht-Christen an. Francesco Suriano, Il trattato di Terra Santa e dell'Oriente, herausgegeben von Girolamo Golubovich, Mailand 1900.

Swynburne, Thomas (circa 1357–1412): englischer Militär, Diplomat und Pilger, besuchte 1392 das Heilige Land. Später Hauptmann von Calais und Bürgermeister von Bordeaux. Eugene Hoade, Western Pilgrims (1322–1392), Jerusalem 1952.

Tafur, Pero (circa 1410 bis circa 1484): geboren in Córdoba, reiste zwischen 1436 und 1439 als Diplomat, Soldat und Pilger. Er besuchte Nordafrika und das Schwarze Meer und reiste durch Europa. Pero Tafur, Travels and Adventures, 1435–1439, übersetzt und herausgegeben von Malcolm Letts, London 1926; Andanças e viajes de Pero Tafur por diversas partes del mundo ávidas (1435–1439), herausgegeben von Marcos Jimenez de la Espada, Madrid 1874.

Tetzel, Gabriel (gestorben 1479): Nürnberger Patrizier, der im Rahmen einer diplomatischen Mission in den 1460er Jahren mit Jaroslav Lev von Rosental reiste. Gabriel Tetzel von Nürnberg, Václav Šašek z Bířkova: Des böhmischen Herrn Leo's von Rožmital Ritter-, Hof- und Pilger-Reise durch die Abendlande 1465–1467 sowie Itineris a Leone de Rosmital nobili bohemo annis 1465–1467 per Germaniam, Angliam, Franciam, Hispaniam, Portugalliam atque Italiam confecti, herausgegeben von Johann Andreas Schmeller, Stuttgart 1844.

Vasco da Gama (circa 1460–1524): portugiesischer Adliger, Seefahrer und Entdecker, der im Jahr 1498, nachdem er das Kap der Guten Hoffnung umrundet hatte, als erster Europäer nachweislich Indien auf dem Seeweg erreichte. The Three Voyages of Vasco da Gama, übersetzt und herausgegeben von Henry E. J. Stanley, London 1869.

Villehardouin, Gottfried von (auch Geoffroi de Villehardouin, gestorben circa 1213): Adliger aus der Champagne, nahm am vierten Kreuzzug (1199–1204) teil, verfasste später eine Chronik in französischer Sprache zu den Ereignissen. Geoffrey of Villehardouin, Memoirs or Chronicle of The Fourth Crusade and The Conquest of Constantinople, übersetzt von Frank Marzials, London 1908.

Voisins, Philippe de (Wirkenszeitraum circa um 1490): Adliger, im Languedoc Herr von Couffoulens und in der Gascogne Herr von Montaut (Montaut-les-Créneaux), brach 1490 zu einer Reise ins Heilige Land auf. Philippe de Voisins, Voyage à Jérusalem, herausgegeben von Philippe Tamizey de Larroque, Paris 1883.

Walther [von Güglingen], Paul (auch Guglingen und Pauli Waltheri Guglingensis, Wirkenszeitraum circa um 1482/83): Franziskanermönch aus Heidelberg, der 1482 ins Heilige Land reiste. Nach seiner Rückkehr verfasste er einen illustrierten Reisebericht: Itinerarium in Terram Sanctam et ad Sanctam Catharinam, herausgegeben von Matthis Sollweck, Tübingen 1892.

Wey, Wilhelm (gestorben 1476): Amtswalter und Mönch, unternahm eine Reise nach Santiago de Compostela (1456) und zwei Reisen nach Jerusalem (1458, 1462), schrieb einen umfangreichen Bericht über seine Reisen, The Matter of Jerusalem. The Itineraries of William Wey, herausgegeben von Bulkeley Bandinel, Edinburgh 1857 sowie Itineraries, übersetzt und herausgegeben von Francis Davey, Oxford 2010.

Zosima der Diakon (Wirkenszeitraum circa um 1419–1422): Mönchsdiakon des Klosters der Dreifaltigkeit und des Heiligen Sergius bei Moskau. Er unternahm ausgedehnte Reisen nach Kiew, ins Heilige Land und nach Konstantinopel (1419–1422), sowohl als Pilger als auch als Mitglied des moskowitischen königlichen Gefolges, was in seinem »Xenos« (»Fremder«) betitelten Bericht festgehalten ist, den er nach seiner Rückkehr schrieb. In: Russian Travelers to Constantinople in the Fourteenth and Fifteenth Centuries, übersetzt und herausgegeben von George P. Majeska, Washington, DC, 1984, S. 166–198.

VERWEISE UND WEITERFÜHRENDE LITERATUR

Abkürzungen

BL = British Library, London

DPR = De Proprietatibus Rerum von Bartholomeus Anglicus, in: M. C. Seymour u. a. (Hrsg.), On the Properties of Things: John Trevisa's Translation of Bartholomaeus Anglicus, De proprietatibus rerum, 3 Bände, Oxford 1975–1988 (siehe auch Bartholomaei Anglici De genuinis rerum coelestium, terrestrium et inferarum proprietatibus libri XVIII, herausgegeben von Georgius Bartholdus Pontanus Braitenberg, Frankfurt am Main 1601, Neudruck Frankfurt am Main 1964 sowie Konrad von Megenberg, Von der Sel: eine Übertragung aus dem »Liber de proprietatibus rerum« des Bartholomäus Anglicus, herausgegeben von Georg Steer, München 1966).

TNA = The National Archives, Kew, London

Die Schätzungen zu Bevölkerungszahlen stammen aus Tertius Chandler, Four Thousand Years of Urban History: A Historical Census, überarbeitete Ausgabe, New York 1987.

Vorwort

Zur Kultur des mittelalterlichen Reisens empfehle ich Mary B. Campbell, The Witness and the Other World: Exotic European Travel Writing, 400–1600, Ithaca, NY, 1988; Michel Huynh u a., Voyager au Moyen Âge, Paris 2014; Shirin A. Khanmohamadi, In Light of Another's Word: European Ethnography in the Middle Ages, Philadelphia 2013; Shayne Legassie, The Medieval Invention of Travel, Chicago 2017 – und zum Reisen der mittelalterlichen Eliten: Margaret Wade Labarge, Medieval Travellers: The Rich and the Restless, London 1982. Einen guten Überblick über das Genre der Reiseliteratur geben Tim Youngs und Nandini Das (Hrsg.), The

Cambridge History of Travel Writing, Cambridge 2019. Meine Überlegungen zum wesentlichen Charakter des Reisens wurden angeregt durch: Pierre Bayard, Wie man über Orte spricht, an denen man nicht gewesen ist, übersetzt von Lis Künzli, München 2013; Alain de Botton, Kunst des Reisens, übersetzt von Silvia Morawetz, Frankfurt am Main 2002 (»die Hebammen des Denkens« finden sich dort auf S. 71); Paul Fussell, Abroad: British Literary Travelling between the Wars, Oxford 1980 und Emily Thomas, The Meaning of Travel, Oxford 2020.

Zum Codex Calixtinus empfehle ich Annie Shaver-Crandell, Paula Gerson und Alison Stones, The Pilgrims' Guide to Santiago de Compostela: A Gazetteer, London 1995.

Elizabeth Bishops »Fragen des Reisens« entstammen der Gedicht-Anthologie: Die Farben des Kartografen, übersetzt von Margitt Lehbert, Salzburg 2001, S. 53 ff.

Kapitel 1: Die Gestalt der Welt im Jahre 1491 oder: Beginnen wir mit Martin Behaim

Zum Behaim-Globus siehe das Faksimile in: E. G. Ravenstein, Martin Behaim: His Life and his Globe, London 1908 sowie ergänzend Rui Manuel Loureiro, »Searching the East by the West«, in: RiMe: Rivista dell'Istituto di Storia dell'Europa Mediterranea 9 (2021), S. 105–125. Eine prägnante Darstellung der europäischen Vorstellungen von der Welt zu Behaims Zeiten bietet auch Valerie Flint, The Imaginative Landscape of Christopher Columbus, Princeton 1992.

Zur mittelalterlichen Vorstellung von den Antipoden siehe Alfred Hiatt, Terra Incognita: Mapping the Antipodes before 1600, London 2011 (dort findet sich das Fillastre-Zitat auf S. 158). Zu John of Holywood siehe Lynn Thorndike, The Sphere of Sacrobosco and its Commentators, Chicago 1949, das auch eine Übersetzung von Holywoods Abhandlung ins Englische enthält (S. 118–142). Zu Cicero und Macrobius siehe Marcus Tullius Cicero, Scipios Traum III.7, IV.1 (Marcus Tullius Cicero, Der Staat, übersetzt von Karl Büchner, neu herausgegeben von Harald Merklin, Düsseldorf 1999, S. 263–267). Zur Reise des Heiligen Brendan und zur entsprechenden Insel siehe John R. Gillis, »Taking history offshore: Atlantic islands in European minds, 1400–1800«, in: Rod Edmond und Vanessa Smith (Hrsg.), Islands in History and Representation, London (2003) 2020, S. 19–31.

Die Umrechnungstabelle ist dem Reiseführer von William Brewyn von ca. 1470 entnommen.

Kapitel 2: Der Beginn einer Reise mit Dame Beatrice, Earl Henry und Bruder Thomas

Zum Phänomen der Pilgerfahrt im mittelalterlichen Europa siehe Diana Webb, Pilgrims and Pilgrimage in the Medieval West, London 2001; Jonathan Sumption, Pilgrimage: An Image of Mediaeval Religion, London 1975 sowie Simon Coleman und John Elsner, Pilgrimage: Past and Present in the World Religions, Cambridge, MA, 1995.

Beatrice Luttrell, geborene Scrope, aus Irnham (Lincolnshire), reichte in der zweiten Hälfte des Jahres 1350 ein Gesuch für eine Pilgerreise ein (TNA SC 8/246/12265). Am 18. Oktober 1350 wurde ihr die Erlaubnis vom Hof Edwards III. erteilt. Was sie mit sich führte, entspricht den in späteren mittelalterlichen Testamenten genannten weltlichen Besitztümern (siehe Frederick James Furnivall (Hrsg.), The Fifty Earliest English Wills in the Court of Probate, 1387–1439, London 1887) und Gegenständen, die im Luttrell-Psalter (BL Add. MS 42130) abgebildet sind. Auch Beatrice selbst ist in dem berühmten illustrierten Manuskript ihrer Familie dargestellt. Siehe auch die Erörterung zu ihrem Schwiegervater, den Pilgerreisen und der Religiosität der Familie in Michael Camille, Mirror in Parchment, London 1998, S. 122–151. Die Beschreibung des Rings, den Beatrice auf ihre Reise mitnimmt, basiert auf einem aus Frankreich stammenden Ring im Fundus des British Museum (Londesborough #53). Siehe auch Janet Backhouse, Medieval Rural Life in the Luttrell Psalter, London 2000.

Einzelheiten zu Earl Henrys Reise – bei Earl Henry handelt es sich um den späteren Henry IV., König von England – sind seinen bemerkenswerten Spesenabrechnungen entnommen: siehe »Expeditions to Prussia and the Holy Land made by Henry Earl of Derby (afterwards King Henry IV.) in the years 1390–1 and 1392–3; being the accounts kept by his treasurer during two years« (»Expeditionen nach Preußen und ins Heilige Land unternommen von Henry Earl of Derby (später König Henry IV.) in den Jahren 1390–1391 und 1392–1393, wobei es sich um die Konten handelt, die sein Schatzmeister zwei Jahre lang geführt hat«), herausgegeben von Lucy Toulmin Smith, London 1894.

Thomas Dane, Subprior der Londoner Austin-Bruderschaft, beantragte 1440 für eine Pilgerreise eine einjährige Beurlaubung (TNA C270/31/19). Sein Reiseführer basiert auf den »Instructions for a Voyage to the East« (»Anweisungen für eine Reise in den Osten«), die heute in einem Manuskript aus dem 15. Jahrhundert erhalten sind (BL Cotton MS Appendix VIII). Zeitgenössische Szenen einer Pilgerreise finden sich auch in: »The Pageants of Richard Beauchamp«, (BL Cotton MS Julius E IV/3), die die

Reise des Earl of Warwick von England über Venedig nach Jerusalem darstellen, unter https://www.bl.uk/manuscripts/FullDisplay.aspx?ref=Cotton_MS_Julius_E_IV/3

Zu Gasthäusern im mittelalterlichen England siehe John Hare, »Inns, innkeepers and the society of later medieval England, 1350–1600«, in: Journal of Medieval History 39 (2013), S. 477–497 und Martha Carlin, »Why stay at the Tabard? Public inns and their amenities c. 1400«, in: Studies in the Age of Chaucer 40 (2018), S. 413–421. Einige der Detailangaben zu meinen Reisenden basieren auf den archäologischen Funden, die im Zusammenhang mit dem sogenannten Worcester Pilger, einer in den 1980er Jahren untersuchten Leiche, gemacht wurden; siehe Katherine Lack, »A Dyer on the Road to Saint James: An Identity for ›The Worcester Pilgrim‹?«, in: Midland History 30 (2005), S. 112–128.

Wer mehr darüber wissen möchte, wie sich die Schifffahrt in mittelalterliche Häfen wie etwa in Rye abgespielt hat, sei auf Gillian Draper u. a., Rye: A History of a Sussex Cinque Port to 1600, Stroud 2009 sowie auf die Website »The Merchant Fleet of Late Medieval and Tudor England« (»Die Handelsflotte Englands im Spätmittelalter und zur Tudor-Zeit«) unter http://www.medievalandtudorships.org/ verwiesen.

Die Weissagung und der Spruch sind dem BL MS Sloane 965, fol. 6v–7v, einem Hausbuch aus der Zeit um 1450, entnommen, das Texte über die Körpersäfte, das Wetter, die Mondphasen sowie zu Unterschieden im Erscheinungsbild von Urin oder der Gesichtsfarbe enthält.

Kapitel 3: Von Aachen nach Bozen

Zu Petrarcas Bergästhetik siehe »Die Besteigung des Mont Ventoux« in: Francesco Petrarca, Familiaria: Bücher der Vertraulichkeiten, übersetzt und herausgegeben von Berthe Widmer, Band 1, Berlin 2005, S. 180 f.

Das Leben von Dorothea von Montau findet sich erzählt in Johannes Marienwerders Inkunabel »Liber de festis. Offenbarungen der Dorothea von Montau«, herausgegeben von Anneliese Triller, in: Forschungen und Quellen zur Kirchen- und Kulturgeschichte Ostdeutschlands, Band 25, Köln 1992.

Zu Aachen siehe Walter Maas, Der Aachener Dom, mit Aufnahmen von Pit Siebigs, Regensburg 2013. Die Angaben zu den Pilgerzahlen stammen von Jennie Stopford, »Some approaches to the archaeology of Christian pilgrimage«, in: World Archaeology 26 (1994), S. 57–72, S. 57.

Zur Heiligen Ursula siehe Jane Cartwright (Hrsg.), The Cult of St Ursula and the 11,000 Virgins, Cardiff 2016. Zu Pilgerabzeichen siehe Brian Spencer, Pilgrim Souvenirs and Secular Badges, Woodbridge 2010 sowie die ausgezeichnete Website (ein Projekt der Radboud-Universität Nijmegen) zu Pilgerandenken (in Niederländisch und Englisch) unter: kunera.nl

Zu Felix Fabri und seinem Ulmer Kontext siehe Kathryne Beebe, Pilgrim and Preacher: The Audiences and Observant Spirituality of Friar Felix Fabri, Oxford 2014 sowie Herbert Wiegandt, Ulm: Geschichte einer Stadt, Weißenhorn 1977. Zur Gastfreundschaft im mittelalterlichen Ulm habe ich Franz Müller, Geschichte des Wirtsgewerbes in Ulm, Ulm 1930, konsultiert.

Die Hinweise zu den guten Tischmanieren stammen von John Russell aus dem *Boke of Nurture* (herausgegeben von Frederick J. Furnivall, London 1894, S. 18–21), das die Etikette für den Kammerdiener eines Adligen um 1450 wiedergibt.

Informationen über mittelalterliche Routen und Mautgebühren bietet das Viabundus-Projekt https://www.landesgeschichte.uni-goettingen.de/handelsstrassen/index.php?lang=DE

Die Unterhaltung zur Schlafenszeit aus *La Manière de langage* entstammt einem Manuskript aus der Zeit um 1413 (Oxford, All Souls College MS 182, fol. 321r–v) und ist eine deutschsprachige Wiedergabe nach der Übersetzung des Autors.

Kapitel 4: Ein Zwischenstopp in Venedig – und dann weiter nach Rom

Für eine historische Darstellung von Aspekten des mittelalterlichen Venedigs siehe Joanne M. Ferraro, Venice: History of the Floating City, Cambridge 2012. Im Hinblick auf die Themen Venedig und Reisen fand ich insbesondere die folgenden Titel weiterführend: Franca Semi, Gli ›Ospizi‹ di Venezia, Venedig 1983; Guido Ruggiero, The Boundaries of Eros: Sex Crime and Sexuality in Renaissance Venice, Oxford 1985; Frederic C. Lane, Venice: A Maritime Republic, Baltimore 1973; Paula C. Clarke, »The Business of Prostitution in Early Renaissance Venice«, in: Renaissance Quarterly 68 (2015), S. 419–464; Jane L. Stevens Crawshaw, Plague Hospitals: Public Health for the City in Early Modern Venice, Aldershot 2016. Eine unverzichtbare Quelle bleibt Florence Edler, Glossary of Mediaeval Terms of Business: Italian Series, 1200–1600, Cambridge, MA, 1934.

Zu den Krankheitserregern der Skelette von der Insel Lazzaretto Vecchio habe ich konsultiert: Thi-Nguyen-Ny Tran u. a., »High throughput, multiplexed pathogen detection authenticates plague waves in medieval Venice, Italy«, in: PLoS One 6 (2011), e16735 und für eine allgemeinere Erörterung der öffentlichen Gesundheit in der Stadt Jo Wheeler, »Stench in Sixteenth-Century Venice«, in: Alexander Cowan und Jill Seward (Hrsg.), The City and the Senses, Aldershot 2007, S. 25–38.

Für Details in der Beschreibung des mittelalterlichen Venedigs habe ich mich von den Gemälden in der Gallerie dell'Accademia di Venezia inspirieren lassen, insbesondere von der *Prozession auf dem Markusplatz* (1496) von Gentile Bellini sowie dem Gemäldezyklus zur Legende der Heiligen Ursula von Vittore Carpaccio (1490–1495).

Zu den frühen Ausweisdokumenten siehe Valentin Groebner, Der Schein der Person. Steckbrief, Ausweis und Kontrolle im Europa des Mittelalters, München 2004 und Patrick Bixby, License to Travel: A Cultural History of the Passport, Berkeley und Los Angeles 2022.

Zu Rom siehe C. David Benson, Imagined Romes: The Ancient City and its Stories in Middle English Poetry, University Park, PA, 2019 sowie Hendrik W. Dey, The Making of Medieval Rome: A New Profile of the City, 400–1450, Cambridge 2021.

Die Angaben zu den römischen Ablassbriefen stammen aus John Capgrave, Ye Solace of Pilgrimes, A Description of Rome, circa AD 1450, herausgegeben von C. A. Mills, London 1911.

Kapitel 5: Über das große Meer: von Venedig nach Zypern

Die Darstellung der Meerjungfrauen fasst verschiedene mittelalterliche Mythen über diese Fabelwesen zusammen, darunter auch diejenigen, die der enzyklopädische Eintrag im DPR versammelt.

Wichtige Einblicke in den Alltag auf venezianischen Galeeren geben Benjamin Arbel, »Daily Life on Board Venetian Ships: The Evidence of Renaissance Travelogues and Diaries«, in: Gherardo Ortalli und Alessio Sopracasa (Hrsg.), Rapporti mediterranei, pratiche documentarie, presenze veneziane, Venedig 2017, S. 183–219 sowie Renard Gluzman, Venetian Shipping: From the Days of Glory to Decline, 1453–1571, Leiden 2021 und Antonio Musarra, Medioevo marinaro: prendere il mare nell'Italia medievale, Bologna 2021.

Zu den Andachtsstätten, die für die Reisenden entstanden, siehe Michele Bacci u. a., »Marian cult-sites along the Venetian sea-routes to the Holy Land in the Late Middle Ages«, in: Maria Stella Calò Mariani und

Anna Trono (Hrsg.), The Ways of Mercy: Arts, Culture, and Marian Routes between East and West, Salento 2017, S. 81–106.

Das Zitat von Machaut stammt aus Guillaume de Machaut, La prise d'Alexandrie ou Chronique du roi Pierre Ier de Lusignan, herausgegeben von Louis de Mas Latrie, Genf 1877. Zu Gilbertus Anglicus' Ratschlägen zur Behandlung der Seekrankheit im *Compendium medicinae* habe ich Robin Ward, »Mediaeval Advice on the Avoidance and Treatment of Sea-sickness«, in: The Northern Mariner / Le marin du nord 14 (2004), S. 69–72, konsultiert.

Zu »Sturmy« und der Kogge »Anne« siehe Eleonora Mary Carus-Wilson, »The Merchant Adventurers of Bristol in the Fifteenth Century«, in: Transactions of the Royal Historical Society 11 (1928), S. 61–82.

Zu den Gesetzen und Vorschriften für die venezianischen Kolonien siehe Freddy Thiriet, Délibérations des assemblées vénitiennes concernent la Romanie, 1364–1463, Paris 1971. Wichtige Einsichten zur Stadt Modon (Methoni in Messenien) unter venezianischer Herrschaft verdanke ich Panagiotis Foutakis, I Methóni kai i istoría: i Venetía kai i exousía, Athen 2017 ebenso wie Michel Mollat, La Vie quotidienne des gens de mer en Atlantique, IXe–XVI siècle, Paris 1983.

Zum mittelalterlichen Famagusta habe ich besonders profitiert von den Beiträgen von Nicholas S. H. Coureas, »Taverns in Medieval Famagusta«, in: Michael Walsh, Peter Edbury und Nicholas Coureas (Hrsg.), Medieval and Renaissance Famagusta, Farnham 2012, S. 65–72, und Svetlana Bliznyuk, Die Genuesen auf Zypern: Ende 14. und im 15. Jahrhundert, Frankfurt am Main 2005.

Durch Zypern begleitete mich George Jefferys 1918 in Nikosia veröffentlichter Führer *Historic Monuments of Cyprus* (Historische Denkmäler Zyperns), dessen vermeintliche Überholtheit sich als wesentliche Hilfe erwies, wenn es darum ging, inzwischen verschwundene historische Orte auf der Insel aufzufinden; Gleiches gilt für den Kloster-Komplex von Stavrovouni und John Hackett, A History of the Orthodox Church of Cyprus, London 1901, S. 442–452.

Zum Gedicht von Nicole Louve siehe Alain-Julien Surdel, »Cinq semaines en galère. Les tribulations maritimes de Sire Nicole Louve, pèlerin messin. Terre sainte, 1428«, in: Pays Lorrain 100, Nr. 2 2019, S. 107–110; auch das Originalmanuskript des Gedichts von Nicole Louve habe ich eingesehen (Épinal, Bibliothèque Municipale MS 59(217), fol. 89r–90v).

Kapitel 6: Rundgang durch Konstantinopel

Für allgemeine Darstellungen zum byzantinischen Konstantinopel siehe Jonathan Harris, Constantinople: Capital of Byzantium, London 2007; Jonathan Harris, The Lost World of Byzantium, New Haven 2015; Judith Herrin, Byzanz, Die erstaunliche Geschichte eines mittelalterlichen Imperiums, übersetzt von Karin Schuler, Ditzingen 2022 sowie Nike Koutrakou, »Medieval Travellers to Constantinople: Wonders and Wonder«, in: Sarah Bassett (Hrsg.), The Cambridge Companion to Constantinople, Cambridge 2022, S. 295–309. Zum Vierten Kreuzzug siehe Thomas F. Madden, »The Venetian Version of the Fourth Crusade: Memory and the Conquest of Constantinople in Medieval Venice«, in: Speculum 87, 2012, S. 311–344. Aziz Suryal Atiya, The Crusade in the Later Middle Ages, London 1938 zeigt insbesondere auf, dass die Idee des Kreuzzugs noch lange nach dem Ersten Kreuzzug fortbestand.

Zur Biographie Bertrandon de la Broquières habe ich von Jaroslav Sváték, Prier, combattre et voir le monde, Discours et récits de nobles voyageurs à la fin du Moyen Âge, Rennes 2021 profitiert, insbesondere von der Passage speziell zu de la Broquière auf den Seiten 50–53.

Zu den Tierdarstellungen im Hippodrom, einschließlich der Beobachtungen von al-Marwazi, siehe Nancy Ševčenko, »Wild animals in the Byzantine park«, in: Antony Littlewood, Henry Maguire und Joachim Wolschke-Bulmahn (Hrsg.), Byzantine Garden Culture, Washington DC 2002, S. 69–86. Zur Reiterstatue siehe die jüngste, sehr ausführliche Publikation von Elena Boeck, The Bronze Horseman of Justinian in Constantinople, Cambridge 2021. Zum Wandel der Vorstellungen zu den »Weltwundern« siehe Kai Brodersen, Die sieben Weltwunder. Legendäre Kunst- und Bauwerke, München 7. Auflage 2006.

Die an Konstantinopelreisende gerichteten Ratschläge, sich einen Führer zu besorgen und eine Mariendarstellung im Stil der Madonna von Konstantinopel (Hodegetria) anzusehen, stammen von einem russischen Reisenden namens Stephan von Nowgorod, der die Stadt 1348–1349 besuchte (siehe Georg P. Majeska, Russian Travelers to Constantinople in the Fourteenth and Fifteenth Centuries, Washington DC 1984, S. 15–47).

Die Liste der Kosten, auf die sich Reisende im Heiligen Land einzustellen hatten, ist Thomas Bryggs Bericht über seine Pilgerreise im Jahr 1392 entnommen. Auch Kenneth Hodges, »List of Prices of Medieval Items« unter http://medieval.ucdavis.edu/120D/Money.html bietet eine vergleichende

Preisliste sowie Ugo Tucci, Mercanti, navi, monete nel Cinquecento veneziano, Bologna 1921, S. 200–201, auch wenn Angaben dazu, wie viel etwas zu einem bestimmten Zeitpunkt gekostet hat, schwer zu treffen sind, insbesondere wenn noch ortsfremde Währungen miteinbezogen werden sollen.

Kapitel 7: Durch das Heilige Land nach Babylon

Zum mittelalterlichen Heiligen Land, insbesondere im Hinblick auf die verschiedenen Arten des Reisens, siehe Nicole Chareyron, Pilgrims to Jerusalem in the Middle Ages, übersetzt von W. Donald Wilson, New York 2005; Christopher MacEavitt, The Crusades and the Christian Worlds of the East: Rough Tolerance, Philadelphia 2008; Elizabeth Ross, Picturing Experience in the Early Printed Book: Breydenbach's Peregrinatio from Venice to Jerusalem, University Park, Pennsylvania 2014; Sylvia Schein, Fideles crucis: The Papacy, the West, and the Recovery of the Holy Land, 1274–1314, New York 1991.

Der Fluss Sabbatyon wird von Mandeville und vielen anderen beschrieben. Siehe dazu auch Daniel Stein Kokin, »Toward the Source of the Sambatyon: Shabbat Discourse and the Origins of the Sabbatical River Legend«, in: Association for Jewish Studies Review 37 (2013), S. 1–28.

Zu Akkon und den mittelalterlichen Reisenden siehe Anthony Bale, »Reading and Writing in Outremer«, in: Anthony Bale (Hrsg.), The Cambridge Companion to the Literature of the Crusades, Cambridge 2018, S. 85–101, und Laura Morreale, Pilgrims and Writing in Crusader Acre, https://scalar.lauramorreale.com/pilgrims-and-writing-in-crusader-acre/dynamic-map-of-the-pardouns-dacre?path=pilgrimage-path.

Die Aufzeichnungen über trinkfreudige Juden in den Tavernen von Akkon finden sich in einem Eintrag in den *Revised Regesta Regni Hierosolymitani* unter https://rb.gy/35c3

Zu den Vorstellungen vom Islam und von Mohammed im mittelalterlichen Europa siehe Suzanne Conklin Akbari, Idols in the East: European Representations of Islam and the Orient, 1100–1450, Ithaca, NY, 2009; Nicholas Morton, Encountering Islam on the First Crusade, Cambridge 2016; John Tolan, »European Accounts of Muhammad's Life«, in: Jonathan E. Brockopp (Hrsg.), The Cambridge Companion to Muhammad, Cambridge 2010, S. 226–250. Zu Embricho von Mainz und Mohammeds fliegendem Sarg siehe John Tolan, Faces of Muhammad: Western Perceptions of the Prophet of Islam from the Middle Ages to Today, Princeton 2019, S. 69–72.

Die beste Beschreibung der Szenerie, so wie sie die Pilger im Mittelalter auf dem Sinai mutmaßlich angetroffen haben, findet sich bei Denys Pringle, Crusader Churches of the Kingdom of Jerusalem: A Corpus, 3 Bände, Cambridge 1998, Band 2, S. 49–62. Die Besucher-Graffiti auf dem Sinai werden beschrieben bei Hyacinth Rabino, »Le monastère de Sainte-Catherine (Mont-Sinaï)«, in: Bulletin de la Société royal de Géographie d'Égypte 19, 1935, S. 21–126. Zum Balsam siehe Elly R. Truitt, »The Virtues of Balm in Late Medieval Literature«, in: Early Science and Medicine 14, 2009, S. 711–713 und insbesondere im Zusammenhang mit spätmittelalterlichen Pilgerreisen Marianne P. Ritsema van Eck, »Encounters with the Levant: the late medieval illustrated Jerusalem Travelogue by Paul Walter von Guglingen«, in: Mediterranean Historical Review, 32, 2017, S. 153–188.

Die Ratschläge für die Durchquerung der Wüste sind Meshullam da Volterras Bericht über seine Sinai-Reise entnommen.

Kapitel 8: Ein Rundgang durch Jerusalem

Für einen Überblick zur Bedeutung, die Jerusalem für die Reisenden im Mittelalter hatte, siehe Chareyron, Pilgrims to Jerusalem. Einen detaillierten Zugang zum spätmittelalterlichen Jerusalem in visueller Form bietet Dan Bahat, The Illustrated Atlas of Jerusalem, New York 1990, S. 108–117. Eine Vorstellung der baulichen Situation im mittelalterlichen Jerusalem vermitteln Denys Pringles bemerkenswerte archäologische Studien: Secular Buildings in the Crusader Kingdom of Jerusalem. An Archaeological Gazetteer, Cambridge 1997 und The Churches of the Crusader Kingdom of Jerusalem, 4 Bände, Cambridge 1993–2009. Eine umfassende Beschreibung des Heiligen Grabes enthält Martin Biddle, Das Grab Christi. Neutestamentliche Quellen, historische und archäologische Forschungen, Gießen 1998. Colin Morris, The Sepulchre of Christ and the Medieval West: From the Beginning to 1600, Oxford 2005 bietet eine fesselnde Geschichte über das Grab in seinen vielen Formen.

Zur Datierung der Olivenbäume in Gethsemane habe ich Mauro Bernabei, »The age of the olive trees in the Garden of Gethsemane«, in: Journal of Archaeological Science 53, 2015, S. 43–48 konsultiert.

Zu den heiligen Fußstapfen in Jerusalem empfehle ich Jean-Marie Fritz, »Empreintes et vestiges dans les récits de pèlerinage: quand la pierre devient cire«, in: Le Moyen Age 118, 2012, S. 9–40.

Die typischen Formulierungen und Begriffe, die Reisenden in Fremdsprachen nützlich sind, stammen von William Wey (Griechisch), Arnold von Harff (Albanisch und Arabisch) und Anonymous / Wynkyn de Worde, Information for Pilgrims, London um 1498.

Kapitel 9: Ein Abstecher nach Äthiopien

Einen empfehlenswerten Überblick zu Afrika und den kulturellen Beziehungen des Kontinents zur übrigen Welt in der Epoche des Mittelalters gibt Francois-Xavier Fauvelle, Das goldene Rhinozeros: Afrika im Mittelalter, übersetzt von Thomas Schultz, München 2017. Zum Horn von Afrika ist das in Samantha Kelly (Hrsg.), A Companion to Medieval Ethiopia and Eritrea, Leiden 2020, versammelte Material sehr nützlich. Zum Thema Äthiopien und Reiseschriftstellerei siehe Ethiopia through Writers' Eyes, übersetzt und herausgegeben von Yves-Marie Stranger, London 2016. Zu Lalibela empfehle ich Jacques Mercier und Claude Lepage, Lalibela: Wonder of Ethiopia; The Monolithic Churches and their Treasures, übersetzt von Jennifer White-Thévenot und Jane Degeorges, London 2012.

Die diplomatische Korrespondenz zwischen Rom und Äthiopien ist in Osvaldo Raineri, Lettere tra i pontifici romani e i principi etiopici (secoli xii–xx), Vatikan 2003 veröffentlicht und das entsprechende Material ist bei Matteo Salvadore, The African Prester John and the Birth of Ethiopian-European Relations, 1402–1555, London 2017 sowie bei Verena Krebs, Medieval Ethiopian Kingship, Craft, and Diplomacy with Latin Europe, Cham 2021 zu finden. Der Beitrag von Krebs ist zudem besonders wertvoll zu Battista von Imola (S. 136–139). Zur Lage von Barara siehe Richard Pankhurst und Hartwig Breternitz, »Barara, the Royal City of 15th and Early 16th Century Ethiopia. Medieval and Other Early Settlements between Wechecha Range and Mt Yerer: Results from a Recent Survey«, in: Annales d'Éthiopie 24 (2009), S. 209–249.

Eine Sammlung von Quellen zu Prester John bringt Keagan Brewer (Hrsg.), Prester John: The Legend and its Sources, Farnham 2015.

Zur wechselnden Lage der Berge von Kong siehe Thomas J. Bassett und Phillip W. Porter, »›From the Best Authorities‹: The Mountains of Kong in the Cartography of West Africa«, in: Journal of African History 32 (1991), S. 367–413.

Die mirakulösen, auf geräucherter Heckenkirsche basierenden Ernährungsgewohnheiten in Äthiopien sind DPR entnommen.

Eine Zusammenfassung der medizinischen Ratschläge von John of Gaddesden bietet H. P. Cholmeley, John of Gaddesden and the Rosa Medicinae, Oxford 1912, S. 52–55.

Kapitel 10: Auf der Seidenstraße

Ein anregender Überblick zur Geschichte und Kultur der Seidenstraßen findet sich in Peter Frankopan, The Silk Roads: A New History of the World, London 2015. Zu den Karawansereien informiert Kate Franklin, Everyday Cosmopolitanisms: Living the Silk Road in Medieval Armenia, Berkeley und Los Angeles 2021. Geoffrey von Vinsaufs Beschreibung einer Karawane stammt aus seinem Bericht über die Plünderung eines Konvois durch Richard I. von England im Jahr 1192, in: Roy C. Cave und Herbert H. Coulson, A Source Book for Medieval Economic History, Milwaukee 1936 (Neuauflage New York 1965), S. 155. Siehe auch Gül Asatekin, Georges Charlier u. a., Along Ancient Trade Routes: Seljuk Caravanserais and Landscapes in Central Anatolia, Rekem-Lanaken 1996. Zur europäischen Sklaverei im Zusammenhang mit den Seidenstraßen siehe Hannah Barker, That Most Precious Merchandise: The Mediterranean Trade in Black Sea Slaves, 1260–1500, Philadelphia 2019.

Zu Pegolotti und dem Kontext seines Handelshandbuchs siehe Lorenzo Pubblici, Mongol Caucasia: Invasions, Conquests, and Government of a Frontier Region in Thirteenth-Century Eurasia (1204–1295), London 2022.

Zum »Alten vom Berge« ist Dorothee Metlitzki, The Matter of Araby in Medieval England, New Haven 1977, S. 222–231, prägnant zu lesen. Freya Starks 1934 in London erschienenes Buch *The Valley of the Assassins and Other Persian Travels* ist eine stimmungsvolle Ergänzung. Die historische, islamische Geschichte des »Alten vom Berge« ist beschrieben in: Shafique N. Virani, »An Old Man, a Garden, and an Assembly of Assassins: Legends and Realities of the Nizari Ismaili Muslims«, in: Iran: Journal of the British Institute of Persian Studies (2021), https://doi.org/10.1080/05786967.2021.1901062

Zum Schlaraffenland siehe Herman Pleij, Der Traum vom Schlaraffenland, übersetzt von Rainer Kersten, Frankfurt am Main 2000. Berichte über den Lepra-Heilbrunnen von Urfa (ehemals Edessa) finden sich in mehreren Reiseführern, hier aus dem anonym verfassten Bericht »Travels of a Merchant in Persia« (»Die Reisen eines Kaufmanns in Persien«) von 1507, in: Giosofat Barbaro und Ambrogio Contarini, Travels to Tana and Persia, übersetzt von William Thomas und herausgegeben von Henry Edward John Stanley, Baron 1827–1903, S. 144.

Das Zitat von Arnold von Lübeck stammt aus der Chronik Arnolds von Lübeck (= Die Geschichtsschreiber der deutschen Vorzeit, XIII. Jahrhundert, Band 3), nach der Ausgabe der Monumenta Germaniae, übersetzt von Johann Laurent, Berlin 1853. Frühe Berichte über europäische Reisende in religiöser Mission auf den Seidenstraßen versammelt Igor de Rachewiltz' Papal Envoys to the Great Khan, London 1971. Ein Beispiel für einen mongolischen Geleitbrief (»Païza«) aus der Zeit um 1240 befindet sich heute im Metropolitan Museum in New York: https://www.metmuseum.org/art/collection/search/60006641 Die angegebenen Aufschriften stammen von diesem »Païza« und anderen aus einer Privatsammlung. Zur Kontextualisierung kann Patrick Bixby, License to Travel: A Cultural History of the Passport, Berkeley und Los Angeles 2022, dienen.

Zu Gog und Magog empfehle ich Victor I. Scherb, »Assimilating Giants: The Appropriation of Gog & Magog in Medieval and Early Modern England«, in: Journal of Medieval and Early Modern Studies 32 (2002), S. 59–84 sowie Andrew Gow, The Red Jews: Antisemitism in an Apocalyptic Age, 1200–1600, Leiden 1995.

Zu den mittelalterlichen Verortungen und Darstellungen des Paradieses, Leardos Variante mit inbegriffen, siehe Alessandro Scafi, Die Vermessung des Paradieses. Eine Kartographie des Himmels auf Erden, Darmstadt 2015. Zu Strabons verlorenem Paradies siehe Stefan Radt (Hrsg.): Strabons Geographika. Textedition und Übersetzung in zehn Bänden, Göttingen 2002–2011.

Die Informationen über die Kreaturen Indiens stammen aus dem frühen 13. Jahrhundert aus Gervasius von Tilburys Kaiserlichen Mußestunden, den »Otia imperialia«, übersetzt und herausgegeben von Heinz Erich Stiene, Stuttgart 2009, S. 112 ff.

Kapitel 11: Durch Persien und Indien

Eine nützliche Zusammenfassung zur Geschichte des mittelalterlichen Hormus findet sich in Ralph Kauz und Roderich Ptak, »Hormuz in Yuan and Ming Sources«, Bulletin de l'École Française d'Extrême-Orient 88 (2001), S. 27–75.

Zu Indien und der spätmittelalterlichen Reiseschriftstellerei siehe Joan-Pau Rubiés, Travel and Ethnology in the Renaissance: South India through European Eyes, 1250–1625, Cambridge 2002. Jagjeet Lally, India and the Silk Roads: The History of a Trading World, London 2021 und Elizabeth A. Lambourn, Abraham's Luggage: A Social Life of Things in the Medieval

Indian Ocean World, Cambridge 2019 ordnen die eurasischen Handelswelten von Nikitin und Santo Stefano hilfreich in historischer Perspektive ein. Auch Janet L. Abu-Lughods Beitrag, insbesondere das Kapitel »The Indian subcontinent: on the way to everywhere«, in: dies., Before European Hegemony: The World System, AD 1250–1350, Oxford 1989, S. 261–290, gibt eine wertvolle Einordnung.

Zu Nikitin siehe insbesondere Gail D. Lenhoff und Janet L. B. Martin, »The Commercial and Cultural Context of Afanasij Nikitin's Journey beyond Three Seas«, in: Jahrbücher für Geschichte Osteuropas 37 / 3 (1989), S. 321–344 sowie Mary Jane Maxwell, »Afanasii Nikitin: An Orthodox Russian's Spiritual Voyage in the Dar al-Islam, 1468–1475«, in: Journal of World History 17 (2006), S. 243–266 und Gail Lenhoff, »Beyond Three Seas: Afanasij Nikitin's Journey from Orthodoxy to Apostasy«, in: East European Quarterly 13 (1979), S. 431–447.

Thomas of Kents Darstellung zu Alexander dem Großen in Indien entstammt dem »Alexanderroman« mit dem Titel *Roman de toute chevalrie* (hrsg. von Brian Foster und Ian Short, London 1976). Zum Thema »Sati« fand ich den Beitrag von Ania Loomba sehr hilfreich: »Dead women tell no tales: Issues of female subjectivity, subaltern agency and tradition in colonial and post-colonial writings on widow immolation in India«, in: History Workshop 36 (1993), S. 209–227.

Die Tipps für Geschäftsreisen sind Pegolottis »Practica« entnommen.

Kapitel 12: Alle Wege führen nach Khanbaliq

Einen profunden Überblick zum Fernhandel und der Bedeutung des Mongolenreichs gibt Janet L. Abu-Lughod, Before European hegemony, The world system A. D. 1250–1350, New York 1989.

Das Yorker Manuskript von Johannes de Plano Carpini (das auch Teile von Wilhelm von Rubruks Reisebericht enthält) befindet sich heute in Cambridge, Corpus Christi College MS 181. Zu Johannes de Plano Carpini, Benedikt von Polen und Wilhelm von Rubruk siehe Christopher Dawson, Mission to Asia, Toronto 1980 (ursprünglich veröffentlicht als The Mongol Mission, London 1955) sowie Igor de Rachewiltz, Papal Envoys to the Great Khans, London 1971. Eine hervorragende Zusammenfassung zum Verhältnis zwischen Europa und dem mongolischen China unter den Aspekten Konflikt, Handel und Missionierung bietet Peter Jackson, The Mongols and the West, 1221–1410, Harlow 2005.

Zu den historischen Umständen des verschwundenen Karakorum fand ich Jan Bemmann u. a., »Mapping Karakorum, the capital of the Mongol Empire«, in: Antiquity 96 (2022), S. 159–178 und Klaus Sagaster, »Die mongolische Hauptstadt Karakorum«, in: Beiträge zur Allgemeinen und Vergleichenden Archäologie 19 (1999), S. 113–128, äußerst nützlich. Zu Guillaume Boucher und anderen westlichen Gefangenen am Hof des Khans siehe Leonardo Olschki, Guillaume Boucher: A French Artist at the Court of the Khans, Baltimore 1946. Zur Geschichte der Kaiserstadt ab 1368 empfehle ich Geremie R. Barmé, The Forbidden City, London 2008.

Zu den Ilioni-Grabsteinen siehe Francis A. Rouleau, »The Yangchow Latin Tombstone as a Landmark of Medieval Christianity in China«, in: Harvard Journal of Asiatic Studies 17 (1954), S. 346–365, sowie Jennifer Purtle, »The Far Side: Expatriate Medieval Art and its Languages in Sino-Mongol China«, in: Jill Caskey, Adam S. Cohen und Linda Safran (Hrsg.), Confronting the Borders of Medieval Art, Leiden 2011, S. 167–197.

Zu Marco Polo siehe John Larner, Marco Polo and the Discovery of the World, New Haven 1999 und Simon Gaunt, Marco Polo's Le Devisement du Monde: Narrative Voice, Language and Diversity, Woodbridge 2013. Überzeugende Darstellungen zur Historizität von Polos Reisen liefern Stephen G. Haw, Marco Polo's China: A Venetian in the Realm of Khubilai Khan, London 2009 und Hans Ulrich Vogel, Marco Polo Was in China, Leiden 2013. Einen aufschlussreichen Überblick über die mittelalterlichen Reiseschilderungen über den Osten bietet auch Kim Phillips, Before Orientalism: Asian Peoples and Cultures in European Travel Writing, Philadelphia 2013.

Zu historischen Berichten über die mongolische Invasion Japans im Jahr 1281 siehe Jung-pang Lo, China as a Sea Power, 1127–1368, hrsg. mit einem Kommentar von Bruce A. Elleman, Singapur 2012. Viele nützliche Informationen verdanke ich auch Jonathan Clements, An Armchair Traveller's History of Beijing, London 2016.

Die Details zu den Speisen am Hof von Dschingis Khan stammen von de Plano Carpini und aus Valentin A. Riasanovsky, Fundamental Principles of Mongol Law, Tientsin (Tianjin) 1937, dessen Hauptquelle Dschingis Khans Großes Gesetz (Jasa oder Ikh Yasag) ist, das das Verhalten der mongolischen Untertanen regelte und eine breite Palette von Geboten und Tabus in Bezug auf Essen und Trinken enthielt. Das Jasa wurde in ganz Asien befolgt, es ist jedoch kein Originalmanuskript erhalten, so dass Angaben zu den Inhalten nicht nachgeprüft werden können – und teilweise auch auf Berichten von Reisenden beruhen. Johannes de Plano Carpinis *Kunde von den Mongolen* enthält Informationen über die Essgewohnheiten der Mongolen, die sich mit den Gesetzen des Jasa decken und diese ergänzen.

Kapitel 13: Reiseziel: der Westen

Die Beiträge von Bernard Lewis, Die Welt der Ungläubigen. Wie der Islam Europa entdeckte, Frankfurt am Main 1983 und Daniel König, Arabic-Islamic Views of the Latin West, Oxford 2015 erachte ich als zwei wichtige Studien zum islamischen Verständnis der mittelalterlichen europäischen Welt, beide thematisieren auch einige Berichte über Reisen nach Europa. Ich empfehle auch Nancy Bisaha, Creating East and West: Renaissance Humanists and the Ottoman Turks, Philadelphia 2004 über die sich wandelnden Vorstellungen vom Türkischen in Europa um das Jahr 1453 und Giancarlo Casale, The Ottoman Age of Exploration, Oxford 2010.

Die Karten Mehmeds II. sind gut beschrieben und zusammengefasst in Karen Pinto, »The Maps are the Message: Mehmet II's Patronage of an ›Ottoman Cluster‹«, in: Imago Mundi 63 (2011), S. 155–179. Die nicht-islamischen Handschriften habe ich im Sommer 2017 im Topkapi konsultiert (die *Geographia in terza rima* von Francesco Berlinghieri hat den Findbucheintrag Topkapi MS GI (A84). Zu Berlinghieri empfehle ich Sean Roberts, »Poet and ›world painter‹: Francesco Berlinghieri's Geographia (1482)«, in: Imago Mundi 62 (2010), S. 145–160.

Die Anekdote über die Chinesen in Irland entstammt einem Manuskript der *Historia rerum ibuque gestarum* von Enea Piccolomini (Papst Pius II.) und war Christoph Kolumbus bekannt; siehe Valerie Flint, The Imaginative Landscape of Christopher Columbus, Princeton 1992, S. 59.

Zur chinesischen Göttin Mazu siehe Yanchao Zhang, »The State Canonization of Mazu: Bringing the Notion of Imperial Metaphor into Conversation with the Personal Model«, in: Religions 10 (2019), S. 151–173.

Zur Art und Weise, wie die Welten des Nahen Ostens und Europas im Mittelalter miteinander verbundenen waren, siehe Aziz Suryal Atiya, The Crusade in the Later Middle Ages, Oxford 1938. Zu dem »Äthiopier« namens »Bartholomew« siehe Michael Ray, »A Black Slave on the Run in Thirteenth-Century England«, in: Nottingham Medieval Studies 51 (2007), S. 111–119; auf John Pastons »neuen kleinen Türken« wird in Paston Letters & Papers, herausgegeben von Norman Davis, 3 Bände, Oxford 2004, Band 1, S. 415, eingegangen.

Die Bemerkungen über den Jungbrunnen stammen aus *The Ancient, Honorable, Famous, and Delightfull Historie of Huon of Bordeaux*, London 1601; Mandevilles *Book of Marvels and Travels*; und Jean Froissarts *Le Joli Buisson de Jonece*, herausgegeben von Anthime Fourrier, Genf 1975, und sind nach den Übersetzungen des Autors ins moderne Englisch wiedergegeben.

Kapitel 14: Auf der Suche nach den Antipoden und dem Ende der Welt

Zur mittelalterlichen Vorstellung von den Antipoden siehe Alfred Hiatt, Terra Incognita: Mapping the Antipodes before 1600, London 2011; Matthew Boyd Goldie, The Idea of the Antipodes, London 2010; William D. McCready, »Isidore, the Antipodeans, and the Shape of the Earth«, in: Isis 87 (1996), S. 108–127 sowie Marcia Kupfer, »Mappaemundi: image, artefact, social practice«, in: Paul D. A. Harvey (Hrsg.), The Hereford World Map: Medieval World Maps and their Context, London 2006, S. 253–269. Von der Geschichte des Mannes, der die Welt umrundete oder eine unterirdische »andere Welt« besuchte, kursieren verschiedene Versionen; die hier wiedergegebenen stammen aus Mandevilles *Book of Marvels and Travels*. Siehe auch Gervasius von Tilburys Bericht über eine Höhle, die in William Camdens *Britannia* von 1586 als »Devil's Arse« (Arsch des Teufels) beschrieben wird (und in Castleton in Derbyshire im Peak-District-Hochland liegt). Der Legende nach, die auch Tilbury wiedergibt, befindet sich in der Höhle ein verborgener Zugang zur anderen Seite der Welt und damit zu den Antipoden (Gervasius von Tilbury, Kaiserliche Mußestunden, Otia imperialia, zwei Bände, übersetzt und herausgegeben von Heinz Erich Stiene, Stuttgart 2009, S. 356f.). Die Beschreibung der Antipoden bei Cicero stammt aus Marcus Tullius Cicero, Der Staat, übersetzt von Karl Büchner, neu herausgegeben von Harald Merklin, Düsseldorf 1999; das Zitat von Augustinus stammt aus Augustinus von Hippo, Über den Gottesstaat, aus dem Lateinischen übersetzt von Alfred Schröder, München 1911–1916, Band 16, S. 892.

Einen Überblick zum mittelalterlichen Java und seiner Umgebung gibt Abu-Lughod in dem Kapitel »The Strait and Narrow«, in ihrer Mongraphie *Before European Hegemony*, S. 291–315. Zu den Geschichten von Sindbad dem Seefahrer, der sich immer wieder nach dem »Reisen und Begegnungen mit Reisenden sehnte«, siehe Die schönsten Geschichten aus 1001 Nacht, übersetzt und herausgegeben von Enno Littmann, Berlin 1957, S. 200–306.

Zu den malaiischen Annalen siehe Sejarah Melayu or Malay Annals, übersetzt und herausgegeben von Charles C. Brown, revidiert von Roelof Roolvink (London 1953), revidierte Fassung Oxford 1970.

Der 1481 in Westminster zum ersten Mal aufgelegte Myrrour of the Worlde (Weltspiegel) ist als digitales Faksimile verfügbar unter https://dpul.princeton.edu/scheide/catalog/r781wk70m

Zu giftigen Bäumen empfehle ich Michael R. Dove, »Dangerous plants in the colonial imagination: Rumphius and the poison tree«, in: Allertonia 13 (2013), S. 20–46; Tim Hannigan, »Beyond control: Orientalist tensions and the history of the ›upas tree‹ myth«, in: Journal of Commonwealth Literature 55 (2020), S. 173–189.

HINWEIS ZU VERWENDETEN BEKANNTEN ZITATEN

Die mittelalterlichen Reiseschriftsteller kombinierten Augenzeugenberichte oft mit »Anleihen« aus früheren Schilderungen, deren Urheber sie nicht immer benannten. An verschiedenen Stellen in diesem Buch habe ich ebenfalls Formulierungen ausgewählt, die von real oder imaginär Reisenden und von Menschen des Mittelalters oder aus späteren Epochen stammen. Einige der offensichtlichsten Anleihen führe ich im Folgenden auf:

Seite 32: »Gastfreundschaft ist erbarmungslos.« Beverley Nichols, The Sun in My Eyes, Or, How Not to Go Around the World, London 1969, S. 24.

Seite 33: »Tourist sein bedeutet, von Verantwortung befreit sein. Fehler und Schwächen bleiben nicht so an einem haften wie zu Hause. Man kann sich über Kontinente und durch Sprachen treiben lassen und das sonst erforderliche Denken außer Kraft setzen.« Don DeLillo, Die Namen, übersetzt von Matthias Müller, Köln 1994, Seite 62.

Seite 33: »Wir werden betäubt, um zu vergessen, wie wenig weit uns unsere Schritte tragen, wie ausgreifend sie auch sein mögen; die reale Position bleibt fast unverändert, da der Maßstab die Unendlichkeit ist.« Freya Stark, Ionia: A Quest, London, 1954, S. 68.

Seite 42: »Deshalb hat Lady Dedlock von ihrem Landsitz in Lincolnshire Abschied genommen und überläßt [sic] ihn dem Regen, den Krähen, den Kaninchen, dem Rotwild, den Rebhühnern und Fasanen.« Charles Dickens, Bleak House, übersetzt von Gustav Meyrink, Frankfurt am Main 2011, S. 21.

Seite 44: »… der Fanatismus, mit dem Menschen Geld für das Triviale ausgeben.« Dilys Powell, An Affair of the Heart, London 1958, S. 130.

Seiten 51 und 58: »Das Winken zählt, nicht das Einschnappen der Tür in deinem Rücken: Und das ganze Leben lang hält der eigentliche

Moment der Befreiung noch immer diese Freude bereit, dass dir die ganze Welt mit der Wucht einer Welle entgegenkommt.« Freya Stark, Traveller's Prelude. Autobiography, 1893–1927, London, 1950, S. 37.

Seite 71: »unablässig ist dieses Glockenschlagen …, nie wird dieser Tempel still.« Stefan Zweig, Auf Reisen: Feuilletons und Berichte, herausgegeben von Knut Beck, Frankfurt am Main 1987, S. 116.

Seite 86: »…, Beständigkeit in Vollendung, …« Patrick Leigh Fermor, The Time of Gifts: On Foot to Constantinople, London 1977, S. 56.

Seite 99: »Und es ist zwecklos zu behaupten, daß [sic] das Venedig der Touristen nicht das wirkliche Venedig sei.« Mary McCarthy, Venedig, München 1999, S. 14.

Seite 134: »… dem abgrundtiefen Horror der Langeweile!« Evelyn Waugh, Befremdliche Völker, seltsame Sitten: Expeditionen eines britischen Gentleman, übersetzt von Mathias Fienbork, Frankfurt am Main 2007, S. 126.

Seite 134: »Der Mensch, der alle Ozeane kreuz und quer durchquert hat, hat mehr oder weniger vor allem die Monotonie seines Selbst zu durchmessen gelernt.« Fernando Pessoa, The Book of Disquiet, übersetzt von Iain Watson, London 1988, S. 144.

Seite 140: »(der Anblick der Insel) mit ihren grauen trübseligen Wäldern, den wilden Felsenbergen (und der Brandung) …«, Robert Louis Stevenson, Die Schatzinsel, übersetzt von Heinrich Conrad, München 1963, S. 80.

Seite 141: »Die Luft legte sich, was blieb, war eine friedlos flirrende Stille.« Don DeLillo, The Names, New York 1982, Seite 121.

Seite 159: Die »zwielichtigen Außenbezirke«, Lawrence Durrell, Bitter Lemons, London 1957, S. 153.

Seite 173: »Der Hang verwandelte sich in eine Kaskade von Terrassen, ein Spiel aus Licht und Schatten …« Freya Stark, Ionia: A Quest, London, 1954, S. 174.

Seite 198: »(Bei persönlichen Kontakten mit Chinesen überwiegt für Ausländer) das Gefühl, dass Fremdheit das wesentliche Merkmal des eigenen Charakters ist.« Vikram Seth, Tianchi: Unterwegs in China und Tibet, übersetzt von Annette Grube, Frankfurt am Main 2009, S. 25.

Seite 228: »Selbst das Licht war heiß.« Geoff Dyer, Aus schierer Wut. In D. H. Lawrence' Schatten, übersetzt von Stephan Kleiner, Köln 2016, S. 26.

Seite 230: »Es gibt Städte, in denen ist man nie zum erstenmal [sic].« Stefan Zweig, Auf Reisen, S. 51.

Seite 240: »Wenn man dort hinkommt, stellt sich ein Gefühl von Endgültigkeit ein, davon, angekommen zu sein.« D. H. Lawrence, Mornings in Mexico and Other Essays, edited by Virginia Crosswhite Hyde, Cambridge 2009, S. 126.

Seite 251: »Eines Tages, als ich gegen Mittag nach dem Boote ging, begab es sich, daß [sic] ich zu meiner größten Überraschung den Eindruck eines nackten menschlichen Fußes ganz deutlich in dem Sande des Ufers wahrnahm.« Daniel Defoe, Robinson Crusoe, übersetzt von Karl Altmüller, Leipzig 1886, Seite 165.

Seite 261: »(Durch meine Lektüre entstand allmählich ein Bild vor meinen Augen:) ein Land voller Gewalt und Frömmigkeit, Liebenswürdigkeit und Verrat, Unfruchtbarkeit und Fertilität.« Dervla Murphy, Im Land des Löwenkönigs. Im Maultier durch Äthiopien, übersetzt von Angela Gaumér und Uta Haas, München 1993, S. 11.

Seite 262: »Es war ein schmaler Bergpfad, den wir entlangschlichen, auf der einen Seite die aufragende Felswand, auf der anderen der Abgrund, bald kurvten wir auf einem breiten Sims um mächtige vulkanische Gesteinsbrocken, bald zwängten wir uns durch schmale Felsspalten.« Waugh, Befremdliche Völker, S. 83.

Seite 269: »Wenn man zum ersten Mal als neutraler Beobachter in ein vom Krieg heimgesuchtes Land kommt, kommt einem das zwangsläufig vor wie in einem Traum, ein surrealer Zustand.« W. H. Auden und Christopher Isherwood, Journey to a War, London 1939, S. 28.

Seite 305: »Das Abgleiten in die Bedeutungslosigkeit und der Widerschein verblichener Macht hat einen verführerischen Reiz für mich, das Fortschreiten der Zeit, die Vergänglichkeit der Freunde, die Verschrottung großer Schiffe!« Jan Morris, Trieste and the Meaning of Nowhere, London 2001, S. 3.

Seite 324: »Ja und? Was hatte er durch die Reise gewonnen? Was hatte er mitgebracht?« Jules Verne, In 80 Tagen um die Welt, übersetzt von Sabine Hübner, München 2007, S. 299.

Seite 364: »Der Jangtse ist ein Fluss voller Dschunken und Sampans, angetrieben von menschlichem Schweiß.« Paul Theroux, Sailing through China, London 1983, S. 21.

Seite 365: »Sanft auslaufende Flanken«, Jan Morris, Last Letters from Hav, London 1989, S. 96.

Seite 370: »… der Sturm, der das Heck steigen und den Bug fallen lässt, der die machtlosen Sterblichen in unbändigen Wellen in die Tiefen stürzt, der mittels eines unkontrollierbaren Willens den geradlinigen Kurs der Flotte ins Chaos zwingt.« Dante Alighieri, Die göttliche Komödie, Die Hölle, fünfter Gesang; Das Paradies, 27. Gesang; Das Fegefeuer, fünfter Gesang, Ausgabe in Italienisch und Deutsch, Übersetzung und Kommentar von Hermann Gmelin, Stuttgart 1954.

Seite 412: »von prächtigen Palästen, hehren Tempeln«, William Shakespeare, Der Sturm, vierter Akt, erste Szene, übersetzt von Franz Dingelstedt, Hildburghausen 1866.

Seite 416: »… das Überhandnehmen dieses unbestimmten Gefühls, nach Hause zu kommen.« Evelyn Waugh, Labels: A Mediterranean Journal, London 2011, S. 205.

Seite 421: »Wir werden nicht nachlassen in unserem Forschen. / Und das Ende unseres Forschens / Ist, an den Ausgangspunkt zu kommen / und zum ersten Mal den Ort zu kennen.« T. S. Eliot, Little Gidding, in: Ausgewählte Gedichte, übersetzt von Klaus Günther Just et al., Frankfurt am Main 1951, S. 149.

Seite 422: »… dein Übergang in den Himmel, zu einer Vereinigung mit denen, die ihr Leben auf der Erde beendet haben«; »… die kleine Erde, die er durchquert hatte, schien neuerdings winzig, nicht mehr als eine Reihe von Punkten auf einer kleinen Fläche«; »… die leuchtenden Kreise inmitten der flammenden Sterne«. Paraphrasierende Bezugnahme auf Marcus Tullius Cicero, Der Staat, übersetzt von Karl Büchner, neu hrsg. von Harald Merklin, Düsseldorf 1999, S. 263–267.

HINWEIS ZU DEN ILLUSTRATIONEN

Die Illustrationen in diesem Buch basieren auf mittelalterlichen Quellen und sind von diesen inspiriert. Wie die Illustrationen in einem mittelalterlichen Manuskript geben sie nicht immer genau das Bild der Quelle wieder.

Abb. 1 Windrose. Basierend auf BL Royal MS 17.c.xxxviii, einer englischen Abschrift von Mandeville; der Besitzer (möglicherweise ein William Osborne) war von England nach Florenz gereist und hatte seine Reiseroute in sein Manuskript eingetragen.

Abb. 2 Behaim-Globus. Nürnberg, Germanisches Nationalmuseum, WI1826.

Abb. 3 Christuskind, das die Weltkugel hält. Ausschnitt aus dem Bild »Madonna mit acht Heiligen«, Florenz, Museo di San Marco dell'Angelico.

Abb. 4 Aachener Dom, Innenraum.

Abb. 5 Pilgerabzeichen: Heilige Ursula mit einigen der 11 000 Jungfrauen in einem Boot, Köln, um 1350–1400, Fundort Dordrecht, heute in Rotterdam im Museum Boijmans Van Beuningen, Sammlung Familie van Beuningen, 1682. Wandernde Vulva mit Pilgerhut, Rosenkranz und phallischem Pilgerstab, Frankreich, 1400–1500, Fundort Paris, heute in Prag, Umĕleckoprůmyslové muzeum v Praze, UPM5774(1894).

Abb. 6 Die beiden Säulen mit Venedigs Stadtheiligen Markus und Theodorus.

Abb. 7 Konstantinopel, nach den Karten von Buondelmonti aus den 1420er Jahren.

Abb. 8 Die Tiere des Heiligen Landes, nach dem in Bernhard von Breydenbachs »Peregrinatio in terram sanctam«, Mainz 1486, abgebildeten Holzschnitt von Erhard Reuwich.

DANKSAGUNG

Mein Vater war Geograph. Karten und Atlanten lernte ich in seinem Arbeitszimmer lieben und die Reisen mit meiner Familie öffneten mir schon in meiner Kindheit die Augen dafür, was sich hinter Geographie alles verbergen kann, machten mich aufgeschlossen für andere Welten und weckten meine Neugierde auf Orte. So ist dieses Buch meinem großartigen Vater, Professor John Bale, gewidmet.

Ich möchte meinen Lektoren Tom Killingbeck und Alpana Sajip bei Viking Penguin und Amy Cherry bei Norton für ihren Weitblick, ihre ermutigende Begleitung und ihren Input herzlich danken; in dieser Hinsicht danke ich auch Daniel Crewe, Charlotte Daniels, Giles Herman und Peter James. Meine Agentin Veronique Baxter von David Higham Associates hat mir sehr geholfen, als es darum ging, dass dieses Buch Gestalt annehmen sollte, und hat mir wie immer vorbildlich mit Rat und Tat zur Seite gestanden.

Mein besonderer Dank gilt Roderick Bale, Ruth Bale, Annie Crombie, Barbara Davidson, James Francken, Molly Murray, Timothy Phillips, Vic Sowerby, Nikki Vousden und Harry Wallop für ihr äußerst hilfreiches Feedback zum jeweiligen Stand des Entwurfs. Dank auch an Heike Bauer, Mark Blacklock, Carolyn Burdett, Isabel Davis, Jonathan Fruoco, Daniela Giosuè, Claire Harman, Seda Ilter, Elliot Kendall, Joanne Leal, Lisa Liddy, Gudrun Litz, Nimrod Luz, Assaf Pinkus, Alison Pyatt, Marina Toumpouri, Marion Turner und die Mitarbeiter der London Library. Robert

Rouse, Jarrah Sastrawan, Soon-Tzu Speechley und Christopher Tan haben mein Wissen über ferne Welten erweitert. Auch für das ernsthafte Engagement der Studierenden meines MA-Kurses zum Thema »mittelalterliche Welten«, den ich gemeinsam mit Kate Franklin an der Birkbeck University of London gegeben habe, möchte ich mich bedanken. Die Transkription und Übersetzung des Manuskripts eines »Certain Englishman of 1344–5« (eines »gewissen Engländers von 1344–1345«) wurde im Rahmen des Projekts IM-2015–041 »Pilgrim Libraries« (»Lesefundus von Pilgern«) von der Leverhulme Stiftung finanziert und von Rosalind Lintott ausgeführt, wofür ich ihr herzlich danke.

Bei meiner Feldforschung ist mir an vielen Orten der Welt die Freundlichkeit der Menschen zugutegekommen, in deutschen Krankenhäusern und maledivischen Schnellbooten, von Aachen bis Zürich, von Akkon bis Peking. Ich bin einer Reihe von Wohnungsbesitzern sowie dem Flug- und Hotelpersonal, den Archivaren und Bibliothekaren, den Taxifahrern und dem medizinischem Personal an vielerlei Orten dankbar: Sie haben mir auf meinen Reisen, die oft unter sehr schwierigen Umständen stattfanden, bei der Recherche für dieses Buch geholfen.

Timothy Phillips, ein Leser, wie ich ihn mir nicht besser hätte wünschen können, und mein liebster Reisebegleiter, hat mich stets liebevoll unterstützt. Er und eine stets schläfrige schwarze Katze namens Benny haben mir als Reisendem immer wieder in Erinnerung gerufen, was einer der schönsten Aspekte des Reisens ist: die Freude, nach Hause zu kommen.

INDEX LOCORUM – VERZEICHNIS DER ORTSNAMEN

INDEX GENERALIS – ALLGEMEINES VERZEICHNIS